安徽省志

Chorography of Anhui Province

人事志

Chorography of Personnel

(1994—2009)

安徽省地方志编纂委员会办公室
Compilatory Commission of Anhui Chorography

方志出版社
Publishing House of Local Records

图书在版编目（CIP）数据

安徽省志．人事志：1994—2009 / 安徽省地方志编纂委员会办公室编．— 北京：方志出版社，2018.2
ISBN 978－7－5144－1997－9

Ⅰ．①安…　Ⅱ．①安…　Ⅲ．①安徽省 — 地方志②人事管理 — 概况 — 安徽省 — 1994—2009　Ⅳ．① K295.4

中国版本图书馆 CIP 数据核字（2016）第 102626 号

安徽省志·人事志（1994—2009）

编　　者：安徽省地方志编纂委员会办公室编
责任编辑：张　昊

出 版 人：冀祥德
出 版 者：方志出版社
地址　北京市朝阳区潘家园东里 9 号（国家方志馆 4 层）
邮编　100021
网址　http://www.fzph.org
发　　行：方志出版社发行中心
电话（010）67110500
经　　销：各地新华书店
印　　刷：安徽新华印刷股份有限公司

开　　本：889×1194　　1/16
印　　张：21.5
字　　数：402 千
版　　次：2018 年 2 月第 1 版　　2018 年 2 月第 1 次印刷
印　　数：0001~1500 册

ISBN 978－7－5144－1997－9　　定价：280.00 元

曾任安徽省地方志编纂委员会成员

王金山	李　斌	王　信	田唯谦	仲建成	吕振凡
孙亚军	朱文根	吴　行	张武扬	张岳峰	夏邦文
董介林	谢广祥	马新民	王　洵	王宇铭	王守亚
王佛生	王林建	王学银	王宜斌	方志华	邓顺华
叶如强	朱　宁	任兆祥	刘　泉	刘成典	刘志祥
刘战平	江刘伍	江明安	毕美家	孙永吉	李　明
李玉华	李抗美	李迎春	李明阳	李维勇	杨本清
杨绿章	肖桂兰	吴　浩	吴　静	吴韦人	吴世平
吴桂和	余　群	汪华东	汪建国	汪炳瑜	沈　毅
张　永	张少国	张正耀	张华建	陈　平	陈亚萍
陈运才	陈素伟	林　红	罗　宏	罗建国	罗曙生
金　燕	俞凤翔	周　庆	周建春	郑　宏	郎　涛
赵卫弘	胡　冰	施立业	洪治社	洪禹候	秦亚东
聂庆义	聂皖辉	莫　欣	夏育才	徐礼国	徐家声
郭　敏	郭本纯	高　莉	高俊文	高维岭	黄玉明
黄发友	黄红文	黄家华	曹承锋	崔海燕	董　庆
蒋传华	蒋福亮	楚建平	蔡建平	樊　勇	

《安徽省志》总编室

主　　任:郭德成

副 主 任:刘成典　吴　静　吴良琴

成　　员:（按姓氏笔画为序）

王富宏　计媛媛　史五一　朱海滨　孙　平　苏爱梅

杜中文　李宇涵　杨永成　余祖本　张　军　周小平

胡　利　胡卫星　黄志军　章慧丽

《安徽省志·人事志》审稿组

初　　审:吴良琴　徐翔东

复　　审:吴　静　赵　勇

核　　审:郭德成　潘亚群

审查验收

安徽省人民政府

《安徽省志·人事志》编纂委员会

主　任：刘　莉

副主任：刘志祥　陈运才　任予赞　林　海　赵　勇　葛余清　史甘霖　潘亚群

委　员：（按姓氏笔画为序）

王　刚　王　军　王　静　马维嘉　李晓莉　刘长庚　刘彦平　陆　红　陈义梧　张荣胜　张新宇　罗志年　范兆清　周农兴　周合秋　胡建华　赵东奇　徐翔东　黄河清　蒋建明　程连政

《安徽省志·人事志》编纂人员

主　编：潘亚群

总　纂：赵　勇

副主编：徐翔东

编　辑：王孝华

2008年，中共中央总书记胡锦涛（左三）视察安徽省引智项目单位华东光电研究所

2006年，全国人大常委会委员长吴邦国（左三）视察安徽省引智项目单位华东光电研究所

2005年，国务院总理温家宝（左三）视察安徽省引智项目单位芜湖奇瑞公司

2007年，国务院副总理曾培炎（右一）为安徽省引智专家颁发国家友谊奖

2007年，全国政协副主席李贵鲜（右一）为安徽省引智专家颁发国家友谊奖

1996年，国家人事部部长宋德福（左二）在省委常委、副省长汪洋（右一）陪同下到省人事厅考察工作

1996年，国家人事部副部长张学忠（右三）考察安徽万燕电子系统有限公司

2002年，国家人事部副部长舒惠国（右二）为合肥市博士后工作站揭牌

2007年，国家人事部副部长王晓初（右二）参加中国国际徽商大会

1994年，在全省机构改革、推行公务员制度、工资制度改革工作会议期间，省长傅锡寿（左三）与省人事厅同志交谈

1998年，在合肥召开的省级学习邓小平人才人事理论座谈会，省委副书记王太华（主席台居中）出席会议并讲话

2008年，省委副书记王明方（右三）与国家人社部副部长王晓初（左二）为省部共建中国合肥留学人员创业园揭牌

2005年，省委常委、常务副省长任海深（右一）为引智专家颁发黄山友谊奖

2008年，省委常委、常务副省长孙志刚（右一）接见外国专家

2004年，省人大副主任黄岳忠（左一）、朱维芳（左四）检查指导人事普法工作

2005年，在省国庆招待会上，副省长文海英（左四）与获奖外国专家合影

2009年，副省长黄海嵩（右二）出席省国庆招待会与外国专家交谈

1996年，省人事厅厅长汪权（左四）与厅机关妇女委员会、工会女职工委员会的同志们在一起

1998年，省人事厅厅长钱明高（中）在春季人才交流会现场指导工作

1999年，省委组织部副部长、省人事厅厅长、省编办主任丁道荣（左二）和省公安厅厅长赵正永（左三）在招考人民警察考点指导工作

2006年，省委组织部副部长、人事厅厅长、省编办主任张耀文（左二）在宿松县陈汉乡慰问贫困户农民

2008年，省委组织部副部长、省人事厅厅长、省编办主任刘莉（左五）出席浙江省台州市来皖举办大型人才招聘会

1995年，全省国家公务员制度研修班会场

1996年，安徽省举办中美人事管理和公务员制度交流讲座现场

1996年，全省首届国家公务员、工作人员招考工作会议

1996年，在合肥召开的全国整体性人才资源开发工作会议

1998年，全省人事工作为经济建设服务经验交流会议

1999年，安徽省军队转业干部安置工作会议

1999年，省直转业干部培训班开学典礼

2000年，合肥留学人员创业园揭牌仪式

2000年，安徽省创新教育示范研讨班会场

2000年，全省人才工作会议

2001年，全省人才战略研讨班会场

2002年，全省深入开展"学习'三个代表'重要思想创建人民满意的基层站所"电视电话会议

2004年，全省事业单位改革与人事法制工作座谈会

2005年，在合肥召开的全国人事系统党风廉政建设工作座谈会

2005年，在中科院合肥分院召开的医疗、科研专家座谈会

2005年，全省各地开展公务员法宣传活动

2005年，省政府召开全省享受政府特殊津贴人员颁证大会

2006年，全省实施公务员法工作会议

2006年，首次在境外（香港）举办徽商大会才智交流活动

2007年，省人大常委会征求《安徽省人才市场条例（草案）》意见座谈会

2005年，在中科院合肥分院召开的医疗、科研专家座谈会

2005年，全省各地开展公务员法宣传活动

2005年，省政府召开全省享受政府特殊津贴人员颁证大会

2006年，全省实施公务员法工作会议

2006年，首次在境外（香港）举办徽商大会才智交流活动

2007年，省人大常委会征求《安徽省人才市场条例（草案）》意见座谈会

2005年，在中科院合肥分院召开的医疗、科研专家座谈会

2005年，全省各地开展公务员法宣传活动

2005年，省政府召开全省享受政府特殊津贴人员颁证大会

2006年，全省实施公务员法工作会议

2006年，首次在境外（香港）举办徽商大会才智交流活动

2007年，省人大常委会征求《安徽省人才市场条例（草案）》意见座谈会

2008年，厅领导到基层进行专业技术人才队伍建设调研座谈会

2008年，安徽省对口支援松潘县人才智力工作座谈会

2008年，省人事厅、省编办学习实践科学发展观中心组学习会议

2009年，厅领导现场查看引智成果——彩色蚕茧

2009年，中外专家现场交流油菜种植技术

2009年，全省人事编制工作会议

总 凡 例

一、《安徽省志(1986—2005)》以马克思列宁主义、毛泽东思想、邓小平理论、"三个代表"重要思想、科学发展观、习近平新时代中国特色社会主义思想为指导,坚持辩证唯物主义和历史唯物主义的立场、观点和方法,全面、客观、系统地记述1986—2005年间安徽省自然、政治、经济、文化、社会等方面的情况。

二、本志贯彻国务院《地方志工作条例》《安徽省地方志工作条例》,依法修志。

三、本志遵循中国地方志指导小组《地方志书质量规定》,力求存真求实、客观公正、全面系统,寓观点于记述之中。

四、本志各分志名称为《安徽省志·××志(1986—2005)》。

五、本志记述的地域范围为2005年的安徽省行政区域;时间上限为1986年,下限为2005年,少数分志的时限根据情况作适当上溯或下延,特色分志不设时限。

六、本志采用述、记、志、传、图、表、录等体裁,以志为主。各分志一般为篇章节条目体,部分为章节条目体,个别分志根据实际需要采用条目体。

七、入志人物坚持生不立传的原则。除人物志外,各分志坚持以事系人、人随事出的原则,不设人物录、人物简介。

八、本志采用规范书面语体文、记述体。表述力求严谨、朴实、简洁、流畅。语言文字、标点符号、计量单位等使用规范,按国家规定执行。

九、本志资料由各承编单位搜集整理,文中不注明出处。

十、本志采用省统计部门公布的法定数据,没有列入统计范围的,采用业务主管部门的统计数据。

十一、本志所涉组织、机构、法律法规、文件、会议等专有名称,第一次使用时用全称,简称括注于全称之后。各类译名以新华通讯社译文为准。

十二、本志所用地图均以安徽省测绘部门和有关部门绘制或审定的为准。

十三、本志设总凡例,各分志设凡例。

凡　例

一、本志上限起于1994年，下限止于2009年。为反映志书断限内人事工作全貌，部分章节的内容未受断限限制，有适当追溯和延伸，以增强志书的整体性。

二、本志按照安徽省人事与人才工作发展历程、工作内容、重要政策、重大活动及经验做法等确立提纲进行编写，实事求是地记述安徽省人事人才工作的历史和现状。

三、本志为章节条目体。采用述、记、志、图、表、录等体裁，以志为主，表格相辅。

四、本志采用语体文、记述体。述略人事人才工作概貌和发展脉络，详记大的政策规定和历史事件。文字力求严谨、简洁、朴实。

五、本志资料主要来源于安徽省档案馆和安徽省人力资源社会保障厅档案室。

六、本志数字以安徽省统计局公布的数据为准，部分业务活动数字以人事部门的统计数据为准。

七、本志附录集中编录安徽省人事人才工作大事记及有关政策法规、规章和重要文件等。

目　录

Contents

概　述

1994—2009年，安徽省人事厅是安徽省人民政府主管人事人才工作和推行人事制度改革的职能部门，与安徽省机构编制委员会办公室合署办公。在省委、省政府领导下，全省人事部门以邓小平理论、“三个代表”重要思想和科学发展观为指导，紧紧围绕富民强省，面向基层、面向群众、面向社会，以改革为主线、以人才为核心、以创新为动力，服务经济建设、服务民生事业、服务大局需要。人才资源开发事业蓬勃发展，国家公务员制度全面推行，事业单位人事制度改革稳步推进，人才公共服务持续加强，各项人事管理工作不断改善，在实施人才强省战略中发挥突出作用，为经济社会发展提供强有力的人才与智力支撑。

一

兴皖之要，唯在人才。1994—2009年，全省人事部门在大规模开展邓小平人才人事理论的学习和实践活动中，解放思想，转变观念，突破计划经济模式，探索建立与社会主义市场经济体制相适应的人才政策和管理机制，人才工作进入全新发展阶段。

人才政策创新持续发力。1994年，出台鼓励留学回国人员来安徽工作意见，成立留学回国人员工作站和留学回国人员联谊会，开展留学回国科技人员资助工作。1995年，出台人才市场管理暂行管理办法，提出高校毕业生进入人才市场择业的政策、程序和配套措施。1997年，出台培养造就跨世纪学术和技术带头人实施方案、享受政府特殊津贴人员选拔工作意见、培养和引进跨世纪拔尖人才“双千工程”实施方案。1998年，省政府出台为发展非国有经济做好人才人事服务工作的意见。1999年，出台安徽省整体性人才资源开发规划意见和1997—2010年人才需求预测报告。2000年，省委省政府召开高规格的全省人才工作会议。2001年，省委省政府作出加强全省人才工作的决定，安徽省人才事业发展“十五”计划、鼓励专业技术人员科技创新、开辟引进人才“绿色通道”、培养引进和使用高层次人才、规范人才市场和人才中介服务管理、引进海外高层次留学人才、“十一五”人才队伍建设规划等一系列配套政策措施相继出台。2004年省委省政府发出《贯彻中共中央国务院关于进一步加强人才工作的决定的实施意见》。2005年，出台留学人才引进工作中界定高层次留学人才的指导意见。2006年，出台引进海外高层次留学人才的意见、引导和鼓励高校毕业生面向基层就业的实施意见。

2007年,省委省政府出台进一步加强高层次人才队伍建设的若干意见。2008年,提出为合芜蚌自主创新综合改革试验区建设提供人才智力保障的意见。2009年,省委省政府出台加强引进海外高层次人才工作的实施意见,省人事厅制定促进非公有制和县域经济又好又快发展的实施意见,国家外专局与安徽省人民政府签订《关于引进国外智力为加速安徽崛起服务合作框架协议书》,在安徽首创建立部省合作机制。

专业技术人员队伍建设不断加强。1994—2009年,安徽省职称制度改革十分活跃,有突出贡献的中青年科学技术管理专家选拔、享受国务院省政府特殊津贴人员选拔、省学术技术带头人及后备人选选拔与培养和博士后工作、专业技术人员继续教育全面推进。1994年,首次在卫生、高教、中专、中技和中小学系列实行专业技术职务结构比例控制,首次开展全省乡镇企业高级职称评聘工作。1995年,设立职称专项指标用于高教、科研、工程、农业、卫生系列第一线的优秀青年科技人员晋升高级专业技术职务。1996年,进一步完善职称评审制度,制定23个专业细化、量化的职称评审标准,出台安徽省享受政府特殊津贴人员选拔工作的意见。1997年,探索建立评委会专家库,改进评价方法。1998年,重点加强专业技术岗位职数宏观管理,修订完善专业技术职务评审标准,实施专业技术人员职称晋升计算机应用能力考核, 1999年,开展评聘分开的试点工作。2000年,对专业技术职务评审材料试行公示,全省评审民营企业人员和农民高中级专业技术职称2200多人。2001年,出台深化职称制度改革若干问题的意见,推进职称工作为基层服务。2002年,出台专业技术职务聘任管理暂行办法,职称评审向非国有经济领域延伸,全省评审民营、乡镇企业高级专业技术职称1400多人。2003年,推行专业技术人员执业资格制度,扩大了评聘分开、考评结合、以考代评、资格认定、以聘代评的范围。2004—2005年,出台进一步深化职称制度改革意见,完善结构比例宏观管理,拓宽职称申报人员范围,创新评审组织组建方式,改进各类人才评价方法。2006年,修订31个系列和专业的职称评审标准,在全国率先开展农村和城市社区卫生专业技术人员的职称评审工作。2007年,全面推行评聘分开制度。2008年,组织实施加强高层次人才队伍建设。2009年,积极推进“安徽省杰出人才工程”,选拔48名享受国务院和100名享受省政府特殊津贴人选,选拔187名省学术技术带头人和108名后备人选,资助省学术技术带头人及后备人选、博士后研究人员科研活动项目经费375万元。新设立11个博士后科研流动站。20万人次参加专业技术资格和执业资格考试,5万人参加专业技术人才知识更新培训, 1.2万人参加基层专业技术人才和农村实用人才培训。

人才开发工作空前活跃。随着社会主义市场经济的建立与发展,本省因时制宜采取一系列措施,以搞活国有大中型企业、加强农业农村工作、支援山区老区贫困地区和高新技术开发为重点,促进人才资源广泛开发和合理利用。引导高校毕业生到基层工作。1996年,启动高校毕业生进入市场自主择业。1998年,制定高校毕业生就业政策。1999—2009年,全省招募近万名名高校毕业生到乡镇从事支教、支农、支医和扶贫工作。2008 年，出台高校毕业生就业见习制度，举办大学生专场招聘会。2009 年，开展高校毕业生就业推进行动，统筹推进高校毕业生服务基层项目，全省高校毕业生就业率达 90.1%。

引进海外留学人才。1994 年，制定吸引留学人员回国就业优惠政策。1995 年，表彰一批安徽省优秀留学回国人员。1997 年，开展留学回国人员科技活动择优资助。2003 年，建立留学人员回国服务工作部门联席会议制度。2006 年，建立留学人才登记备案制度，召开安徽省留学人员联谊会第二届代表大会。2009 年，出台安徽省加强引进海外高层次人才工作的实施意见，确立“突出重点、按需引进、重在使用、特事特办、统筹实施”的引进原则，开始实施“百人计划”。1999—2008 年，先后设立合肥、芜湖、安庆、马鞍山、黄山等 6 个留学生创业园。省人事厅每年组织企业、事业等用人单位，赴海外宣传人才政策，开展人才招聘活动。

创新人才引进机制。2002 年，出台培养引进和使用高层次人才的意见，开辟引进人才“绿色通道”。2004 年，面向国内外大力招才引智，高校毕业生可以先落户后找工作，对通过柔性引进到安徽省创业或服务的高层次人才发给“特聘工作证”，对外籍高层次人才实行地方“绿卡”服务。实施“十一五专业技术人才自主创新能力开发计划”“安徽杰出人才工程”“233”技能人才培养工程、“青工技能振兴计划”，建立优秀企业家培养制度，加强农村实用人才队伍建设，启动专家服务团科技下乡、智力支农和贫困山区“星火计划”“燎原工程”人才帮扶行动，推行“星期天工程师”“假日专家”等流动模式，鼓励高层次优秀人才来皖兼职、讲学、研发或进行技术合作、技术入股。拓展人才服务行动。1998 年，提出为发展非国有经济做好人才人事服务工作的意见，提倡各类专业技术人员和管理人员到非国有经济单位工作。2001 年，培育和发展专业性人才市场，完善服务功能，拓展服务领域。2004 年，构建人才市场体系、人才服务体系、人才资源统计指标体系，打造自主创新创业的人才支持平台、东向发展的人才支持平台、提升“861”行动计划的人才支持平台。建立健全人才考核评价体系，企业经营管理人才的评价重在市场和出资人认可，专业技术人才的评价重在社会和业内认可。建立以政府奖励为导向、用人单位奖励为主体、社会力量奖励为补充的多元化人才奖励机制。设立“安徽省突出贡献人才奖”，开展农村优秀人才表彰。2004 年起，享受国务院特殊津贴的专家，同时享受省政府特殊津贴。省财政预算中每年安排人才开发专项资金 2000 万元，用于高层次人才引进和高技能人才、农村实用人才的培养、开发、奖励工作。省人事厅筹集人才开发资金，2001—2009 年，资助项目 284 个、经费 2052 万元。全省人事部门组织深入省内外高校，参加发达地区人才招聘会，以事业发展、以乡土情感、以优惠政策，广泛开展招才引智。

2005 年，首届中国国际徽商大会引进 1000 多名高层次人才到皖工作，博导、院士的引进取得突破。2006 年，成功举办’2006 国际徽商大会皖港人才交流合作恳谈会，签订 10 多项合作协议，建立了皖港才智交流合作机制。2007 年，第三届中国国际徽商大会才智交流会，面向海内外高层次人才进行现场招聘，5000多各类人才进场求职，达成初步意向1500余份。2008年，第四届中国国际徽商大会才智交流大会，省委书记王金山题词："招才引智，造福民生"，4300多名各类人才进场求职，达成初步意向1200余人。2009年，第五届中国国际徽商大会与第四届中国中部投资贸易博览会同期召开，省人事厅承办"集聚人才促创新、扩大就业共发展"才智交流活动，5万人次进场，近万人达成就业意向或建立双向联系。

人才市场建设与时俱进。全省各地纷纷建立人才交流机构。随着市场机制对人才资源配置发挥基础性作用的形势发展，安徽省加快人才市场建设步伐。构建全省人才市场体系。1994年，全省建立省地市县级人才市场54个。1998年，市县级人才市场85个，30%乡镇建立人才服务站。2002年，"安徽人才网"和经营管理人才信息库建成并运行。2003年，人事部与安徽省政府共建"中国安徽人才市场"的建设项目立项。2004年，14个市与省形成人才市场信息联网。2008年，本省与中部六省人才网实现区域联网。2009年，全省多层次人才市场网络基本形成。开展人才公共服务。1997年，安徽省人才交流服务由单一的人事档案管理提升到全面的人事代理，包括档案及人事关系代管、出国政审、职称评聘、交流调动、户籍代管、保险代缴、计划生育申报、党团组织关系管理、退休手续办理和委托招聘、人才测评、人才猎头、人才派遣、人才发展规划等20多项代理服务。至2009年省人才市场人事代理库存档案52299人。1998年，省人才市场开始为高校毕业生和中专毕业生代理户籍代管，至2009年，集体户籍代管33702人。2005年，省人才服务中心建立"流动党员之家"网站。2007年，成立安徽省服务人才中心党委。至2009年，下属流动党员支部10个，流动党员3260人。促进人才合理流动。省及各地人才交流服务机构和人才市场，定期不定期举办人才招聘集市、人才招聘会以及专项人才招聘会、专题人才招聘会、大型人才招聘会和网上人才招聘活动。1999—2002年，全省政府人事部门所属人才服务机构举办各类人才交流会1600场，办理人事代理6.5万人，27万人通过人才市场就业。2003—2009年，注重举办公益性人才交流活动，为高校毕业生就业提供服务、举办了返乡人才、民营企业等公益性专场招聘。

人才队伍发展成果显著。2009年底，全省人才总量达382万人（其中党政人才22万、企业经营管理人才58万、专业技术人才184万、高技能人才36.5万、农村实用人才78万、社会工作人才3.2万）。全省专业技术人才184万人，是改革开放前的6倍，比2000年增加44万人。国有企事业单位专业技术人员中，45岁以下的占73.3%，大专以上学历的占70.2%。全省拥有两院院士24人，国家级"百千万人才工程"人选30人，安徽省杰出专业技术人才40人，省学术技术带头人187、人后备人选634人，享受国务院特殊津贴专家1581人、省政府特殊津贴专家1650人。全省高等院校设立博士后科研流动站50个，企事业单位设立博士后科研工作站48个，累计招收博士后研究人员400多人，研究工作期满出站200多人。

二

1994—2009 年,安徽省全面推行国家公务员制度。国家公务员制度的建立与实施,是深化干部人事制度改革的里程碑成果,对建设高素质的国家公务员队伍、提高政府工作效能,有着重要的意义和作用。

国家公务员制度实施入轨。1994 年 1 月,省委省政府召开全省机构改革、推行国家公务员制度和工资制度改革工作会议,在省人事局设立安徽省推行国家公务员制度办公室,统筹负责推进国家公务员制度实施入轨工作。省人事局组织起草的《安徽省国家公务员制度实施方案（草案)》,人事部 1994 年 3 月转发全国各地参考,省政府 1994 年 5 月正式印发。1994—1996 年实施入轨期间,本省先后制定出台 32 件关于推行国家公务员制度的规范性文件,自上而下贯彻,逐级逐步落实。1994 年,组织开展省司法厅、省审计厅、省广播电视厅、省测绘局和南陵县、桐城县推行国家公务员制度试点,为全省推行国家公务员制度提供实践经验。全省广泛开展国家公务员制度学习宣传、教育、培训工作。至 1995 年底,全省举办 100 多期国家公务员制度培训班和专题讲座,培训工作骨干 3 万多人,全省 20 多万人参加国家公务员制度知识竞赛,省直党政群机关 7000 多名工作人员包括 300 多位厅级干部参加统一测试。1995 年 8 月,省直机关推行公务员制度工作全面展开,先后出台实施入轨、人员分流安置工、人员过渡、检查验收等政策规定。至 1996 年年底, 55 个省直机关列入国家公务员制度管理范围;13 个单位列入依照国家公务员制度管理范围;52 个部门和单位完成职位分类, 5000 多人过渡为公务员, 450 人办理提前退休、提前离岗或调整到事业企业单位。省政府办公厅等 18 个委办厅局 75 个处级职位实行公开竞争上岗。1995 年—1996 年,各地市国家公务员制度实施工作相继展开,部分县（市、区）实施工作启动。截至 1995 年 12 月,全省乡镇党政群机关行政编制 59080 个,实有工作人员 57784 人、选聘制干部 12562 人。1997 年 7 月,省委省政府部署乡镇机关实施公务员制度工作。1998 年 8 月,全省国家公务员制度实施入轨基本结束。机关干部过渡公务员 101955 人、考试录用 5887 人、调任和安置转业军官 2935 人,全省共有国家行政机关公务员 16 万人,1.8 万轮换职位,1.7 万人参加竞争上岗, 388 人暂缓过渡、396 人不予过渡。

实施公务员法。2006 年 7 月,召开实施公务员法工作会议,广泛开展公务员法学习、宣传和培训工作,全省开展公务员登记工作。至 2007 年 10 月,省、市、县和乡镇街道机关公务员登记工作基本结束。全省列入公务员法实施范围的各类机关共登记公务员 194207 人,其中暂缓登记 4522 人;参照公务员法管理的群团机关登记工作人员 2408 人,其中暂缓登记 38 人;参照公务员法管理的事业单位登记工作人员 1722 人,其中暂缓登记 25 人。

参（依）照管理。1995—1997 年, 68 个单位列入依照公务员制度管理范围。

2001—2006年，13个单位以及全省17个市级气象局机关依照国家公务员制度管理。2007—2008年，省人事厅三批批准769个事业单位列入参照公务员法管理。

实施公务员专项制度。1994年，安徽省出台国家公务员非领导职务设置办法。1995年，省人事厅印发《安徽省国家公务员考核暂行办法》。1996年，首次组织实施省级机关和部分市县机关招考国家公务员工作。省人事厅印发《关于加强省政府部门职务管理工作的通知》。1999年，公务员竞争上岗和交流轮岗有力推进。2000年，出台《省政府机关人员定岗实施办法》《省政府机关人员分流安排实施办法》和《关于省政府机关分流人员学习和培训实施方案》。2001年，出台《安徽省党政机关工作人员管理实行公示制度的办法》《关于进一步严肃干部人事工作纪律的通知》，加强公务员管理工作。2008年，省委组织部、省人事厅印发《安徽省公务员考核办法（试行）》，规定考核实行领导与群众相结合，平时与定期相结合，定性与定量相结合的方法。2009年，省委组织部、省人事厅印发《安徽省公务员调任实施办法（试行）的通知》。1994—2009年，全省举办公务员培训班、研修班约8500多期，培训公务员140余万人次。

行政奖励。1996年，省政府批转《关于进一步规范行政性表彰奖励工作意见的通知》。1999年，省政府印发《安徽省行政性表彰奖励公开评选暂行办法》。2003年，省委办公厅、省政府办公厅出台《关于精简和规范省直部门表彰工作的通知》。2006年，省委、省政府出台《安徽省突出贡献人才奖励办法》。2008年，省委组织部、省人事厅出台《安徽省公务员奖励办法（试行）》。1994—2009年，省人事厅承办省委、省政府有关表彰奖励活动117项，表彰先进集体4484个、先进个人8784名；完成233项人事部（人力资源社会保障部）与国家部委联合表彰本省推荐工作，推荐先进集体568个，先进个人1381名；与省直部门联合开展了250项全省系统性行政表彰工作，表彰先进集体5889个，先进个人13812名。

三

1995—2009年，安徽省引智工作贯彻“服务大局、整体推进、突出重点、提高效益”的方针，紧密围绕安徽省经济和社会发展目标，服务领域不断拓展，总体规模不断扩大，质量效益不断提高。

围绕经济建设招才引智。2002年，省政府出台《关于加强引进国外智力工作的意见》，要求提高认识，积极开展引智工作。省外专局制定《安徽省引进国外技术、管理专家项目管理暂行办法》。2004—2005年，省人事厅会同有关部门发出《引智工作进一步为“三农”服务的意见》《关于加强引进国外智力工作为民营经济发展服务的意见》《关于进一步加强引进国外智力为国有企业服务工作的通知》。2005年，召开国有大中型企业引进国外智力工作会议，要求充分发挥引进国外智力在企业发展和安徽崛起中的积极作用。2009年，为落实促进中部崛起重大战略部署，安徽省人民政府与国家外国专家局签订《关于引进国外智力为加速安徽崛起服务合作框架协议书》。

引进国外专家与技术。1994—2009年，围绕支持支柱产业发展、加快传统产业改造、促进技术创新和新产品开发，实施一大批农业引智项目，先后建成中国肉牛一号、稻鸭共作技术、波尔山羊、皖油14#、小网箱养鱼、无公害蔬菜、红富士苹果、脱毒草莓、宜山一号柑橘等省级引智基地。2007年后，继芜湖电真空研究所和蚌埠绿雨公司获国家引智基地殊荣，每年打造一个新的国家级基地（示范单位）。同年，确定合肥市肥西县官亭镇缪大庄村等12个村为本省第一批"千村引智示范项目"试点村。2009年，省外专局加强对省级引智基地和示范单位的动态管理和重点跟踪，确定合肥市包河区新民村等13个单位为第二批千村引智试点单位，推动农业产业化和的农业龙头企业发展。1994—2009年，全省实施引进国外技术管理人才项目1973项，聘请外国专家约2821人次，国家资助金额3852万。

开展出国（境）培训工作。1996年，选派卫生事业学术和技术带头人后备人选赴国外培训学习。2001年，组团赴德国进行"煤矿提升自动化及选煤机电设备技术"培训。2003年，中青年党政领导干部境外培训。2004年，组织"家蚕彩色茧丝研制与开发"培训项目，研制出天然彩色茧丝达数十种为国内首创。2007年，安徽省"一村一品农协运作模式"培训团赴日本培训，对发展特色经济起到了很好的促进作用。2009年，通过国家级重点培训项目实施，奇瑞汽车、科大讯飞、华夏电子研究项目均取得科研突破。"中青年领导干部中长期培训"、"农村创业带头人、农民致富带头人和农业龙头企业负责人培训"、"省级学术技术带头人培训"，已打造成安徽省出国（境）培训品牌。1994—2009年，全省实施出国（境）培训项目664项、9903人，国家资助经费2285.3万元。

外国专家管理与奖励工作。1994年，省政府规范和加强外国专家管理与服务工作。2005年5月，正式启动外国专家来华工作行政许可工作。2007年，出台文件加强外国文教专家"兼职"、"转聘"管理。2008年，印发《外国专家在皖工作突发事件应急预案》《安徽省外国专家管理工作联席会议制度》，统一使用"国家外国专家局外国专家来华工作证件管理系统"。2009年，对合肥、芜湖、蚌埠3市实施外国专家来华工作许可、"外国专家证"发放委托办理。截至2009年12月，全省通过系统注册聘请单位183家，办理外国专家来华工作许可290项、《外国专家证》710件，本省具有聘请外国专家资格单位144家。

1995年，省政府设立"黄山友谊奖"，作为为表彰在安徽经济社会发展中作出突出贡献的外国专家（不含外籍华人、港澳同胞）的最高奖项，至2009年底，本省举办开展了十一届"黄山友谊奖"评选表彰活动，共有134名外国专家获此奖项。2006—2009年，安徽省推荐的比利时专家Jean Christophe Bogaert、德国专家Kuhne、日本专家寺田真二先生、波兰专家Malgozata Jedryczka和以色列专家Itzhak Shani先后荣获国家"友谊奖"。

四

2009年底，安徽省事业单位总数39798个，从业人员101万人，其中管理人员10.5万人，专业技术人员74万人，工勤人员16.5万人。

事业单位人事制度改革。1995年，启动事业单位人事制度改革总体设想和改革方案的调查研究。1998年出台《安徽省事业单位实行聘用合同制试行办法》《事业单位聘用合同书》《安徽省事业单位聘用合同鉴证办法（试行）》，下发《关于事业单位聘任制人员退休问题的通知》，组织指导省直4个事业单位和淮南、芜湖等8个市开展试点工作。1999年，在中科院等离子所、省黄梅剧院、歌舞团、省出版社、省电子工业学校、科技馆、电视台等进行试点。同年12月，召开事业单位人事制度改革试点工作座谈会，强调要从聘用制度、岗位管理制度、分配制度、监督制度、安置制度五个方面推进。2000年，配合农村税费改革，安徽省在全国率先启动乡镇事业单位改革，精简乡镇财政供给事业单位编制43000多个，分流5万多人，机构和人员精简比例分别达到50%和40.6%。2001年，省委省政府明确事业单位人事制度改革以推行人员聘用制度和岗位设置管理制度为重点，加快建立政事分开、单位自主用人、人员自主择业、政府依法管理、配套措施完善的分类管理体制，形成有利于优秀人才健康成长和发挥作用的良好机制，建设高素质的专业技术干部队伍。2002年，出台省委省政府直属事业单位机构改革人员定岗分流意见，召开全省事业单位人事制度改革座谈会，讨论拟订《事业单位未聘人员安置意见》《事业单位岗位设置意见》《事业单位人员聘用意见》和《事业单位人员竞聘上岗办法》。截至年底，全省36535个事业单位已有19596个单位实行人员聘用制度，占事业单位总数54%；实行聘用制度职工609248人，占职工总数59%。2003年后，陆续印发《关于进一步做好乡镇事业单位机构改革分流人员安置工作的意见》《关于党政机关事业单位工作人员到民营经济创业有关问题的意见》，全省结合乡镇事业单位机构改革普遍推行竞聘上岗、考试考核和聘用合同管理办法，进行事业单位扩大内部分配自主权试点工作，先后提出深化卫生事业单位、科研事业单位、中小学、高等学校、广播影视事业单位、文化事业单位人事制度改革的实施意见，推进行业改革发展。2008年，全省实行人员聘用制度的单位和签订事业单位聘用合同的人员已达74.8%，其中新进人员全部签订聘用合同。

人员公开招聘。2002年，制定《安徽省财政拨款事业单位新进人员考试考核办法（试行）》《安徽省财政拨款事业单位专业技术职务聘任管理暂时行办法》，开始组织实施事业单位新进人员公开考试进人。2003—2005年，全省普遍推行事业单位人员聘用制和面向社会公开招考。2006年，省政府发出《关于在全省事业单位试行人员聘用制度的意见》，进一步规范事业单位实行聘用制度的管理。2007年，出台《关于省直事业单位新进工作人员公开招聘工作的通知》，5年全省事业单位公开招聘61300人，参加考试人数超过 60 万。

岗位设置管理。2008 年，省政府决定在全省启动事业单位岗位设置管理实施工作，印发了《安徽省事业单位岗位设置管理实施意见》，明确事业单位岗位分为管理岗位、专业技术岗位、工勤技能岗位三种类别。同年 12 月，省政府召开全省事业单位岗位设置管理工作会议，进行具体部署。2009 年，下发国家 14 个行业指导意见，拟制了事业单位岗位设置管理实施方案和岗位设置方案报送说明及参考样本，出台《安徽省事业单位专业技术岗位结构比例控制标准（试行）》。

五

机关、事业单位人事管理工作是一个系统工程，1994—2009 年，安徽省各项人事工作都取得长足进步与发展，不少工作具有开创性。

工资制度改革和工资管理。工资福利是干部人事制度的重要组成部分，是国家公务员和事业单位职工的重要保障机制。1994 年 1 月，全面启动机关事业单位工资制度改革。这是本省继 1956 年、1985 年后的第三次大规模工资制度改革。全省 107 万名（含临时人员 7 万）机关事业单位职工和 4 万多名部属驻皖单位职工的工资套改，22 万名离退休人员调整离退休费。全省机关事业单位工资总额达 43 亿元，比 1993 年增长 12 亿，人均增资 88.6 元。2006 年，进行新中国成立以来第四次工资制度改革。从 2006 年 7 月 1 日起，实施公务员工资制度改革。公务员的基本工资构成由四项调整为职务工资和级别工资两项，取消基础工资和工龄工资。2007 年 1 月，省政府决定从 2006 年 7 月 1 日起，对事业单位工作人员工资制度进行改革，一是建立岗位绩效工资制度，二是实行新的工资分类管理办法，三是完善工资正常调整机制，四是完善高层次人才和单位主要领导的分配激励约束机制，五是健全收入分配宏观调控机制。1994—2009 年，安徽省下发一系列通知，对晋升职务工资档次、调整工资标准、正常晋升工资档次、工资套改办法、年终一次性奖金、各类人员工资待遇等作出相应规定。2001 年 3 月，开始实行省级行政事业单位财政统一发放工资。2005 年 3 月，省财政厅、省人事厅、省监察厅下发通知，进一步规范省直机关津贴补贴管理，将省直机关自行发放的津贴补贴纳入工资统一发放。历经多次工资制度改革和工资调整，全省机关事业单位工作人员工资水平不断增长。1999—2009 年，机关公务员年人均工资额从 6810 元增长到 36289 元，事业单位人员年人均工资额从 6974 元增长到 27325 元，十年间全省年人均工资增长约 5 倍。在此期间，假期待遇、职工死亡抚恤、退休管理和待遇、离退休待遇与管理服务、退职管理、工龄制度，也都有相应调整和改进。开展机关、事业单位工人技术等级考核，组织全省机关事业单位考工升（定）级工作。列入全省统考工种的有汽车驾驶员、烹饪、仓库保管员、保育员、宾馆服务员、图书资料员、公路监护工、殡葬工、园艺花卉工、渠道维护工、闸门运行工、河道修防工、灌排工程工、钻探工、计算机录入员、计算机系统操作工、电工、管道工、广播电视机务工等 19 个工种。

军转干部安置与服务。军转工作是一项重要的政治任务，也是重要的人才资源开发，历来为各级党委、政府高度重视。成立由省委组织部部长为组长、省人事厅厅长等有关负责同志为副组长的省军队转业干部安置工作小组。省委、省政府年年召开全省军转干部安置工作会议进行布置，各级党委、政府不折不扣贯彻落实。1994—2009 年，全省接收安置军转干部 22226 人（师职 48 人，团职 5537 人，营连排职 10626 人，专业技术干部 6015 人），其中，计划安置军转干部 21213 人，自主择业军转干部 1013 人。随转随调家属 5575 人。在军转干部安置工作中，对师职干部实行指令性分配安置，对功臣模范、长期在边远艰苦地区和从事飞行舰艇的进行照顾安置，对团职干部采取考核基础上双向选择的办法进行安置，90% 以上充实到公务员队伍。2007 年 8 月，省军转干部安置工作小组、省委组织部、省人事厅、省军区政治部联合印发《安徽省省直和驻肥部属单位军队转业干部安置实施办法（暂行）》，采取“考试考核、积分画线、双向选择、保底安排”相结合的办法，对营以下军队转业干部进行安置。按照“学用结合、按需施教、注重实效”和培训。按照“考核、使用相结合”的原则，普遍开展军转干部培训工作。1994—2009 年，省军转办和省军转培训中心培训省直军转干部 1718 人。2001 年 6 月，授予 30 名同志全省模范军队转业干部荣誉称号，对 23 个军队转业干部安置工作先进单位和 23 个先进军转工作者予以表彰。2009 年 10 月，表彰 32 位同志为“全省模范军队转业干部”，表彰 38 个单位为“全省军队转业干部安置工作先进单位”，表彰 36 名同志为“全省先进军转工作者”。2009 年，《人民前线》头版头条以“让安置政策畅通无阻”为题，报道安徽省高标准做好军队转业干部安置工作。2002 年，根据国家有关规定，安徽省开始实行部分军转干部自主择业的办法进行安置，认真落实自主择业军转干部的各项待遇政策，开展自主择业军转干部创业培训和就业指导。到 2009 年，安徽省自主择业军转干部已达 1013 人人，90% 以上实现自主创业或重新就业。2002 年 9 月，省委省政府发出通知，要求抓紧做好解决部分企业军队转业干部生活困难问题的工作，各地党委、政府，按照国家和省的部署要求，下发一系列文件，采取一系列措施，开展一系列工作。到 2003 年，基本完成部分企业军队转业干部生活困难问题有关政策规定的落实工作。从 2004 年开始，建立部分企业军队转业干部生活困难补助长效机制。至 2009 年，全省近 3 万名生活困难的企业军队转业干部享受生活补助，实际收入连年增长，解困目标基本实现。

人事考试工作。伴随着干部人事制度改革的发展与时俱进，人事考试工作在探索创新中不断发展进步。1995 年 10 月，组建省人事考试中心。2007 年 9 月，2940.66 平方米的人事考试基地投入使用。1995—2009 年，顺利完成执业（中）药师资格、一二级注册建筑师、注册资产评估师、一二级注册结构工程师、监理工程师、造价工程师、企业法律顾问、注册税务师、注册城市规划师、价格鉴证师、房地产估价师、执业药师、房地产经纪人、注册咨询工程师、注册设备监理师、一级建造师、环境影响评价工程师、二级建造师、房地产经纪人、勘察设计行业注册土木工程师、注册电气工程师、注册公用设备工程师、注册化工工程师、投资建设项目管理师、管理咨询师、注册安全工程师、注册土木工程师、注册环保工程师、二级地震安全性评价工程师、勘察设计行业注册工程师等执业资格考试；质量专业、出版专业、图书资料专业、档案专业、二三级翻译专业、审计专业、律师专业、土地登记代理人职业资格考试和社会工作者、招标师职业水平考试；公安消防监督检查人员岗位资格考试、公安机关刑事科学技术和技术侦察队伍专业技术职位专业考试；专业技术人员计算机应用能力、职称外语等级考试。1996 年 6 月，全省首次举行省直机关招考公务员（工作人员）考试，自此全省公务员考试规模不断扩大。2003—2009 年，连续 7 年组织全省公务员四级联考工作，报考人数达 473212 人。2001 年起，连续 9 年组织中央国家机关及其直属机构考录公务员安徽考区的考务工作，报考规模达 163552 人。2005—2009 年，连续 5 年组织了省直事业单位公开招聘考试，报考人数 40344 人。1999 年起，连续 11 年举行了全省选拔高校毕业生到农村基层工作考试。2006 年起，连续 4 年举行营职以下军队转业干部安置考试。1997—2009 年，多次举行技术工人等级考试，技师、技工考试报考人数 106354 人。2001—2009 年，社会化考试 451 项、报考人数 117791 人。与此同时，人事考试安全体系建设、人事考试信息化建设和考试工作队伍建设，都取得长足的进步。

人事争议仲裁工作。随着人事制度改革、民主法制建设、促进社会和谐的发展，越来越显示其不可或缺的重要作用。1997 年 9 月，安徽省逐步开展人事争议仲裁工作。1998 年 9 月，省政府发出《关于印发〈安徽省人事争议仲裁暂行规定〉的通知》。1999 年 1 月，省政府办公厅发出《关于成立省人事争议仲裁委员会的通知》。1999 年 4 月，成立安徽省人事争议仲裁委员会办公室。2007 年，省人事争议仲裁委员会办公室聘任人事争议仲裁员 31 名。1999 年 7 月，制定《人事争议仲裁委员会组织规则》和《人事争议仲裁委员会办案规则》，促进全省人事争议仲裁工作规范展开。2000 年以后，省人事厅逐步加强人事争议仲裁业务。2004 年，全省受理人事争议仲裁案件 219 件。2005 年，全省 17 个市全部成立人事争议仲裁委员会及其办公室。2006 年，公布《安徽省人事争议仲裁流程图》，全省人事仲裁队伍建设取得新进展。2007 年，省人事争议仲裁委员会办公室立案处理各类人事争议案件 26 起、共接待来信来访来电 140 多起，涉及离退休、编制、职称评议、事业单位转企改制、人员流动等人事问题。2008 年，强化“科学维权，保障公平”的服务理念，积极开展人事争议仲裁工作。2009 年，首次尝试《仲裁建议书》的办法，向被申请人发出《仲裁建议书》。

省政府任期目标任务单位考核和干部任免。按照省政府的要求，1994—2000 年，省人事厅承办省政府任期目标管理考核委员会的日常工作。1996 年，完成省政府 100 个责任单位考核权数设置任务。1999 年，修订《安徽省人民政府目标管理考核奖惩办法》，制定《安徽省人民政府有关部门为外商投资企业服务工作测评和奖惩办法》，组织进行省政府 20 项重点工作检查。2000 年，报省政府批准出台《安徽省县（市）经济运行奖惩暂行办法》，完成省政府76个责任单位1999年度工作目标考核任务，对年度考核前十位的县通报表彰。建立部门服务测评奖惩制度，组织外商企业对省直涉外和执法部门服务情况进行第一次测评，完成50个企业对23个部门的测评工作和结果通报。承办省政府管理的领导人员的任免，1994—2009年，省人事厅每年办理省政府和报省人大的干部任免手续100余人次。

人员计划管理。1996年，省直机关事业单位开始实行增人计划卡管理制度。1997年，出台加强机关事业单位工勤人员管理工作的意见，建立人员编制、增人指标、调配录用、职称评聘、工资管理相互衔接又相互制约的人员调控机制。1999年，省政府发出《关于抓紧清理清退乡镇机关事业单位不在编人员的通知》，省人事厅拟定清理清退乡镇机关事业单位不在编人员工作的意见。在试点的基础上全面推进，至年底全省清理清退乡镇机关事业单位不在编人员11万多人，清退税务系统助征员、工商系统协管员7000人，优化了乡镇人员队伍结构。2002年，建立全省机构编制人员信息库，17个市66个省直单位13万余人的数据进入信息平台。

企业稽查特派员试点。1998年，省人事厅协助国务院稽查特派员总署第十七办事处对铜陵有色金属公司的稽查工作。1999年，省人事厅报请省政府批准实施《安徽省人民政府稽查特派员暂行规定》，选配了5名稽查特派员及25名稽查特派员助理，组建了5个稽查特派员办事处，启动了省属国有企业稽查试点。2000年，按照省政府要求，省人事厅推进省属国有企业稽查试点，开展稽查特派员业务培训。

人事系统自身建设。1994—1999年，安徽省人事系统大规模开展邓小平人才人事理论的学习、宣传、研究和实践活动。2000年后，全省广泛开展人事人才工作和推进人事人才制度改革的调查研究，召开一系列座谈会、研讨会、专题会，厅局长带头领课题、搞调研、写文章，为推进人事人才工作提高认识、统一思想、明确思路。2001—2002年，省人事厅在省直机关率先开展干部竞争上岗、工作人员双向选择，身体力行探索激活用人机制。2001—2004年，全省人事系统开展"内强素质、外树形象""创学习型机关""树人事编制干部新形象"活动。2005年，全省人事系统开展警示教育，开展以"提高素质、加强服务"为主要内容的"树人事编制干部新形象"主题实践活动。2006年，制定了人事立法规划和"五五"人事法制宣传教育规划，开展了"服务效能年"活动。2007年，开展创建学习型机关、保持共产党员先进性教育和"制度建设年""服务效能年""和谐机关年"主题活动。2008年，开展学习科学发展观活动，开展全省人事系统纪念改革开放30周年活动，开展"调查研究年""反腐倡廉制度建设推进年"活动。2009年，省人事厅、省劳动保障厅合并新组建省人力资源和社会保障厅，全省人力资源和社会保障工作承前启后、有序推进。

十六年继往开来，十六年乘风破浪。全省人事部门励精图治，围绕经济建设、社会发展和民生事业大局，做了大量有关人事改革、服务和管理工作。全省人事工作者团结奋斗，怀着对事业发展的追求，无怨无悔贡献着勤劳、智慧和青春。这一历史时期，不少工作走在全国前列。如，整体性人才资源开发，公务员制度实施方案，事业单位人事制度改革，突出人事工作为经济建设服务，建立省部人才事业发展合作机制等等。这一发展阶段，许多工作安徽人事开创先河。如，首次大规模开展邓小平人事人才理论的宣传学习，结合实际全面践行邓小平理论；首次召开全省人才工作会议、省委省政府作出才人才工作决定，确定“人才强省”战略；首次全面部署人事工作为经济建设服务，围绕为省经济发展战略、科学技术创新、区域经济发展开展人才智力保障工程；首次开展全省人才普查、预测和规划，全面系统推进人才资源开发；首次实行公务员“公开、平等、竞争、择优”考试录用和干部竞争上岗；首次推行事业单位聘用合同制和岗位设置、工作人员考试聘用、养老保险试点；首次探索军转干部考试考核安置办法，注重解决部分企业军转干部生活困难问题；首次把市场机制引入人才交流，形成多层次、全覆盖的人才市场网络；首次组织企事业单位赴国外招聘人才，利用国际交流活动和渠道招才引智；首次创建部省、局省、校省、院省人才智力合作机制，拓展引进高层次才智平台；首次规模性选拔高校毕业生到基层工作和“三支一扶”；首次创建留学生创业园、大学生见习基地等等。建设美好安徽、实现富民强省的伟大进程中，人事制度改革来之不易，人才事业开拓弥足珍贵，人事人才工作发展及其成果可圈可点。

第一章　机构沿革

第一节　省厅行政机构

1994 年 4 月,安徽省行政机构改革,省人事局更名为省人事厅。1995 年,省人事厅内设机构调整为 11 个:办公室、法规与计划处、录用调配处、考核奖惩处（省政府任期目标管理考核委员会办公室）、工资福利处、职称与专家处、培训处、保险与离退休管理处、军官转业安置处（省军队转业干部安置工作小组办公室）、国际交流与外国专家处（省引进国外智力领导小组办公室）、人事处。另设机关党委和纪检监察机室，1998 年省委始派驻厅纪检组。行政编制 96 名。

2000 年 4 月,安徽省行政机构改革。2000 年 12 月,省人事厅内设机构调整为 10 个:办公室、综合法规处、公务员管理处、专业技术人员管理处、考核培训处（省政府任期目标管理考核委员会办公室）、人才流动开发处、工资福利与离退休处、军官转业安置处（省军队转业干部安置工作小组办公室）、省外国专家局（省引进国外智力领导小组办公室）、人事处。另设机关党委(与人事处合署办公)和纪检监察机构。行政编制 54 名。

2001 年年底,省政府任期目标管理考核委员会办公室的相关职能移交省政府办公厅。

2004 年 3 月,省外国专家局局长按副厅级高配。

2005 年 5 月,省人事厅专业技术人员管理处增挂省博士后管理工作办公室牌子。

2006 年 5 月,省外国专家局（省引进国外智力领导小组办公室）确定为副厅级行政机构,内设国际交流合作处、外国专家工作处均为正处级。

截至 2009 年 5 月,省人事厅内设机构 10 个:办公室、综合法规处、公务员管理处、专业技术人员管理处（省博士后管理工作办公室）、考核培训处、人才流动开发处、工资福利与离退休处、军官转业安置处（省军队转业干部安置工作小组办公室）、省外国专家局（省引进国外智力领导小组办公室,内设国际交流合作处、外国专家工作处）、人事处。另设,机关党委（与人事处合署办公）和纪检监察机构。

1994—2009年省人事厅领导班成员更迭表

表1-1-1

		职务	姓名	任职时间
党内职务	中共安徽省人事局党组（1994.01—1994.04）	书　记	汪　权	1994.01—1994.04
		副书记	苏泽泉	1994.01—1994.04
		成　员	王者智	1994.01—1994.04
			刘锡福	1994.01—1994.01
			张　勇	1994.01—1994.04
			秦长年	1994.01—1994.04
	中共安徽省人事厅党组（1994.04—2009.05）	书　记	汪　权	1994.04—1998.02
			钱明高	1998.02—1998.05
			丁道荣	1998.12—2003.02
			张耀文	2003.02—2008.02
			刘　莉	2008.02—2009.05
		副书记	苏泽泉	1994.04—2001.02
		成　员	王者智	1994.04—1994.12
			张　勇	1994.04—2004.03
			秦长年	1994.04—1996.04
			张文和	1994.09—2000.03
			于洪启	1994.09—2000.11
			孙永吉	1996.09—2007.10
			赵　勇	1998.03—2009.05
			罗昌平	2001.07—2009.05
			黄荣华	2001.09—2004.02
			吴云生	2002.01—2006.03
			成　浩	2004.02—2008.03
			陈晓淮	2004.11—2009.05
			陈运才	2006.03—2009.05
			林　海	2007.02—2009.05
			葛余清	2007.02—2009.05
			张家麟	2008.05—2009.05
	中共安徽省纪委派驻省人事厅纪检组（1994.04—2009.05）	组　长	赵　勇	1998.03—2002.01
			吴云生	2002.01—2004.06
			陈晓淮	2004.11—2009.05

续表 1-1-1

		职务	姓名	任职时间
行政职务	安徽省人事局负责人（1994.01—1994.04）	局　长	汪　权	1994.01—1994.04
		副局长	苏泽泉	1994.01—1994.04
			王者智	1994.01—1994.04
			刘锡福	1994.01—1994.01
			张　勇	1994.01—1994.04
		副局级调研员	秦长年	1994.01—1994.04
	安徽省人事厅负责人（1994.04—2009.05）	厅　长	汪　权	1994.04—1998.02
			钱明高	1998.02—1998.05
			丁道荣	1998.12—2003.02
			张耀文	2003.02—2008.02
			刘　莉	2008.02—2009.05
		副厅长	苏泽泉	1994.04—2001.02
			王者智	1994.04—1994.12
			张　勇	1994.04—2004.03
			张文和	1994.09—2000.03
			于洪启	1994.09—2000.03
			孙永吉	1996.09—2007.10
			罗昌平	2001.07—2009.05
			黄荣华	2001.09—2004.02
			赵　勇	2002.01—2008.04
			成　浩	2004.02—2008.04
			林　海	2007.03—2009.05
			陈运才	2008.06—2009.05
		巡视员	苏泽泉	1998.02—2001.02
			吴云生	2004.06—2006.03
			赵　勇	2008.04—2009.05
		副（助理）巡视员	秦长年	1994.04—1996.08
			焦福功	1997.12—2004.10
			张文和	2000.03—2000.10
			于洪启	2000.11—2001.08
			陈其荣	2004.02—2006.02
			张　扬	2006.04—2008.11
			张家麟	2006.04—2008.06
			史甘霖	2008.10—2009.05
		安徽省外国专家局局长	葛余清	2007.03—2009.05

第二节 省厅职能演变

1995年，省政府办公厅印发《安徽省人事厅职能配置、内设机构和人员编制方案》（皖政办〔1995〕95号）规定，省人事厅为省政府组成部门，是综合管理全省人事工作和推行人事制度改革的职能部门。

加强的职能：强化宏观管理、协调指导、监督检查和信息服务职能，加强人事政策、法规和制度建设，加强对国家公务员、专业技术人员的综合管理和服务工作；大力培育、发展人才市场，调整人员结构，加强人才开发和智力引进，促进人力资源的合理配置和人才的合理流动，加强机关、事业单位社会保险制度改革和人事争议仲裁工作。

弱化的职能：企业和自收自支事业单位专业技术职务岗位的设置、结构比例和聘任由企业和事业单位自主决定，其他事业单位专业技术职务聘任由岗位指标管理改为结构比例控制；省直自收自支事业单位人员调配计划由省直各主管部门自行管理，从企业和合肥以外（不含省外）调入人员，由逐人报批改为定政策、管备案，进行监督检查；把一般辅助性、服务性工作的具体事务划归厅属事业单位办理。

根据以上职能调整，省人事厅的主要职责：

贯彻执行国家人事政策法规，结合本省实际，研究制订具体办法并组织实施，对全省人事工作进行指导、监督、检查、协调服务；负责全省机关、事业单位工作人员的宏观规划、结构调整和宏观管理，编制全省机关、事业单位人员计划和工资计划，实施工资基金管理。

负责全省推进国家公务员制度工作，研究制订全省国家公务员职位分类、录用、考核、奖励、纪律、惩戒、职务升降、职务任免、培训、交流、回避、工资福利、保险、辞职辞退、退休、申诉控告等具体办法并组织实施；依法对全省实施国家公务员制度工作进行综合管理、指导和协调。

研究制订全省人事制度改革的规划、方案并组织实施，逐步建立科学化、法制化的人事管理制度，会同有关部门协调指导全省企业、事业单位的人事制度改革。

承办省政府管理的领导人员的任免、奖惩等工作。

综合管理全省专业技术人员工作，制订全省加强专业技术人员队伍建设的具体办法并组织实施，统一管理全省专业技术职务聘任和专业技术资格评定、考试和专业技术人员继续教育工作，负责推行专业技术人员职业资格制度，综合管理有突出贡献专家和享受政府特殊津贴专家的选拔评审以及回国到皖定居专家工作。

研究制订人才流动的政策法规，组织各类人才流动和智力交流，培育和指导人才市场；负责制订全省高等院校毕业生指令性分配计划、指导性分配原则及相应的政策措施（师范类毕业生分配计划仍由省教委编制）；综合管理省直、中直驻肥单位以及国家和省特殊需要人员的调配工作；负责非教育系统出国留学人员的选派和回国安置工作；归口管理因公出国（境）人员的审查工作；综合管理人事争议仲裁工作。

制订全省机关、事业单位的工资、津贴、福利政策和标准，管理全省机关、事业单位工资、津贴、福利工作；组织指导机关、事业单位工人的技术等级考核。

综合管理省政府奖励、表彰工作，承办省政府任期目标管理考核委员会的日常工作。

制订全省机关、事业单位工作人员养老、工伤、失业保险的改革方案和政策并组织实施，综合管理省直机关和在肥中央、省直事业单位的社会保险工作；制订全省机关、事业单位工作人员离休、退休的有关政策、法规并组织实施；综合管理全省机关、事业单位工作人员的离休、退休、退职工作。

制订全省军队转业干部安置政策、安置计划、培训计划并组织实施。

管理全省人事系统的国际交流与合作，综合协调、归口管理全省引进外国智力工作和赴国（境）外培训工作。

综合管理全省人事系统的科研工作和人事信息工作。

承办省委、省政府交办的其他事项。

根据省政府规定，管理安徽行政学院。

办公室职责：协助厅领导组织管理机关工作，协调机关各处室的工作；制订厅机关各项工作制度；负责会议组织、文电处理、综合文字、文件审核、机要、档案、信访、保密、保卫等工作；负责省委、省政府交办事项及省人大、政协有关提案、议案的办理工作；负责管理机关财务、固定资产、行政后勤、第三产业等机关行政事务管理工作。

法规与计划处：负责人事政策的综合调研，研究拟订人事制度改革总体规划、人事法规规划、综合性法规，负责制订全省推进国家公务员制度工作规划并协调指导实施；综合研究、协调指导企事业单位人事制度改革并制订有关政策；编制全省机关、事业单位人员计划和工资计划并进行宏观调控，负责机关、事业单位工资基金管理以及人员和工资的统计与综合分析工作；负责人事行政科学研究的规划、指导和协调工作，综合管理人事宣传工作。

录用调配处：制订全省国家公务员考试录用、交流、回避和人才流动的实施办法并组织实施；指导、协调全省机关、事业单位工作人员的录用工作，负责省直机关、事业单位工作人员的录用工作；负责省直机关各工作部门主任科员以下非领导职务的国家公务员、机关其他工作人员及事业单位工作人员的考试录用工作，综合管理乡镇选聘制人员的工作；指导全省人才流动和开发工作，培育发展人才市场；综合管理人事争议仲裁工作；负责制订全省高等院校毕业生指令性分配计划、指导性分配原则以及相应的政策措施；负责省直机关、事业单位、中央驻肥单位人员以及国家和省特殊需要人员的调配工作；研究制订全省机关、事业单位工作人员和专业技术人员家属户口“农转非”的具体政策并组织实施，管理非教育系统出国留学人员的派出和回国安置工作。

考核奖惩处（省政府任期目标管理考核委员会办公室）**：**制订国家公务员职务分类、

考核、奖励、纪律、惩戒、职务升降、职务任免、聘用、辞职辞退、申诉控告等政策法规的实施办法和国家公务员非领导职务设置办法并组织实施；承办省政府管理的领导人员按法律程序的任免工作；综合管理政府系统的全省性奖励、表彰工作，负责省政府和报国务院及其工作部门奖励、表彰的单位和人员的审核工作，组织实施以省政府名义开展的奖励、表彰活动；承办省政府任期目标管理考核委员会的具体工作；承办全省科技副县长的任职考核工作。

工资福利处：制订全省机关、事业单位工作人员的工资、津贴、福利的有关政策和标准并组织实施；负责管理省直机关、事业单位及中央驻皖单位工资、津贴和福利工作；负责组织和指导全省机关、事业单位工人技术等级岗位考核工作，并根据实际工作需要制订有关政策、办法，核发岗位证书；负责机关、事业单位工作人员工龄计算和参加工作时间的核定工作。

职称与专家处：制订全省专业技术队伍建设、发挥专业技术人员作用的政策、措施，综合管理全省专业技术职称改革工作；负责全省专业技术职务设置的宏观管理，制订专业技术职务聘任和专业技术资格评审的政策标准并组织实施；负责组建高级专业技术职务评审委员会，综合协调、指导各专业技术职务系列主管部门的评审工作，指导全省职称考试工作；研究建立和推行全省专业技术人员职业资格制度；负责国家和省有突出贡献专家和享受政府特殊津贴专家的选拔、推荐和管理工作，负责回国到皖定居专家管理服务工作，推行博士后制度并负责博士后的管理协调工作，管理本省高级专家信息库。

培训处：制订全省国家公务员培训和专业技术人员继续教育的政策、规划并组织实施；综合管理行政院校和其他公务员培训机构，指导编写和审定全省国家公务员培训教材和专业技术人员继续教育科目指南；会同有关部门管理全省专业证书教育，参与制定全省有关培训教育政策法规及成人教育年度招生计划；归口管理全省人事业务培训工作和组织实施全省人事系统国家公务员培训。

保险与离退休管理处：制订全省机关、事业单位工作人员养老、工伤、失业保险制度改革方案和实施办法并组织实施，制订全省机关、事业单位工作人员离退休具体办法并组织实施；综合管理省直机关、事业单位和中央驻肥事业单位社会保险工作，指导、协调省直机关、事业单位和中央驻肥事业单位离退休人员的管理服务工作；负责高级专家延期离退休的管理工作。

军官转业安置处（省军队转业干部安置工作小组办公室）：制订军队转业军官安置工作的有关政策，编制全省转业军官年度安置分配计划并组织实施，承办省直、中央驻皖单位接收安置转业军官工作；编制全省转业军官上岗前的培训计划并指导实施；协调有关部门做好转业军官随调随迁家属安置和有关服务工作。

国际交流与外国专家处（省引进国外智力领导小组办公室）：制订全省智力引进工作的政策、法规，归口管理智力引进和人事外事工作；归口管理全省出国（境）培训工作;负责编制全省聘请外国经济技术、管理专家的年度计划和项目审核;负责智力引进成果的鉴定、评估、奖励和推广工作;负责管理和开辟国外智力引进渠道,开展全省与外国有关组织的人才交流和合作活动;指导、协调和综合管理全省国（境）外专业技术人才市场和智力引进服务体系;负责全省派往国家组织职员的考试、选拔、管理及协调工作;归口管理因公出国（境）人员的审查工作。

人事处:综合管理厅机关及直属事业单位机构编制、人事、劳资工作;办理厅工作目标管理考核工作;配合机关党委做好厅机关和直属事业单位人员的思想政治工作;负责厅属单位离退休人员的管理工作。

2000 年 12 月,省政府办公厅印发《安徽省人事厅职能配置、内设机构和人员编制规定的通知》（皖政办〔2000〕106 号）,省人事厅职能调整为:综合管理国家公务员、专业技术人员、事业单位职员以及机关事业单位工勤人员,推进国家机关、事业单位工作人员队伍建设;推进和组织实施人事制度改革,促进人才资源开发和人才合理配置。

划出的职能:将机关、事业单位社会保险管理职责,交给省劳动和社会保障厅;将非教育系统出国留学人员的派出管理职责,交给省教育厅。

转变的职能:逐步将部分审批性行政事务下放给市人事部门和有关主管部门;将人事考试事务、专家休假和政府特殊津贴发放等服务事务、各类培训和考试教材的组织编写及发行等事务性工作,交给厅直属事业单位或委托社会中介组织承担。

加强的职能:加强人事宏观管理和人事争议仲裁、人事行政复议,以及对全省人事政策法规、重大人事工作的执行情况进行监督检查等工作。

根据以上职能调整,省人事厅的主要职责是:

研究制定全省人事制度改革规划、方案,制定贯彻执行国家人事政策法规的具体办法,建立科学化、法制化的人事管理制度并对执行情况进行监督检查;负责人事行政复议工作;研究拟定机构改革人员定岗和分流的政策规定。

负责全省国家机关、事业单位人员的总体规划、结构调整和工资分配的宏观管理,编制国家机关、事业单位人员计划和工资计划并组织实施。

负责全省公务员队伍管理工作,制定全省公务员各项管理的具体办法并组织实施。

综合管理全省专业技术人员队伍,推进建设工作;负责高级专门人才规划、培养工作;综合管理专业技术人员的职称工作,完善专业技术职务聘任制度;推行专业技术执业资格制度,综合管理专业技术职称及执业资格考试工作。

研究拟定全省事业单位人事制度改革总体方案,推行用人制度和分配制度改革,制定事业单位人员管理的办法并组织实施。

负责全省人才资源规划、开发工作,拟定人才流动政策法规,积极发展、依法规范和管理全省各类人才市场,建立和完善全省人事争议仲裁制度;参与高等院校、中专学校毕业生就业制度改革和就业政策的拟定,组织指导高等院校、中专学校毕业生就业服务工作;承办国家和省特殊需要人员的选调工作。

会同有关部门研究拟定全省机关、事业单位工资、津（补）贴、福利的政策、标准及调控办法并组织实施；研究完善机关、事业单位人员离休、退休政策并组织实施。

综合管理、指导、协调全省行政奖励表彰工作。

研究拟定全省军队转业干部安置政策，制定安置和培训计划并组织实施，推行与社会主义市场经济相适应的军队转业干部安置制度。

组织实施有关人事人才方面的国际交流与合作，承办政府间有关人事工作协定合作项目的实施工作；综合协调、归口管理全省引进国外智力工作。

负责对全省政府系统的人事工作进行指导、监督检查和协调服务；负责全省人事系统宣传、科研和信息工作。

承办省政府管理的部分领导人员的行政任免、奖惩等有关事宜；承办省政府任期目标管理考核委员会的日常工作。

承办省政府交办的其他事项。

办公室：协助厅领导对政务、业务等有关工作进行督促检查；负责重要会议组织、信息综合、秘书事务、机要档案、信访、保密保卫以及机关行政、财务管理工作；负责省人大、政协提（议）案的办理工作；承办厅工作目标管理考核工作；负责人事信息管理及网络规划，组织指导信息系统建设；负责厅机关和厅直属事业单位国有资产的管理工作。

综合法规处：负责人事人才政策法规的综合调研，研究拟定人事制度改革总体规划、人事法规规划和综合性政策法规；研究拟定事业单位人事制度改革总体方案并组织实施；负责人事行政复议工作，监督检查执行人事政策法规和办理重大人事工作情况；拟定人事事业中长期规划以及机关、事业单位人员和工资计划，管理机关、事业单位人员工资总额；负责机关、事业单位人员和工资综合统计与分析工作；负责综合文字工作，起草厅重要文稿；负责人事行政科学研究的指导、协调和人事新闻宣传工作。

公务员管理处：拟定全省国家公务员职位分类、录用、职务升降、职务任免、轮岗、竞争上岗、回避、纪律、奖励、惩戒、申诉控告、辞职辞退等单项法规的具体实施办法并组织实施，指导协调、监督检查全省实施国家公务员制度工作；指导依照公务员制度管理单位的相关工作；研究拟定专业技术人员、职员及工勤人员的任免、奖励、惩戒、辞职辞退等政策规定并组织实施；研究拟定奖励表彰制度，综合管理政府系统的全省性奖励表彰工作，负责省政府和报国务院及其工作部门奖励、表彰的单位和个人的审核工作，组织实施以省政府名义开展的奖励、表彰活动；承办省政府管理的部分领导人员的行政任免、奖惩等有关事宜。

专业技术人员管理处：负责高级专门人才规划、培养工作；负责组织有突出贡献中青年专家、享受政府特殊津贴专家的选拔和申报工作，负责到皖（回国）定居专家管理工作；推行博士后制度并负责管理协调工作；负责留学回国人员有关科研经费资助工作；研究拟定专业技术骨干人员出入国（境）和国外机构在全省招聘专业技术骨干人员管理的具体办法并组织实施；负责全省专业技术人员职称制度改革工作，建立和完善专业技术职务聘任制度，推行专业技术执业资格制度，统筹协调各类专业技术人员资格标准；综合管理全省专业技术人员职称和执业资格考试工作。

考核培训处（省政府任期目标管理考核委员会办公室）：研究制定国家公务员和专业技术人员、职员及工勤人员的考核、培训等单项法规的实施办法并组织实施；研究拟定省政府任期目标管理考核办法并组织实施，承办省政府任期目标管理考核委员会交办的其他事项；承办全省科技副县长的选拔和任职考核工作；负责有关人事培训机构培训资格的论证和评估，发展、规范培训市场；负责组织、指导、协调全省专业技术人员继续教育工作；归口管理全省人事业务培训工作，组织实施全省人事系统国家公务员培训。

人才流动开发处：负责人才资源规划、预测工作，指导全省人才流动和开发工作，依法规范和管理并发展全省各类人才市场，负责省外、国（境）外人才机构进入全省人才市场的审批工作；推行人事争议仲裁制度，指导、协调全省人事争议仲裁工作；参与拟定高等院校、中专学校毕业生就业制度改革政策，组织指导高等院校、中专学校毕业生就业服务工作，提出少量国家和省急需、应予保证的高等院校、中专学校毕业生指令性分配计划并组织实施；拟定有关人员调配政策并组织实施，综合管理国家和省特殊需要人员选调工作；研究制定吸引留学人员回国到皖工作和服务的具体办法，负责留学人员回国到皖安置及跨地区跨部门调整工作；研究制定党政干部、专业技术人员配偶、子女"农转非"政策并指导实施；研究制定事业单位人员聘用、流动的具体办法并组织实施。

工资福利与离退休处：研究制定全省机关、事业单位工资、津（补）贴的有关政策和标准并组织实施；完善地区津贴制度和艰苦岗位津贴制度；负责管理省直机关、事业单位和中央驻皖单位工资、津（补）贴工作；制定新录（聘）用人员、大中专毕业生、调动和受处分等人员的工资待遇；推行机关、事业单位人员福利制度改革；制定工龄计算政策；研究完善国家机关、事业单位人员离休、退休（退职）具体办法并组织实施；推行完善国家机关、事业单位工作时间、休假制度；研究完善国家机关、事业单位人员疾病、工伤、生育等停工期间待遇的具体办法。

军官转业安置处（省军队转业干部安置工作小组办公室）：研究拟定军队转业干部安置工作的有关政策，编制安置计划并负责落实，组织省直、中央驻皖单位接收和选调军队转业干部工作；负责编制全省转业干部培训计划并指导实施；负责协调有关部门做好转业干部随调随迁配偶、子女安置和有关服务工作；负责推行与社会主义市场经济相适应的军队转业干部安置制度；承办省军队转业干部安置工作小组交办事项。

省外国专家局（省引进国外智力领导小组办公室）：研究拟定全省引进国外智力工作的具体办法，归口管理出国（境）培训和引进外国技术、管理专家工作；归口管理全省人事外事工作；负责编制聘请外国技术、管理专家的年度计划和项目审核、实施工作；负责编制出国（境）培训年度计划和项目审核并组织实施；负责组织智力引进成果的鉴定、评估、奖励和推广工作；负责管理和开辟引进国外智力渠道，开展全省与外国有关组织的人才交流和合作活动；负责全省派往国际组织职员的考试、选拔、管理和协调工作；归口管理因公出国（境）培训人员的审查工作；承办省引进国外智力领导小组交办的其他事项。

人事处：负责厅机关和直属事业单位机构编制、人事劳动工资等管理工作；负责本厅离退休人员的管理服务工作。

第三节　省厅属事业单位

1996年1月，省人事厅进行直属事业单位分类管理改革。撤销省人事局电大工作站；省国家公务员录用考试指导办公室与省职称考试指导中心合并，重新组建安徽省人事考试中心；省国际人才交流咨询服务中心与省专家服务中心合并，重新组建省专家咨询服务中心，同时保留省国际人才交流咨询服务中心牌子；在原机关文印室、接待站等基础上，组建省人事厅机关服务中心。经分类改革，省人事厅直属事业单位8个：省人事考试中心，省人事与人才研究所，省人才交流服务中心（人才市场），省人事信息中心，省专家咨询服务中心（省国际人才交流咨询服务中心），厅机关服务中心，省军队转业军官培训中心，省山区人才培训中心（安徽省歙县人才培训中心）。

主管安徽省行政学院。挂靠单位：省老龄委员会办公室。

安徽省人事考试中心：县级建制，差额预算事业单位，编制20名。主要职责：承担全省国家公务员、事业单位职员录用考试和专业技术人员专业技术职务资格、职业资格、外语考试的考务组织实施工作；承担全省国家机关、事业单位工人技术等级岗位考核的具体组织实施工作；承担省直国家机关、事业单位工人技术等级岗位考核事务工作；组织编印考试教材和复习资料，培训考务人员；建立和管理考试题库，提供考试工作咨询和技术服务；承担各类人事考试结果和统计分析、人才测评和考试方面的科研工作。

安徽省人事与人才研究所：县级建制，全额预算事业单位，编制7名。主要职责：承担人事业务应用项目和人事行政管理的课题研究，开展人事制度改革和人才开发有关理论问题的研讨；承担全省人事、人才工作的综合宣传工作，编辑发行《人事导刊》；承担省人才研究会日常事务。

安徽省人才交流服务中心（安徽省人才市场）：县级建制，差额预算事业单位，编制20名。主要职责：负责全省人才市场的规划和网络建设，开展多种形式的人才开发与培训；发布人才供求信息；组织开展全省人才与智力对口支援和省内外的人才交流活动，指导全省人才与智力交流的社会化服务工作；指导全省各类人才交流服务机构和人才市场工作；承办省直企事业单位和中央驻肥单位人才招聘、人才流动的中介、中转和管理服务工作。

安徽省人事信息中心：县级建制，全额预算事业单位，编制 6 名。主要职责：组织开展全省各类人才结构、分布情况的调查和人才预测，分类建立人事信息库为领导决策和业务部门提供咨询服务；承担全省人事管理信息系统的规划、建设和计算机网络建设及管理工作；负责全省人事系统人员的计算机专业培训，为机关办公自动化提供咨询和技术服务。

安徽省专家咨询服务中心（安徽省国际人才交流咨询服务中心）：县级建制，自收自支事业单位，编制 6 名。主要职责：承办聘请外国技术和管理专家到皖工作的项目材料、专家简历、往来函电的翻译以及专家中转、接待等服务工作；开展与引进国外智力有关的技术经贸合作以及专业技术人员出国研修活动，代理出国（境）培训团组和研修人员的护照、签证以及在国内的培训事宜；负责本省专家的休假、联谊等服务工作。

安徽省人事厅机关服务中心：县级建制，自收自支事业单位，编制 6 名。主要职责：负责统一管理机关后勤服务工作。

安徽省军队转业军官培训中心：县级建制，差额预算事业单位，编制 20 名。主要职责：负责组织实施省直单位军队转业军官的培训工作；承担省人事系统有关会议、培训和接待服务工作，面向社会开展其他接待服务。

安徽省山区人才培训中心（安徽省歙县人才培训中心）：副县级建制，差额预算事业单位，编制 10 名。主要职责：负责培训全省山区经济发展的各类人才，承担国家公务员的部分培训任务和歙县本地人才的开发、培训工作；承担人事系统的有关会议和专家休假、疗养等接待服务工作。

省事业单位变更：

1996 年 2 月，省政府决定安徽行政学院与安徽经济管理干部学院合并，保留两院名称，原两院职能、任务不变，为省政府直属事业单位。

1996 年 5 月，成立省军队转业军官住房统建办公室，县级建制，编制 3 名。

1997 年 5 月，省人事信息中心加挂省人事厅计算机培训考核中心牌子。

1999 年 3 月，省人才交流服务中心更名为省人才服务中心。

1999 年 4 月，成立省人事争议仲裁委员会办公室，为省人事厅直属事业单位，县级建制，全额预算事业单位，编制 10 名。

2001 年 3 月，省山区人才培训中心（省歙县人才培训中心），移交歙县人民政府管理。

2001 年 4 月，省委、省政府决定撤销省老龄委员会，成立省老龄工作委员会，办公室设在省民政厅。挂靠省人事厅的省老龄委员会办公室随之撤销，相关职能和人员整建制划入省民政厅。

2001 年 5 月，省人事争议仲裁委员会办公室列入依照国家公务员管理范围。

2003 年 12 月，省人才服务中心加挂省人才培训中心牌子。

2004 年 1 月，省人才服务中心加挂省经营管理人才市场牌子。

2005年1月，撤销省人事与人才研究所，成立省专家服务中心，县级建制，全额预算事业单位，编制4名。

2005年1月，撤消省专家咨询服务中心（省国际人才交流咨询服务中心），成立省国际人才交流服务中心，县级建制，全额预算事业单位，编制3名。

2006年3月，省国际人才交流服务中心增加2名事业单位编制，省军队转业军官培训中心相应核减2名事业单位编制。

2007年7月，省人事争议仲裁委员会办公室列入参照公务员法管理范围。

2007年11月，省人才服务中心（省人才市场、省人才培训中心、省经营管理人才市场）列入全额预算事业单位管理序列，编制35名。

2007年12月，省人事考试中心更名为省人事考试院。

截至2009年5月，省人事厅直属事业单位9个：省人事争议仲裁委员会办公室，省人事考试院，省人才服务中心（省人才市场、省人才培训中心、省经营管理人才市场），省人事信息中心（省人事厅计算机培训考核中心），省专家服务中心，省国际人才交流服务中心，厅机关服务中心，省军队转业军官培训中心，省军队转业军官住房统建办公室。

安徽省人事争议仲裁委员会办公室：县级建制，全额预算事业单位，列入参照公务员法管理。主要职责：负责人事仲裁案件的受理、文书送达、档案管理、费用收取与管理等日常工作，办理仲裁委员会授权的其他事宜。

安徽省人事考试院：县级建制，差额预算事业单位，编制20名。主要职责：承担全省国家公务员、事业单位职员录用考试和专业技术人员专业技术职务资格、职业资格、外语考试的考务组织实施工作；承担全省国家机关、事业单位工人技术等级岗位考核的具体组织实施工作；承担省直国家机关、事业单位工人技术等级岗位考核事务工作；组织编印考试教材和复习资料，培训考务人员；建立和管理考试题库，提供考试工作咨询和技术服务；承担各类人事考试结果和统计分析、人才测评和考试方面的科研工作。

安徽省人才服务中心（省人才市场、省人才培训中心、省经营管理人才市场）：县级建制，全额预算事业单位，编制35名。主要职责：负责全省人才市场的规划和网络建设，开展多种形式的人才开发与培训；发布人才供求信息；组织开展全省人才与智力对口支援和省内外的人才交流活动，指导全省人才与智力交流的社会化服务工作；指导全省各类人才交流服务机构和人才市场工作；承办省直企事业单位和中央驻肥单位人才招聘、人才流动的中介、中转和管理服务工作；承担各类人才培训工作；负责企事业单位经营管理人才市场的规划和网络建设，开展多种形式的人才开发与培训，发布人才供求信息，举办各类经营管理人才招聘与咨询活动。

安徽省人事信息中心（省人事厅计算机培训考核中心）：县级建制，全额预算事业单位，编制6名。主要职责：组织开展全省各类人才结构、分布情况的调查和人才预测，分类建立人事信息库为领导决策和业务部门提供咨询服务；承担全省人事管理信息系统的规划、建设和计算机网络建设及管理工作;负责全省人事系统人员的计算机专业培训,为机关办公自动化提供咨询和技术服务;负责全省人事系统计算机应用能力培训考核工作的业务指导;承担人事管理软件应用、开发、培训工作;承担国家公务员、管理人员和专业技术人员职称评定方面的计算机应用能力培训考核工作。

安徽省专家服务中心:县级建制,全额预算事业单位,编制4名。主要职责:负责院士、省政府特殊津贴专家的津贴发放及服务工作;负责组织本省专家的学术交流、联谊、咨询和为民服务等相关活动;承担国家人事部和省政府交办的专家服务有关工作。

安徽省国际人才交流服务中心:县级建制,全额预算事业单位,编制5名。主要职责:承办聘请外国技术和管理专家到皖工作的项目材料、专家简历、往来函电的翻译以及专家中转、接待等服务工作;开展与引进国外智力有关的技术经贸合作以及专业技术人员出国研修活动,代理出国(境)培训团组和研修人员的护照、签证以及在国内的培训事宜。

安徽省人事厅机关服务中心:县级建制,自收自支事业单位,编制6名。主要职责:负责统一管理机关后勤服务工作。

安徽省军队转业军官培训中心:县级建制,差额预算事业单位,编制18名。主要职责:负责组织实施省直单位军队转业军官的培训工作;承担省人事系统有关会议、培训和接待服务工作,面向社会开展其他接待服务。

安徽省军队转业军官住房统建办公室:县级建制,编制3名。主要职责:负责全省转业干部建房试点工作,具体组织实施省直转业干部住房统建工作。

第四节　市县政府人事部门

1994—2009年,全省各市、县(市、区)人民政府设置人事部门,主要职责是负责本地区贯彻人事政策法规及组织实施,负责本地区推进国家公务员制度工作,负责本地区人事制度改革,负责本地区专业技术人员工作综合管理,负责本地区人才工作,负责本地区机关事业单位工资津贴福利管理,负责本地区政府奖励、表彰工作综合管理,负责本地区军队转业干部安置,负责本地区引进外国智力工作和赴国(境)外培训工作等。

各市、县（市、区）政府人事部门名录

表 1-4-1

市人事部门	县、区人事部门	市人事部门	县、区人事部门
合肥市人事局	瑶海区人事局	六安市人事局	金安区人事局
	蜀山区人事局		裕安区人事局
	包河区人事局		寿县人事局
	庐阳区人事局		霍邱县人事局
	长丰县人事局		舒城县人事局
	肥东县人事局		金寨县人事局
	肥西县人事局		霍山县人事局
淮北市人事局	杜集区人事局		叶集试验区组织人事局
	相山区人事局	马鞍山市人事局	花山区人事局
	烈山区人事局		雨山区人事局
	濉溪县人事局		金家庄区人事局
亳州市人事局	谯城区人事局		当涂县人事局
	涡阳县人事局	巢湖市人事局	居巢区人事局
	蒙城县人事局		无为县人事局
	利辛县人事局		庐江县人事局
宿州市人事局	埇桥区人事局		含山县人事局
	砀山县人事局		和县人事局
	萧县人事局	芜湖市人事局	镜湖区人事局
	灵璧县人事局		弋江区人事局
	泗县人事局		鸠江区人事局
阜阳市人事局	颍州区人事局		三山区人事局
	颍东区人事局		芜湖县人事局
	颍泉区人事局		繁昌县人事局
	界首市人事局		南陵县人事局
	临泉县人事局	铜陵市人事局	铜官山区人事局
	太和县人事局		狮子山区人事局
	阜南县人事局		郊区人事局
	颍上县人事局		铜陵县人事局

续表 1–4–1

市人事部门	县、区人事部门	市人事部门	县、区人事部门
蚌埠市人事局	龙子湖区人事局	宣城市人事局	宣州区人事局
	蚌山区人事局		宁国市人事局
	禹会区人事局		郎溪县人事局
	淮上区人事局		广德县人事局
蚌埠市人事局	怀远县人事局	宣城市人事局	泾县人事局
	五河县人事局		绩溪县人事局
	固镇县人事局		旌德县人事局
淮南市人事局	大通区人事局	安庆市人事局	迎江区人事局
	田家庵区人事局		大观区人事局
	谢家集区人事局		宜秀区人事局
	八公山区人事局		桐城市人事局
	潘集区人事局		怀宁县人事局
	毛集试验区人事局		枞阳县人事局
	凤台县人事局		潜山县人事局
滁州市人事局	琅琊区人事局		太湖县人事局
	南谯区人事局		宿松县人事局
	天长市人事局		望江县人事局
	明光市人事局		岳西县人事局
	来安县人事局	黄山市人事局	屯溪区人事局
	全椒县人事局		黄山区人事局
	定远县人事局		徽州区人事局
	凤阳县人事局		歙县人事局
池州市人事局	贵池区人事局		休宁县人事局
	东至县人事局		黟县人事局
	石台县人事局		祁门县人事局
	青阳县人事局		

第二章　人才资源开发

1994年，全省人事部门大规模开展“邓小平同志论干部人事制度改革”的宣传和学习活动，坚持用邓小平理论指导人才人事工作。1998年4月17日，本省召开邓小平人才人事理论座谈会，交流学习体会，总结工作实践，深化学习活动，省人事厅厅长钱明高主持，省委副书记王太华讲话。全省人事系统解放思想，转变观念，充分认识人才在现代化建设中的战略地位，全面把握人事制度改革的方针、目标和任务，努力实现人事工作“四个突破”。突破计划经济条件下的管理模式，探索建立与社会主义市场经济体制相适应的人才管理机制；突破人事工作的陈旧观念，把工作领域由国有经济转变到整个国民经济、由城市延伸到农村、由国有单位扩展到非国有单位；突破人事工作服务局限，把工作对象由传统的国家干部扩大到各级各类人才，为多种形式的公有制、混合所有制、非国有制经济提供人才服务；突破人事工作传统的管理方式，把现行的身份管理，逐步过渡到岗位管理。

第一节　制度改革与创新

人才政策创新

1994年2月，省政府办公厅发出《关于鼓励留学回国人员来安徽工作的若干意见》（皖政办〔1994〕9号），成立安徽省留学回国人员工作站和安徽省留学回国人员联谊会，开展留学回国科技人员资助工作。

1995年，省人事厅出台《安徽省人才市场管理暂行管理办法》。开始研究高校毕业生进入人才市场择业的政策、程序和配套措施，1996年12月，省人事厅发出《转发人事部〈国家不包分配大专以上毕业生择业暂行办法〉的通知》，明确了具体意见。

1996年5月，报请省政府出台《安徽省享受政府特殊津贴人员选拔工作的意见》（皖政办〔1996〕23号），1996年6月4日，报请省政府出台《安徽省培养造就跨世纪学术和技术带头人实施方案》（皖政办〔1996〕36号）。1997年6月4日，省人事厅印发《关于加强整体性人才资源开发工作的通知》，提出要以邓小平人才人事理论为指导，围绕全省经济建设和社会进步，预测与规划、培养与使用、配置与管理有机结合，千方百计盘活现有人才，发掘潜在人才，引进急需人才，培养未来人才。

1998年9月，省政府办公转发省人事厅《关于为发展非国有经济做好人才人事服务工作的意见》(皖政办〔1998〕40号)。10月8日至12日,在亳州召开全省人事工作为经济建设服务会议,交流经验,明确任务,推动工作,国家人事部副部长步正发和省政府副省长杨多良到会讲话。

1999年3月,省人事厅发出《关于印发〈安徽省整体性人才资源开发规划意见〉的通知》(皖人发〔1999〕19号)。在深入调查研究和充分论证的基础上,拟制了“加强全省人才工作的意见”上报省委省政府,就深化人才资源开发、稳定吸引和用好人才、加大人事制度改革力度、加快人才市场建设、建立人才资源开发专项资金、优化人才创业环境等重大问题提出对策措施。

2000年12月,省委省政府召开高规格的全省人才工作会议,受省委书记王太华的委托,省委副书记乔传秀代表省委常委会要求“各级领导真正从思想上、行动上、组织上高度重视人才工作,把人才工作作为党委、政府的一项战略性、全局性、长期性任务”。省政府常务副省长张平强调,根据省委省政府的工作部署,当前和今后一个时期全省人才工作要以邓小平理论和”三个代表”重要思想为指导,以创新用人机制优化人才环境为重点,通过五年左右的努力,在全省基本形成与社会主义市场经济体制相适应的人才资源开发格局,形成公开平等竞争择优的用人机制,形成按劳分配和按生产要素分配相结合的效率优先、兼顾公平的分配机制,卓有成效地稳定本地现有人才、调整人才分布结构、引进急需人才智力、壮大全省人才队伍、提高人才整体素质,造就一支与安徽经济发展社会进步相适应的人才大军。会议期间,展示《安徽人才警示录》,总结交流改革开放以来的人才工作经验,研究部署了新时期的人才工作,重奖6个有突出贡献的科技人才项目和18位企业经营人才,表彰23个人才工作先进单位。

2001年1月,省委、省政府出台《关于加强全省人才工作若干问题的决定》(皖发〔2001〕1号),提出人才强省战略,成立了人才工作领导小组,建立了人才开发专项资金,在深化干部人事制度改革、创新人才政策、放活用人机制、加大资金投入等方面,推出适应社会主义市场经济发展要求的新政策,全省人才资源开发工作,展现蓬勃发展的新局面。围绕贯彻省委省政府人才工作决定,省及各地出台一系列配套政策。2001年12月,省人事厅、省科技厅发出《关于鼓励专业技术人员科技创新的若干意见》(皖人发〔2001〕82号)。

2002年5月,省委办公厅 省政府办公厅下发《关于培养引进和使用高层次人才的意见》(皖办发〔2002〕10号)。2002年8月,省政府办公厅转发国务院《关于为外国籍高层次人才和投资者提供入境及居留便利的通知》(皖政办〔2002〕58号)。2002年3月,省委组织部、省人事厅、省财政厅、省教育厅、省科技厅、省工商局联合出台《关于开辟引进人才“绿色通道”的实施意见(皖人发〔2002〕46号)》。2002年4月,省人事厅发出《关于整治和优化发展环境的意见》(皖人发〔2002〕33号)。

2003年4月,省政府办公厅转发省人事厅等部门《留学人员回国服务工作部门联席会议制度》(皖办发〔2003〕25号),全省积极推进人才决定及配套政策的贯彻落实,组织专业技术人员队伍建设等人才专题调研。2003 年 12 月，芜湖、马鞍山、铜陵人才开发一体化共同宣言签定。

2004 年 4 月，全省人才工作会议召开，授予中国科学技术大学等 42 个单位“全省人才工作先进单位”荣誉称号。5 月，省委、省政府发出《关于贯彻“中共中央国务院关于进一步加强人才工作的决定”的实施意见》（皖发〔2004〕24 号），提出牢固树立科学人才观，大力实施人才强省战略。

2005 年，省人事厅、省财政厅、省教育厅、省科技厅联合转发《关于在留学人才引进工作中界定高层次留学人才的指导意见》（皖人发〔2005〕26 号）。

2006 年 4 月，省委办公厅 省政府办公厅下发《关于引进海外高层次留学人才的意见》（皖办发〔2006〕18 号）。2006 年 5 月，省委办公厅 省政府办公厅下发《关于引导和鼓励高校毕业生面向基层就业的实施意见》（皖办发〔2006〕20 号）。2006 年 7 月，省人事厅发出《关于开展全省海外留学人才身份认证工作的通知》（皖人发〔2006〕52 号）。

2007 年 1 月，省委办公厅、省政府办公厅印发《关于进一步加强高层次人才队伍建设的若干意见》（皖办发〔2008〕2 号），确立了安徽省人才工作重点要紧紧围绕建设创新型安徽，努力建设一支高素质的专业技术人才队伍，为推动跨越发展、加快崛起进程、构建和谐安徽提供有力的人才支撑，提出人才培养、引进、使用、激励的配套举措。

2009 年 8 月，省委办公厅、省政府办公厅印发《关于加强引进海外高层次人才工作的实施意见》（皖办发〔2009〕20 号）。2009 年 4 月 28 日，省人事厅制定《关于促进非公有制和县域经济又好又快发展的实施意见》（皖人发〔2009〕26 号），组织实施“122”人才培养计划；提供引智支持；加强博士后工作；开展人才服务活动；建立人才公共服务平台；改进职称评审办法；鼓励事业单位人员创业；加大人才工作资金投入。

人才普查和规划

1996 年，启动全省第三次人才资源普查，编制 1996—2010 年全省人才资源发展规划工作方案。

1997 年 6 月，省人事厅发出《关于开展全省人才资源普查预测和规划工作的通知》（皖人发〔1997〕33 号），成立全省整体性人才资源开发工作领导小组，副省长杨多良任组长，省人事厅厅长汪权任副组长。召开全省人才资源普查预测和规划工作电视电话会议。

1998 年 7 月，全省人才资源普查工作完成，截至 1997 年 6 月 30 日，安徽人才总量 143 万人，其中，省属人才 123 万人，部属人才 20 万人。

1999 年 5 月，省人事厅印发《安徽省人才需求预测报告》，对安徽省 1997—2001 和 2002—2010 年作出阶段性人才需求预测。

2001 年 12 月，全省制定《安徽省人才事业发展“十五”计划》。主要任务：1. 以适度超前开发为原则，扩大人才资源的总量；2. 既重视人才业务素质的培养，又注重人才的政治素养的提高，努力建设一支具有较高思想道德和科学文化水平的人才队伍；3. 根据全省经济结构的调整，加大对人才结构的调整力度，合理配置人才资源。主要政策措施：建立人才联系制度，协调实施人才规划，努力形成知人善任，广纳群贤，人才辈出的良好局面；加快事业单位用人制度、职称制度、分配制度改革；加速实现人才资源社会化和人才配置市场化，充分发挥市场在人才资源配置中的基础性作用；进一步改善人才学习、科研、工作条件，采取多种方式，为人才提供良好的创业氛围；充分发挥"人才开发专项资金"使用效益。部分市县把人才工作纳入当地"十五"计划和政府目标管理。

2002 年，在全省人才资源普查的基础上，建立了省市县三级人才库和高级人才库，编制了全省人才资源发展预测报告，制定了 2001—2010 年全省人才资源开发和人才事业发展"十五"计划并纳入国民经济与社会发展计划。

2006 年 12 月，省委组织部、省人事厅编制印发《安徽省"十一五"人才队伍建设规划》(皖组字〔2006〕24 号)，提出安徽要形成人才发展的友善之地。党管人才的组织体制基本完善，人才工作法规、制度体系基本配套，人才开发长效机制基本建立，人才队伍建设的开放度、市场度、效用度大大提高，人才创业平台进一步拓宽，人才的价值得以充分体现，尊重劳动、尊重知识、尊重人才、尊重创造的社会氛围更加浓厚，启动人才队伍建设"5353 工程"，创新"五大机制"，构建"三大体系"，建设"五支队伍"，打造"三大平台"。

2007 年 8 月，省人事厅、省民委印发《安徽省"十一五"少数民族人才发展规划》(皖人发〔2007〕79 号)。

区域性人才开发

服务自主创新综合改革。2008 年 12 月，省人事厅及时跟进发展大局，研究提出《关于为合芜蚌自主创新综合改革试验区建设提供人才智力保障的意见》，提出大力实施创新人才集聚工程、不断深化人事分配制度改革、推进行政管理体制改革、创新工作推进机制十六条措施，省委办公厅、省政府办公厅印发厅〔2009〕10 号文转发全省。2009 年，省人事厅印发《关于合芜蚌自主创新综合改革试验区试行"人才需求目录"编制工作的通知》(皖人发〔2009〕53 号)，及时汇总合芜蚌急需人才需求情况并发布。全省选拔 187 名首批学术技术带头人和 108 名后备人选，合芜蚌三市占总数 87% 和 84%。7 月，开展合芜蚌自主创新综合配套改革试验区机关、高校、科研机构与企业之间双向挂职试点工作。10 月，成功举办首届"创新人才发展论坛"，60 多位国内外专家为自主创新出谋划策，300 多名合芜蚌企业主管和专业技术人员参加论坛活动。依托中国科学技术大学设立合芜蚌自主创新综合改革试验区创新人才培训基地，包括举办专业技术人员高研班和高级职业经理培训班，为合芜蚌自主创新综合改革试验区培训急需人才 1000 多人。制定《关于合芜蚌自主创新综合改革试验区创新人才奖励试行办法》，省合芜蚌自主创新综合改革试验区工作推进领导小组转发(皖创新组字〔2009〕2 号)。12 月，省人力资源和社会保障厅发出《关于做好 2009 年度合芜蚌自主创新综合改革试验区创新人才奖评选推荐工作的通知》（皖人社秘〔2009〕317号），落实奖励资金1000万元。

服务皖北地区加快发展。2009年1月，省委组织部、省人事厅印发《关于贯彻“加快皖北和沿淮部分市县发展的若干政策意见”的实施意见》（皖组字〔2009〕6号），提出“皖北才智帮扶计划”，选派干部挂职锻炼；调整异地交流干部工资关系；有计划安排异地交流干部；加强党政领导干部教育培训；提高乡镇公务员能力素质；加强企事业单位领导人员培训；开展支农、支教、支医工作；支持引进智力工作；优先评定乡镇专业技术人员职称。计划每年选派200名专业技术人员进行为期一年的对口支援，组织开展“千名专家服务千村百镇”活动。

服务皖江承接产业转移示范区建设。按照省委。省政府加快推进皖江承接产业转移示范区建设的战略部署，省人事厅积极开展实地调查，召开一系列才智支持座谈会，研究加快人才队伍建设、加强引进国外智力工作、推进人才体制机制创新完善人才政策体系等方面的具体措施。同时，加强与苏浙沪相关部门沟通联系，拓展参与泛长三角区域人才交流合作，提出人才开发一体化行动方案，探索高层次人才评价和人才交流合作机制。2009年3月，国家外专局与安徽省人民政府签订《关于引进国外智力为加速安徽崛起服务合作框架协议书》，建立了局省引智合作机制，以服务皖江承接产业转移示范区、合芜蚌自主创新综合改革试验区和加快皖北和沿淮部分市县发展为重点，提供人才智力支撑。

人才支援松潘。为全面贯彻落实省委省政府关于对口支援松潘县灾后恢复重建工作的总体部署，加强松潘县公务员素质能力建设，助推松潘恢复重建，以“县域经济发展与公共服务体系建设”为主题的第一期安徽省对口支援松潘县公务员培训班于2009年6月开办，松潘县、乡50名公务员到皖参训，各相关部门也选派了近20位同志参与培训管理和服务保障工作。该培训项目由省委省政府批准开办，省人力资源和社会保障厅主办，专门成立领导机构和工作团队；安徽行政学院具体承办，成立多部门参与的教学保障工作小组；省援建办参与。省委常委、省委组织部长段敦厚、副省长黄海嵩、省长助理梁卫国等省领导出席开学典礼并作出重要指示。培训主要内容包括：系统解读科学发展观、新农村建设、依法行政、公共服务、区域经济和党的建设等方面的重大理论与政策精神，交流研讨县域经济发展、政府公共服务体系建设、农村人才工作、旅游资源开发等两地共同面对的实践问题，组织到中国农村改革的发源地凤阳小岗村等地实地考察。培训班评估结果显示“非常满意”率达100%。

人才队伍建设

2001—2005年，安徽省初步形成具有一定规模，高、中、初级不同层次人才相结合、整体实力较强的人才队伍。全省人均受教育年限由“九五”末的6.9年上升到7.4年。全省人才总数达到230.4万人，年均递增5%。其中，党政人才20万人，国有企业经营管理人才34.8万人，各类专业技术人才128.1万人，高技能人才21.6万人，农村实用人才25.9万人。两院院士20名，国家级“新世纪百千万人才工程”人选11名，省学术和技术带头人后备人选438名，享受国务院、省政府特殊津贴专家2938人，在站博士后人员52人。

2004—2009年，贯彻党中央、国务院关于进一步加强人才工作的决定，本省着力培养造就高层次专业技术人才，实施“优秀青年科技人才培养工程”，进一步加强专业技术人才队伍建设；实施“企业家培养工程”，改革和完善国有企业经营管理人才选拔任用工作，加强企业经营管理人才队伍建设；实施“新技师培养计划”，着力培养经济建设急需的高技能人才，把高技能人才纳入省政府特殊津贴人员的选拔范围；扎实开展“双培双带”活动，大力培养农村实用人才。

2006—2009年，安徽省明确建设“五支队伍”目标：加强党政人才队伍建设；加强企业经营管理人才队伍建设；加强专业技术人才队伍建设；加强高技能人才队伍建设；加强农村实用人才队伍建设。规划总体目标：到2010年全省人均受教育年限达到8年，人才总量达到360万人，人才密度由“十五”期末的370人/万人达到560人/万人以上。党政人才保持在20多万人，大专以上文化程度占比达到90%，队伍整体素质明显增强。企业经营管理人才达到50万人，具有较高决策水平、管理水平和创新能力的高素质企业家群体、职业经理人队伍不断扩大。专业技术人才达到175万人，其中高新技术人才总量达到7.9万人，本科以上学历或中级以上职称的人才比例明显提高，拥有一批为安徽所用的两院院士、学术和技术带头人后备人选及各类领军人才。高技能人才达到44万人，其中技师和高级技师占全省技能劳动者总量的5%以上，高级工达到20%以上。农村实用人才达到70万人，每百户农户达到3人，农村人才普遍掌握1—2门农村实用技术，科技文化素质全面提升，拥有各类专业职业资格的农民技术人员比例上升到30%，增收致富和带领群众致富奔小康的本领明显提高。

2008年，安徽省提出加强高层次专业技术人才队伍建设。大力实施“安徽杰出人才工程”，重点使用好现有高层次专业技术人才，培养一批创新能力强、能够跻身科技学术前沿的科学家和学术技术带头人，加强后备人才队伍建设并形成梯次结构，着力引进紧缺急需人才，充分发挥高层次人才的骨干和领军作用，基本形成与全省经济社会发展相适应的高层次专业技术人才队伍。提出的目标是到2010年，全省高级职称专业技术人员达到10万人，其中，安徽省首席专家20名左右、安徽省杰出专业技术人才40名左右、安徽省学术和技术带头人400名左右、安徽省学术和技术带头人后备人选800名左右。

人才引进培养机制创新

2001年，安徽省提出加大高层次人才引进工作的力度，开辟引进人才的“绿色通道”，围绕全省经济与社会发展的需要，大力培养造就高层次创新人才，加快培养年轻优秀的领导人才和管理人才，加快培养高学历人才。加强专业技术人员继续教育工作。

2002年，安徽省提出《关于开辟引进人才“绿色通道”的实施意见》，明确引进人才的范围、程序和引进人才的优惠政策措施；出台《关于培养引进和使用高层次人才的意见》，明确全省人才引进基本原则、高层次人才的范围和具体措施。要求全面实施高层次人才培养造就工程，以实施“新世纪百千万人才工程”为重点，以学术、技术带头人后备人选为对象，加快高层次人才队伍建设；加快培养优秀领导人才和管理人才；进一步完善人才引进政策，全方位吸纳高层次人才；对省直单位经省人才领导小组批准引进的部分高层次人才，给予住房、安家费等一系列优惠条件；深化人事制度改革，合理使用高层次人才；允许和鼓励企事业单位对特殊人才采取特殊的分配办法；建立高层次人才补充保险制度；支持高层次人才兼职。高层次专业技术人才在完成本职工作的前提下，可以在其他单位兼职从事研究开发和成果转化活动。从事兼职活动人员不得侵害本单位和兼职单位的技术、经济权益。

2004 年，安徽省提出大力推进党政干部的教育培训和实践锻炼工作。把干部教育培训放在更加重要的地位，形成多层次、多渠道、大规模的干部教育培训工作格局。面向国内外大力招才引智。畅通人才引进的“绿色通道”，高校毕业生在安徽省择业，可以先落户，后找工作，人事档案由其落户所在地政府部门所属人才服务机构管理，并提供 2 年的免费代理。对通过柔性引进到安徽省创业或服务的高层次人才，发给“特聘工作证”，对外籍高层次人才，实行地方“绿卡”服务，保证来去方便。加快人才发展和创业载体建设。加快合肥“中国科学城”建设，力争到 2007 年，省属院校博士学位授权点达到 30 个以上，省级以上重点学科设特聘教授和讲席教授岗位 100 个以上。加快开发区、科技园区、工业园区、留学人员创业园区建设。加大重点试验室和博士后工作站（流动站）建设力度。鼓励大型企业建立研究开发机构。

2006 年，安徽省提出“十一五”期间出台一系列人才培养政策措施：创新人才培养机制，围绕中长期科学技术发展、经济增长方式转变和产业结构调整，以培养高层次专业技术人才为重点，实施“专业技术人才自主创新能力开发计划”；配合国家“新世纪百千万人才工程”“长江学者计划”，坚持自然科学和社会科学并重，大力实施“安徽杰出人才工程”；以技师、高级技师为重点，实施“233”技能人才培养工程；依托高级技工学校、高等职业院校和技师学院等培训基地，实施“青工技能振兴计划”；建立优秀企业家培养制度，力争“十一五”期间将企业中层以上经营管理人员轮训一遍；加强农村实用人才队伍建设，建立专家服务团科技下乡和智力支农制度，启动贫困山区“星火计划”“燎原工程”人才帮扶行动，加大“三支一扶”工作力度，加强对农村的人才和智力扶贫力度。

围绕安徽省“十一五”经济社会发展总体规划特别是“861”行动计划，省财政每年安排高层次人才引进专项资金，用于引进全省急需的各类产业高层次人才，形成加快全省支柱产业和高新产业发展的先导力量。坚持特聘专家制度，规范外国专家来华工作等行政许可项目。建立科学、合理、灵活的人才柔性流动机制，推行“星期天工程师”、“假日专家”等流动模式，鼓励高科技企业、科研机构、高等院校到海内外吸纳高层次优秀人才到皖兼职、讲学、研发或进行技术合作、技术入股等，由人才引进为主转向人才引进与智力引进齐头并进。

人才服务机制创新

1998年，省政府办公厅转发省人事厅《关于为发展非国有经济做好人才人事服务工作的意见》，提倡各类专业技术人员和管理人员进入人才市场自主择业，在国有企事业单位和非国有经济单位之间合理流动，鼓励这类人员到非国有经济单位工作，各级政府人事部门所属人才交流服务机构负责办理人事档案管理、职称评定、出国（境）政审等人事代理事项，积极为非国有经济单位举办人才交流会。

2001年1月，省委省政府出台《关于加强人才工作若干问题的决定》，提出建立竞争激励的用人机制，充分发挥各类人才的积极性和创造性。发挥市场配置人才资源的基础性作用。大力推进人才市场建设，培育和发展专业性人才市场，完善服务功能，拓展服务领域。从2001年开始，除国家规定的政策性安置任务和特殊需要外，各类人才和用人单位均应进入人才市场，实行个人自主择业、单位自主用人。对大、中专毕业生实行双向选择、自主择业的就业制度。鼓励人才合理流动，消除人才的单位、部门所有等障碍。建立健全人才流动法规和人事争议仲裁制度，维护人才市场秩序。进一步完善人才社会化评价体系，加强人事考试机构建设，保障人才评价的规范化和公平性。加快建立有利于人才资源合理流动的社会保障制度。全省国有企、事业单位和城镇非国有单位要在5年内基本建立养老、失业、医疗、工伤等社会保险制度。有条件的地区和单位对优秀拔尖人才可建立补充养老、医疗保险。

2004年，安徽省提出建立健全人才市场体系，充分发挥市场配置人才资源的基础性作用。加快安徽人才大市场及芜马铜等区域性人才联合开发体建设。积极吸纳社会资本投资人才市场建设和创办人才中介服务组织。完善人才信息网和人才市场信息发布制度，建立人才市场和劳动力市场资源信息共享平台。拓展人事代理范围，加强人才市场监管，建立人才中介协会，逐步形成政府宏观调控、市场主体充分竞争、行业协会严格自律、中介组织提供服务的运行格局。推动人才流动和人才资源转化。加快建立统一、开放、竞争、有序的人才流动机制，进一步推动用人单位和人才两个主体到位，形成用人单位通过市场自主择人、人才进入市场自主择业的人才配置机制。取消企事业单位人才流动的部门、行业、身份和所有制性质限制，除国家法律法规有明确规定外，允许各类人才合理流动。鼓励机关和企事业单位人才领办、创办企业，特别是到农村和贫困地区创业。推进政府部门所属人才服务机构体制改革。进一步理顺政府人事部门与人才服务机构关系，实现管办分离、政事分开，逐步做到公共人事服务业务与经营性人才服务业务分开。逐步形成一批主业突出、综合能力强的人才市场实业集团。

2006年，安徽省提出“十一五”期间构建“三大体系”即构建人才市场体系，实施全省人才市场与劳动力市场、大中专毕业生就业市场的联网贯通，高水准建设统一开放、竞争有序的安徽大人才大市场；充分发挥市场在人才资源配置中的基础性作用；合理规划全省人才市场布局，大力发展区域性、专业性人才市场和县级人才市场；积极组织大型人才集市，拓展网上人才市场；出台人才市场管理的相关法规；大力推进公益性人才市场的服务活动；发展人才行业协会，加强人才市场协调和监管。构建人才服务体系。完善人才资源统计指标体系，建立党政人才、专业技术人才、企业经营管理人才、高技能人才、农村实用人才数据库，完善省委、省政府领导直接联系的高级专家数据库、优秀企业家数据库，建立全省公务员管理信息系统；建立跨区域的人才信息互通机制，完善人才信息发布办法，构建统一规范的人才供求信息服务体系。提出打造“三大平台”即打造自主创新创业的人才支持平台，实施“22532”人才计划，加强各类创新载体建设，健全留学人才回国服务的政策措施和工作体系；打造东向发展的人才支持平台。主动与东部沿海地区实行人才资源、信息、市场和管理体制、运行机制的“无缝对接”；打造提升“861”行动计划的人才支持平台。大力实施“115”产业创新团队建设工程，组织实施“六个一批”双百人才培养工程。

人才评价激励机制创新

2001—2005年，安徽省坚持公开考试录用公务员制度，推行事业单位人员公开招聘制度，公开、平等、竞争、择优的人才选用制度基本建立。积极引入市场机制选拔企业经营管理者，探索适应现代企业制度要求的选人用人新机制。改革专业技术职称评审组织形式，实行评聘分开制度，人才考核评价工作的公正性、规范性和实效性进一步提高。大胆探索企事业单位向优秀人才和关键岗位倾斜的分配制度，试行项目工资、协议工资、兼职兼薪等多种分配方式，激发人才的创新创造活力。

2001年，省委、省政府《关于加强人才工作若干问题的决定》提出要加快分配制度改革，改革事业单位内部分配办法，强化对科技创新的激励，加大对有突出贡献科技人才、经营管理人才的奖励力度。省人事厅、省科技厅印发《关于鼓励专业技术人员科技创新的若干意见》，鼓励专业技术人员从事科技创新工作，鼓励专业技术人员的科技成果作价入股，鼓励专业技术人员以技术要素形式参与收益分配，鼓励省外人员到皖从事科技创新工作等。

2004年，省委、省政府出台《关于贯彻〈中共中央、国务院关于进一步加强人才工作的决定〉的实施意见》，提出建立党政人才政绩考核体系和考核评价标准。党政人才的评价重在群众认可；建立健全企业经营管理人才考核评价体系。企业经营管理人才的评价重在市场和出资人认可。进一步改革完善专业技术职称制度。专业技术人才的评价重在社会和业内认可。完善人才奖励制度。建立以政府奖励为导向、用人单位奖励为主体、社会力量奖励为补充的多元化人才奖励机制。省委、省政府设立“安徽省突出贡献人才奖”，重奖在各个领域贡献突出的优秀人才。提高省政府特殊津贴标准，从2004年起享受国务院特殊津贴的专家，同时享受省政府特殊津贴。支持和鼓励各级政府、企事业单位对优秀人才给予多种形式的精神鼓励和物质奖励。大力支持用人单位、社会组织和个人设立人才奖项。加快人事分配制度改革。结合完善公务员制度，逐步建立综合体现工作职责、能力、业绩、年功等因素,职务与职级相结合的公务员工资制度。对国家机关特殊专门人才,实行特殊的工资、津贴政策。在分类指导、分步实施的基础上,进一步推行和完善国有企业经营者年薪制。鼓励有条件的企业对经营管理人才、专业技术人才实行期权、股权激励,探索增量利润分成和技术入股制度。以推行聘用制和岗位管理制度为重点,深化事业单位人事制度改革,促进事业单位由固定用人向合同用人、由身份管理向岗位管理转变。提高科技人员享有科技成果转让收益的分配比例。研究制定企事业单位专业技术人才兼职兼薪的办法。建立多元化的人才开发投入机制。完善以政府投入为引导,用人单位投入为主体,社会投入为补充的多元化投入机制。省财政预算中每年安排人才开发专项资金2000万元,实行专户管理,用于高层次人才引进和高技能人才、农村实用人才的培养、开发、奖励工作,并随着财力的增长逐步增加。

安徽省提出"十一五"期间构建人才评价体系:改革人才评价内容和方式,注重通过实践评价人才,建立以业绩为核心,由品德、知识、能力和业绩等要素构成的各类人才评价指标体系,实现人才评价的科学化和社会化;制定党政领导人才岗位职责范围;适应职业企业家队伍建设的需要,探索职业经理人资质评价制度、经营管理业绩评价制度,构建以市场和出资人认可为重点的企业经营管理人才评价机制;积极推行专业技术人员职业(执业)资格制度,构建以能力和业绩为导向,重在社会和业内认可的科学的社会化的专业技术人才评价体系;积极探索技能人才职业技能鉴定办法,构建以能力为导向、以能力为重点,注重职业知识水平和职业道德的技能人才评价体系;构建重在市场认可、勇于开拓、致富一方的农村实用人才评价机制;推进人才评价市场化,鼓励专业化人才评价机构发展,建设各类人才评价的中介组织服务体系;改进人才评价方式,扩大考评结合、以考代评、考核认定、以聘代评范围;对做出突出贡献的人才,优先评聘或破格晋升专业技术职务,优先或破格参加技师或高级技师职业技术鉴定、考核。提出创新人才激励机制:以业绩贡献为核心,建立健全鼓励人才创新创造的分配制度和激励机制。探索建立人才资本产权制度,明晰企事业单位人才资本的产权归属。制定产权分配的相关政策,合理划分人才与用人单位的权益份额。探索建立企业兼并重组中的人才资本及科研成果转移制度,推行人才资本有偿转移。进一步完善以按劳分配为主体、多种分配形式并存的分配制度,鼓励劳动、资本、技术和管理等生产要素按贡献参与分配,建立知识产权和技术入股制度,继续引导收入分配政策向关键岗位和优秀人才倾斜。建立和完善岗位绩效工资制度和事业发展收入有效激励机制。建立高技能人才和农村实用人才政府津贴制度。完善多元化人才奖励制度。建立以政府奖励为导向、用人单位奖励为主体、社会力量奖励为补充的多元化人才奖励制度。加大对在全省经济社会发展中做出突出贡献的各类人才的宣传和表彰力度,对做出重大贡献的各类人才给予重奖。提出研究建立机关事业单位基本养老保险制度:完善企业职工社会保障制度,制定并落实机关、企业、事业单位人才流动中社会保险衔接办法,鼓励用人单位建立各类补充保险。鼓励具备条件的企业为各类人才建立企业年金制度。进一步扩大以混合所有制、非公有制经济组织从业人员为重点的社会保险覆盖面。探索建立农村实用人才保险办法。建立重要人才安全管理制度和高层次人才政府投保制度，健全人事争议仲裁制度，维护人才和用人单位的合法权益。

第二节 人才流动

人才流动是人才在地区、行业、岗位等方面的变动，是生产社会化、科学技术整体化的客观要求，是社会按照人才的价值规律和社会要求所进行的空间动态调节。人才流动主要包括人才引进和人事调配，还包括干部吸收录用、民办教师转公办教师、干部家属户口“农转非”和支边与内调等工作。

人才引进

人才引进的程序。对自愿到安徽省工作的大学本科以上毕业生全部放开接纳。暂未落实工作单位的，可实行“先落户、后找工作”，由县以上政府人事部门所属人才服务机构实行人事代理。对全省企、事业单位（含非国有单位）接收的各类大专以上毕业生或引进的具有中级以上任职资格专业技术人员，凭本人有效证件和与用人单位签订的聘用（劳动）合同或县以上政府人事部门出具的接收函（其中财政拨款事业单位需要进行考试考核，择优选用），直接到工作单位所在地办理行政、工资关系及落户手续。用人单位对所需引进的人才进行考核时，须科学测评其学历资历、学术或专业技术及管理能力等；政府人事部门及所属人才服务机构对用人单位申报的引进人才，须简化手续，特事特办。

人才引进的政策措施。引进的高级人才申报晋升专业技术职务可不受结构比例或指标限制，用人单位可根据其自身条件和岗位需要自主聘任，超编单位报经同级编制部门审批同意后先接收再逐步消化。对省直单位经省人才领导小组批准引进的部分高层次人才，给予下列优惠条件：两院院士，提供一套120—150平方米的住房或一次性补助安家费30万元，提供50—100万元无息贷款作为科研启动经费；国家级突出贡献专家、享受国务院特殊津贴人员、国家级学术技术带头人、博士生导师、博士后，提供一套100—120平方米住房或一次性补助安家费24万元，提供20—50万元无息贷款作为科研启动经费；硕士生导师、博士，提供一套90—100平方米住房或一次性补助安家费20万元，提供10—20万元无息贷款作为科研启动经费。住房或补助所需经费根据单位经费渠道分别在省人才开发专项资金或单位自有资金中支付。科研启动经费从省人才开发专项资金安排，三年后由引进的高层次人才所在单位归还。各市引进的高层次人才可参照执行。引进人才的配偶、未婚子女随调随迁，免收城市增容等费用，子女入学不得收取省教育行政主管部门规定以外的费用。海外留学人员的子女入学，参加高（中）考的，可参照归侨子女入学规定予以照顾。引进的人才本人要求暂不迁入户口的，县以上政府人事部门发给“特聘工作证”,公安部门据此办理“暂住证”,本人和配偶及其共同生活的子女享受当地居民的同等待遇。由县以上政府人事部门所属人才服务机构引进的人才,在未就业前其人事代理费用实行减半优惠。代理年限计算连续工龄,落实工作单位后按所在岗位确定工资福利待遇。引进人才的工资待遇,可与用人单位协商,以不低于本单位同类人员的水平确定,并随本人贡献大小随时调整;也可按签订的合同,实行协议工资,按所创效益的一定比例提取;或采用年薪、股权等方式确定报酬。支持鼓励各类人才以高新技术成果投资、入股等形式参与经济开发和收入分配。引进人才自带科技成果创办企业,工商部门在办理企业登记时,注册资本(金)在国家规定的范围内从低要求。带高新技术创办企业,经有关部门认定,可享受高新技术企业优惠政策。从海外引进的优秀人才,除享受上述政策外,还可享受安徽省人民政府《关于鼓励留学人员来安徽工作的若干规定》(皖政办〔1994〕9号)中的其他优惠条件。2002—2005年,全省引进人才4200余人,其中,引进海外高层次人才360人。

人才引进平台。为弘扬徽商精神、展示安徽风貌、促进交流合作、共绘创业蓝图,本省创办了中国国际徽商大会。随着知名度不断提升,徽商大会已经成为安徽省规模最大、品位最高、影响最广的对外开放标志性平台,也是全省人才引进的重要平台。人事部门部门围绕徽商大会,为促进人才交流做了大量工作。2005年,首届中国国际徽商大会在合肥举办,全国人大常委会副委员长何鲁丽,中国企业联合会会长、全国政协主席原陈锦华,中共安徽省委书记郭金龙,安徽省省长王金山等出席开幕式并剪彩,王金山致开幕词。此次徽商大会以“交流、合作、发展、繁荣”为主题,由5大板块组成:招商引资,精品展示,科技、人才交流,文化宣传,徽商论坛。大会共有542个重点推介项目,投资总额398亿美元。在项目推介会暨签约仪式上,境内外有关企业和单位对84个内外资项目和3个合作协议先后签字。

2006年,第二届中国国际徽商大会在香港举办,香港特别行政区财政司司长唐英年、香港中华总商会会长霍震寰以及安徽省的主要领导出席了开幕式。5月18日,举行作为大会四大板块之一的皖港才智交流合作恳谈会暨项目签约仪式,省人事厅厅长张耀文作了热情洋溢的讲话,签订了包括人才培训等10多项合作协议。通过这次活动,皖港双方增进了了解,加深了友谊,理清了皖港合作思路,搭建了皖港才智合作的重要平台,初步建立了皖港才智交流合作的工作机制。

2007年,第三届中国国际徽商大会在合肥举办,全国人大党委会副委员长顾秀莲、全国政协副主席周铁农、安徽省省长王金山、安徽省政协主席杨多良等出席了开幕式。大会的主题是“开放、创新、合作、崛起”,来自53个国家和地区,共计4700多位海内外来宾出席大会。作为徽商大会主要板块之一的才智交流会,设立人才招聘展位32个,三天共有国内外知名招聘单位96家,其中,世界500强企业10家,占参会企业总数的10.4%,国内上市企业18家,占参会企业总数的18%,其余企业均为全省支柱或龙头企业,面向海内外高层次人才进行现场招聘。参会企业提供各类招聘岗位近3000个,专业涉及机械、电子、汽车、计算机、新材料、管理等多个领域。其中，需求博士后 27 人、博士 51 人、硕士 142 人，高层次人才需求比例之高，刷新了历次徽商大会才智交流会纪录。三天共有 5000 多各类人才进场求职，达成初步意向 1500 余份。

2008 年，第四届中国国际徽商大会在黄山市举办，大会以“开放、发展、共赢、和谐”为主题，以招商引资、系列论坛、走进徽州、展示宣传四大板块为主要内容，通过论坛、洽谈、展示、旅游等多种形式，为中外客商搭建起扩大交流、拓展合作的平台。以“迎四海睿智，扬徽商精神；促旅游开发，展人才英姿”为主题的第四届中国国际徽商大会才智交流活动取得较好成效。省人事厅编印了《第四届中国国际徽商大会才智交流》宣传画册全面宣传全省人才强省战略，展示人才队伍风貌和招才引智佳绩，深受与会嘉宾和社会各界好评。省委组织部副部长、省人事厅厅长、省编办主任刘莉与香港“西部开发——人才支援计划”秘书处负责人陈卓禧在主会场签署了皖港人才培训协议，港方连续三年每年为全省义务培训 100—150 名中小学英语教师。此后，陈卓禧赶赴黄山市教育局商谈并确定了 2008 年开展中小学英语教师培训的相关事宜。澳大利亚联邦国际合作协会、美国伍德伯瑞大学、新加坡华鼎集团、香港金融管理学院等数家国（境）外培训机构在才智交流会现场与全省 6 家省直单位、17 个市外专局进行对口洽谈，达成 11 项共 728 人培训合作协议，接受个人咨询达 500 多人次。活动现场设立人才招聘展位 50 个，86 家省内外知名旅游业专场招贤纳才，参会企业累计提供旅游业相关招聘岗位 2145 个，涉及旅游管理、酒店管理、生态、城建、园林设计、市场营销、农林等多个领域。参展单位、应聘者均实行免费入场。作为旅游业专场人才招聘会，其招聘单位层次之高、实力之强，为全省历年才智交流活动所罕见。据不完全统计，共有 4300 多名各类人才进场求职，达成初步意向 1200 余人。举行省政府与国家人力资源和社会保障部共建“中国合肥留学人员创业园”揭牌仪式，人力资源和社会保障部副部长王晓初，省委副书记王明方，省委常委、合肥市委书记孙金龙出席揭牌仪式。

2009 年，第五届中国国际徽商大会在合肥举办，本届徽商大会与第四届中国中部投资贸易博览会同期召开，省人事厅负责承办第四届中国中部投资贸易博览会才智交流活动。主题是“集聚人才促创新、扩大就业共发展”，旨在充分利用中部博览会的有利契机和交流平台，着力“招才引智、加快发展；扩大就业、造福民生”，更好地促进中部六省的合作交流。这次招聘活动采取现场招聘和网上招聘同步进行，现场招聘设馆内和馆外两大展区，参加现场招聘会单位近 300 家，提供岗位 11800 多个，涉及教育、科研、卫生、文化、交通、电子、地质、化工、机械等众多行业。仅现场招聘会就有 5 万人次进场，其中合肥地区高校应届毕业生近 4 万人。招聘单位共收到有效简历 18000 多份，近万人达成就业意向或建立双向联系，有 884 人当场签约。同时，依托安徽人才网，开通中部六省联网招聘会，同步发布六省招聘信息，参加网上招聘的六省企事业单位达 2000 多家。

2009 年中国安徽创新人才发展论坛是第五届中国国际徽商大会才智交流活动的

一项重要内容。10月,由省人民政府主办,省人力资源资源和社会保障厅承办,省教育厅、省科学技术厅协办的“2009中国安徽创新人才发展论坛”同时举办。上午,省委副书记、省人才工作领导小组组长王明方,省委常委、省委组织部部长、省人才工作领导小组副组长段敦厚,副省长黄海嵩会见参加中国安徽创新人才发展论坛的中国科技大学党委书记许武等演讲专家一行。下午,论坛开幕式及主题演讲在安徽会展中心报告厅举行。副省长黄海嵩出席论坛开幕式并致辞,省长助理花建慧主持论坛开幕式。论坛上,中国科技大学党委书记许武、中国人事科学院院长吴江、美国美国圣地亚哥州立大学教授沈善普、中国科学院人事教育局李和风局长、奇瑞副总经理兼发动机公司总经理冯武堂、安徽丰原集团控股有限公司董事长李荣杰、合肥学院安徽德语培训中心文教专家马提亚斯·迪克曼等7名专家,围绕“人才引领创新、创新引领发展”的主题,进行主题演讲,开展讨论交流,纵论创新人才的发现、培养、开发、集聚、评估、激励、管理与队伍建设;研讨构筑人才高地的相关政策与体制、机制创新;深入探求在新形势下、新格局中,以科学发展观推进创新人才工程建设,促进人才强省战略和自主创新战略实施,为创新型安徽建设,提供良好的智力支持。来自海内外高校、科研院所、大型企业的300多名专家、学者和企业家出席论坛。此次论坛共征集关于创新型人才发展理论和创新型社会建设研究方面的专家学者论文60余篇。论坛专门成立编委会,编印并出版《中国·安徽创新人才发展论坛论文集》一书,集中展示这次创新型人才发展论坛理论研讨成果。

人事调配

根据国家和省委、省政府有关文件精神,结合安徽实际,省人事部门先后制定了一系列关于干部调配工作的文件,既贯彻“任人唯贤”干部路线,做到知人善任,用其所长,调配得当,又注意照顾干部的实际困难,对夫妇长期分居两地,父母身边无子女照顾的,在可能情况下积极帮助解决。2003年6月,省人事厅发出《关于省直单位人员调动有关问题的通知》,就审批办理人员调动有关问题作出规定。2006年7月,省委组织部、省人事厅下发《关于暂停机关人员调配的通知》(皖人发〔2006〕55号)。

调动原则。省直机关和财政拨款事业单位进人,必须严格控制在编制(职位)空缺内,超编的单位一律不得进人;自收自支事业单位亦不得超编进人。省直机关和财政拨款事业单位进人,应根据工作需要,要有利于调整人才结构和优化配置,有利于充分发挥人才的作用。办理人员调动审批,必须本着简化手续、提高效率的原则,按规定的时限办理。

调动范围。根据经济社会发展需要和其他特殊人才需要以及解决夫妻分居等困难,可以办理人员调动。科级及以下非公务员身份的人员,一律不准以调动的方式进入公务员队伍(含依照、参照公务员);非财政供给的人员,不得以调动的方式进入财政拨款的事业单位。自收自支事业单位,除急需的高层次人才,一般不得从企业调入人员。鼓励和引导人才到县以下基层为经济建设服务。除急需的特殊人才和个别特殊情况外,省直单位应严格控制从县和县以下基层调入人员。因工作急需跨地区调动人员，为避免造成夫妻分居和家庭困难，一般应夫妻同时办理调动。试用期或合同协议期限未满的人员，一般不办理调动。聘用制人员如需调动的，一般应在实行聘用制的单位之间进行，并按合同规定办理解聘、辞聘手续后，方可办理调动。

调动审批权限。省直单位之间在编制内互相调入人员，由其主管部门审批办理。省直单位（含本系统）从省辖市及所辖县（市、区）或外省调入人员，应报省人事厅审批。省直参照公务员管理单位调入人员，还须事先报经省委组织部同意。具有高级专业技术职务任职资格或博士学位人员，因特殊情况需要调出省外工作的，应报省人事厅审批。

调动手续。省直机关、事业单位根据编制等情况，于每年初向省人事厅申报年度干部调配计划，并说明年度计划调入干部的专业、年龄段、学历层次、职称（务）档次等要求，在批准下达的年度调干计划内调入科级及其以下干部需向省人事局报批；调配干部应由主管部门向同级政府人事部门写出书面报告，并附干部调动登记表、调出方县级以上政府人事部门的商调函（中小学教师改行或调出教育口，需经地市教育行政主管部门同意）、政治和业务考察材料、近期体格检查表及其有关证明材料；工资关系等；异地调动的干部凭政府人事部门的调干通知到公安、粮食部门办理户口、粮油关系转移手续。调入省直、中央部属驻肥的机关、事业单位的干部，凭省人事局调干的通知和核发的“调干入户管理卡”，调入企业单位的凭省人事厅开具的企业单位调干入户介绍信办理户口、粮油入户和供应关系。

民办教师转公办教师

1994年全省从优秀民办教师中选招公办教师。1995年第一批选招12000名；第二批800名。

民办教师转公办教师指标分配统计表（1994年）

表2-2-1 单位：人

地　市	选招指标数	地　市	选招指标数
合肥市	710	滁州市	820
蚌埠市	680	阜阳地区	3345
芜湖市	220	宿县地区	1440
安庆市	870	六安地区	1335
马鞍山市	130	巢湖地区	730
铜陵市	130	宣城地区	530
淮北市	330	池州地区	225
淮南市	320	合计	12000
黄山市	185		

民办教师转公办教师指标分配统计表(1996—1997年)

表2-2-2　　单位:人

地　市	选招指标数	地　市	选招指标数
合肥市	1660	阜阳地区	9220
蚌埠市	1540	宿县地区	3120
芜湖市	800	六安地区	3240
安庆市	2300	巢湖地区	1620
淮北市	1020	宣城地区	1000
淮南市	1240	池州地区	600
黄山市	680	合计	30000
滁州市	1960		

1998年,从民办教师中选招15000名公办教师。

1999年,为保证省政府确定的“1999年基本解决全省民办教师问题”目标如期实现,按照人事部、国家发展计划委员会、教育部《关于下达1999—2000年从合格民办教师中转公办教师专项指标的通知》,省人事厅、教委、计委、财政厅、公安厅、粮食局出台《关于认真做好1999年度从民办教师中选招公办教师工作的通知》。选招的原则、范围、对象、条件、办法、审批程序、“农转非”等,仍按省人事厅等六部门皖人发〔1998〕78号、〔1997〕94号文件执行。年龄,男限1943年1月1日及以后出生,女限1945年1月1日及以后出生。符合皖人〔1995〕38号文直转条件第(5)(6)款的民师年龄可放宽至退养之前。取得学历(含专业合格证)、教龄计算截止时间为1999年12月31日。这次“民转公”采取“逆向操作”的办法,即:先由各市、地对符合条件的民师进行建档、审核,报省有关部门会商下达各市、地所需的“民转公”指标。这次“民转公”是最后一次,要求各级人事、教育等部门要在当地党委、政府领导下,密切配合,通力合作,严格执行选招政策,坚决杜绝“民转公”工作中的不正之风,保证选招工作的质量。根据党中央、国务院确定的“争取到20世纪末基本解决民办教师问题”的目标,1997年民办教师占全国中小学的比例要从1996年的17%减少到12%,1998年比例减少到7%,1999年比例减少到3%,2000年基本解决民办教师问题。根据国家要求,全省基本解决民办教师转公办教师的问题,这项工作就此结束。

干部家属户口“农转非”

全省“农转非”计划指标分配统计表（1994 ~ 1996 年）

表 2-2-3

地、市	合计	其　中		
		乡镇选聘录用干部	自费毕业生录用	民师选招
合肥市	86		86	
安庆市	1079	100	225	754
淮南市	147		147	
蚌埠市	1663		14	1649
滁州市	1512	120	16	1376
淮北市	1245	70	318	857
阜阳市	8420	607	528	7285
芜湖市	362	34	108	220
马鞍山市	574	20	70	484
铜陵市	760		56	704
黄山市	304			304
巢湖地区	11	3	8	
六安地区	3793	51	227	3515
宿县地区	2880			2880
宣城地区	1898	57	320	1521
池州地区	140	69	70	1
全省	24874	1131	2193	21550

专业技术和党政干部家属“农转非”计划指标分配统计表（1998 年）

表 2-2-4

单　位	小　计	第一批下达数	第二批下达数
合肥市	4450	3700	750
淮南市	1100	700	400
蚌埠市	1350	500	850
滁州市	1850	900	950
淮北市	1050	400	650
阜阳市	4900	3900	1000

续表 2–2–4

单　位	小　计	第一批下达数	第二批下达数
安庆市	2800	2100	700
芜湖市	1200	900	300
马鞍山市	850	200	650
铜陵市	850	550	300
黄山市	1150	650	500
巢湖地区	1850	950	900
六安地区	2500	2300	200
宿县地区	1470	850	620
宣城地区	910	460	450
池州地区	1100	840	260
亳州市	500		500
驻肥省直、部属单位	120	100	20
合 计	30000	20000	10000

专业技术和党政干部家属“农转非”计划指标分配统计表（1999 年）

表 2–2–5　单位：人

地　市	选招指标数	地　市	选招指标数
合肥市	5460	铜陵市	300
淮南市	1000	黄山市	600
蚌埠市	425	巢湖市	1000
滁州市	1600	六安地区	2000
淮北市	200	宣城地区	900
宿州市	1050	池州地区	834
阜阳市	4900	亳州市	400
安庆市	2000	省直和中央部属驻肥单位	100
芜湖市	751	合计	23670
马鞍山市	150		

专业技术和党政干部家属“农转非”计划指标分配统计表（2000 年）

表 2-2-6　　单位：人

地　市	选招指标数	地　市	选招指标数
合肥市	3000	马鞍山市	200
淮南市	1500	铜陵市	300
蚌埠市	500	黄山市	350
滁州市	1800	巢湖市	1000
淮北市	350	六安市	2000
宿州市	500	宣城市	800
阜阳市	2500	池州市	405
亳州市	1900	省直和中央部属驻肥单位	100
安庆市	3000	合计	20705
芜湖市	500		

全省民办转公办教师和从乡镇选聘制干部、高校计划内自费毕业生中录用干部及部分聘用制干部“农转非”指标分配统计表（1999—2000 年）

表 2-2-7

各市名称	合计	其中			
		民办转公办教师	乡镇选聘干部录用	高校毕业生录用	聘用制干部
全　省	25151	22069	283	384	2415
合肥市	65				65
淮南市	120	35		20	65
蚌埠市	733	658	10		65
滁州市	935	785			150
淮北市	2452	2387			65
宿州市	1375	888	82	140	265
阜阳市	6800	6300		100	400
亳州市	3296	3146		50	100
安庆市	265				265
芜湖市	132		66	1	65
马鞍山市	65				65
铜陵市	60				60
黄山市	155	90			65

续表 2–2–7

各市名称	合计	其　中			
		民办转公办教师	乡镇选聘干部录用	高校毕业生录用	聘用制干部
巢湖市	100				100
六安市	6990	6840			150
宣州市	1010	800	20	140	150
池州市	343	140	105	33	65
省　直	255				255

注:聘用制干部系指经各级人事局所属人才服务机构鉴证已聘三年,现仍在聘用岗位上的人员。

2001 年 7 月,省政府批转省公安厅《关于进一步改进户籍管理 推进城镇化进程意见的通知》。规定:凡自愿到安徽省工作的各类大学本科以上毕业生全部放开接纳,暂未落实工作单位的,可先落户,后找工作。有合法固定住所的,可登记为常住户口;暂时没有合法固定住所的,可在当地人才交流中心登记常住集体户口。凡属于省辖市急需的优秀人才、紧缺人才,凭本人与用人单位签订的聘用(劳动)合同,允许本人及其配偶、未成年子女在城市落户。婴儿或未成年子女,均可在父亲或母亲常住户口所在地的户口登记机关申报常住户口。公安部门每季度应向计划生育部门通报新生婴儿登记户口情况公民收养找不到生父母的弃婴、儿童和孤儿的,经收养人申请,凭区、县(市)以上民政机关出具的(收养证),经当地派出所调查核实,报县(市)以上公安机关审批后,可登记常住户口。解决夫妻分居户口问题,凡已在投靠的配偶所在地城市居住的公民,可根据自愿的原则准予在该城市落户。对身边无子女,需要到城市投靠子女的公民,可以在该城市落户。对于多子女的,由申请人自行选择投靠在城市的子女登记该城市常住户口。对因工作调动等原因在其他地区离休。退休的人员,需要返回原工作单位所在地或者原籍投靠配偶、子女的,准予办理入户手续。对孤寡老人或父母双亡的未成年人,近亲属经公证处公证愿意赡养或抚养的,准予办理入户手续。取消“农转非”指标控制和进城落户指标。同时,随即取消办理干部家属户口“农转非”工作。

支边与内调

干部支边与内调是指国家与边远地区(主要是西藏和青海)调配干部,以支援边远地区的建设;同时将那些不适合继续留在边疆工作的同志调回内地安置。干部有计划地支边和内调,对于加速边远地区现代化建设,促进民族团结,巩固国防,保卫边疆有着十分重要的作用。

1992 年、1993 年中组部、人事部下达安徽省 47 名援藏干部任务。由于西藏地区工作条件非常艰苦,对援藏人员提出的合理要求,给予照顾解决。给予家属户口“农转非”、提前晋升职务或技术等级、转干等优惠政策, 1993 年选派的 8 名干部,还由财政拨款每人一次性发御寒费 1000 元，每人每年发困难补助费 1200 元。截至 1993 年底，安徽省除内调、安置的外，仍有 361 名干部在藏工作。

由于从内地派到边疆的干部长期在艰苦的条件下坚持工作，有些人患了疾病，有些人家庭实际困难很大，需要调回内地工作或作适当的安置。1987 年后，支边干部内调开始作为一项经常性的工作，对那些长期在西藏、青海工作，因家庭和个人有特殊情况确需照顾或由于其他原因不宜留下继续工作的干部按规定进行内调，当年内调安置干部 13 名，1989 年内调安置干部 80 多名，1992 年安徽省接收安置了在藏工作满 8 年的大中专毕业生 8 名。

第三节　支农 支教 支医 扶贫

为建设社会主义新农村和构建社会主义和谐社会，国家和省鼓励高校毕业生到农村基层支农、支教、支医、扶贫或到企业锻炼，参加农村基层工作。既缓解了高校毕业生就业难，又能得到改善农村基层人才队伍结构，提高基层干部队伍整体素质。“三支一扶”是指大学生在毕业后到农村基层从事支农、支教、支医和扶贫工作。计划的政策依据是人事部 2006 年颁布的《关于组织开展高校毕业生到农村基层从事支教、支农、支医和扶贫工作的通知》（国人部发〔2006〕16 号）。

选拔工作

1999 年 7 月，省委组织部、省人事厅、省编办、省财政厅《转发中共中央组织部、人事部、中央机构编制委员会办公室、财政部关于高校毕业生到农村基层工作有关问题的通知》。每年从当年全日制普通高校国家计划内非师范类大专以上毕业生中，选拔 616 名毕业生到农村去支农、支教、支医、扶贫，其中以未落实单位回市、地、县就业的毕业生为主（含外省院校回皖就业的毕业生），生源和具体专业不限，师范类毕业生按照教育行政部门规定，在原就业方案内就业，不纳入选拔范围。

全省选拔高校毕业生指标分配统计表（1999—2001 年）

表 2-3-1

地　区	指标总数	年度数		
		1999 年	2000 年	2001 年
总　计	1848	616	616	616
合肥市	111	37	37	37
芜湖市	72	24	24	24
蚌埠市	75	25	25	25
淮南市	39	13	13	13
马鞍山市	33	11	11	11

续表 2-3-1

地　区	指标总数	年度数		
		1999 年	2000 年	2001 年
淮北市	33	11	11	11
铜陵市	21	7	7	7
安庆市	213	71	71	71
黄山市	144	38	38	38
阜阳市	267	89	89	89
宿州市	114	38	38	38
滁州市	108	36	36	36
宣城市	174	58	58	58
六安市	192	64	64	64
巢湖市	126	42	42	42
池州市	96	32	32	32
亳州市	30	10	10	10
省　直				

选拔工作由各市地人事部门会同组织部门共同组织实施。采取发布公告,学校推荐,毕业生自愿报名,县（市）组织、人事部门进行资格审查,市地组织、人事部门统一组织考试、考核的程序进行。考试参照国家公务员录用考试的形式,不降低考试的标准和要求。考试的政策规定、报名资格的审查和要求、试卷命题、制卷、考试组织、阅卷、分数线的划分及选拔对象的确定等具体事宜,由各市地人事部门会同组织部门具体商定。

选拔对象确定后,各市地组织、人事部门对毕业生进行 7—10 天的集中培训。培训内容为:党的十五大精神、邓小平理论、党和国家的农村政策、全省省情及农业发展状况、农村基层组织建设、农村实用法律、农村实用技术等方面的知识。到岗后,县级组织、人事部门仍定期对毕业生开展不同类型的短期培训。

选拔的毕业生重点安排到乡镇农林"六站"从事技术服务、技术指导、实用技术传播等工作,到村委会、党支部任职,到乡村中小学从事教育行政管理、教育辅导、普通教学等工作,到乡村医院从事卫生管理、医疗服务等工作,到乡镇企业协助企业管理、市场规划及技术指导等。

毕业生工作锻炼期间,县级组织、人事部门要定期对他们进行跟踪考核,满一年进行一次全面考察,两三年后,采取考试与考核相结合的办法对毕业生进行综合测评,合格的录用为国家公务员,充实乡镇机关。其中,考核优秀者两年后即可根据工作需要录用到乡镇机关工作,特别优秀的,由县级组织、人事部门征得乡镇意见后报县（市）委选拔进入乡镇领导班子。表现不好或一般的,可继续锻炼一年,或进入县级人才市场自谋职业；自谋职业的学生，不再享受行政机关同类人员工资福利待遇。

工作锻炼期间，允许毕业生选择更适合其发挥才能、专长的岗位或单位工作；鼓励支持录用后的毕业生继续或长期留在农村基层从事支农、支教、支医、扶贫工作，其待遇不变。

选拔到农村基层支农、支教、支医、扶贫的毕业生，均实行带编制工作锻炼的办法，所需编制由各县（市）在乡镇编制总额内调剂解决。毕业生工作锻炼期间工资福利待遇所需费用由县级财政负担，有条件的市、地财政部门可分担部分费用。选拔工作所需组织管理费用，由各级组织、人事部门向同级财政部门申请解决。

全省选拔高校毕业生到农村基层工作需求统计表（2002—2004年）

表2-3-2

单　位	2002年	2003年	2004年
合　肥	85	107	40
芜　湖	8	9	
蚌　埠	59	64	82
铜　陵	2	8	8
马鞍山	12	13	11
淮　北	10	15	
安　庆	90	103	109
黄　山	62	61	50
宿州（泗县）	1		38
巢　湖	98	98	114
阜　阳	78	78	110
六　安	59	59	69
宣　城	41	41	57
亳　州	66	66	66
池　州			35
淮　南			32
总　计	671	721	821

2005年，安徽省继续选拔691名高校毕业生到农村基层工作。

自2006年开始实施新一轮“三支一扶”计划。招募对象是本省范围内30周岁以下、普通高校专科及以上应届及毕业两年内尚未就业的毕业生。从事支教服务的招募条件原则上为师范类专业或取得教师资格、具有一定教育教学经验的毕业生，从事支医服务的招募条件原则上为医药卫生类专业毕业生，从事支农和扶贫服务的招募条件原则上专业不限。要求政治素质好，热爱社会主义祖国，拥护党的基本路线和方针政策；学习成绩合格，具有相应的专业知识；具有敬业奉献精神，遵纪守法，作风正派；身体健康。

全省招募高校毕业生到农村基层工作计划指标统计表（2006—2009年）

表2-3-3

序号	市	2006年	2007年	2008年	2009年
1	合肥市	43	30	30	42
2	淮北市	21	30	30	35
3	亳州市	34	30	30	100
4	宿州市	43	39	38	95
5	蚌埠市	43	45	60	105
6	阜阳市	60	60	60	85
7	淮南市	33（含毛集试验区）	33（含毛集实验区）	33（含毛集实验区）	11
8	滁州市	50	48	60	70
9	六安市	60（含叶集实验区）	60（含叶集实验区）	60（含叶集实验区）	75
10	马鞍山市	9	30	15	12
11	巢湖市	40	40	40	50
12	芜湖市	30	30	30	40
13	宣城市	50	50	60	78
14	铜陵市	21	21	30	11
15	池州市	31	40	40	40
16	安庆市	84	68	68	68
17	黄山市	48	46	46	56
合计		700	700	700	1000

生活待遇

2006—2009年，参加“三支一扶”计划的大学生在服务期间，给予一定的生活、交通补贴。生活补助每月600元/人，每年7200元/人。交通补贴每年200元/人。2009年9月起，提高“三支一扶”高校毕业生生活补助标准，“三支一扶”高校毕业生在服务期间按照本地乡镇事业单位从高校毕业生中新聘用工作人员试用期满后工资收入水平标准，确定生活补助标准。其中，省财政按照每人每年1万元（生活、交通补助）的标准承担补贴资金，不足部分由市级财政承担，按月打卡发放。同时，由“三支一扶”办公室指定保险公司统一为毕业生办理住院医疗保险和意外伤害保险，以上所需资金由省财政承担。

考核与表彰

考核的内容包括德、能、勤、绩四个方面，重点考核日常工作表现、服务业绩。“德”主要考核政治、思想素质情况和职业道德、社会公德方面的表现；“能”主要考核业务水平、业务技术提高情况；“勤”主要考核工作态度和勤奋敬业精神；“绩”主要考核履行“三支一扶”岗位职责情况及完成工作任务的情况。考核分为年度考核和服务期满考核。年度考核以平时考核为基础。平时考核重点考核“三支一扶”高校毕业生完成日常工作任务情况及在岗（业绩）情况，可以采取被考核人工作汇报、工作总结，单位检查工作、考勤等方式进行，由服务单位主管领导予以审核评价。年度考核定期进行，年末完成。服务期满考核以年度考核为基础。服务期满考核于服务期满前一个月内进行，对被考核人整个服务期间的总体情况进行考核。考核的结果分为优秀、合格、不合格3个等次。对病假超过考核年度半年、事假超过考核年度中3个月或病、事假累计超过考核年度半年的“三支一扶”高校毕业生，不进行考核。确定为优秀等次须具备下列条件：拥护党和国家的路线、方针、政策，模范遵守国家的法律、法规及各项规章制度和职业道德、社会公德；精通业务，工作能力强；工作责任心强，勤奋敬业，工作作风好；工作实绩突出。确定为合格等次须具备下列条件：拥护党和国家的路线、方针、政策、自觉遵守国家的法律、法规及各项规章制度和职业道德、社会公德；熟悉业务，工作能力较强；工作责任心较强，工作积极，工作作风较好；能够完成本职工作。具有下列情形之一的，确定为不合格等次：思想政治素质较低；业务素质和工作能力不能适应工作要求；工作责任心或工作作风较差；不能完成工作任务，或在工作中因严重失误、失职造成重大损失或者恶劣社会影响；经常无故脱岗、旷工或者因公外出、请假期满无正当理由逾期不归连续超过15天，或者一年内累计超过30天的，以及其他严重违反工作纪律的；无正当理由不参加年度考核和服务期满考核的毕业生，经教育后仍然拒绝参加的。年度考核优秀等次人数，一般掌握在本县（市、区）参加“三支一扶”年度考核的高校毕业生总人数的百分之三十以内。服务期满考核优秀等次人员，考虑区域分布、服务岗位分布等因素，在年度考核优秀人员中合理确定。人数一般掌握在当地参加“三支一扶”服务期满考核的高校毕业生总人数的百分之二十以内。县（市、区）政府人事部门负责“三支一扶”高校毕业生年度考核工作；服务期满“三支一扶”高校毕业生考核工作由设区市政府人事部门负责，县（市、区）政府人事部门配合进行。其中对兼任乡镇团委副书记的高校毕业生考核工作由县（市、区）团委会同乡镇党委进行，有关考核材料汇总报送县（市、区）政府人事部门。考核分为自我评价、群众评议、领导评价、确定等次和公示等五个程序年度（服务期满）考核材料存入本人档案。市人事局将服务期满考核结果汇总报送省人事厅备案。对考核等次为合格以上的“三支一扶”高校毕业生，经省人事厅审核，颁发由人力资源和社会保障部统一印制的《高校毕业生“三支一扶”服务证书》，作为享受“三支一扶”高校毕业生就业相关优惠政策的依据。对服务期满考核不合格的“三支一扶”高校毕业生不发放《高校毕业生“三支一扶”服务证书》，不享受相关优惠政策。

“三支一扶”计划实施，涌现出了一批勤奋学习、不畏艰苦、开拓创新、乐于奉献的优秀“三支一扶”高校毕业生和大学生创业先进典型，有效地缓解了农村基层人才匮乏的状况，极大地改善了农村人才队伍结构，有力地促进了社会主义新农村建设。

2008年12月，全省对王惠敏等99名“全省优秀‘三支一扶’高校毕业生”和曹张伯等10名“全省大学生创业先进典型”予以表彰奖励。2009年12月，表彰张亮等92名安徽省优秀“三支一扶”高校毕业生。

安徽省优秀支农 支教 支医 扶贫高校毕业生和大学生创业先进典型（2008年）

表2-3-4

优秀支农　支教　支医　扶贫高校毕业生（99人）		
地　市	人数	姓　名
合肥市	4人	王惠敏　卢先轩　刘来斌　温　磊
淮北市	4人	刘　俨　郭慧慧　陈小林　刘焕弟
亳州市	4人	王秀敏　尚丹丹　赵　平　时　玉
宿州市	6人	张　冉　马晓明　陈永磊　王伟男　陈迎军　韩　慧
蚌埠市	7人	武振东　孙艳艳　刘岩岩　杨　波　王琛玲　郭　军　季莹莹
阜阳市	8人	张萍萍　张　峰　曹　磊　谢　萍　侯　欣　张颖强　杜　衡　孙振华
淮南市	5人	王　俊　陈晓慧　魏修玉　沈夏斌　计金奎
滁州市	8人	储玛莹　权　欣　童德伟　唐文浩　张　伟　张　云　何　敏　单乃宝
六安市	8人	周　灿　王康敏　杨　林　李文龙　汪法晖　李　珩　王　晓　余仁桂
优秀支农　支教　支医　扶贫高校毕业生（99人）		
地　市	人数	姓　名
马鞍山市	3人	耿　水　丁　伟　沈　月
巢湖市	5人	黄　嘉　黄　韬　许培培　张　亮　赵曼莉
芜湖市	3人	王　纬　张　兵　胡敏丽
宣城市	7人	李劲松　王朝伟　江俊熠　叶明慧　熊文健　陈玉玲　汪　洋
铜陵市	4人	张　玮　姜　琴　张厚华　邢　愉
池州市	5人	章小秀　杨　蕾　纪　峰　吴　婷　王　慧
安庆市	11人	李　慧　王　凡　程小平　张复元　汪　荣　王毕元　黄　鑫 徐鹏飞　陈明珍　何文霞　余明高
黄山市	7人	徐　灵　郑锦秀　吴　斌　赵俊雅　汪伦炯　方雪莲　张　瑛
大学生创业先进典型（10人）		
曹张伯		安徽海博建设工程有限公司 安徽海兴生态科技有限公司
宋大鹏		合肥市长丰县岗集镇森岗村
付　凤（女）		合肥市长丰县岗集镇森岗村

续表 2-3-4

大学生创业先进典型（10人）	
高亚飞	亳州市利辛县兴农万头良种猪场
荣　琼（女）	六安市康立电器制造有限责任公司
时　全	滁州市府城镇大王府村
方　浩	马鞍山市方石信息科技有限公司
孙逸民	巢湖市含山县七彩山鸡养殖有限公司
王培东	安庆市潜山县潘铺村
陈　勇	安庆市潜山县潘铺村

安徽省优秀支农　支教　支医　扶贫高校毕业生（2009年）

表 2-3-5

地　市	人数	姓　名
合肥市	4人	张　亮　蔡　彪　徐　苏　唐世俊
淮北市	4人	孙　岩　丁　颖　段琨琨　张美丽
亳州市	4人	胡娟娟　王　汉　任　静　张丽荣
宿州市	5人	唐　沛　马　涛　周　伟　孙　君　王心怡
蚌埠市	6人	张元元　郭　军　刘李艳　刘楠楠　高　娜　赵珊珊
阜阳市	8人	满蕾蕾　吕　锋　高　宇　郭　刚　闫子林　桂大千　李成迪　杨蕾蕾
淮南市	5人	陈　荣　王　蕊　花　明　朱　俊　程业亮
滁州市	7人	黄　馨　李文军　陈　涛　汤　玮　朱倩茜　马　靖　董晓磊
六安市	7人	武　岳　梁连焕　王　庄　耿云潇　王兴振　张旭东　韦　猛
马鞍山市	4人	张　纯　芦　燕　沈　月　韩　仙
巢湖市	5人	洪　丽　高　颖　万　青　卢业梅　李海峰
芜湖市	4人	桂仁俊　梁　虎　奚　媛　张　娟
宣城市	6人	王云霞　詹学辉　刘淑萍　王海俊　沈文娟　张效良
铜陵市	4人	江前红　徐飞翔　何瑞勤　查　丽
池州市	5人	王　俊　刘　亮　吴玲华　李林桢　吴安阳
安庆市	8人	陈　磊　吴　荣　储结梅　郝文娟　周吴峰　张海珠　汪　婷　昝　婧
黄山市	6人	唐　鑫　巴建强　吴仁平　汪家生　戴雯雯　吴雪颖

优惠政策。报考公务员方面。面向"三支一扶"高校毕业生等基层项目人员，定向考录公务员、选调生等，每年按不低于全省公务员考录计划10%—15%的比例单列计划。报考事业单位。基层服务单位免试直接补充进入；市、县事业单位招聘新进人员时，

拿出不低于10%的比例,定向聘用服务期满考核合格“三支一扶”毕业生等基层服务项目人员;县及县以上事业单位公开招聘工作人员时,凭省“三支一扶”办颁发的服务证书或同级“三支一扶”办开具的相关证明材料,每门笔试科目成绩加2分继续教育方面。服务期满考核合格“三支一扶”毕业生报考硕士研究生,享受初试总分加10分的优惠政策;服务期满考核合格“三支一扶”毕业生免试入读成人高等学历教育本科。自主创业方面。将服务期满“三支一扶”大学生自主创业纳入“大学生创业引领计划”,提供行政事业性收费减免、小额贷款担保和贴息等有关政策帮扶和创业就业服务。自主择业方面。针对“三支一扶”服务期满未就业人员,各地“三支一扶”工作协调管理办公室安排专人、设立专门窗口,切实帮助落实就业岗位,尤其对服务期满后仍长期就业困难的“三支一扶”毕业生确立“一对一”的帮扶机制,按规定提供及时的就业援助。

其他政策配套衔接。服务期满考核合格“三支一扶”毕业生可享受工龄连续计算、职务工资确定、职称评定、户籍档案、社会保险转移接续手续等政策。“三支一扶”毕业生服务期间,在评定专业技术职务方面享受在岗人员同等待遇。到乡镇卫生院工作的支医毕业生工作第一年,由当地卫生部门安排到县级以上医院进行为期一年的见习。

第四节　留学人员管理

留学人员作为重要的人才资源,已日益成为科技教育文化国际交流的重要桥梁和纽带,对于推动全省经济和社会发展发挥了巨大的作用。全省不断创新政策、不断完善服务,不断加大吸引高层次留学人才回国工作的力度,留学人员回国服务的人数和规模以年均13%的比例逐年递增,回国就业创业成效明显。

留学人员的界定

1994年2月,省政府办公厅印发了《关于鼓励留学人员来安徽工作的若干规定》,首次对安徽省留学人员的范围作了界定:主要是指国家公费、各类公派、自费出国学习并获得学士以上学位的人员;在国内已取得大学本科学历并到国外学习、进修取得一定成果的访问学者和进修人员等。

2005年4月,省人事厅、省教育厅、省科学技术厅、省财政厅转发人事部、教育部、科技部、财政部《关于印发〈关于在留学人才引进工作中界定海外高层次留学人才的指导意见〉的通知》,提出要完善留学人才的评价认定制度,明确了留学人员工作的重点为吸引高层次人才和紧缺人才,并对留学人员中重点引进的海外高层次留学人才作了定义:主要是指我公派或自费出国留学,学成后在海外从事科研、教学、工程技术、金融、管理等工作并取得显著成绩,为国内急需的高级管理人才、高级专业技术人才、学术技术带头人,以及拥有较好产业化开发前景的专利、发明或专有技术的人才。

2006年,省委办公厅、省政府办公厅下发《关于引进海外高层次留学人才的意见》,

明确了全省需要重点引进的海外高层次留学人才范围：高新技术、新兴产业、支柱产业、重大项目等领域急需的高级专业技术人才；拥有具有产业化开发前景的专利、发明和专有技术的人才；在国际上处于领先水平的学术和技术带头人；熟悉国际规则的高级营销、投资融资者和高级经营管理人才；取得相关专业领域博士学位的人才等。

2009 年 8 月，省委、省政府下发《关于加强引进海外高层次人才工作的实施意见》，结合国家“千人计划”、省“百人计划”项目的实施，确立了“突出重点、按需引进、重在使用、特事特办、统筹实施”的引进原则，对安徽省引进的海外高层次人才界定为：主要指 2009 年 1 月 1 日以后到安徽省工作，或有意来安徽省并与用人单位签订引进意向协议的海外创新创业人才。近两年已引进的符合条件的高层次人创新创业人才也可纳入范围。并对具体条件加以明确：

基本条件。安徽省引进的高层次人才，一般应在海外取得博士学位，不超过 55 周岁，引进后每年在安徽省工作不少于 6 个月，并符合以下条件之一：1. 在国外著名高校、科研院所担任高级专业技术职务的专家学者；2. 在国际知名企业担任高级职务的专业技术人才和经营管理人才；3. 拥有自主知识产权或掌握核心技术，具有海外自主创业经验，熟悉相关产业领域和国际规则的创业人才；4. 全省急需和紧缺的其他高层次人才创新创业人才。

具体条件。各领域的海外高层次人才引进，在具备上述基本条件的同时，还需具备下列条件：1. 省重点创新项目引进人才需在重大专项涉及的领域，能够解决关键技术工艺的操作性难题，或拥有市场开发前景的自主创新产品；或者在海外承担过与重大专项相关的重大项目，具有较强的产品开发能力。2. 重点学科和重点实验室引进人才需具有世界一流研究水平，近 5 年在国际重要核心刊物上发表过具有重要影响的学术论文；获得国际重要科技奖项、掌握重要实验技能或科学工程建设关键技术。3. 省属企业引进人才需拥有能够促进企业自主创新、技术产品升级的重大科研成果；具有丰富的金融管理、资本运动经验，在业界有较大影响。4. 各类园区引进人才，需同时具备以下条件：拥有自主知识产权和发明专利，且其技术成果国际先进，能够填补国内空白、具有市场潜力并进行产业化生产；有海外创业经验或曾在国际知名企业担任中高层管理职务 3 年以上，熟悉相关领域和国际规则，有经营管理能力；自有资金（含技术入股）或海外跟进风险投资占创业投资额的 50% 以上。符合上述条件的人选，参照中央做法，通过专家评审和规定程序，正式纳入“百人计划”。

留学人员工作机制

1994 年，安徽省设立安徽省留学回国人员工作站（与省人事局流动调配处合署办公），负责留学人员到安徽工作的安置、管理、服务和咨询等项工作。

2003 年 4 月，安徽省建立留学人员回国服务工作部门联席会议制度。安徽省人民政府办公厅下发《关于转发省人事厅等部门留学人员回国服务工作部门联席会议制度的通知》，明确联席会议的职责是学习贯彻党中央、国务院关于留学人员回国工作和为国服务的方针、政策；了解掌握全省留学人员回国服务情况；就全省留学人员回国工作和服务的相关政策性问题提出建议；加强省有关部门和单位的沟通协作；指导各市、各部门和单位的留学人员回国服务工作。联席会议的成员单位包括省人事厅、省教育厅、科技厅、财政厅、省外办、省计委、省经贸委、省公安厅、省外经贸厅、中国人民银行合肥中心支行、中科院合肥研究院、省外专局等部门。省人事厅为联席会议组长单位，其负责同志为联席会议第一召集人。联席会议原则上每半年召开一次例会。根据工作需要或省领导指示，可以临时召集会议。出席会议人员根据会议议题确定。

2006年，安徽省建立留学人才登记备案制度，出台《关于开展全省海外留学人才身份认证工作的通知》。经省、市人事行政部门登记，为到安徽省工作的海外高层次留学人才，统一办理《安徽省留学人才证》。留学人才持证可享受政策咨询、就业推荐、工作调整、接收手续办理、配偶和子女落户入学就业等一系列优惠政策。

2006年7月，安徽省留学人员联谊会第二届代表大会进行选举。会议讨论修改了《安徽省留学人员联谊会章程》，选举了新一届名誉会长、会长、副会长和秘书长。省委常委、副省长、名誉会长任海深出席会议并讲话。省留学人员联谊会会长、中国科技大学校长朱清时院士，省留学人员联谊会常务副会长省委组织部副部长、省人事厅厅长张耀文向大会作工作报告。大会还通过了《致全省留学人员的一封信》。

2009年，安徽省成立省海外高层次人才引进工作小组。在省人才工作领导小组领导下，负责全省海外高层次人才引进工作的组织领导和统筹协调。省工作小组由省委组织部、省人力资源和社会保障厅、省财政厅会同省教育厅、省科技厅、省国资委、省委统战部、省发改委、省经济和信息化委员会、省公安厅、省外办、团省委、省科协等单位分管负责同志及相关处室负责同志组成。在省委组织部设立省海外高层次人才引进工作专项办公室（以下简称“专项办”，与省人才办合署办公），作为工作小组的日常办事机构。工作小组负责审定人才引进目录和年度工作计划，制定和落实特殊政策措施。协调解决已进人才工作中的重大问题。专项办负责“百人计划”的组织实施工作，指导各地各部门海外高层次人才引进工作。

优惠政策措施

1994年，安徽省制定了吸引留学人员回国就业优惠政策。主要体现为以下特点：1. 就业范围较广，既可以直接到国家机关和全民企、事业单位工作，也可私营企业、科研机构工作或创业；2. 工作时间较为宽松，既可以长期定居，也可以短期应聘；3. 工作待遇有所保障，留学回国人员的工资待遇，不低于国家规定标准，也可由接收单位（或聘用单位）与留学人员协商确定，接收单位应优先解决留学回国人员的住房；鼓励留学回国人员购买商品住宅，接收单位可资助部分资金。符合条件的留学回国人员，还可享受政府特殊津贴。4. 就业服务较为全面，留学回国人员的配偶、未成年子女的户口可随迁到留学回国人员工作所在地落户。其配偶有正式工作的，优先办理调动手续；其配偶、未成年子女系农村户口的，照顾解决“农转非”，不受正常指标限制。公安和粮食部门根据相关证明，办理其配偶、子女入户和粮油供应手续，并免收城市人口增容、城市建设、城市综合开发补偿费。

2006 年，安徽省建立了畅通引进海外高层次留学人才的“绿色通道”，加大力度引进高科技、复合型、紧缺的海外高层次留学人才，以推动全省经济社会的持续快速健康发展。主要从以下方面加大引进力度：1. 海外高层次留学人才进入企事业单位，事业单位编制已满的，可报经编制部门审批同意后先接收再逐步消化。申报评聘专业技术职务可不受单位专业技术职务结构比例限制自主聘任。2. 简化海外高层次留学人才出入境手续。凭省人事厅出具的相关证件，对在全省任职的外籍海外高层次留学人才可提供入出境便利。3. 海外高层次留学人才的直系亲属可按有关规定随迁在安徽省落户，并享受当地居民同等待遇。子女入托、义务教育阶段入学，当地有关部门应妥善安排。4. 海外高层次留学人才到安徽省工作的报酬和待遇，应与其本人能力、贡献挂钩。5. 海外高层次留学人才到安徽省参加工作后的工龄可与本人出国前工龄、在国外攻读硕士、博士学位年限合并计算为连续工龄。6. 到安徽省工作的海外高层次留学人才，符合皖办发〔2002〕10 号文件要求的，可享受文件规定的优惠政策。7. 海外高层次留学人才以高新技术成果来我省创业的，凭《安徽省留学人才证》到所在地工商行政管理部门注册登记，享受留学人员创业园优惠政策和其他优惠待遇。8. 保护海外高层次留学人才的知识产权。9. 对为安徽省经济建设和社会发展作出突出贡献的海外高层次留学人才，可按规定申报享受政府特殊津贴。作出特别重大贡献的，可报请省政府批准给予表彰和奖励。

2009 年 8 月，省委、省政府下发《关于加强引进海外高层次人才工作的实施意见》，进一步明确了相关优惠政策。1. 建立特聘专家制度。对通过省“百人计划”引进的海外高层次人才，授予“安徽省特聘专家”称号。2. 为引进人才提供相应的工作条件。3. 认真落实引进人才的生活待遇。对经评审、省人才工作领导小组批准列入“百人计划”的海外高层次人才，省财政给予每人 50 万元人民币的一次性补助。4. 加大对引进人才工作的投入。

留学人员平台建设

留学人员就业创业的主要平台包括留学人员创业园和海外高层次人才创新创业基地。

1999 年 12 月，省政府同意创办留学人员合肥创业园。留学人员合肥创业园由省人事厅、省科学技术委员会、合肥市人民政府、合肥高新技术产业开发区管理委员会联合创办。创业园设在合肥高新技术产业开发区。在创业园的留学人员企业享受土地、税收减免等一系列优惠政策，对进园创办企业的留学人员给予子女入托、入学、就业，办理农转非和户口迁移等一系列优待。

2003 年 4 月，省政府批准同意设立留学人员芜湖创业园。留学人员芜湖创业园（以下简称创业园）由芜湖市科技局、人事局和芜湖经济技术开发区管理委员会联合兴办。创业园设在芜湖经济技术开发区。

2005 年，安徽省进一步提出要在国家级、省级和有条件的市级经济技术开发区，积极创造条件，抓紧建立留学人员创业园，打造吸引海外高层次留学人才到安徽省创业服务的工作平台。

2006 年 8 月，省政府同意设立留学人员马鞍山创业园，创业园设在马鞍山经济技术开发区；同意设立安庆留学人员创业园，创业园设在安庆经济技术开发区。

2006 年 8 月，人事部同意安徽省《关于申请部省共建合肥留学人员创业园的函》（皖政秘〔2005〕174 号）的要求，与安徽省人民政府共建中国合肥留学人员创业园。

2007 年 8 月，省政府同意建立留学人员黄山创业园。

2008 年 4 月，省人事厅同意设立留学人员合肥国家大学科技园创业园。

2009 年，安徽省提出用 5 至 10 年时间，在符合条件的企业、高等院校、科研机构和留学人员创业园以及国家和省级开发区等单位，建立 10 至 20 个省级海外高层次人才创新创业基地，实行特殊优惠政策，推进产学研紧密结合，探索实行国际通行的科学研究和技术开发、创业机制，集聚一批海外高层次人才创新创业人才和团队。

留学人员激励机制

1995 年 10 月，省人事厅授予郑永飞等 54 名同志“安徽省优秀留学回国人员”荣誉称号并予以表彰。

1997 年 9 月，省人事厅、财政厅联合下发《安徽省非教育系统留学回国人员科技活动择优资助资金管理办法（试行）》的通知。省财政每年安排一定数额的专项资金，与人事部下拨全省的资金经费实行一比二匹配，形成全省非教育系统留学回国人员的科技活动择优资助资金。资助资金的资助对象和使用范围：凡出国留学回国或即将回国受聘在安徽省非教育系统工作的留学人员，承担国家和省、部重点攻关项目、重大技术改造项目，以及省内急需开拓的基础理论或者具有广泛应用前景的新技术开发项目，可以申请资助资金。资助资金用于上述项目中具备一定的仪器设备基础，急需补充部分仪器设备、实验材料、改装实验室等方面的开支。

2007 年 2 月，省人事厅、省留学人员联谊会在合肥举办了留学人员迎新春交响音乐会。省委副书记、省留学人员联谊会名誉会长王明方出席音乐会并作重要讲话。

2009 年，安徽省实施“百人计划”。提出用 5—10 年时间，根据安徽重点工程、重大项目、重点产业和创新产业的需求，以合芜蚌自主创新综合配套改革试验区、合肥经济圈、皖江城市带承接产业转移示范区等为重点，引进并重点支持 100 名左右能够突破关键技术、发展高新产业、带动新兴学科的科技领军人才到皖创新创业（以下简称“百人计划”）。“百人计划”中，各重点领域的人才引进工作由牵头组织单位负责实施并制定引进人才的具体规定。省重点创新项目及人才引进工作由省科技厅牵头；重点学科和重点实验室人才引进工作分别由省教育厅、省科技厅牵头；省属重点企业人才引进工作由省国资委牵头；以高新技术产业开发区为主的各类园区引进创业人才工作由省科技厅、省人力资源和社会保障厅牵头。

第五节　人才激励

引才难，留才更难。要引来并留住人才，必须建立有效的人才激励机制。人才激励包括事业激励、物质激励、文化激励、情感激励等，人才专项资金支持和人才奖励是安徽省人才激励机制的两大支点。人才专项资金为安徽省培养了一支数量相当可观的人才队伍，孵化了一批有较好效益产出的企业，为我省加速发展提供了强有力的人才智力保障。人才激励政策激发了安徽省各类人才尤其是高素质人才自主创新、自主创业的内在动力，为各类人才营造出了良好的科研、创业和就业环境。

人才资金

人才资金来源为省财政预算拨款，人才资金的使用紧紧围绕有效地培养、开发、配置全省人才资源，优化人才结构，引进全省急需的高层次人才，重点扶持各类科技创新人才，鼓励有突出贡献的科技人才和经营管理人才，建设安徽人才高地，为加快发展、富民强省作出贡献。人才资金的安排和使用，主要体现省委、省政府关于人才工作的政策要求，坚持公正合理、统筹安排、突出重点、择优资助和专款专用的原则。

人才资金使用范围

1. 高层次人才培养项目资助经费；
2. 引进海外留学人员项目资助经费；
3. 有突出贡献的高层次人才奖励经费；
4. 优秀青年科技人才到国内外知名大学、科研机构深造资助经费；
5. 党政机关处级以上优秀年轻干部国外培训经费；
6. 公开选拔进入党政机关工作的高层次人才住房补贴；
7. 高技能人才的培养、开发、奖励等经费；
8. 农村实用人才的培养、开发、奖励等经费；
9. 省人才工作领导小组确定的其他项目经费。

省人才开发专项资金的申报，按照省人才工作领导小组下达的年度重点工作任务，由各人才项目主管部门向省财政厅提出申请。

省委组织部会同省财政厅、省人事厅等部门根据年度人才资金预算和部门年度人才工作计划，提出人才资金分类分配方案，报省人才工作领导小组审批后下达。

各人才项目主管部门根据批准的分类人才资金预算，会同省财政厅等部门组织有关方面专家对申请资助的项目进行论证、遴选，并提出具体资助项目分配方案。资助项目确定后，由项目主管部门会同省财政厅下文，并拨付经费。人才资金由省委组织部、省财政厅以及省有关部门管理。有关项目资金的申报、评审、核定，由相关部门根据规定，会同省财政厅制定具体实施意见。

人才资金由省财政厅根据项目实施进度，一次或分次直接支付到项目单位或个人。

人才资金专款专用，如当年有结余，结转下年滚动使用。

省财政厅等有关部门对人才项目资金使用管理情况进行监督检查。对弄虚作假、截留、挪用和挤占人才资金等违反财经纪律的单位和个人，省财政厅将依法收回部分或全部资金，取消其以后年度项目资金的申报资格，并追究相关人员的责任。

人才资金申报程序

由符合资金使用条件者提出申请，并填写《安徽省人才开发资金资助申请表》，经用人单位报省主管部门（留学人员创业园需经市级人民政府签章）审核后，一式四份，径送省人才工作领导小组办公室（原省人事厅人才流动开发处）。根据皖人发〔2002〕73号文件规定，对承担科研项目和学术活动等项目，经有关专家认证后，应将有关认证材料一并上报。

2002年人才资金资助正式申报前，各单位于11月20日前将有关材料报送省人事厅工作领导小组办公室进行初审后，报省人才领导小组审批。

海外留学人员高层次人才引进及项目资助资金申报范围

海外留学人员高层次人才引进及项目资助资金申报范围主要包括海外留学人员、高科技、新学科及全省新兴产业、支柱产业所需的博士、硕士研究生，在站博士后，博导和院士等人员；省内支柱产业、传统产业改造升级紧缺项目研究中的特殊专业人才；国家“百千万人才工程”人选和省学术技术带头人及其后备人选，以及国外留学人员带创意、带科研项目为全省服务的人才；有计划地组织科技型、创新型企事业单位专业技术骨干参加国内外培训；奖励为高新技术、成果产业化的研究开发、产品孵化等做出显著成绩的人才，均可按隶属关系履行申报手续。其研究的项目必须符合国家和安徽经济发展的产业需求，有较好的潜在经济效益和社会效益，并有一定的成熟性、预期性。经基层推荐，专家评审，省人事厅、省委组织部、省财政厅、教育厅、科技厅复审，以及面向社会公示等规定程序，并报经省政府领导批准。

人才开发资金使用情况

表2-5-1

时　间	资助项目数量（个）	经费（万元）
2001年度	14	168
2002年度	28	308
2003年12月	20	227
2004年11月	35	317
2005年10月	39	295
2006年9月	35	295
2007年11月	48	293
2009年1月	65	159

2001—2005年人才开发资金资助136人，资助金额1315万元。2006年资助35人，资助金额295万元。2007年资助46人和1个集体（凤阳县大学生创业园），资助283万元。2008年资助65人，资助金额296万元。

人才奖励

突出贡献人才奖。为实施人才强省战略，完善人才激励机制，大力营造“尊重劳动、尊重知识、尊重人才、尊重创造”的良好社会氛围，充分发挥各类人才在全面建设小康社会中的重要作用，为加快安徽崛起提供人才智力保障，中共安徽省委、安徽省人民政府设立安徽省突出贡献人才奖（以下简称突出贡献奖）。突出贡献奖旨在奖励获得重大国际奖、重大国家奖、为安徽经济建设和社会发展作出突出贡献的人员。突出贡献奖每两年评选一次，每次授奖人员不超过10人。无符合条件者可空缺。突出贡献奖的评选遵循公开、公平、公正的原则，坚持标准，严格程序。突出贡献奖申报条件：应当热爱祖国，坚持四项基本原则，拥护党的基本路线、方针、政策，遵纪守法，业绩突出，具有不断创新的科学精神和良好的职业道德，并应具备下列条件之一：

1. 获得重大国际奖。是指获得国家认可的具有权威性的国际专业组织和学术组织颁发的奖章、奖牌、奖金等。

2. 获得重大国家奖。是指获得国务院批准的二等奖以上主要完成人、获得国务院各部委批准的一等奖以上主要完成人或者相应的中央有关部门批准的一等奖以上（或相当奖次）主要完成人。

3. 为安徽经济建设和社会发展作出突出贡献。是指在自然科学和社会科学研究、专业技术和现代管理等领域及安徽重大建设项目中取得重大的系统性、创新性成果或者解决了重大关键性技术难题，学术、技术、技能水平处于国内领先并达到国际先进水平，获得省级一等奖以上的奖励，其成果转化或技术应用对安徽经济建设和社会发展推动作用明显，并取得显著的经济效益或者社会效益。

突出贡献奖实行定期集中申报制度。评选当年6月底前，由各市政府、省直各单位和中央驻皖单位，按属地或行政隶属关系原则，推荐本地区、本系统内符合条件的人选。

突出贡献奖评选组织：评选工作在省人才工作领导小组领导下，由省委组织部、省人事厅、省财政厅共同组织实施。省人才工作领导小组下设省突出贡献人才评选工作办公室，办公室设在省人事厅，负责具体评选工作。

突出贡献奖获得者由省委、省政府颁发荣誉证书和奖章，享受省劳动模范（先进工作者）待遇，奖励金额为每人50万元。其中，奖金的40%属获奖者个人所得，60%用作获奖者的科学研究经费。所需奖金从省人才开发专项资金中列支。奖金依法免征个人所得税。

凡在评选周期内该评奖成果已获得省级奖励，其奖金已达到本办法确定的奖励金额的，只给予突出贡献奖荣誉方面的奖励；奖金低于本办法确定的奖励金额的，补发其差额部分。

2010年8月，安徽省委、省政府决定授予顾建国、刘伟敏同志“安徽省突出贡献人才奖”奖章，同时授予“安徽省劳动模范先进工作者”荣誉称号，每人奖励50万元。

合芜蚌自主创新综合试验区创新人才奖。创新人才奖旨在奖励在合肥、芜湖、蚌埠三市登记注册的企业事业单位和相关机构（包括省直、中央驻皖单位）中工作或创业、服务，在科技研发、产业发展、管理创新等方面为合芜蚌自主创新综合试验区经济社会发展作出突出贡献的人员。创新人才奖申报条件：

1. 在关键技术的自主创新或引进、消化、吸收再创新，高新技术成果产业化、工程化等方面取得重大突破，并取得显著经济、社会效益。

2. 在拥有并应用专利技术实施科研成果转化、创新品牌等方面取得显著经济、社会效益。

3. 在重大新技术、新产品、新工艺开发，企业核心竞争力的提高，企业技术创新、行业技术进步以及产业发展方面有重大贡献，并取得显著经济、社会效益。

4. 在管理上有重大创新，管理效率明显提高并取得显著经济、社会效益。

创新人才奖实行定期申报。评选当年6月底前，由合肥市、芜湖市、蚌埠市人力资源和社会保障行政部门或省级主管部门，按属地原则或行政隶属关系，推荐本地区、本系统符合申报创新人才奖条件的人选。

评选工作在省合芜蚌自主创新综合试验区工作推进领导小组领导下，由省委组织部、省人力资源和社会保障厅、省科技厅、省财政厅等部门和省合芜蚌自主创新综合试验区工作推进领导小组办公室共同组织实施。下设创新人才奖励工作办公室（办公室设在省人力资源和社会保障厅），负责具体评选工作。

省合芜蚌自主创新综合试验区工作推进领导小组向创新人才奖获得者颁发荣誉证书，每人奖励10—20万元。所需奖金在当年合芜蚌自主创新综合试验区自主创新财政专项资金预算中安排。奖金依法免征个人所得税。

农村优秀人才奖。2000年10月，人事部、农业部下发了《关于表彰全国农村优秀人才的决定》，授予10名同志“全国农村优秀人才”荣誉称号（其中有安徽省范恒进，太和县恒进生物技术研究中心主任），给予90名同志记一等功奖励（其中有安徽省宗卫东，淮南市潘集区泥河镇农技站农民；杨良金，芜湖县易太镇农技站站长）。

2000年10月，省人事厅、省农委下发《关于表彰全省农村优秀人才的决定》，对评选出的孙建平等50位“全省农村优秀人才”予以表彰。

全省农村优秀人才一览表（2000年）

表2-5-2

姓　名	单　位
孙建平	巢湖市无为县太平乡农技站
范友胜	巢湖市庐江县新渡乡农技站

续表 2–5–2

姓　名	单　位
张益仓	巢湖市无为县露仙调味品有限责任公司
李　忠	安庆市潜山县水稻原种场
鲁长贵	安庆市桐城市陶冲镇农技站
吴海波	安庆市望江县毛安乡农技站
王晔光	安庆市岳西县来榜镇花墩村
李传艺	安庆市太湖县刘畈乡农技站
沈奋强	马鞍山市向山区雨山乡菜办
陶督尧	马鞍山市当涂县新市镇沪马机械设备有限责任公司
陈光荣	宣城行署泾县汀溪乡农技站
姚尚祥	宣城行署宣州市安徽华大集团家禽育种有限公司
吴启友	宣城行署宁国市安徽太阳禽业有限公司
章本吉	宣城行署绩溪县吉辉有限责任公司
杨秀林	淮南市凤台县桂集乡农技站
王　勇	淮南市谢家集区舜峰矿业有限责任公司
李文斌	阜阳市太和县安徽省双阳集团
张明良	阜阳市颍州区九龙镇农技站
刘怀艳	阜阳市颍泉区苏集乡农技站
汪德寿	阜阳市颍上县刘集乡湖稍村
王　允	阜阳市颍州区程集镇农机站
肖金根	铜陵市铜陵县朱村镇牧医站
刁子新	滁州市天长市界牌镇民兵渔场
朱其忠	滁州市定远县城西农机站
刘汉国	滁州市凤阳县官沟乡农技站
张银平	池州行署东至县胜利镇农技站
鲍燕来	池州行署贵池市驻驾乡农技站
刘瑞莲	宿州市砀山县葛集镇白蜡园村
刘立军	宿州市泗县小梁乡农技站
杜　峰	宿州市萧县新丰辣椒研究所
柳士勇	六安市金安区农技中心
王传宏	六安市裕安区狮子岗乡农技站
储成虎	六安市霍山县黑石渡乡农牧水产站
戴　德	六安市舒城县晓天农技站
高　峰	六安市寿县迎河镇农技站

续表 2-5-2

姓 名	单 位
屠家祥	芜湖市繁昌县小洲乡农技站
黄成俊	芜湖市南陵县峨岭镇农技站
胡保米	蚌埠市固镇县畜牧场
董文绍	蚌埠市怀远县良种家禽科研所
陶玉乐	蚌埠市郊区李楼乡农技站
霍宗红	蚌埠市五河县双忠庙农技站
吴大香	合肥市安徽丰大集团股份有限公司
王仁银	合肥市郊区农科所
王家忠	合肥市肥东县长临渔场
陈 雷	淮北市朔里镇农技站
杨哲林	淮北市濉溪县农技中心
曾令传	黄山市祁门县赤岭乡农技站
卓益斌	黄山市歙县郑村镇黎明村
凌志强	黄山市屯溪区新潭乡龙发饲料公司
张保光	亳州市魏岗镇农技站

2004 年 6 月，省委宣传部、省人事厅、省农委决定：对各市推荐的朱政苍等 47 位同志授予“全省农村优秀人才”的荣誉称号。

安徽省农村优秀人才名单一览表（2004 年）

表 2-5-3

序 号	姓 名	单 位
1	朱政苍	肥西县烟墩青年星火科技示范园
2	阮宜斌	肥东县农技中心
3	孙全德	长丰县陶楼乡陶西村
4	胡伟建	合肥市包河区农业技术推广中心
5	陈 雷	淮北市朔里镇农业技术推广站
6	陈钦升	淮北市神农农工贸有限责任公司
7	袁 顺	蒙城县三义菌种厂
8	左 营	安徽省义门苔干有限公司
9	张银侠（女）	砀山县权集乡富民良种养殖场
10	张 灿	灵璧县良种棉加工厂
11	杜 峰	萧县新丰辣椒研究所

续表 2–5–3

序　号	姓　名	单　位
12	杨国领	安徽安达土产品有限公司
13	陈道群	怀远县菜篮子工程办公室
14	潘发军	固镇县农业委员会
15	郭传贵	五河县农业技术推广中心
16	刘广友	阜南县农业技术推广中心
17	李士雨	颍上县广惠粮油贸易有限责任公司
18	郝正旺	阜阳金牌养鸡总场
19	郭凤军	阜南县健生源食用菌开发有限公司
20	詹同连	凤台县硖山口淮王鱼研究所
21	严宝先	淮南市潘集区古沟农业技术推广站
22	钱永言	明光市永言特种水产养殖有限公司
23	刁子新	天长市特种养殖公司
24	杨礼军	来安县半塔镇农技站
25	易淑东（女）	金寨县果子园乡栗湾村
26	高　峰	寿县迎河镇农林技术服务站
27	李大好	霍邱陈埠职业高级中学
28	储昭伟	安徽省六安瓜片茶业股份有限公司
29	蔡典明	当涂县乌溪镇人民政府
30	芮兆信	马鞍山市佳山乡农技水利站
31	范自生	庐江县农业委员会
32	魏国平	安徽大平工贸（集团）有限公司
33	李立胜	巢湖市居巢区农业委员会
34	吴建昌	芜湖县畜牧兽医站
35	屠家祥	繁昌县三山镇
36	钟华敏	南陵县籍山镇诚信食用菌公司
37	李谢恩	宁国市恩龙生态发展有限公司
38	方和平	铜陵市和平糖冰姜厂
39	潘平鑫	石台县七井乡农技站
40	曹慧荣（女）	青阳县畜牧兽医站
41	王畔光	岳西县来榜镇花墩村
42	方光裕	桐城市兴店镇农业技术指导服务中心
43	范乔松	潜山县逆水乡农业技术推广站

续表 2–5–3

序　号	姓　名	单　位
44	桂金德	宿松县长江实业开发有限责任公司
45	方继凡	黄山市黄山区新明猴村茶场
46	胡华庆	黟县蚕种场
47	汪筱妹（女）	歙县溪头镇洪村口村

2004 年 10 月，中宣部、人事部、农业部《关于授予张玉玺等 50 名同志“全国农村优秀人才”荣誉称号的决定》，经过县、市两级人事、农业部门的层层推荐选拔，并报人事部、农业部批准，安徽省芜湖市星火农业实用技术研究所所长程太平、涡阳县农业科学研究所农技推广研究员刘伟民被评为“全国农村优秀人才”。

2008 年 11 月，人力资源和社会保障部、中央组织部、中央宣传部、农业部《关于授予刘宝平等 100 名同志“全国农村优秀人才”荣誉称号的决定》（人社部发〔2008〕107 号），安徽省肥西县铭传乡大葱协会会长夏伦琴、长江水生动物保护研究中心董事长沈保平、宿州市夹沟镇夏刘寨村党支部书记、主任王化东、天馨集团董事长、总经理储理政等 4 人受到表彰。

第六节　人才市场发展与服务

伴随着改革开放和社会主义市场经济体制的建立，安徽省人才市场经历了从无到有、从小到大的发展历程，市场机制在人力资源配置中的基础性作用基本确立，服务载体也得到很好发展。

人才市场发展

人才市场根据单位性质主要分为两类，一类是公共性人才市场，主要指省、市、县三级人事部门所属的人才市场；另一类是经营性人才市场，主要指通过人事部门审批设立的，以盈利为目的的人才市场。从 1984 年成立人才交流服务机构至 2003 年底，公共性人才市场“一枝独秀”，基本上是以行政性为主的人才交流工作。2004 年开始，本省人才市场开始进入快速发展的新阶段，经营性人才市场逐渐成立并在社会上开始运营，主要通过开展人才中介服务等工作盈利。

1994 年底，全省建立省地市县级人才市场 54 个，阜阳市 276 个乡镇全部建立人才工作服务站。

1995 年，省人事厅发文要求各地加快人才市场体系建设，促进地市县人才市场固定场所建设，实行人才市场信息网络联网。同年，《安徽省人才市场管理暂行管理办法》出台，研究制定高校毕业生进入人才市场择业的政策、程序和配套措施。

1996 年 1 月，国家人事部印发《人才市场管理暂行规定》（人发〔1996〕11 号），对人才市场中介机构以及用人单位招聘和个人应聘等活动的管理提出相关规定和要求。同年12月，中组部、人事部下发《流动人员人事档案管理暂行规定》（人发〔1996〕118号），对加强流动人员人事档案的管理，维护人事档案的真实性、严肃性提出明确要求和规定，进一步完善人才流动社会化服务体系，有利于人才合理流动。

1997年11月，省人事厅下发《安徽省人事代理办法（试行）》（皖人发〔1997〕76号），明确了人事代理业务的管理权限、范围、内容、程序等。

1998年，市县级人才市场达85个，30%的乡镇建立人才服务站，全省多层次人才市场网络基本形成。

2001年8月，省人事厅同意省乡镇企业局设立安徽省人才市场乡镇企业人才分市场，业务上接受省人事行政部门及省人才服务中心的指导，主要职能是：在国家和省有关人才市场管理的政策法规范围内，根据全省乡镇企业人才需求情况，发布人才需求信息、提供人才政策咨询、定期与不定期地举办人才交流大会，为乡镇企业人才引进招聘，提供服务。

2002年6月，“人才招聘与人才中介服务机构”审批项目下放问题经省政府办公厅和省审改办答复后，省人事厅下发《关于人才招聘与人才中介服务机构审批事项有关问题的通知》（皖人办发〔2002〕64号），提出省政府办公厅公布下放的“人才招聘与人才中介服务机构”审批项目包括各市、县人才招聘和成立人才中介服务机构，并未限定省级政府人事部门审批范围，在各市、县管理范围的应交给市、县政府人事部门审批，属全省范围的人才招聘和成立人才中介服务机构，应由省政府人事部门审批。

2003年4月，省人事厅下发《关于转发人事部给〈文汇报〉答复“专函”的通知》，要求新闻机构对人才市场的宣传，要进行严格把关，做好相关审核工作。同年11月，省人事厅、省工商局、省对外贸易经济合作厅联合下发《关于转发人事部、国家工商行政管理总局第1号令和人事部、商务部、国家工商行政管理总局第2号令的通知》（皖人发〔2003〕80号），第1号令、第2号令分别公布《人才市场管理规定》和《中外合资人才中介机构管理暂行规定》，完善人才流动管理制度，规范人才中介服务行为，明确设立人才中介服务机构或从事人才中介服务活动须经政府人事行政部门批准。从2003年12月1日起，省人事厅开始受理人才中介机构审批及许可证发放事宜，从2004年开始依法开展许可证年检工作。

2004年1月，安徽省第一家经营性人才中介服务机构安徽省工商联（总商会）人才市场批准设立。截止2004年7月，全省共有各类人才中介机构130家左右，其中省市县三级政府人事部门所属，约有114家。其中，由省人事行政部门审批的人才中介机构，除政府人事行政部门所属人才服务中心外，共审批了安徽省工商联人才市场等6家（其中民营性质4家）人才中介机构。

2004年，省人事厅共审批设立7家人才中介服务机构，分别是安徽省工商联（总商会）人才市场、安徽气象人才服务中心、安徽伯乐人才服务有限公司、安徽外企人才交流服务中心、安徽大科人才服务中心、新安人才网人才服务中心、飞扬人才管理科学服务中心。

2004年2月，省人事厅召开了省城各大媒体的新闻单位记者座谈会，就全省贯彻第1、2号令，依法对人才中介开展许可证制度和年检制度，全面加强人才市场管理进行座谈。省工商局企业处、外贸厅外资处及合肥市人事局相关同志出席了座谈会。省电台、省电视台、新安晚报、安徽商报、安徽市场报、江淮晨报、合肥晚报等多家新闻媒体的记者参加了座谈。

2004年5月，省人事厅印发《关于查禁虚假广告的函》（皖人函〔2004〕9号），要求新安晚报社对发行的《新安晚报》刊登《安徽公务员考试培训基地、安徽天诺人才资源顾问公司2004年全省公务员考试考前培训》（5月16日第11版）的广告，核查有虚假内容。

2004年10月，为规范人才租赁行为，保护人才合法权益，充分开发各类人才资源，根据国家有关法律、法规和规范性文件，结合全省实际，印发《安徽省人才租赁试行办法》（皖人发〔2004〕64号），明确了人才承租方、人才出租房的权利，规定了人才租赁费的内容和范围。

2005年9月，省人事厅、省工商局、省商务厅联合印发《关于贯彻人事部、国家工商行政管理总局第4号令和人事部、商务部、国家工商行政管理总局第5号令有关问题的通知》（皖人发〔2005〕56号）。第4号令、第5号令分别对人事部、国家工商行政管理总局第1号令和人事部、商务部、国家工商行政管理总局第2号令进行了修改，重新公布了《人才市场管理规定》和《中外合资人才中介机构管理暂行规定》。

2005年，省人事厅共审批设立4家人才中介服务机构，分别是安徽智通人才服务有限公司、中国计算机函授学院人才市场、安徽省电力公司人才交流服务中心、安徽微讯软件技术有限公司（兼营）。

2006年2月，省人事厅对省人才交流协会印发了《关于同意核发周保平等253名人员〈安徽省人才中介服务职业资格证书〉的通知》。

2006年5月，省人事厅印发《关于加强人才招聘活动安全工作的通知》（皖人发〔2006〕31号），要求各级人事部门和有关人才中介服务机构牢固树立安全意识，切实加强领导；加强人才市场管理，严格资质审批；认真检查人才交流场所，加强安全防范；加强招聘活动现场管理，确保安全第一；不断改进人才交流服务工作，建立安全工作长效机制。

2006年12月，根据《干部档案工作条例》《流动人员人事档案管理暂行规定》《人才市场管理规定》等有关规定，安徽省人事厅下发《关于进一步做好流动人员人事档案管理工作的通知》（皖人发〔2006〕87号）。流动人员人事档案管理权限方面要坚持由县以上（含县）党委组织部门和政府人事行政部门所属的人才流动服务机构负责管理流动人员人事档案，其他任何单位不得擅自管理流动人员人事档案，严禁个人保管他人人事档案；凡未经组织人事部门许可，擅自管理流动人员人事档案的单位和部门，要立即停止接收流动人员人事档案，并尽快将所管流动人员人事档案移交至党委组织部门和政府人事行政部门所属的人才流动服务机构负责管理。流动人员人事档案转递方面要及时、安全，人才流动服务机构凭符合国家有关政策规定的人员流动的有效文书，向流动人员原单位开具调档函，原单位收到调档函十五天内，将流动人员人事档案随档案转递通知单转交人才流动服务机构；转递的流动人员人事档案必须完整齐全，不得扣留材料或分批转出；流动人员人事档案转递应通过机要交通或派专人送取，不得邮寄或交流动人员本人自带；对流动人员自带的档案，机关、国有企事业单位和人才流动服务机构都不得接收；对违反转递规定，造成档案丢失或发生抽取、更换档案材料等问题的，要严肃追究当事人和相关管理人员的责任。

人才中介服务机构的设立

设立人才中介服务机构条件：有与开展人才中介业务相适应的场所、设施，注册资本（金）不得少于10万元；有5名以上大专以上学历、取得人才中介服务资格证书的专职工作人员；有健全可行的工作章程和制度；有独立承担民事责任的能力；具备相关法律、法规规定的其他条件。

人才中介服务机构服务范围：人才供求信息的收集、整理、储存、发布和咨询服务；人才信息网络服务；人才推荐；人才招聘；人才培训；人才测评；法规、规章规定的其他有关业务。

部分业务附加条件：申请从事人才信息网络服务业务的，除符合基本条件外，尚需符合如下条件：取得安徽省通信管理局颁发的同意从事互联网信息服务的《中华人民共和国电信与信息服务业务经营许可证》；具有开展人才信息网络服务的相应设备和环境条件；具有专职的计算机信息和网络服务的专业工程技术人员若干名；法律、法规规定的其他条件。

中外合资人才中介服务机构的设立

申请设立中外合资人才中介服务机构条件：申请设立中外合资人才中介服务机构的中方投资者应当是成立3年以上的人才中介机构，外方出资者也应当是从事3年以上人才中介服务的外国公司、企业和其他经济组织，合资各方具有良好的信誉；有健全的组织机构；有熟悉人力资源管理业务的人员，其中必须有5名以上具有大专以上学历并取得人才中介服务资格证书的专职人员；有与其申请的业务相适应的固定场所、资金和办公设施，注册资本金不少于30万美元，其中外方合资者的出资比例不得低于25%，中方合资者的出资比例不得低于51%；有健全可行的机构章程、管理制度、工作规则，有明确的业务范围；能够独立享有民事权利，承担民事责任；法律、法规规定的其他条件。

人才中介服务机构的年检

依申请审批允许设立的人才中介服务机构每年须向当地主管的人事部门提交相关材料，进行年度审核，如逾期未办理年度审核的，将视为自动注销。年检所需要提供的材料包括:《安徽省人才中介服务机构年度审验报告书》;《企业法人营业执照》或《事业单位法人证书》复印件(验原件);《安徽省人才中介服务许可证》正、副本原件;从业人员人才中介服务职业资格证书原件。

人才中介服务职业资格证书

人才中介服务职业资格证书是全省从事人才中介服务从业人员的上岗资格证书,未取得人才中介服务资格证书人员不得从事人才中介服务工作。实行人才中介服务职业资格证书有利于提高全省人才中介服务从业人员的素质,加强人才中介服务队伍建设。通过定期开展人才中介服务职业资格培训班,对人才中介服务从业人员进行培训,并采用笔试等考试、考察手段验收学习成果,通过培训班考试的学员予以颁发人才中介服务职业资格证书。

招聘会管理

2006年5月省人事厅为充分发挥市场机制对配置人才资源的基础性作用,有序、优质、高效地开展人才市场及人才招聘活动,根据人事部和省委、省政府有关要求,下发了《安徽省人事厅关于加强人才招聘活动安全工作的通知》。通知要求:加强人才市场管理,严格资质审批。各级人事部门要严格按照省人事厅、省工商局、省商务厅《关于贯彻人事部、国家工商行政管理总局第4号令和人事部、商务部、国家工商行政管理总局第5号令有关问题的通知》规定,认真履行行政职能,切实规范审批程序,严格把握准入条件,加强对人才市场和各类人才招聘活动的管理。认真检查人才交流场所,加强安全防范。对存在的问题要及时采取措施,限期解决,坚决消除安全隐患。对达不到安全要求、未能及时整改的,要会同有关执法部门,采取控制和限制措施。加强招聘活动现场管理,确保安全第一。按照“谁主办、谁负责”的原则,制定招聘活动安全工作方案及突发事件应急预案。不断改进人才交流服务工作,建立安全工作长效机制建立和完善有关规章制度,定期进行安全检查,加强安全责任教育,提高招聘工作人员的安全意识。不断创新人才招聘的形式和办法,鼓励多举办小型、专场招聘会,鼓励开展网上人才招聘活动,避免人员过分集中,以多种形式切实有效地为用人单位和人才提供服务。

人才市场建设

1996年以后,随着国家大学毕业生指令性分配计划的逐步取消,国家公务员实行逢进必考制度,国有企事业单位改革的不断深化等,促进了人才市场的“两个主体”到位,人才市场进入快速发展的新阶段。

1998年3月,安徽省人才市场搬迁至益民街,市场招聘场地近1000平方米,设置展位98个,展位大小1.2×1.2米。每个招聘展位配备电子条屏一块,用以显示单位名称,并安装了刷卡门禁系统。招聘会从此定期开办。当初招聘会在具体每周六、日举办,一周两次。2004年起,每周增开招聘会1场,具体时间调整为每周三、五、六,并一直延续至今。

2002—2009年，安徽人才市场建设进入新的更高的发展阶段。为了充分发挥市场配置人力资源的基础性作用，扩大省人才市场在全省的知名度和影响力，更好地为安徽经济建设服务，2003年，全省性大型人才交流会举办，每季度一次，以春夏秋冬四季招聘会冠名。

自2003年起，安徽省人才市场尝试举办安徽省中高级人才交流会。根据中高级人才群体特点，拓展招聘会形式，变大会为小会，变敞开为封闭，变综合为专业，变市场为宾馆，在宾馆中举办封闭式洽谈。每年配合全国开展“高校毕业生免费就业服务周”或“服务月”活动，与中国科技大学、合肥工业大学、安徽大学等高校联合开展“促进高校毕业生就业高校行”活动，为毕业生提供人事代理、人才交流、人才培训等全方位免费服务活动。

2004年，省人才市场达到了每周三场日常人才集市，并定期举办全省性、全市性人才交流大会，其中安徽省冬季人才交流大会、徽商大会人才招聘会等成为品牌性人才交流大会。全省各级综合性人才市场始终围绕建立和完善“机制健全、运行规范、服务周到、指导监督有力的人才市场体系”的总体要求，把完善各项服务功能，为重点行业、重点产业提供优质服务作为人才市场建设的核心，逐步建立了集人才交流、人事代理、人才培训、人才推荐、人才派遣、信息网站、毕业生就业于一体的多功能、综合型人才市场服务体系，基本形成了组织形式多元化、服务对象多层次、服务类型多样性的竞争性市场新格局，为社会经济发展提供有效的人才服务。

2005年，省人才市场举办日常人才交流会147场，举办春夏秋冬大型人才招聘会4场，举办房地产、交通、医药卫生、电子等专场招聘会6场，进场招聘单位10040家，提供招聘岗位近10万个，进场求职者21余万人。主动与各大高校毕业生就业办联系，积极开展就业合作。组织省内15所高校赴嘉兴洽谈就业事宜，组织企业进入安徽大学、安徽农业大学，举办校园招聘会，“赢在高校，赢在未来”校园招聘会品牌初步建立。

2006年，省人才市场举办日常人才交流会199场，举办春夏秋冬大型人才招聘会4场，举办行业专场18场，企业专场12场，进场招聘单位12400家，进场求职者27万余人。与团省委希望工程办公室、安徽商报联合举办“安徽省勤工助学公益招聘会”。

2007年，举办招聘会199场，其中日常招聘会157场，行业专场24场，企业专场9场，校园专场招聘会7场，接待用人单位15000余家，入场人员40万人次。结合行业特性、需求岗位特性、需求周期特性，有针对性举办多种类型的专场招聘会，专场招聘会已经成为市场的新品牌。

2008年，举办日常集市136场，行业专场12场，承办大润发、中国联通等企业专场5场，校园招聘会9场，承办2008中国国际徽商大会人才交流会，成功组织安徽省第四届百强名企招聘会，全年共接待招聘单位10127家，提供招聘职位66230，接待求职人员接近20万人。加强兄弟省市互动交流，主动参与并积极融入区域间人才交流合作。争取台州市委、市政府组织306家企业赴皖举办大型招聘会，与福建中国海峡人才市场开展招聘合作。

2009年4月，在安徽农业大学体育馆举办第四届中国中部投资贸易博览会人才招聘会，259家参展单位提供招聘岗位11000个，近四万名大学毕业生、留学回国人员等各类求职者参加了现场招聘会。全年共举办了"返乡人才专场招聘会""安吉赴皖大型人才招聘会""酒店、餐饮、旅游服务业暨40、50公益专场招聘会""民营企业招聘周现场招聘会"等多场公益性专场招聘会，与巢湖学院联合举办毕业生专场招聘会，吸引408家企业参会，提供岗位7000余个。

网络人才市场发展概况。安徽人才网于2001年开通运行，2004年开始实施安徽省人才信息联网工程，先后完成了联网域名的申请、网站服务器的招标采购、相关联网软件的开发、网站服务器的托管等工作。

2005年，共办理人才信息入库36000人次，为450家用人单位办理了网上人才招聘。

2006年，实现与14个市人才服务中心所属人才网站联网。

2007年，经过批准，安徽人才网服务器更新、升级，托管上海移动专业机房，实现百兆独享，安徽人才网及全省联网的访问速度全面提升。之后，又改版网站页面，扩展使用功能，深度整合、利用联网资源，全省联网工作迈上新台阶。依托安徽人才网无形网络平台，充分发挥网络优势，积极配合有形市场，圆满完成国家"民企招聘服务周"，"高校毕业生就业服务周"等一系列就业专项活动。

2008年，积极融入中部六省间合作交流，参与举办赣闽鄂湘皖五省大型网上人才交流会，举办中部六省大型网上大型人才交流会。在安徽人才网开辟毕业生求职专栏，实行人才信息免费入库，及时在网上发布职位信息，方便毕业生求职择业。积极开展和参加全国高校毕业生就业网络联盟联合招聘周、中部六省网络联合招聘会等各类网络招聘会，连续多年举办"赢在高校，赢在未来"高校毕业生网络招聘大会。

2009年，安徽人才网新增注册企业3602家，个人会员29036人。

人才公共服务

1998年3月，省人才服务中心（人才市场）搬迁至合肥市益民街17号富华大厦，结束了有市无场的历史。

1999年3月，安徽省人事厅发布《关于安徽省人才交流服务中心更名的通知》（皖人办发〔1999〕27号），安徽省人才交流服务中心更名为安徽省人才服务中心。

2002年12月，省人事厅正式批准《安徽省人才服务中心主要职责、内设机构和人员编制方案》，内设5个部：综合部、人事代理部、市场部、开发培训部、信息部；事业编制20名，其中：处级领导职数3名，科级领导职数7名，工勤人员1名。确定省人才服务中心的主要职责是：承办全省人才市场的规划和网络建设，指导全省人才与智力交流的社会化服务和全省各类人才服务机构及人才市场工作，承担各类人事代理和租赁派遣服务工作；组织开展各种形式的人才开发与培训；发布人才供求信息，举办人才集市，开展人才交流活动；开展人才测评的社会化服务工作；承办人才招聘、人才流动的中介和管理服务工作；承办人事厅交办和委托的其他工作。

2003年2月，人事部发布《关于同意与安徽省人民政府共同组建中国安徽人才市场的复函》（人函〔2003〕21号）文件，同意与安徽省人民政府共同组建国家级人才市场，名称为“中国安徽人才市场”。市场的日常管理、运行由本省负责。

2003年12月，省人才服务中心加挂安徽省人才培训中心牌子，承担各类人才培训工作。

2004年1月，省人才服务中心增挂安徽省经营管理人才市场牌子，主要职责是：负责全省企事业单位经营管理人才市场的规划和网络建设，开展多种形式的人才开发与培训，发布人才供求信息，举办各类经营管理人才招聘与咨询活动。

2007年12月，省人才服务中心列入全额预算事业单位管理序列，核定事业编制35名。

人事代理

人事代理是指经党委和政府相关部门，通过法定授权的人才服务机构，接受用人单位或个人委托，管理人事档案以及提供相关的社会化服务。

人事代理内容：协助委托单位制定人员发展规划和人事制度改革方案；为委托单位代办招聘业务；代理人员培训、人才素质测评等相关业务；为委托单位（个人）代办相关的职称资格考评归口申报和证书发放等人事业务。管理委托单位（个人）人事关系及人事档案，代办大中专毕业生见习期满的转正定级手续；调整档案工资和计算工龄；出具因公因私出国出境、自费留学出国出境、报考研究生等各种政审材料；为辞职辞退委托管理人事关系和档案的人员办理原工作身份认定手续；为委托单位（个人）代办社会统筹保险费的缴纳；代管委托单位（个人）党团组织关系；代管委托单位（个人）户籍粮食关系；为委托单位聘用管理人员和专业技术人员办理合同鉴证；协助委托单位对被代理人进行定期或不定期的考核；为委托单位具有中专以上学历或初级以上专业技术职称的人员办理流动手续；为委托单位（个人）及时了解国家有关人事制度和政策规定提供服务；根据委托单位（个人）要求，代理其他人事业务和人事管理工作。

流动党员管理

2000年，安徽省人才服务中心总支委员会建立。2005年，建立“流动党员之家”网站，设置了信息公告、党建动态、网上党校、流动党员办事服务、流动党员就业服务、流动党员风采、主题教育实践活动学习交流专刊、流动党员党费查询等栏目。

各级人才服务机构多都成立了流动党员支部或流动党员的总支、党委等专门机构，配备专人负责管理。同时各级人才网还根据流动党员管理的实际，建立了网上“党员之家”“网上党校”，为流动党员搭建交流、学习和管理的网络平台。截至2009年年底，安徽省人才服务中心下属流动党员支部10个，流动党员3260名。

社会保险服务

1999年，根据代理人员的需要，省人才服务中心依托所属兴皖人才服务中心，为

222名代理人员申请办理了安徽省事业单位在职人员养老保险。

2001年，因社保政策变化，代理人员事业单位在职人员养老保险停办。

2002年，为部分代理人员申请办理了企业职工养老保险。

2003年，办理养老、失业保险820人次，医疗保险540人次。

2004年，办理流动人员养老、失业保险1603人，医疗保险1412人，社保五险534人。

2005年，办理社保五险1273人，社保三险1618人，社保两险2030人。

2008年，按照《中华人民共和国劳动合同法》和合劳社秘〔2008〕38号《关于开展2008年度社会保险缴费基数申报、稽核的通知》的规定，安徽省人才服务中心的代理保险采用事务性保险代理。同年代办各类保险2330人次。

2009年，代办各类保险事务性代理1125人次。

人才培训

2005年，人才培训业务拓展到人事代理专业技术人员的继续教育培训和面向大学生的求职就业知识培训。当年共办理各类专业技术人员继续教育证书和学时认定86人；办理各类非统招类毕业生推荐、介绍150人；举办人事代理专业技术人员继续教育公共科目培训5期，800余人参加培训。

2006—2009年，人才政策性培训范围进一步扩大，举办了非公经济创新能力建设高研班、合芜蚌自主创新试验区高级职业经理培训班、劳动合同法培训班等多期适应形势需要、服务经济社会发展的培训班，均取得良好社会效应。同时，"走进高校——公务员考试说明会"公益讲座、"公务员大课堂"免费义务培训等一系列活动，为公务员考试的报考者了解就业政策、做好考前准备、提高考试成功率奠定了基础。

2003年，与人事部人事科学研究院联合，成功举办了机关事业单位聘用制及收入分配制度改革研讨班，参加人员242人；全省招考公务员考前笔、面试培训班培训学员1494人，中央国家机关招考公务员考前培训班培训学员98人。

2005年，举办公务员笔试、面试考前培训班18期，培训学员3256人；举办乡镇公务员、中央国家机关公务员考前培训班6期，培训学员418人；举办安徽省职业经理资质评价与培训3期，培训职业经理人学员148人。

2009年，举办公务员考前培训班10期、事业单位考前培训班2期、基层政法干警笔试1期和2010年中央国家机关公务员考前培训班1期，近两千名考生参加培训。

安徽省人才服务中心作为人社部全国人才流动中心和职业经理研究中心授权在安徽开展职业经理资质评价与培训的唯一承办机构。来自全省各地企事业单位的707名经理人，获得了中、高级职业经理资质证书，成为全省培训职业经理品牌。2009年，职业经理培养项目纳入省人社厅关于合芜蚌自主创新综合配套改革试验区创新人才集聚工程。

人才派遣

2001年12月，省人事厅发布《关于同意建立安徽兴皖人才服务中心的批复》（皖人复〔2001〕93号），同意建立“安徽兴皖人才服务中心”。是省人才服务中心下属企业，独立法人，其业务范围是人才派遣、人才培训、人才推荐、人才招聘、信息咨询等相关人才中介服务。

2002年，向中国银行安徽省分行派遣人才30人。

2003年，向安徽联通、安徽移动、省委组织部等多家单位派遣人才249人。

2004年，向中行安徽省分行、安徽移动、安徽联通、省委组织部、中国科学技术大学、省气象局等单位派遣各类人才500余人。

2005年，向安徽移动、安徽联通、中科院合肥物质研究院、省产品质量监督检验所等单位派遣人才800余人。派遣人才总数达1300余人。同年3月，应邀加入汇集了全国19个省、4个自治区和3个直辖市的人力资源外包机构的跨地区人力资源外包联盟，依据联盟制定的服务质量标准不断规范服务，并实现在联盟内部的资源共享。

2009年8月，根据科技部等五部委《关于鼓励科研项目单位吸纳和稳定高校毕业生就业的若干意见》和人力资源与社会保障部《关于重大科研项目单位吸纳高校毕业生参与研究工作签订服务协议有关问题的通知》，省人才中心与中国科技大学人事部门签订《科研项目吸纳优秀毕业生专项服务协议》，派遣了30多名优秀高校毕业生到科大的科研项目单位工作，既发挥了科研工作培养人才的作用，也促进了高校毕业生的就业。根据劳动合同法的规定，安徽兴皖人才服务中心申请将注册资金从原先的十万元增加到五十万元。同年新增派遣员工593名，员工总数达到3000余名。

受表彰情况

2011年被认定为省级专业技术人员继续教育基地；

2004年被评为全省首批“信得过的人才市场”；

2005年、2006年连续两年被人事部全国人才流动中心和职业经理研究中心评为职业经费资质评价与培训全国先进单位；

2005年被安徽省妇联授予“巾帼文明岗”单位；

2006年获安徽省人事系统“十五”人才培训先进单位；

第三章　专业技术人员管理

科技是第一生产力，人才资源是第一资源。本省始终把专业技术人员队伍建设放在人才资源开发的首位。职称制度改革与管理，着眼调动广大专业技术人员的积极性；专家管理与服务，着眼发挥广大专业技术人员的创造力；专业技术人员继续教育，着眼提升广大专业技术人员的创新活力。

第一节　职称评聘

1994 年 8 月，省人事厅出台了《关于开展一九九四年度专业技术职务评聘工作有关问题的通知（皖人职字〔1994〕第 08 号）》。首次确定在卫生、高教、中专、中技和中小学系列实行专业技术职务结构比例控制。其他各系列仍实行专业技术职务指标控制。专业技术职务评聘工作，继续坚持评聘合一的原则，没有专业技术职务岗位空额的单位，不得申报评审专业技术职务任职资格（企业及企业化管理事业单位除外）。

鉴于一些地区和部门在专业技术职务评聘工作中遇到了一些难以掌握的问题，为统一政策、统一标准，确保评聘质量，结合各地反映的情况，1994 年 10 月，省人事厅印发了《关于专业技术职务评聘中几个具体问题的意见》（皖人职字〔1994〕第 12 号），包括已按国家机关工资制度进行工资套改的企、事业单位能否开展专业技术职务评聘工作、实行结构比例控制的范围、达到离（退）休年龄人员当年能否参评、延长离（退）休人员是否占本单位结构比例职数、聘任时间从何时计算、年度评审中任职时间的计算、关于引进人才是否占本单位结构比例职数等。

1994 年，省人事厅、省农业厅制定《安徽省农业中、高级技术职务任职资格评审标准（试行）》（农改字〔1994〕第 236 号），省人事厅、省卫生厅制定了《安徽省卫生技术高级职务任职资格评审标准（试行）》（卫人字〔1994〕）116 号，省人事厅、省科学技术委员会制定了《安徽省自然科研系列高级专业技术职务任职资格条件的通知》（皖科人字〔1994〕167 号），省人事厅、省教育委员会制定了《关于高等学校教授任职资格考评标准的意见》（教人字〔1994〕198 号）、《关于高等学校副教授资格考评标准的意见》（教人字〔1994〕199 号），以及《关于确定我省高校专业技术职务结构比例的意见》（教人字〔1994〕200 号）。1994 年底，全省取得高级专业技术资格人数为 28936 人，取得中级专业技术资格人数为 173805 人。

1995 年 7 月，省人事厅出台《关于开展 1995 年度专业技术职务评聘工作的通知》（皖人职字〔1995〕第 09 号）。为鼓励优秀青年科技人员脱颖而出，设立职称专项指标用于高教、科研、工程、农业、卫生系列第一线的优秀青年科技人员晋升高级专业技术职务。凡年龄在 35 岁以下晋升副高，40 岁以下晋升正高，在省人事厅下达的专项指标内，经人事部门逐级择优推荐，评聘专业技术职务，不受所在单位现有专业技术岗位职数或结构比例限制。1995 年底，全省取得高级专业技术资格人数为 31011 人，取得中级专业技术资格人数为 181303 人。

1996 年 4 月，省人事厅下发《关于开展 1996 年度专业技术职务评聘工作的通知》（皖人发〔1996〕46 号），坚持继续细化、量化评审条件；继续探索科学公正的评审方法；继续选拔优秀青年科技人员评聘高级专业技术职务。省里共拿出 300 名专项指标，用于高校、科研、工程、农业、卫生等系列企事业单位开展优秀青年科技人员评聘高级专业技术职务工作。1996 年底，全省取得高级专业技术资格人数为 33247 人，取得中级专业技术资格人数为 192569 人。

1997 年 6 月，省人事厅下发《关于认真做好 1997 年度全省专业技术职务评聘工作的通知》（皖人发〔1997〕29 号）。为继续选拔优秀青年科技人员聘任高级专业技术职务，1997 年省里继续拿出 300 名专项指标，在高校、科研、工程、农业、卫生等系列企事业单位开展优秀青年科技人员评聘高级专业技术职务工作；凡申报当年被批准为国家和省跨世纪学术和技术带头人后备人选者，任职时间满三年后，可不受年龄、资历限制破格评聘高级专业技术职务；从今年起，按照从严控制、稳步开展的原则，把工程系列正高级工程师评聘工作纳入全省专业技术职务评聘工作范围，由省人事厅统一领导、统一部署。

1998 年 6 月，省人事厅下发《关于做好 1998 年度全省专业技术职务评聘工作的通知》（皖人发〔1998〕46 号）重点加强专业技术岗位职数宏观管理，修订完善专业技术职务评审标准，组建评审委员会专家库，实施专业技术人员职称晋升计算机应用能力考核，开展专业技术职务评审人机对话试点，加强专业技术职务聘后管理，拓宽职称改革为经济建设和社会发展服务的工作领域。

1999 年 6 月，省人事厅下发《关于开展 1999 年度专业技术职务评聘工作的通知》（皖人发〔1999〕46 号）。重点完善专业技术职务聘任制度，抓好评聘分开的试点工作，加强评委会建设和管理，逐步建立公平公正的社会评价机制，努力为工农业生产第一线、非国有经济的专业技术人员提供服务。为尊重历史，平稳过渡，逐步接轨，实事求是地做好原中央部委管理的企事业单位移交省关后与我省职称衔接工作。同年 6 月，省人事厅出台《安徽省专业技术职务评聘分开试点工作方案》（皖人发〔1999〕47 号）。1999 年年底，全省取得高级专业技术资格人数为 39968 人，取得中级专业技术资格人数为 228692 人。

2000 年 8 月，省人事厅印发《关于开展 2000 年度专业技术资格评审工作的通知》

（皖人发〔2000〕77号）。为增加专业技术资格评审工作的透明度，进一步保证专业技术资格评审工作的公正、公平，从本年度起，用人单位在专业技术人员申报评审专业技术职务任职资格时，应公开展示申报人员的评审材料；随着省政府机构改革的进行，部分省直部门机构变动，原机械、冶金、建材、化工、轻工、纺织工程专业以及商业经济专业的高级职务任职资格本年度的评审工作交由省经贸委负责组织。2000年底，全省取得高级专业技术资格人数为46149人，取得中级专业技术资格人数为255469人。

2001年9月，经省政府同意，安徽省人事厅出台《安徽省财政拨款事业单位深化职称制度改革若干问题的意见（试行）的通知》（皖人发〔2001〕61号）。推行专业技术职务结构比例管理制度，推行专业技术职务评聘分开制度，完善专业技术职务任职资格评价制度，建立专业技术职务评聘公示制度，推进职称工作为基层服务。

2001年9月，省人事厅下发了《关于省直事业单位专业技术职务实行结构比例管理的通知》（皖人办发〔2001〕82号），实行专业技术岗位管理。2001年底，全省取得高级专业技术资格人数为49183人，取得中级专业技术资格人数为261650人。

省直事业单位专业技术职务结构比例设置方案一览表（2001年）

表3-1-1

类型		高级		中级（%）
		正高（%）	副高（%）	
A	工作任务重、技术含量高、人才密集、承担国家和省重点科研课题、项目的事业单位	5—10	20—30	40—52
B	工作任务较重、技术含量较高，人才较密集的事业单位	2—6	15—25	35—47
C	一般性技术管理、综合管理和服务性的事业单位	0—3	10—20	30—42

注：教育、卫生系列及政工专业职务结构比例另行制定

2002年7月，省人事厅下发了《关于2002年度专业技术职务任职资格评审工作有关问题通知》（皖人发〔2002〕55号）。继续推行专业技术职务评聘分开制度，探索多元化的专业技术职务任职资格评价方式，首次确定在安徽大学开展“以聘代评”试点工作，继续修订卫生、医药、艺术、文博、翻译、国际商务、林业、质量技术监督、水利、交通工程等高级专业技术职务任职资格标准条件。2002年8月，省人事厅出台了《安徽省财政拨款事业单位专业技术职务聘任管理暂行办法》（皖人发〔2002〕69号）。2002年底，全省取得高级专业技术资格人数为58052人，取得中级专业技术资格人数为273173人。

2003年7月，省人事厅下发《关于2003年度专业技术职务任职资格评审工作有关问题的通知》（皖人发〔2003〕47号）。进一步扩大专业技术职务评聘分开范围，继

续探索多元化的专业技术职务任职资格评价方式，不断完善“个人申报、社会评价、单位聘用、政府调控”的人才评价机制。推行艺术、文博、新闻、中小教系列中、初级专业技术资格考核认定试点工作。加强高评委专家库组织建设，评审委员会专家库成员要上报基本情况信息表，各评委会要上报评审结果分析表。

2004年6月，省人事厅、卫生厅下发《关于开展农村卫生单位高级专业技术资格评审工作的通知》（皖人发〔2004〕40号）。8月18日，省人事厅下发《关于开展2004年度专业技术资格评审工作的通知》（皖人发〔2004〕55号）。全省计划安排120名中学高级教师指标，用于评聘小学、幼儿园优秀教师副高级专业技术职务。2004年12月，为规范全省专业技术资格评审委员会组织管理工作，完善组织管理程序，省人事厅印发了《安徽省专业技术资格评审委员会组织管理暂行办法的通知》（皖人发〔2004〕80号）；出台《安徽省专业技术资格评审实施细则（试行）》（皖人发〔2004〕81号），对评审工作作出明确规范。

小学（幼儿园）高级教师晋升中学高级教师职务推荐名额分配统计表（2004年）

表3-1-2

单　位	限　额	单　位	限　额
合肥市	10	巢湖市	5
淮北市	5	芜湖市	7
亳州市	7	宣城市	6
宿州市	9	铜陵市	4
蚌埠市	8	池州市	4
阜阳市	9	安庆市	10
淮南市	6	黄山市	6
滁州市	9	省　直	3
六安市	8	合计	120
马鞍山市	4		

2005年5月，经省政府同意，省人事厅出台了《安徽省进一步深化职称制度改革若干问题的意见》（皖人发〔2005〕35号）。全面推行职称评聘分开，完善结构比例宏观管理，拓宽职称申报人员范围，创新评审组织组建方式，改进各类人才评价方法。7月，省人事厅下发《关于清理和调整全省专业技术资格评审委员会的通知》（皖人办发〔2005〕79号），明确清理调整的范围、时间、方法步骤。8月，省人事厅印发《安徽省高级专业技术资格实行考评结合制度的指导意见》（皖人发〔2005〕45号），印发《安徽省事业单位全面推行专业技术职务评聘分开工作的指导意见》（皖人发〔2005〕46号）。2005年底，全省取得高级专业技术资格人数为89936人，取得中级专业技术资格人数

为 349437 人。

2006 年 4 月，省人事厅印发《关于做好安徽省 2006 年度高级专业技术资格评审委员会评审工作安排的通知》（皖人办发〔2006〕53 号）。6 月，省人事厅、卫生厅下发《关于开展城市基层卫生机构高级专业技术资格评审工作的通知》（皖人办发〔2006〕88 号）。

2007 年 5 月，省人事厅印发《关于安徽省 2007 年度高级专业技术资格评审工作安排表》（皖人办发〔2007〕67 号）。

2008 年 6 月，省人事厅印发《关于做好 2008 年度全省专业技术资格评审工作的通知》（皖人办发〔2008〕59 号）。

2009 年 5 月，省人事厅印发《关于做好 2009 年度全省专业技术资格评审工作的通知》（皖人办发〔2009〕50 号），进一步修改完善评审标准条件，规范评审工作程序，健全评委会工作程序和评审规则。截至 2009 年底，全省累计取得高级专业技术资格人数为 138048 人，取得中级专业技术人资格人数 495632 人。

第二节　专家选拔

有突出贡献的中青年科学、技术、管理专家选拔

1994 年 8 月，省人事厅、省科委、省委组织部、省委宣传部、省劳动厅联合印发《关于选拔 1994 年度有突出贡献的中青年科学、技术、管理专家的通知》（皖人专字〔1994〕第 10 号）。根据文件精神选拔经人事部批准的本省有突出贡献的中青年科学、技术、管理专家 8 名；经省政府批准的有突出贡献的中青年科学、技术、管理专家 28 名。每两年选拔一次。

1996 年，经人事部批准的本省有突出贡献的中青年科学、技术、管理专家 7 名；经省政府批准的有突出贡献的中青年科学、技术、管理专家 12 名。

1998 年，经人事部批准的本省有突出贡献的中青年科学、技术、管理专家 7 名；经省政府批准的有突出贡献的中青年科学、技术、管理专家 17 名。

2000 年以后，人事部对选拔专家工作进行改革，有突出贡献的中青年科学、技术、管理专家选拔工作停止。

享受省政府特殊津贴人员选拔

1994 年 8 月，省人事厅印发《关于选拔享受 1994 年政府特殊津贴人员的通知》（皖人专字〔1994〕第 09 号），选拔享受国务院特殊津贴 46 名，享受省政府特殊津贴 133 名。

1995 年，选拔享受国务院特殊津贴 56 名，享受省政府特殊津贴 128 名。

1996 年 4 月，省人事厅草拟《关于安徽省享受政府特殊津贴人员选拔工作的意见》，经省政府同意，省政府办公厅以皖政办〔1996〕23 号文件印发。选拔享受政府特殊津贴人员的工作在国有企业、事业单位中进行。选拔的范围以自然科学为主。选拔的对象主要是在工农业生产和科技推广、科学研究、教育、卫生等第一线工作岗位上以及在社会科学、文化、艺术、新闻出版、体育教练等方面做出贡献的专家、学者、技术人员。选拔工作一般每年进行1次，选拔享受国务院和省政府特殊津贴工作同步进行。1996年选拔享受省政府特殊津贴人数（不包括中央部属驻皖单位）控制在100名以内，具体人数根据省政府审批的享受特贴对象数量而确定。经省政府批准的享受省政府特殊津贴人员，每人每月津贴100元，享受期为5年，并以省政府名义颁发证书。5年内如有新成果和新贡献的，享受期满后，可以重新作为选拔推荐对象。省政府特殊津贴所需经费由省财政拨付，享受政府特殊津贴的免征个人所得税。当年选拔享受国务院特殊津贴56名；享受省政府特殊津贴95名。

2001年12月，省委、省政府决定，对做出突出贡献的专家、学者、技术人员继续实行省政府特殊津贴制度。下发《关于对做出突出贡献的专家、学者、技术人员继续实行省政府特殊津贴制度的通知》（皖发〔2001〕25号）。每年选拔享受省政府特殊津贴的专家、学者、技术人员50名左右，其中乡镇企业选拔人数为5名左右。选拔享受省政府特殊津贴的对象是：在科技、教育、文化、卫生等岗位和在工农业生产第一线做出重大贡献和取得突出业绩的专家、学者、技术人员。重点是在关系国民经济和社会发展的关键技术领域中涌现出来的优秀人才，在信息、金融、财会、外贸、法律、现代管理及理论研究、新闻出版、文化艺术等领域做出重大贡献的专门人才。对批准享受省政府特殊津贴的人员，颁发省政府特殊津贴证书，每人一次性发给政府特殊津贴8000元，并免征个人所得税。

2004年11月，省委办公厅、省政府办公厅转发省委组织部、省委宣传部、省委统战部、省人事厅、省财政厅《关于改革和完善省政府特殊津贴制度的意见》（皖办发〔2004〕34号），享受省政府特殊津贴人员每两年选拔一次，从2004年到2010年，共选拔4批，每批100名左右。选拔对象是：在科技、教育、文化、卫生等岗位和在工农业生产第一线做出重大贡献和取得突出业绩的专家、学者、技术人员和高技能人才。重点是在关系国民经济和社会发展的关键技术领域中涌现出来的优秀人才，在信息、金融、财会、外贸、法律、现代管理及理论研究、新闻出版、文化艺术等领域做出重大贡献的专门人才。对批准享受省政府特殊津贴的人员，颁发省政府特殊津贴证书，每人一次性发给省政府特殊津贴1.2万元，并按照有关规定免征个人所得税。同时，将高技能人才纳入享受省政府特殊津贴人员选拔范围。

截至2008年，全省享受政府特殊津贴人员共计3231人（安徽省享受政府特殊津贴人员统计表），其中享受国务院津贴为1581人；享受省政府津贴为1650人。

从2009年1月1日起，将按月发放的国务院特殊津贴标准由每人每月100元调整到每人每月600元。

安徽省享受政府特殊津贴人员统计表

表 3-2-1　　　　单位：人

类别＼年度	合计	1990	1991	1992	1993		1994		1995		1996		1997		1998		1999		2000		2001		2002		2004		2006		2008	
		国贴	国贴	国贴	国贴	省贴	国贴	省贴	国贴	省贴	国贴	省贴	国贴	省贴	国贴	省贴	国贴	省贴	国贴	省贴	国贴	省贴	国贴	省贴	国贴	省贴	国贴	省贴	国贴	省贴
工程	845		18	103	93	142	6	59	10	53	11	24	15	23	10	18	10	36	10	39	10	18	7	15	15	28	13	24	13	22
农业	369		2	28	46	29	3	17	7	18	6	18	8	16	7	21	7	18	9	22	4	8	3	9	7	15	6	15	6	14
卫生	387		20	79	82	72	7	8	7	8	5	9	7	12	8	8		7	2	6		6	2	3	2	8	3	8		8
自科	314	1	6	52	50	31	4	17	6	20	9	10	5	5	6	8	6	14	5	9	2	3	3	3	5	8	7	7	4	8
高教	695	1	40	133	135	132	13	14	13	10	14	10	7	15	9	12	8	11	10	12	5	8	4	7	5	15	7	21	6	18
中专中小教	137						5	3	6	5	6	9	6	7	6	9	6	7	1	13	2	5	1	6	4	6	1	8	4	11
表演	63		2	9	12	4	1	1	1	2	1	3	1	4	1	2	1		1	2	1	1		2	2	2	1	3	2	1
体育	74				14	11	1	4		4	1	4	1	4	1	3	2	2	2	3	1	1		2	2	3	3	1	2	2
社科	334		8	39	59	56	6	10	6	8	3	8	5	10	7	13	5	13	8	9	3	5	3	3	2	11	4	12	4	14
高级技工	13																									2		2	7	2
总计	3231	2	96	443	491	477	46	133	56	128	56	95	55	96	55	94	45	108	48	115	28	55	23	50	44	98	45	101	48	100
其中中直	192		2			61		33		29		7		8		4		4		9		5		2		14		5		9

总人数：3231 人　其中国贴：1581 人　省贴：1650 人　　省贴：1650 人　其中省直 1458 人　中直：192 人

省学术和技术带头人及后备人选选拔与培养

1996年6月，为落实中共十四届三中全会提出的“要造就一批进入世界科技前沿的跨世纪的学术和技术带头人”和省第六次党代会提出的富省强省的战略目标，加快全省经济建设和社会各项事业的发展，省政府办公厅转发《省人事厅等部门制定的安徽省培养造就跨世纪学术和技术带头人实施方案的通知》（皖政办〔1996〕36号）。要求1997年遴选和掌握200名或更多一些30—40岁左右的优秀人才，作为重点培养对象，争取到20世纪末，实现一、二级学科的主要学科专业有2—3名50岁以下学术和技术带头人，在这些带头人中培养出3—5名达到国际先进水平，在世界科技界有较大影响的青年科学家；30—50名达到国内先进水平，具有学科优势的学术和技术带头人。当年选拔了140人，2000年以后改称省学术和技术带头人后备人选。截止到2009年底，共选拔了七批747人。

2001年7月，为加大学术和技术带头人后备人选学术、科研活动择优资助经费的管理工作力度，进一步提高使用效益，省人事厅印发《关于印发〈安徽省学术和技术带头人后备人选学术、科研活动择优资助经费管理办法〉的通知》（皖人办发〔2001〕48号），对资助经费的来源、资助对象、使用范围、使用方式、申请和审批、管理作了明确规定。每年对省学术和技术带头人后备人选学术科研活动进行资助；每年选派两个省学术和技术带头人后备人选培训团组赴发达国家进行专题培训，培训经费支持比例增至50%。

2008年1月，为进一步加大高层次专业技术人才的选拔、培养和引进力度，不断创新人才管理体制和工作机制，营造良好的人才工作环境，建设一支高素质的专业技术人才队伍，为推动跨越发展、加快崛起进程、构建和谐安徽提供有力的人才支撑，省委办公厅、省政府办公厅印发《关于进一步加强高层次专业技术人才队伍建设的若干意见》（皖办发〔2008〕2号）。当年，即开展了首批省学术和技术带头人选拔工作，截至2009年底，共选拔了两批303人。

2009年10月，省人力资源和社会保障厅印发《关于印发〈安徽省学术和技术带头人选拔管理办法〉的通知》（皖人社发〔2009〕43号），对省学术和技术带头人的选拔范围和条件、程序和办法、使用和管理作出明确规定。

省学术和技术带头人选拔情况统计表（1997—2009年）

表3-2-2

类别 年度	带头人	后备人选	小　计
1997	0	140	140
1999	0	108	108
2003	0	104	104
2005	0	86	86

续表 3-2-2

年度＼类别	带头人	后备人选	小　计
2007	0	88	88
2008	187	108	295
2009	116	113	229
合计	303	747	1050

第三节　博士后制度

安徽省博士后工作始于 1999 年,至 2009 年,全省共设立企业博士后科研工作站 48 个,省属高校博士后科研流动站 16 个,招收博士后研究人 200 余名。

政策规定

2002 年 9 月,为加强对博士后经费的管理,充分发挥博士后经费在开展科技创新、促进人才成长等方面的作用,省人事厅印发《关于印发〈安徽省博士后经费管理暂行办法〉的通知》(皖人发〔2002〕75 号)。对新建博士后科研工作站给予 3—5 的万元启动经费,博士后科研流动站给予 5—8 的万元启动经费;对博士后研究人员在站期间给予每人 2 万元的生活补助经费;对有突出贡献的博士后研究人员、成绩突出的博士后科研工作站、流动站给予表彰和奖励。对博士后研究人员承担国家和省(部)级重点攻关项目、重大技术改造项目、国内及省内急需开拓的高新技术开发项目等研究,急需购置仪器设备、实验材料、改装实验设施以及开展科研工作所需其他有关经费视情况给予 5—10 万元的择优资助。

2004 年 9 月,为进一步做好博士后工作,加快科技创新体系建设,促进全社会科技资源高效配置和综合集成,实现科技和经济社会发展紧密结合,省人民政府办公厅转发省人事厅《关于加强博士后工作若干意见的通知》(皖政办〔2004〕70 号)。大力支持高等院校、科研院所申报设立博士后科研流动站,逐步扩大专业门类和一级学科的覆盖面。拓展企业博士后科研工作站的设站领域,强力推进全省企业博士后工作由国有企业向非国有企业延伸,由省属和中央驻皖企业向市、县属优势企业延伸,由劳动密集型企业向高新技术开发企业延伸。支持和鼓励各设站单位在国家和省博士后工作政策指导下,因地制宜,采取灵活措施,努力增加博士后研究人员招收数量。通过双方签订协议或采取其他约定方式,使博士后研究人员可以“全日制”在站从事科研工作;或在保证完成研究项目的前提下,实行“弹性制”工作时间,兼职从事研究工作;或实行“项目申领制”,在站外从事研究工作。对企业急需的人才,申请进入博士后工作站的博士毕业生年龄可适当放宽。建立博士后科研流动站、工作站定期考核制度和科学的评估体系,全面评价博士后科研流动站、工作站的科研效益、经济效益和社会效益,形成“优存劣汰”的激励机制。对机构健全、制度完善,工作开展好、招收人数多、产生效益大的博士后科研流动站、工作站，予以表彰、奖励；对管理体制和工作制度不健全，以及设站后 2 年内未开展工作的，予以告诫；对设站后连续 3 年未招收博士后研究人员的，亮“黄牌”警告，并责令限期整改，如 1 年后仍没有博士后研究人员进站的，将取消博士后科研流动站、工作站设站资格。省人才开发资金中设专项用于扶持博士后科研流动站、工作站的启动工作，并以科研项目为纽带，重点择优支持有实力和潜力的博士后科研流动站、工作站。同时，根据博士后研究人员所从事研究项目的水平、贡献以及与安徽经济社会发展联系的紧密程度等情况，按照自主申请、择优选择的原则给予科研经费资助。该文件作为全省博士后工作的指导性文件，为今后一段时期的博士后工作开展指明了方向，明晰了思路，有力地促进了全省博士后工作的健康快速发展。

博士后站点建设

1999 年，合肥丰乐种业股份有限公司博士后科研工作站设立，这是安徽省第一个博士后科研工作站。

2000 年，合肥美菱集团博士后科研工作站设立。

2001 年，合肥通用机械研究所、安徽科大讯飞信息科技股份有限公司、安徽安科生物工程（集团）股份有限公司等 8 个博士后科研工作站设立。

2002 年，安徽江淮汽车集团有限公司、安徽省农业科学院、安徽四创电子股份有限公司等 12 个博士后科研工作站设立。

2003 年，安徽科大恒星电子商务技术有限公司、国元证券股份有限公司等 14 个博士后科研工作站设立，安徽大学计算机科学与技术、安徽医科大学临床医学、安徽农业大学园艺学等 4 个博士后科研流动站设立。

2006 年，安徽国祯环保节能科技股份有限公司、安徽科力信息产业有限责任公司等 8 个博士后科研工作站设立。

2007 年，安徽大学电子科学与技术、安徽医科大学公共卫生与预防医学、安徽农业大学林业工程、安徽师范大学中国语言文学等 5 个博士后科研流动站设立。

2008 年，安徽富煌建设有限责任公司、徽商银行等 4 个博士后科研工作站设立。

2009 年，安徽大学中国语言文学、安徽师范大学化学、安徽理工大学矿业工程等 7 个博士后科研流动站设立。

博士后工作重要活动

2005 年 5 月，省编办同意省人事厅专业技术人员管理处增挂年安徽省博士后管理工作办公室牌子，增加处级领导职数 1 名。

2006 年 1 月，全省博士后工作会议在合肥召开，会议传达学习了全国优秀博士后表彰暨博士后工作会议精神，总结交流了博士后工作的新经验，深入分析了博士后工作面临的新形势，研究部署了当前及今后一个时期的博士后工作的新任务。

2007 年 12 月，为加强企业博士后科研工作站和高校博士后科研流动站的合作与交流力度，更好地搭建校企合作平台，加快高校科研成果及技术在企业的转化，实现企业和高校资源优势的互补,进一步推动全省博士后事业的发展,安徽省企业博士后科研工作站、合肥工业大学博士后科研流动站合作对接联谊会在合肥工业大学学术活动中心隆重举行。全省 40 多个博士后科研工作站和 8 个博士后科研流动站以及中直单位的 20 多个博士后科研工作站共 100 多人参加了对接活动,共达成有效联合招收博士后研究人员意向 32 项。

2008 年 10 月,全国博士后管委会办公室批复同意合肥通用机械研究所博士后工作站单独招收博士后研究人员,这是安徽省第一个可以单独招收博士后研究人员的博士后科研工作站。

2009 年 6 月,按照全国博士后管委会办公室统一部署,安徽省组织对 14 个博士后科研流动站和 18 个博士后科研工作站进行了评估上报,为进一步提高设站质量,加强对设站单位的管理,全国博士后管委会办公室对因企业改制、被兼并等原因致使博士后工作无法开展的 2 个设站单位予以撤销其设站资格,对 3 年以上没有招收博士后研究人员进站或没有按要求规范开展博士后工作的 4 个设站单位要求予以整改。

博士后站点设立情况一览表(1999—2009 年)

表 3-3-1

类别 年度	流动站	工作站	小计
1999	0	1	1
2000	0	1	1
2001	0	8	8
2002	0	12	12
2003	4	14	18
2006	0	8	8
2007	5	0	5
2008	0	4	4
2009	7	0	7
合计	16	48	64

第四节　专业技术人员继续教育

安徽省继续教育工作起步于 20 世纪 80 年代,从 90 年代开始,加强了对继续教育工作的宣传教育,制定并实施了继续教育“八五”“九五”“十五”“十一五”规划,以农业、卫生、工程等 10 个行业部门为重点,建立健全以学用为主的各项制度。

政策规定

1995 年 11 月,为了进一步推动继续教育事业的发展,提高全省专业技术人员的整体素质，以适应科技、经济、社会协调发展的需要，省人事厅转发了人事部关于印发《全国专业技术人员继续教育暂行规定》（人核培发〔1995〕131号），对专业技术人员继续教育的任务、对象、内容、方式、时间、基地、师资和经费组织、管理实施方面作了明确规定。

2000年7月，省政府出台《安徽省专业技术人员继续教育规定》（皖政〔2000〕24号）。明确指出：继续教育的对象主要是各类企业事业单位中取得中专以上学历、从事专业技术工作人员；基本任务是根据经济社会发展需要，不断补充、更新、拓展专业技术人员的知识水平，提高其技能和创造能力。继续教育应贯彻国家教育方针，坚持理论联系实际、学用结合、按需施教、讲求实效的原则，内容要充分体现针对性、实用性和先进性。县级以上地方人民政府人事行政部门是继续教育的综合管理部门，实行"政府调控、行业指导、单位自主、个人自觉"及分级分类的管理体制。继续教育基地由省、市（地）人事行政部门会同教育行政等有关部门认定。

2001年4月，为强化制度建设，促进继续教育事业健康发展，省人事厅印发《安徽省专业技术人员继续教育实施意见》（皖人发〔2001〕30号）。对全省开展继续教育工作进行了全面规范，初步建立了继续教育工作体系与激励约束机制。健全和完善了有关继续教育学时规定和证书登记、统计、检查、信息发布及办班管理等制度，加强了培养与使用的结合，促进了专业技术人员参加工程培训的积极性和主动性。

2007年，为贯彻落实《中共中央国务院关于进一步加强人才工作的决定》，全面加强专业技术人才队伍建设，按照《国家中长期科学和技术发展规划纲要（2006—2020年）》（以下简称《规划纲要》）和《干部教育培训工作条例（试行）》的要求，国家人事部、教育部、科技部、财政部制定了《关于加强专业技术人员继续教育工作的意见》（国人部发〔2007〕96号），省人事厅、教育厅、科技厅、财政厅联合下文转发人事部、教育部、科技部、财政部等四部门关于印发《加强专业技术人员继续教育工作的意见的通知》（皖人发〔2007〕82号），进一步明确了专业技术人员继续教育工作的指导思想和目标任务，要求以培养高层次创新型专业技术人才为重点，开展大规模的继续教育活动；加强法制建设，推进专业技术人员继续教育工作的制度化和法制化；创新培训形式，完善服务措施，加强专业技术人员继续教育服务体系建设；加强西部、东北地区等老工业基地和中部地区专业技术人员继续教育工作；加强组织领导，保障专业技术人员继续教育各项政策措施的贯彻落实。

2007年4月，为了深入贯彻实施人才强省战略，加快发展继续教育事业，全面提升专业技术人员整体素质与创新发展的能力，适应经济社会跨越式发展的需要，根据《安徽省国民经济和社会发展第十一个五年规划纲要》、《2006—2010年安徽省干部教育培训规划》和《安徽省"十一五"人才队伍建设规划》，省人事厅制定《安徽省"十一五"专业技术人员继续教育纲要》（皖人发〔2007〕28号），《纲要》明确了"十一五"专业技术人员继续教育的指导思想、基本目标、主要任务和保障措施。

培训实施

2002 年 11 月，为进一步规范继续教育证书管理，促进继续教育事业健康发展，省人事厅印发了《关于进一步做好专业技术人员继续教育证书管理工作有关问题的补充通知》（皖人发〔2002〕85 号），对继续教育证书发放，继续教育证书的登记、审核与验证，继续教育证书的使用作了明确规定。

举办高研班是开展专业技术人员继续教育活动的重要形式之一。《安徽省专业技术人员继续教育规定》颁布实施以来，各地、各部门认真贯彻落实《规定》精神，积极举办各类研修班，极大地推动了专业技术人员能力建设工作。

2004 年，为进一步加强专业技术人员研修班管理，提高办学质量与效益，推动继续教育工作经常化、制度化、规范化，省人事厅印发《关于加强专业技术人员研修班管理工作有关问题的通知》（皖人发〔2004〕75 号），对研修班的办学原则与主要目的、课题确立与内容安排、施教机构与教学工作、办学经费、监督管理作了明确规定。

基地建设

遵循"资源共享，保证质量，服务人才战略"的原则，依托省内高校、科研院所及其他相关机构，2001 年建立了第一批省级继续教育基地。通过材料审查、实地考察与专家评估论证，认定安徽师范大学等 14 个单位为省级专业技术人员继续教育基地。

省级专业技术人员继续教育基地名单及承办专业情况（2001 年）

表 3-4-1

序号	基地名称	负责人	承办专业
1	安徽师范大学	王世华	生物技术、化学工程、旅游管理、新闻学、经济学、法学及公共管理
2	省计划干部培训中心	田晓景	经济管理、会计、计算机与信息技术
3	安徽交通职业技术学院	肖明英	交通工程（公路、桥梁、船舶）、经济管理、政工
4	安徽省科学技术培训中心	宋　箭	计算机技术、生化技术、科研管理
5	安徽省图书馆	张海政	图书资料与情报管理
6	安徽省高校图书情报工作委员会	许俊达	图书资料与情报管理
7	中国第十七冶金建设公司技术中心	尹万云	建筑工程、安装工程（工民建、给排水、路桥、机械、电气）
8	马钢职工大学（马钢管理干部学院）	郑新民	冶金工程、机械工程
9	安徽省农垦管理干部学校	叶　静	农垦系统内部各相关专业
10	安徽机电学院	方新普	纺织服装、工艺美术、机械制造与自动化、生化工程
11	安徽农业大学	江家荣	农学、园艺、植保、蚕桑、水产、农产品加工、农业机械、生物工程、农业生态、农业能源
12	安徽技术师范学院	姚维伟	畜牧兽医、花卉与蔬菜、生物技术
13	安徽农村经济管理干部学院	詹福稳	农村经济、乡镇企业管理
14	安徽省黄山茶叶学校	王士槐	茶叶栽培与加工

2002 年 8 月 15 日，省人事厅审核批准了合肥工业大学等 12 个单位为省级专业技术人员继续教育基地，下发了《关于认定省级专业技术人员继续教育基地的通知》（皖人发〔2002〕77 号）。

省级专业技术人员继续教育基地名单及承办专业情况（2002 年）

表 3–4–2

序号	单位名称	负责人	承办专业
1	合肥工业大学	张树强	各类工程专业、经济管理、法律
2	安徽大学	田晓景	财会、金融、法律、计算机、外语
3	安徽省水利水电学院	李兴旺	水利工程水电工程
4	安徽广播电视大学	陈胜军	人文社科类
5	淮南职业技术学院	刘为民	煤矿工程及相关专业、经济管理、政工
6	淮北矿业集团职教中心	王世华	煤矿工程、经济管理、机电工程
7	铜陵有色金属（集团公司）教育培训中心	温仲发	矿冶工程、机电工程
8	安徽省农科院	杨剑波	畜牧兽医
9	安徽省测绘总院	刘志好	测绘及相关专业
10	安徽省环境保护科学研究所	张之源	环境工程及相关专业
11	安徽省计划生育干部培训中心	越炳银	计划生育
12	安徽省建设专业技术人员继续教育协会	陈爱民	建筑工程及相关专业

安徽省继续教育协会

1995 年，安徽省继续教育协会经省民政厅批准成立。同年，继续教育协会会员大会审议通过《安徽省继续教育协会章程》。明确了安徽省继续教育协会是推动和促进全省专业技术人员继续教育工作的学术性群众团体。业务主管部门为安徽省人事厅。对本会的宗旨、任务也作了详尽规定。

第四章　公务员管理

1994—2009年，安徽省全面推行国家公务员制度，贯彻实施国家公务员条例、公务员法，不断完善公务员管理，人事制度改革取得重大进展，干部队伍管理与建设发生了巨大变化。

第一节　综合管理

国家公务员制度实施入轨

1994年1月，省委、省政府召开全省机构改革、推行国家公务员制度和工资制度改革工作会议，省委书记卢荣景、副书记杨永良出席会议并讲话，省长傅锡寿作了《以建设有中国特色社会主义理论为指导，积极稳妥地开展我省机构改革推行国家公务员制度和工资制度改革》的工作报告，副省长杨多良主持会议并作会议总结。大会期间，省人事局局长，省机构改革办公室主任汪权宣讲《关于我省党政机构改革的几点意见》，省人事局副局长，省推行国家公务员制度办公室主任苏泽泉宣讲《关于我省国家机关实施国家公务员制度的工作意见》，会议对全省建立和推行国家公务员制度工作作出具体部署，要求结合机构改革进程，一季度启动省直单位实施工作、四季度启动地市实施工作、接着启动县乡实施工作，1995年年底全部纳入国家公务员制度管理轨道。全省在省人事局设立安徽省推行国家公务员制度办公室，统筹负责推进国家公务员制度实施入轨工作：研究制定国家公务员制度实施工作方案和相关配套政策，为实施国家公务员制度入轨提供行动规则和依据；组织国家公务员制度实施工作试点，探索和积累实践经验；开展国家公务员制度宣传教育，提高认识，统一思想，营造良好氛围；进行国家公务员制度实施范围界定、公务员职位设置、现有工作人员向国家公务员过渡，组织推行国家公务员制度实施入轨工作。

制定工作方案和政策规定。1994年初，省人事局在广泛调查研究的基础上，组织起草了安徽省国家公务员制度实施方案（草案），国家人事部1994年3月《工作简报》转发全国各地参考。1994年5月，经省委常委会研究同意，报国家人事部批准，省政府印发《安徽省国家公务员制度实施方案》（皖政〔1994〕27号），要求用二至三年时间在全省范围内基本建立国家公务员制度。实施国家公务员制度的范围，包括各级国家行政机关和其他行使国家行政职能、从事行政管理工作的单位中除工勤人员以外的工作人员。实施国家公务员制度分三个阶段进行：（1）实施准备阶段，包括组建由党政主要领导同志负责的推行国家公务员制度领导小组及相应的工作班子、组织现有工作人员学习《国家公务员暂行条例》并进行基本知识测试、培训推行国家公务员制度的工作骨干、拟定本单位实施国家公务员制度的具体方案并按程序报审。（2）实施阶段，包括职位设置并编制《职位说明书》、确定职务和级别、完成现有机关工作人员向国家公务员的过渡、机关分流人员的安置、实施国家公务员管理的单项制度等内容。（3）自查总结和检查验收阶段，本单位自查并报送实施工作总结，人事部门进行检查验收，检查验收的主要内容是职位设置、职务任命、级别确定、人员过渡及有关单项制度的实施执行情况。随文附发《安徽省国家公务员制度实施范围界定办法》《安徽省国家公务员非领导职务设置办法》《安徽省国家行政机关现有工作人员向国家公务员过渡实施办法》。《安徽省国家公务员制度实施范围界定办法》，确定下列单位除工勤人员以外的工作人员，列入实施国家公务员制度范围：各级政府工作机构、部门管理机构、派出机构；各级政府议事协调机构和临时机构所设的办事机构；一个机构同时挂党委和政府工作部门两块牌子的单位是否列入，由各级政府商同级党委确定；行使政府行政职能、进行行政管理或行政监督的政府直属事业单位；机构改革中由政府工作部门改为行业总会的单位，可参照执行国家公务员制度；上述部门和单位中的离退休干部管理机构和党群工作人员。下列单位不列入实施国家公务员制度的范围：机构改革中由政府工作部门改为企业性质的单位；仅具有部分行政职能或受国家行政机关委托承担某些行政职能，以及不具有行政职能的政府直属事业单位；政府工作机构、部门管理机构及派出机构等所属的学会、协会、研究会等社团组织，管理干部院校及其他培训机构，以从事科研、教育、社会化服务等工作为主的各类中心。《安徽省国家行政机关现有工作人员向国家公务员过渡实施办法》，规定各单位机构改革“三定”方案确定时在职的下列工作人员可作为过渡对象：具有国家干部身份的工作人员；在编制内，经县级以上组织部门、人事部门批准担任省、地区、地级市国家行政机关处级以上和县（市、区）国家行政机关科级以上领导职务，经地、市以上人事部门审核符合国家公务员录用基本条件的非国家干部身份的人员；参加1993年全省国家行政机关补充工作人员统一考试合格并进入“人才资源库”，在编制内和在干部工作岗位，经地、市以上人事部门审核符合国家公务员录用基本条件的非国家干部身份人员，在1995年底前可列入过渡对象；按原有关文件规定办理留职停薪手续的具有国家干部身份的在册人员，已返回单位工作的，可列为过渡对象。下列人员不列为过渡对象：正在受刑事处罚的或已给予开除留用察看行政处分尚在处分期的人员；按照《国家公务员暂行条例》第七十四条规定应予以辞退的人员；本人提出书面要求，自愿不过渡为国家公务员的人员。下列人员暂不列为过渡对象：已由县级以上检察、纪检、监察机关立案审查尚未结论的人员；因健康原因，连续病休一年以上或两年内累计一年未上班且不能坚持正常工作的人员。过渡的主要程序：（1）过渡考核。由本单位党政领导同志负责的人员过渡考核委员会（或考核小组），组织对确定的过渡对象近两年工作情况进行综合评定，审核是否符合国家公务员的基本条件。（2）选配人员。在核定的编制和职位数额内，通过竞争择优，按照各职位任职条件确定人选。（3）履行审批。

1994年3月，省人事厅会同有关部门下发《关于向国家公务员制度过渡期间人事管理工作若干事项的通知》。1994年7月发出《安徽省国家公务员职位代码编制规则》，同时转发人事部《国家公务员职位分类实施办法》。1994年12月，发出《关于紧密衔接机构改革"三定"抓紧国家公务员制度实施工作的通知》。1996年2月，发出《关于规范全省党政群机关非领导职务名称的通知》。1996年9月，发出《关于行使行政职能使用事业编制单位依照公务员制度管理有关问题的通知》。在实施入轨期间，全省先后制定出台32件关于推行国家公务员制度的规范性文件，自上而下贯彻，逐级逐步落实。

组织公务员制度试点。1994年3月，全省召开国家公务员制度试点工作会议，副省长杨多良到会讲话，会议研究确定了全省实施国家公务员制度试点工作的意见，布置在省司法厅、省审计厅、省广播电视厅、省测绘局和南陵县、桐城县开展国家公务员制度试点工作，目的是通过试点，检验全省实施国家公务员制度工作方案，探索入轨工作特别是职位设置、人员过渡和分流人员的实践做法，进一步研究完善政策措施，为全省推行国家公务员制度提供实践经验和借鉴。试点工作的主要内容：（1）对全体机关工作人员进行国家公务员制度基本知识的教育和培训；（2）进行职位分类和职位设置工作，制定职位说明书；（3）进行人员过渡，确定职务和级别；（4）分流安置机关富余人员；（5）制度有关单项制度的实施办法。试点的方法步骤：整个试点工作安排三个月左右时间，分三个阶段进行。（1）实施准备阶段（1994年4月），包括成立推行国家公务员制度领导小组及专门工作班子、实施国家公务员制度宣传动员、培训实施工作骨干、完成或完善机构改革、制定本单位的实施方案并履行上报审批手续等工作。（2）实施入轨阶段（1994年5—6月），包括审定各单位实施范围和职位设置意见、进行职位设置、现有机关工作人员向国家公务员过渡、实施国家公务员制度单项规定、进行机关富余人员分流安置等内容。（3）检查验收总结阶段，各试点单位和试点县自查并报送总结，省、市进行复查、验收。会议决定派联络员驻试点单位和试点县，协助开展试点工作，至检查验收完毕后结束。联络员的主要任务是：了解实施试点工作的安排、进程、动态和实效，协助调研拟制试点单位、试点县的实施方案及工作计划，对实施试点工作提出建议，转达省人事局、省推进国家公务员制度办公室的意见，沟通信息、反映情况、提供服务。安徽省人事局确定10名联络员驻国家公务员制度试点单位。1994年4月—9月，试点单位和试点县先后进行国家公务员制度基本知识测试工作，近2000人参加，占应参加测试人员的99.5%，测试成绩基本合格。1994年9月，安徽省国家公务员制度实施试点工作座谈会召开，传达贯彻全国推行公务员制度经验交流会精神，汇报交流前阶段试点工作情况，研究安排后期试点工作。至年底，除省广播电视厅因机构改革"三定"方案未确定受影响外，其他三个省直单位和两个县实施国家公务员制度试点工作顺利完成，同时探索了职位分类、职位管理、人员过渡、竞争上岗、辞职辞退、回避、轮岗等单项制度的施行。

开展公务员制度宣传教育。1994年4月，省人事局印发《安徽省推行国家公务员制度骨干培训工作实施方案》，要求参加国家公务员制度实施工作的人员首先参加骨干培训。骨干培训的对象包括省、行署、市、县人民政府实施国家公务员制度单位的领导人员，实施工作班子成员、人事工作者，以及为实施国家公务员制度服务的专兼职教学人员。骨干培训工作由各级人民政府人事部门负责，分级分类组织实施。全省骨干培训任务要求于1995年上半年完成。接着先后下发《关于深入开展公务员制度宣传工作的通知》、《开展全省国家公务员培训工作的实施意见》，在全省广泛开展国家公务员制度学习宣传、教育、培训工作。至1995年底，全省举办100多期国家公务员制度培训班和专题讲座，培训工作骨干3万多人。全省党政群机关普遍开展国家公务员法规知识学习，做到学习计划、学习对象、学习时间、学习内容、学习效果“五落实”。全省地市县4万多名工作人员参加公务员制度基本知识集中学习；省直7000多名工作人员包括300多位厅级干部参加国家公务员制度基本知识测试，测试成绩基本合格。省及各地通过报刊、电台、电视台开辟专栏、专题，出动宣传车，组织干部上街，广泛开展国家公务员制度社会宣传，同时在全省大范围开展国家公务员制度知识竞赛，27万人参加了这项活动。

省直机关推行公务员制度。1995年，省委省政府召开省直机关推行公务员制度动员会议，省委副书记王太华作了《提高认识 加快步伐 加大力度 切实做好推行公务员制度工作》的讲话，省直机关推行公务员制度工作全面展开。当年，省委办公厅、省政府办公厅转发《省委组织部、省编委、省人事厅关于省直机关富余人员分流安置工作若干政策》（皖办发〔1995〕3号）。省人事厅会同有关部门发出《关于执行省委办公厅省政府办公厅皖办发（1995）3号文件有关问题的通知》、《关于省直机关实施公务员制度工作有关具体问题的通知》、《关于省直机关人员过渡有关问题的通知》，在省直机关实施机构改革和国家公务员制度期间，针对部分专业经济部门成建制和部分建制转为经济实体或服务实体，分流人员兴办经济实体或服务实体、到企业单位工作或自谋职业、提前退（离）休或提前离岗，作出政策安排。1995年6月，省委组织部、省人事厅印发《关于省直机关国家公务员制度实施入轨工作有关问题的通知》（皖人〔1995〕16号），省政府办公厅等56个单位列入国家公务员制度实施范围；省监察厅列入国家公务员制度实施范围，但与省纪委一起纳入党的机关参照试行实施；省轻工总会、省纺织总会、省旅游事业管理局列入第一批参照执行国家公务员制度范围。安徽省省直机关列入国家公务员制度实施范围名单：省政府办公厅、省计委、省经贸委、省体改委、省教委（与省委教育工委合署办公，一个机构两块牌子）、省科委、省农经办、省民委（与省宗教事务局一个机构两块牌子）、省公安厅、省民政厅、省司法厅、省财政厅、省人事厅（省编办与省人事厅合署）、省劳动厅、省建设厅、省交通厅、省水利厅、省农业厅、省林业厅、省商务厅、省外贸厅、省文化厅、省广电厅、省卫生厅、省体委、省计生委、省审计厅、省外办（与省侨务办一个机构两块牌子）、省国家安全厅、省统计局、省工商局、省新闻出版局、省乡镇企业局、省环保局、省土地局、省机械局、省冶金局、省石化局、省电子局、省煤炭局、省技术监督局、省医药局、省地矿局、省粮食局、省人防办、省国防科工办、省直机关事务管理局、省政府法制局、省地税局、省政府口岸办、省国有资产管理局、省监狱管理局、省测绘局、省水产局、省物价局、省政府参事室。1995 年 8 月，省委组织部、省人事厅印发《关于省直机关实施国家公务员制度有关具体问题的通知》（皖人〔1995〕26 号），就推行国家公务员制度的组织领导、工作进度、竞争上岗、职位设置、超职数处理、职务任命、过渡审核、后续管理等具体问题作出规定。当月，省委组织部、省人事厅、省机构编制委员会办公室印发《关于开展省直单位机构改革、推行国家公务员制度检查验收工作的通知》（皖人发〔1996〕75 号），采取机构改革和推行公务员制度相结合、重点和一般相结合、自查与重点抽查相结合的办法，检查验收《国家公务员暂行条例》及颁发的各单项配套规定的实施情况，《安徽省国家公务员制度实施方案》所要求的各项工作落实情况。1996 年 9 月 10 日至 25 日自查，10 月至 11 月重点抽查。至 1996 年底，55 个省直机关列入国家公务员制度管理范围；13 个单位列入依照国家公务员制度管理范围；52 个部门和单位完成职位分类，5000 多人过渡为公务员，450 人办理提前退休、提前离岗或调整到事业企业单位。省政府办公厅等 18 个委办厅局 75 个处级职位实行公开竞争上岗。

全省公务员制度实施入轨。1995 年 2 月 18 日，全省人事编制暨推行公务员制度工作会议在合肥召开，副省长汪洋出席会议并讲话。1996 年，全省各级党政群机关停止调入担任主任科员职务以下的人员，各类大中专毕业生不再直接分配进入县以上党政群机关。1995 年 8—11 月，省推行国家公务员制度办公室批准铜陵市、马鞍山市、六安地区、淮南市、淮北市、宿县地区、蚌埠市国家公务员制度实施方案。1996 年 2—10 月，省推行国家公务员制度办公室批准巢湖地区、池州地区、合肥市、安庆市、芜湖市、黄山市、阜阳市国家公务员制度实施方案。1997 年 1 月，省推行国家公务员制度办公室批准滁州市国家公务员制度实施方案。1997 年 4 月，省委办公厅、省政府办公厅印发《关于乡镇机关实施国家公务员制度若干问题的通知》（皖办发〔1997〕11 号），乡镇党委、人大、政府机关以及群团等组织中除工勤人员以外的工作人员列入实施公务员制度的范围和对象。1997 年 8 月，省委组织部、省人事厅印发《关于乡镇机关实施国家公务员制度有关具体问题的通知》（皖人发〔1997〕53 号），就全省乡镇机关推行国家公务员制度的学习培训、竞争上岗、双向选择、超职位处理、职位设置、富余人员分流、增人补员、组织领导和实施步骤等具体问题作出规定。

1998 年 2 月，省人事厅、省工商行政管理局印发《关于全省工商行政管理所实施国家公务员制度若干问题的通知》（皖人发〔1998〕21 号），已取得工商所初级规范合格证，并已完成市场办管脱钩任务的工商所（包括综合所、专业所、缉私队、检查站、县级工商局所属分局）中除临时工、协管员、工勤人员以外的工商所的正式职工，列入国家公务员制度实施范围。工商所推行公务员制度纳入行署、市、县公务员制度实施工作一并进行。1998 年 2 月，省人事厅、省地方税务局印发《安徽省地方税务系统人事管理办法》（皖地税〔1998〕39 号），全省地方税务系统税收征管机构实行国家公务员制度，人事管理按照统一领导、分级管理、下管一级的原则进行。1998 年 6 月，省人事厅、省物价局印发《关于全省物价检查所实施国家公务员制度若干问题的通知》（皖人发〔1998〕51 号），各地物价检查所纳入国家公务员制度实施范围。1998 年 9 月，省人事厅、省地方税务局印发《关于全省基层地税所（分局）实施国家公务员制度有关问题的通知》，地、市、县（市）地税所、征收分局、稽查分局及其办税厅的在编在册的正式国家干部，列入实施国家公务员制度的范围和对象。2001 年 6 月，省人事厅、省质量技术监督局印发《关于省以下质量技术监督系统局机关公务员过渡有关问题的通知》，对省以下质量技术监督系统局机关干部岗位上的国家干部进行公务员过渡，过渡范围和对象为：1998 年 7 月 16 日前省以下质量技术监督系统局机关干部岗位上的国家干部（不含聘用制干部和地方三类干部），1999 年 10 月底前按计划接收安置到局机关工作的军队转业干部、大学毕业生及组织部门安排的各级领导干部。针对县乡推行国家公务员制度问题多、难度大，省人事厅组织开展全省乡镇干部情况普查。截至 1995 年 12 月，全省乡镇党政群机关行政编制 59080 个，实有工作人员 57784 人（其中：党委系统占 27%、人大、政协系统占 6.4%、群团系统占 6.8%、政府系统占 60%，副科级以上干部 23886 人，县直条条管理人员 26196 人，“以工代干”人员 5179 人；全省乡镇党政群机关选聘制干部 12562 人，其中担任副科级以上职位的人员 1959 人，一般聘用制干部 10603 人）。1997 年 7 月，省委省政府召开全省会议，具体部署乡镇机关实施公务员制度工作。1997 年 8 月，省人事厅会同有关部门发出《关于加快机构改革和推行国家公务员制度实施工作进度的紧急通知》，全省各地、市、县、乡国家公务员制度实施入轨工作明显加快，宣城、铜陵率先完成。

1998 年 8 月，全省国家公务员制度实施入轨基本结束。机关干部过渡公务员 101955 人、考试录用 5887 人、调任和安置转业军官 2935 人，包含区、乡镇、街道，全省共拥有国家公务员 16 万人。全省 291 个厅级领导职位，配置 266 人；54 个巡视员助理巡视员职位，配置 34 人；5296 个处级领导职位，配置 5041 人；1750 个调研员助理调研员职位，配置 1334 人；32589 个科级领导职位，配置 31363 人；9060 个主任科员副主任科员职位，配置 8491 人。全省公务员大专以上学历的人数 50.8%、35 周岁的人数 46.5%；1.8 万轮换了职位，其中处级 856 人、科级 7362 人；任职回避 997 人，占应任职回避人数 96.7%；1.7 万人参加了 265 个处级和 2573 个科级职位竞争上岗；57315 名公务员参加初任培训、15599 人参加任职培训、42371 参加知识更新培训、69232 人参加专门业务培训。各级机关参加年度考核公务员保持在应考核人数的 98% 以上，优秀等次比例 12%、不称职等次比例 0.12%。全省行政机关辞退 141 人、辞职 95 人；在人员过渡中因考核不合格等原因388人暂缓过渡、396人不予过渡。

2003年9月，省委组织部、省委宣传部和省人事厅在合肥召开安徽省纪念《国家公务员暂行条例》颁布实施十周年座谈会，省委常委、组织部部长朱成林出席会议并讲话，省委组织部副部长、省人事厅厅长张耀文介绍安徽省十年来国家公务员制度执行情况，省直单位和全省各市组织、宣传、人事部门代表出席会议。"人民满意的公务员"代表胡道兰、"人民满意的基层站所"代表砀山县公安局城关分局，以及安徽省工商局、宣城市人事局代表作会议发言。

贯彻落实《中华人民共和国公务员法》

2005年公务员法颁布后，省委组织部、省委宣传部和省人事厅制定并下发公务员法宣传计划，在全省各级机关中部署开展公务员法的学习培训工作，对省及各市宣传工作提出要求。《安徽日报》开辟专栏连载公务员法核心条款解读21期，安徽先锋网、安徽人事编制网转载。省委组织部、省人事厅联合召开学习公务员法座谈会，邀请法学专家、人民满意的公务员集体代表、省直单位代表和有关市组织人事部门负责人，交流学习公务员法的心得体会，提出实施公务员法的意见和建议。开展学习公务员法的师资与骨干培训，举办3期组织人事编制部门领导干部公务员法专题研讨班，共有420人参加学习培训。

2005年8月，中央组织部、国家人事部选择安徽省长丰县进行公务员登记模拟工作；同年11月，安徽省选择蒙城等5个县和省农委等6个省直单位进行公务员登记模拟，探索实践和积累开展公务员登记工作的路子与经验。

2006年初，省实施公务员法工作领导小组成立，省委常委、常务副省长任海深任组长，省委常委、省委组织部部长段敦厚任副组长，省委组织部、省委宣传部、省委统战部、省监察厅、省财政厅、省人事厅（编办）等单位负责人任成员。领导小组下设办公室，承办全省公务员法实施的具体工作，省委组织部副部长、省人事厅厅长、省编办主任张耀文兼任办公室主任，省人事厅副厅长成浩兼任办公室常务副主任。2007年5月，省实施公务员法工作领导小组负责人进行调整，段敦厚任组长，省委常委、常务副省长孙志刚任副组长。各市、县相继成立由地方党委政府领导任组长和副组长，组织、人事、编制、财政等部门负责人任成员的实施公务员法工作领导小组和办公室，从组织、人事、编制等部门抽调人员集中办公。

2006年1月，省委组织部、省人事厅、省编办召开专门会议，下发调查表，对全省各级党政机关编制、人员身份、定岗和参照管理等情况进行统计摸底。

2006年6—7月，省委组织部、省人事厅、省编办组成5个联合调研组，分别到全省17个市和部分县（区）、乡镇机关，组织召开座谈会，抽查相关资料，对机关的编制使用情况、人员状况，以及公务员登记工作中可能遇到的主要问题及建议等，进行专题调研，共梳理总结出13类40多个问题。

2006年7月，全省实施公务员法工作会议在合肥稻香楼宾馆召开。省委常委、常务副省长任海深出席会议并讲话,省委常委、组织部部长段敦厚作会议总结讲话,省委组织部副部长、省人事厅厅长、省编办主任张耀文就全省实施公务员法工作作具体部署。

2006年9月,全省实施公务员登记工作会议在合肥召开。会上,下发《安徽省实施〈中华人民共和国公务员法〉工作方案》《安徽省实施公务员登记工作办法》《关于全省公务员登记工作若干问题的处理意见》等三个文件。

省委办公厅、省人民政府办公厅印发的《安徽省实施〈中华人民共和国公务员法〉工作方案》（皖办发〔2006〕30号）规定:列入公务员法实施范围的机关是:中国共产党各级机关、各级人民代表大会及其常务委员会机关、各级行政机关、中国人民政治协商会议各级委员会机关、各级审判机关、各级检察机关、各民主党派和工商联的各级机关。自2006年1月1日起,列入公务员法实施范围的机关,按照公务员法及其配套政策法规的规定,全面实施录用、考核、职务任免、职务升降、奖励、惩戒、培训、交流与回避、工资福利保险、辞职辞退、退休、申诉控告等各项管理制度。按照先省级机关,后市县以下机关;先列入实施范围的七类机关,后参照管理单位的原则，2006年重点做好公务员登记、职务与级别确定、工资套改等实施入轨工作。

省委组织部、省人事厅印发的《安徽省实施公务员登记工作办法》（组通字〔2006〕30号）规定:公务员登记采取各机关统一组织的形式,由各机关按照规定的程序确定登记对象、填写《公务员登记表》等有关表格,报审核、审批及备案机关。登记对象为列入公务员法实施范围的机关,依法履行公职、纳入国家行政编制、由国家财政负担工资福利且在编在职的除工勤人员以外的工作人员。试用期内的新录用公务员、纪检监察机关或司法机关立案审查尚未结案的人员、受纪律处分在处分期间的人员、上年年度考核不称职的人员暂缓登记。违法违规进入机关的人员、被判处有期徒刑并宣告缓刑在缓刑考验期限内或者正在被劳动教养的人员以及不符合登记对象和登记条件的其他情形的人员,不予登记。公务员登记按照干部管理权限进行,各级党委组织部门和政府人事部门是公务员主管部门,按照职责分工负责公务员登记的审核、审批、备案工作。公务员登记实行逐级负责制,由各机关按照管理权限和程序,对照规定的登记对象和条件严格审查,经领导班子成员集体讨论决定后,确定登记对象,逐级上报。登记工作按照自上而下、先易后难的原则,先省级机关（含省以下垂直管理系统）,后市、县（市、区）、乡（镇）级机关,分级分步展开。全省公务员登记工作在2006年底前基本完成。

省委组织部、省人事厅印发的《全省公务员登记工作若干问题的处理意见》（组通字〔2006〕31号）,针对公务员登记工作中的一些具体问题提出处理意见。在实施公务员登记过程中,安徽省实施公务员法工作领导小组办公室针对各地遇到的问题,先后就纪律处分、自行考录、引进高层次人才等多项问题作出政策解答。

2007年1月,省实施公务员法工作领导小组办公室分片召开全省公务员登记工作督查会议,了解各地登记进展情况,研究登记工作中存在的问题,指导各地开展公务员登记工作。

2007年5—9月，省委组织部、安徽省人事厅在全省范围内组织开展公务员法实施情况检查。检查分四个阶段进行：第一阶段，各市开展自查，报送自查报告；第二阶段，省委组织部、省人事厅组成联合检查组，分赴12个市采取召开座谈会、听取汇报、查阅资料、个别访谈等方式进行检查，并提出检查报告；第三阶段，组织召开部分省直单位公务员法实施情况座谈会；第四阶段，对检查中发现的问题进行梳理，提出解决办法和措施。

截至2007年10月，安徽省省、市、县和乡镇街道机关公务员登记工作基本结束。全省列入公务员法实施范围的各类机关共登记公务员194207人，其中暂缓登记4522人；参照公务员法管理的群团机关登记工作人员2408人，其中暂缓登记38人；参照公务员法管理的事业单位登记工作人员1722人，其中暂缓登记25人。

职位管理与调任

1994年5月，《安徽省国家公务员非领导职务设置办法》规定：各级非领导职务的设置规格，不得高于所在部门的领导职务，其中巡视员、助理巡视员在省级国家行政机关设置，调研员、助理调研员在地区、地级市以上国家行政机关设置，主任科员、副主任科员在县（市、区）以上国家行政机关设置。依据领导职务的设置情况确定非领导职务数的比例限额：省直国家行政机关设置的巡视员和助理巡视员职数，不得超过厅（局）级领导职务职数的三分之一，其中巡视员不得超过30%；调研员和助理调研员的职数，不得超过处级领导职务职数50%，其中调研员不得超过处级非领导职数的40%。地区、地级市国家行政机关设置的调研员和助理调研员职数，不得超过处级领导职务职数的三分之一，其中调研员不得超过30%；主任科员和副主任科员职数，不得超过科级领导职务职数的50%，其中主任科员不得超过科级非领导职务职为九的40%。县（市、区）国家行政机关设置的主任科员和副主任科员职数，不得超过科级领导职务职数的50%，其员主任科员不得超过科级非领导职务职数的40%。

1996年10月，省人事厅印发《关于加强省政府部门职务管理工作的通知》（皖人发〔1996〕80号），首次建立职位审核制度。规定省政府各工作部门任命国家公务员职务，应在核定的编制和职位限额内进行。国家公务员转任或调任后任命职务、新录用人员定职以及晋升职务的，需要经省人事厅进行职位审核。经审核符合规定的，在任职通知上加盖印章，并凭此办理工资核批和入户手续。

2003年6月，省人事厅印发《关于省直单位人员调动有关问题的通知》（皖人发〔2003〕33号），规定科级以下非公务员身份的人员，一律不准以调动的方式进入公务员队伍。省直单位从省辖市及所辖县（市、区）或外省调入人员，报省人事厅审批。

2005年4月，《中华人民共和国公务员法》中，确立公务员职务与级别管理制度，按照公务员职位类别设置公务员职务序列。

2008年4月，省委组织部、省人事厅转发中组部、人事部《公务员职务任免与职务升降规定》，规定晋升综合管理类非领导职务须具备的任职年限：晋升巡视员职务，应当任厅局级副职领导职务或者副巡视员五年以上;晋升副巡视员职务,应当任县处级正职领导职务或者调研员五年以上;晋升调研员职务,应当任县处级副职领导职务或者副调研员四年以上;晋升副调研员职务,应当任乡科级正职领导职务或者主任科员四年以上;晋升主任科员职务,应当任县乡科级副职领导职务或者副主任科员三年以上;晋升副主任科员职务,应当任科员三年以上;晋升科员职务,应当任办事员三年以上。

2008年7月,省委组织部、省人事厅转发中组部、人力资源和社会保障部《新录用公务员任职定级规定》,规定新录用公务员试用期满后,经考核合格的,在规定的机构规格、编制、职数限额内进行任职定级。直接从各类学校毕业中录用的、没有工作经历的公务员:高中和中专毕业生,任命为办事员;大学专科毕业生、大学本科毕业生、获得双学士学位的大学本科毕业生、研究生班毕业和未获得硕士学位的研究生,任命为科员;获得硕士学位的研究生,任命为副主任科员;获得博士学位的研究生,任命为主任科员。

2009年2月,省委组织部、省人事厅印发《安徽省公务员调任实施办法(试行)的通知》(皖组字〔2009〕9号),规定公务员调任系指国有企业事业单位、人民团体和群众团体中从事公务的人员调入机关担任领导职务或者副调研员以上及其他相当职务层次的非领导职务。对调任的文化程度要求:调入省级机关任职的公务员应当具有大学本科以上文化程度;调入市级以下机关任职的公务员,应当具有大学专科以上文化程度。对调任最高年龄要求:调任厅局级职务的,原则上不超过55周岁;调任县(市、区)领导班子成员职务的,原则上不超过50周岁;调任其他处级职务的,原则上不超过45周岁;调任科级领导职务的,原则上不超过40周岁。

参(依)照公务员法管理

1996年9月,省人事厅印发《关于行使行政职能、使用事业编制单位依照公务员制度管理有关问题的通知》(皖人发〔1996〕77号),确定列入依照公务员制度管理范围的必须是完全行使国家行政职能的事业单位。各级政府工作部门及派出机构所属的事业单位,原则上不列入依照管理范围。列入依照管理范围事业单位的下属事业单位,受行政机关委托行使部分行政职能的事业单位,以及目前具有行政职能,但从建立社会主义市场经济体制的方向看,其行政职能要转移或弱化,不依照管理不会对执行公务产生不利影响的单位,不得列入依照公务员制度管理范围。列入依照公务员制度管理范围的单位,必须全面执行《国家公务员暂行条例》及各项配套法规,可继续使用事业编制,人员工资实行机关职级工资制。

1995年11月至1997年12月,省人事厅共批准68个单位列入依照公务员制度管理范围,其中省直单位7个(省纺织总会、省建材局、省经协办、省轻工总会、安徽行政学院、省农机局、省方志办);地市直属单位61个(淮南市8个,巢湖地区8个,蚌埠市8个,宣城地区11个,六安地区6个,池州地区3个,马鞍山市5个,芜湖市12个)。

1999年6月,省人事厅确定国家统计局直属安徽省市、县城市社会经济调查队、农村社会经济调查队、企业调查队非工勤人员列入依照国家公务员制度管理。

2001 年 3 月至 2006 年 6 月，省人事厅分别批准省测绘总院、省事业单位登记管理局、省人事争议仲裁委员会办公室、省农业综合开发投资评估中心、省供销合作社联合社、省对口支援三峡办公室、省农业综合开发局、省农村合作经营管理总站、省劳动争议仲裁院、省非税收入征收管理局、省直属机关老干部第二活动室、省老龄工作委员会办公室、省计划生育协会等 13 个单位以及全省 17 个市级气象局机关依照国家公务员制度管理。

2007 年 2 月，省委组织部、省人事厅印发《关于事业单位参照〈中华人民共和国公务员法〉管理的实施意见》（组通字〔2007〕9 号）、《关于事业单位参照公务员法管理工作有关具体问题的通知》（皖人明电〔2007〕8 号），规定申请参照管理的事业单位应同时具备法律法规授权的公共事务管理职能、使用事业编制并由国家财政负担工资福利等条件。全省凡需实行参照管理的事业单位均需进行审批，对于公务员法实施以前列入参照、依照《国家公务员暂行条例》管理范围的事业单位，要重新进行审批。各部门设立的从事科学研究和经营活动、为所隶属部门提供服务、不符合参照管理条件的单位，不列入参照管理范围。全省事业单位参照公务员法管理的申请上报审批工作分三批进行：第一批为公务员法实施前已经规范核批，列入参照（依照）管理的省委、省政府直属事业单位和工作部门所属事业单位以及市、县（区、市）委、政府直属事业单位；第二批为公务员法实施前已经规范核批，列入参照（依照）管理的市、县（区、市）委、政府工作部门所属事业单位；第三批为公务员法实施前未经规范审批和实施公务员法后要求新列入参照公务员法管理的事业单位，按照规定的程序、条件上报省委组织部、省人事厅进行审批。

2007 年 7—10 月，省人事厅批准第一批共 484 个事业单位列入参照公务员法管理，其中，省政府工作部门所属事业单位 15 个，市、县（区、市）政府直属事业单位 469 个（合肥 15 个、淮北 17 个、宿州 36 个、蚌埠 27 个、阜阳 45 个、淮南 24 个、滁州 52 个、六安 36 个、巢湖 28 个、芜湖 20 个、马鞍山 9 个、宣城 38 个、铜陵 20 个、池州 20 个、安庆 35 个、黄山 47 个）。

2008 年 2 月，省人事厅批准第二批共 132 个事业单位列入参照公务员法管理，其中，省政府工作部门所属事业单位 28 个，市、县（区、市）政府系统事业单位 104 个（合肥 2 个、淮北 3 个、亳州 33 个、宿州 4 个、蚌埠 6 个、阜阳 4 个、淮南 4 个、滁州 9 个、六安 4 个、巢湖 10 个、芜湖 5 个、马鞍山 1 个、宣城 1 个、铜陵 6 个、池州 5 个、安庆 7 个）。

2008 年 9 月，省人事厅批准第三批共 153 个事业单位列入参照公务员法管理，其中，省政府工作部门所属事业单位 4 个，市、县（区、市）政府系统事业单位 149 个（淮北 8 个、亳州 8 个、宿州 7 个、阜阳 13 个、淮南 3 个、滁州 5 个、巢湖 14 个、马鞍山 9 个、宣城 6 个、铜陵 3 个、池州 27 个、安庆 22 个、黄山 24 个）。

2008 年 12 月，省人事厅批准安庆、芜湖、淮北、蚌埠、宿州、六安 6 个市的纤维检验机构列入参照公务员法管理范围。

安徽省政府行政机关公务员队伍状况一览表（1994—2009年）

表4–1–1

年度	总人数	比上年净增人数	增长百分比（%）	辞职	辞退	开除	职务晋升	免职	降职	交流	竞争上岗
1994	196810	—	—	—	—	—	—	—	—	—	—
1995	—	—	—	—	—	—	—	—	—	—	—
1996	167984	—	—	—	—	—	—	—	—	—	—
1997	169959	1975	1.18	38	57	47	8305	121	41	5029	—
1998	170052	93	0.05	35	146	46	7258	537	37	6006	—
1999	170298	246	0.14	22	121	31	10059	293	29	5869	439
2000	173293	2995	1.76	34	48	22	7341	339	47	6758	1395
2001	164513	–8780	–5.07	94	58	47	7127	1120	24	6960	1699
2002	157106	–7407	–4.5	88	43	41	9387	4696	19	9611	3604
2003	154256	–2850	–1.81	79	20	17	8344	115	19	6292	810
2004	156175	1919	1.24	—	—	—	—	—	—	—	—
2005	—	—	—	—	—	—	—	—	—	—	—
2006	—	—	—	—	—	—	—	—	—	—	—
2007	150307	—	—	—	—	—	—	—	—	—	—
2008	169926	19619	13.05	—	—	78	5850	130	13	7092	838
2009	172207	2281	1.34	46	8	116	4965	93	17	7878	679

第二节　考试录用

考试录用制度规定

1994 年,省政府印发的《安徽省国家公务员制度实施方案》,要求积极组织实施公务员录用等单项制度,规定实行国家公务员制度的单位,除国家及省另有明文规定外,新录用担任主任科员以下非领导职务的工作人员,必须通过省统一组织的公开考试,严格审核,择优录用。各类大、中专应届毕业生(除特殊专业的毕业生及毕业研究生、博士生按国家及省有关规定办理外)不得直接分配进入县级及县级以上国家行政机关。同年,省人事厅转发人事部《国家公务员录用暂行规定》(皖人字〔1994〕24 号),对公务员录用的总则、录用管理机构、录用计划、报考资格和审查、考试、考核、录用、回避、监督与违纪处罚、附则等内容作出明确。

1996 年,省人事厅、省国家安全厅联合印发通知,对全省国家安全机关补充工作人员的原则、条件、范围对象、方法、程序、审批权限等进行明确规定。除特殊职位补充人员和调任、转任按国家及省有关文件规定办理以外,严格按照《国家公务员暂行条例》和《国家公务员录用暂行规定》,采取统一考试、择优录用的办法进行补充,按照规定的条件和程序办理录用等有关手续。

1996 年,省人事厅、省公安厅转发人事部、公安部《公安机关人民警察录用办法》,对全省公安机关录用人民警察的原则、条件、范围对象、方法、程序、审批权限等进行明确规定。除特殊职位按国家及省有关文件规定办理以外,严格按照《国家公务员录用暂行规定》好和本《公安机关人民警察录用办法》,采取统一组织、公开考试、严格考察、择优录取的办法进行补充录用,从制度上规范公安机关人民警察的录用工作,保证新录用人民警察的基本素质。

1997 年 4 月,省政府出台《关于印发〈安徽省国家公务员录用实施办法〉的通知》(皖政〔1997〕24 号),包括总则、录用管理机构、录用计划、报考资格审查、考试、考核和体检、录用、回避、监督和违纪处理、附则等九个章节。这是安徽省第一个公务员录用工作的地方性政府规章,标志着全省公务员录用工作全面步入规范化、制度化、法制化轨道。

1997 年 4 月,省委办公厅、省政府办公厅印发《关于乡镇机关实施国家公务员制度若干问题的通知》(皖办发〔1997〕11 号),进一步规范乡镇机关补充录用公务员工作,明确规定,全省乡镇机关新进人员必须在上级主管部门核定的编制、职位和批准的增人计划内,按国家公务员管理的有关规定,根据不同情况分别办理调任、转任及录用、聘用手续。乡镇机关新补充担任非领导职务的公务员,按规定程序报经批准后,面向社会公开招考录用。

1997 年,省人事厅转发人事部《新录用国家公务员任职定级暂行规定》,合理确定新录用国家公务员的职务、级别,规范新录用国家公务员的任职定级工作,进一步完善国家公务员录用制度。

1997年，省人事厅、公安厅转发人事部、公安部《关于从公安部所属高等院校应届毕业生中录用人民警察有关问题的通知》，对公安部所属有关院校应届毕业生的公务员录用问题作出明确规定，决定从当年起对安徽省人民警察学校的毕业生进行《行政职业能力倾向测试》考试，考试合格者由省人事厅颁发公务员录用资格证书，在全省范围内有效，对口分配录用到公安机关一线。考试不合格者不得录用为人民警察，到非公务员岗位自主就业。此项政策至2002年停止执行。

1999年8月，省人事厅印发《安徽省国家公务员录用笔试实施细则（试行）》和《安徽省国家公务员考核录用实施细则（试行）》，进一步规范公务员录用的笔试、面试、体检、考察等环节工作，使公务员录用主要环节的具体实施有规可依有章可循。

2001年，省人事厅根据《安徽省国家公务员录用实施办法》和《安徽省国家公务员录用面试实施细则》，制定出台《安徽省国家公务员录用面试考官管理试行办法》，为探索全省公务员录用面试考官队伍的建设与管理提供政策依据。

2001年11月，省委、省政府印发《关于进一步严肃干部人事工作纪律的通知》，进一步强调在全省深入推进公务员考录制度和坚持公务员“凡进必考”机制的重要性、严肃性和纪律性。同年，省委组织部、省人事厅出台《安徽省党政机关工作人员管理实行公示制度的办法》，明确规定从文发之日起，必须把公示制度作为全省公务员录用工作的必要环节。

2002年10月，省人事厅修订印发《安徽省人事考试工作规则》（皖人发〔2002〕78号）和《安徽省人事考试违纪处理规定》（皖人发〔2002〕77号），就全省公务员录用考试的具体组织实施工作进行规范性规定，进一步为录用考试工作提供制度保障。

2003年10月，省委组织部、省人事厅转发中组部、人事部《关于进一步加强和完善党政机关考试录用工作的通知》（国人部发〔2003〕34号），再次强调必须严格坚持“凡进必考”的公务员考录制度；同时进一步明确规定各级党政机关补充工作人员，一律实行凡进必考，不得以高学历、高职称等为由开“免考”的口子，切实严把公务员队伍的进口。同时，就进一步提升考录工作的质量与水平，作出政策性规定和要求。

2004年11月，省委组织部、省人事厅修订出台《安徽省录用国家公务员面试考官管理办法（试行）》（皖人发〔2004〕74号）。《办法》对公务员录用面试考官资格取得的条件、评审程序、授予权限、有效期限、培训管理、主管机关、注册事项等作出明确规定，全面加强公务员录用面试考官队伍建设与管理，逐步建立专业化、高水平、高素质的面试考官队伍，进一步规范全省公务员录用面试工作，提升公务员录用面试工作水平与质量。

2004年5月，省委组织部、省人事厅、省卫生厅印发《关于安徽省考试录用国家公务员（机关工作人员）体检标准有关问题的通知》，对安徽省公务员录用体检的部分体检标准进行调整，取消原体检标准中对身高、体重的要求，对乙肝五项指标检查的部分结果增加HBVDNA定量检测，有效保障体检对象的合法权益。

2005 年 1 月，省人事厅、省卫生厅转发人事部、卫生部《公务员录用体检通用标准（试行）》（国人部发〔2005〕1 号）。国家《通用标准》的颁发，正式从国家层次和部门规章层面为全国范围的公务员录用体检工作确立统一的法规政策规定和实施依据，公务员录用体检工作步入法治化的良性运行轨道。

2005 年 4 月，《中华人民共和国公务员法》颁布，规定录用担任主任科员以下及其他相当职务层次的非领导职务公务员，采取公开考试、严格考察、平等竞争、择优录取的办法。并从 2006 年 1 月 1 日起施行。标志着公务员考试录用工作正式上升到国家法律层面，进入法制化轨道。

2007 年 1 月，中组部、人事部印发《关于印发〈公务员录用规定（试行）〉的通知》（中组发〔2007〕2 号）；同年 11 月，人事部以部长令印发《公务员录用规定（试行）》，作为公务员法的重要配套法规之一。《规定》对公务员考录的原则、报考条件、招考程序和方法以及纪律与监督等做出全面具体规定，省委组织部、省人事厅及时转发。

2009 年 11 月，中组部、人力资源和社会保障部印发《公务员录用考试违规违纪行为处理办法》（人社部发〔2009〕126 号），对公务员录用考试的各类违规违纪行为的具体处理作出明确规定，安徽省转发实施。

转发中央公务员主管部门考录管理工作重要文件情况一览表（2007—2010 年）

表 4–2–1

年度	中央公务员主管部门文件名称	中央公务员主管部门文件号	安徽省转发文号
2007	中组部、人事部《关于印发〈公务员录用规定（试行）〉的通知》	国人部发〔2007〕134 号	
2008	人力资源社会保障部等部门《关于加强防范和打击利用无线电设备及互联网在公务员录用考试中进行作弊活动的通知》	人社部发〔2008〕96 号	
2009	中组部、人力资源社会保障部《关于印发〈公务员录用考试违纪违规行为处理办法（试行）〉的通知》	人社部发〔2009〕126 号	皖人社发〔2010〕32 号
2010	人力资源和社会保障部、卫生部《关于修订〈公务员录用体检通用标准（试行）〉及〈公务员录用体检操作手册（试行）〉的通知》	人社部发〔2010〕19 号	皖人社发〔2010〕30 号
2010	中组部、人力资源社会保障部、国家公务员局《关于开展从大学生“村官”等服务基层项目人员中考试录用公务员工作的通知》	人社部发〔2010〕52 号	皖人社发〔2010〕73 号
2010	中组部、人力资源社会保障部、国家公务员局《关于进一步规范公务员招考年龄设置的通知》	人社部发〔2010〕74 号	皖人社发〔2010〕76 号
2010	人力资源社会保障部、卫生部、国家公务员局《关于印发公务员录用体检特殊标准的通知》	人社部发〔2010〕82 号	皖人社发〔2010〕84 号
2010	人力资源社会保障部、国家公务员局《关于进一步做好公务员录用考试管理工作的通知》	人社部发〔2010〕65 号	皖人社秘〔2010〕461 号
2010	人力资源社会保障部办公厅《关于进一步做好公务员录用考试违纪违规人员信息核查工作的通知》	人社厅发〔2010〕112 号	皖人社秘〔2011〕4 号

考试录用实施工作

1994 年 8 月，中央决定使用自 1993 年至 1995 年给全国法院、检察院系统增加的编制，按照录用国家公务员的要求，在全国法院、检察院系统首次组织实施统一招考公务员工作。按照中央决定和统一部署，省人事厅、省高级法院、检察院结合全省法院、检察院实际，在全国统一招考中为全省法院、检察院系统分别统考补员 700 名、400 名。补充的工作人员，在使用去向上坚持面向基层、充实基层法院、检察院的办案力量和加强第一线的原则。

1995 年 2 月，省人事厅、省公安厅印发《关于认真做好一九九五年招收巡逻警察有关工作的通知》，为蚌埠等九个省辖市公开招录 540 名巡逻警察。其中蚌埠市 67 名，芜湖市 67 名，淮南市 82 名，淮北市 64 名，马鞍山市 50 名，安庆市 60 名，铜陵市 50 名，黄山市 50 名，滁州市 50 名。招录对象为九市（不含所属县）1992 年至 1994 年度城镇户口的退伍战士。招录工作严格贯彻“公开、平等、竞争、择优”原则，面向社会、公开招收，采取全省统一考试、考试与考核相结合的方法进行，招录程序为发布公告、报名、考试（含体能测试）、确定初选分数线、体检、考核和录用。

1996 年 5 月，省委组织部、省人事厅印发《安徽省省级机关首届招考国家公务员（工作人员）实施方案》，组织实施安徽省省级机关和部分市县机关首届招考国家公务员工作，同时明确规定，今后国家机关需要补充公务员，未经国家公务员录用考试，一律不得进入各级国家行政机关和党派、人民团体及其他参照试行公务员制度的机关、单位。省政府办公厅等 34 个部门招考录用 164 名国家公务员，省委办公厅等 12 个部门招考录用 59 名机关工作人员；巢湖、芜湖、铜陵、池州等地市纳入首届招录国家公务员，招录工作按照省招录方案统一进行。省级机关和部分市县机关首次公开招考录用国家公务员，是全省干部人事制度改革的一项重大举措，标志全省推行国家公务员制度已进入一个新阶段。

1997 年 4 月，经省委、省政府同意，省委组织部、省人事厅印发《安徽省 1997 年度招考国家公务员（工作人员）实施方案》，首次进行省市县乡四级机关联合统一招考。全省共招录 1355 名主任科员以下国家公务员（工作人员），其中省级机关 155 名、地市县级机关 1200 名。

1999 年 6 月，为缓解当年大中专毕业生就业压力和解决部分市、地以下机关要求补充机关工作人员的急需，省人事厅印发《部分市、地以下机关 1999 年度招考国家公务员实施意见》，组织实施部分市、县、乡镇机关招录公务员工作。招考对象为国家承认学历的应届（含应届未就业的）大中专毕业生，已明确规定分配方向的师范类毕业生不得报考。全省共招考录用公务员 350 名，其中市、地级机关 80 名、县（市）级机关 122 名、乡镇机关 148 名。1999 年，组织实施全省地方税务系统公开招考公务员工作，计划录用 100 人，报考人数 300 人，实际录用 83 人。组织实施了全省公安机关公开招考人民警察工作，计划招录 900 人，共有 17151 参加考试，实际录用 793 人。

2000年10月，为充实和加强基层公安机关警力，根据《中共中央关于进一步加强政法干部队伍建设的决定》（中发〔1999〕6号）和人事部、公安部《关于地方公安机关录用人民警察实行省级统一招考的意见》等文件精神，经省政府同意，省人事厅、省公安厅印发《安徽省公安机关2000年度公开招考人民警察实施方案》，组织实施全省公安机关2000年度考试录用人民警察工作，考录程序主要包括发布公告、报名与资格审查、考试、体检、考核、公示、审批录用等。

全省共招考录用人民警察626名。新录用的人员主要充实到刑警中队、交警中队以及派出所、看守所等基层单位。

2001年，组织实施了全省法院系统和宣城、池州市直机关的招录工作，计划招考226人，报考人数852人，实际录用162人。

2002年，组织实施了省安全机关和个别省直机关的招考，计划招考10人，共74人报考，实际录用9人。

2003年，安徽省地方新一轮机构改革后再次启动了全省性的四级统考，组织实施了省市县乡机关公务员的招考，当年计划录用1954人，报考人数48713人，实际录用1739人。

2004年，组织实施了省市县乡机关和市以下公安机关的招考，计划数分别为1909人和1657人，报考人数分别达到了35881人和23077人，实际录用人数分别为1679人和1650人。

2005年，组织实施全省省市县乡机关招考工作，计划录用1818人，报考38547人，实际录用1567人。组织了市县法院系统聘任制书记员的招考，计划录用437人，报考5508人，实际录用424人。组织亳州市直机关招录8人。

2006年，组织实施全省省市县乡机关招考工作，计划招录1731人（含省委政研室10人，省外办2人），报考36328人，实际录用1578人。组织实施了全省市以下公安机关（特警）的招录，计划招考1462人，报考16585人，实际录用1380人。

2007年，组织实施省市县机关招考工作，计划录用1745人，报考45458人，实际录用1712人。组织实施了合肥市区直机关和亳州市直机关公务员的招考工作，计划数分别为50人和18人，报考数分别为2915人和40人，实际录用人数为50人和18人。

2008年，组织实施了省市县乡机关的公务员招考工作，计划录用4907人，报考90718人，实际录用4667人。组织省财政厅监察局的招录公务员工作，计划数为12人，报考数123人，实际录用12人。

2009年，组织实施了省市县乡机关公务员招考工作，计划录用5435人，报考132718人，实际录用5370人。组织实施当年的基层政法干警定向招录工作，计划录用1099人，报考12379人，实际录用1033人。组织实施省经信委非煤办的公务员招录工作，计划录用8人，报考人数70人，实际录用8人。

专项考试录用工作

1994 年 3 月，省人事局、省军区政治部印发《关于从乡镇聘用制专职武装人员中择优录用干部问题的通知》（皖人字〔1994〕8 号），决定当年从全省乡镇聘用制专职武装人员中择优录用 200 名干部。录用范围对象为 1990 年底前经县组织、人事部门批准聘用，连续从事乡镇武装工作的人员。录用工作坚持“公开、平等、竞争、择优”的原则，采取考试、考核相结合的办法，严格按照条件，全面衡量、择优录用。基本录用程序为报名资格审查、文化专业考试、组织考核、体格检查、审批录用等。被批准录用的人员，五年内不得调离乡镇人武系统（因工作需要提拔使用的除外），否则取消其录用资格。

1994 年 4 月，省人事局、省公安厅、省检察院、省高级法院、省林业厅印发《关于从“以工代警”人员中吸收录用第二批人民警察的通知》。录用工作采取考试与考核相结合的办法，进行德、智、体全面衡量，择优录用。此次吸收录用人民警察的合格分数线，全省确定为总分 120 分（文化、业务两门考试成绩合计分数）。

1994 年 5 月，根据省政府决定，省人事局、省财政厅印发《关于使用 300 名指标从乡镇财政聘用人员中择优录用干部的通知》（皖人字〔1994〕15 号），重点用于解决基层乡财政所长和长期从事乡财政工作的业务骨干。

1994 年 5 月，根据国家人民银行、工商银行、中国银行下达安徽省的录用干部指标和省政府批示精神，省人事厅等有关部门决定组织开展从全省人民银行、工商银行、中国银行系统全民工人身份的业务人员中择优吸收录用干部工作。全省共为上述金融系统择优录用干部 1900 名（其中人行系统 800 名，工行系统 1000 名，中行系统 100 名）。

1997 年 7 月，根据国家有关文件精神和统一部署要求，省人事厅、省国税局印发《安徽省国家税务局从本系统在公务员职位上工作的工人中录用公务员工作实施办法的通知》，决定组织开展从国税系统现在公务员职位上工作的工人中录用公务员工作。录用工作按照《国家公务员录用暂行规定》的要求，贯彻公开、平等、竞争、择优的原则，按照德才兼备的标准，采取考试考核相结合的方法进行。

1999 年 1 月，省人事厅、省地税局印发《关于认真做好全省地税系统择优录用工作有关问题的通知》（皖人发〔1999〕3 号），决定对各地未上划人员由省按照国家公务员录用要求，统一组织一次考试，通过考试与考核，按照参考人员的 80% 比例择优录用一批工作人员正式进入地税部门。择优录用的范围和对象为各级地税局上报省地税局交接人员名单中，属于 1996 年 12 月 31 日前由各地、市人事部门办理的“区内干部”“专业技术干部”“聘用制干部”，对上述“三类”人员。不愿意参加考试的，按照有关规定转为工人身份。1997 年 1 月至 11 月 14 日进入地税部门的“三类”人员，必须参加此次考试（不包括经核定确定为清退的人员）。考试的基本程序为：报名、资格审查、考试、考核、体检和审批录用。

1999 年 8 月，根据省政府常务会议纪要〔1999〕第 28 号、〔1999〕第 44 号和人事部、国家工商行政管理局《关于做好全国工商行政管理所录用国家公务员工作的通知》（人发〔1999〕71 号）等有关规定精神，经省政府同意，省人事厅、省工商行政管理局印发《关于做好全省市地及以下工商行政管理系统录用国家公务员工作的通知》，决定在国家公务员过渡后，对1998年7月16日前在干部岗位从事工商行政管理工作且实施国家公务员制度后仍被确定在公务员职位上工作的工人身份人员，按照公开、平等、竞争、择优的原则，采取考试考核相结合的方法，择优录用公务员。此次录用工作，实行统一命题、集中考试、考核录用的办法。整个考录工作由省人事厅负责，省工商局协助。考试录用的基本程序为：报名、资格审查、考试、考核、体检和审批录用。

1999年开始，根据中央文件精神，省人事厅与省委组织部、省教育厅联合组织实施全省选调生招考选拔工作，选拔对象主要为当年全省全日制普通高校本科以上应届毕业生和全国部分重点院校应届毕业研究生。截至2010年，共选拔录用选调生2349人。

2001年开始，根据中央公务员主管部门委托规定，截至2010年，连续9年组织实施中央国家机关及其直属机构考试录用公务员安徽考区的笔试报名确认、考务组织和面试协调等工作。在此期间，共有163552人在安徽省考区参加公务员笔试。

1997—2009年，根据人事部、公安部、国家安全部等有关文件精神，坚持做好分配到安徽工作的公安部、国家安全部所属有关院校和北京电子科技学院经国家统一考试并取得公务员录用资格的毕业生的公务员录用工作。

2003年，经省政府同意，省人事厅、省地方税务局印发《从全省地方税务系统在公务员职位上工作的工人中考试录用国家公务员工作实施方案》（皖人发〔2003〕31号），决定组织开展从全省地方税务系统在公务员职位上工作的工人中考录公务员工作。共考录公务员2240人。

2004年，根据国家关于体制改革的有关文件精神，并经省政府同意，省人事厅分别会同省交通运输厅、省国家税务局、省质量技术监督管理局、省食品药品监督管理局，组织开展从全省交通车购税系统改制人员、省级以下质监系统改制以工顶岗人员和省级以下食品药品监督系统改制以工顶岗人员中考录公务员工作。其中全省交通车购税系统共录用公务员260人，全省质监系统共录用公务员227人，全省食品药品监督系统共录用公务员298人。

2005年，经省委、省政府批准，解决省直监狱劳教单位“委培定向生”分配录用的遗留问题，共录用公务员99人。

2005年11月，经省委、省政府同意，部署开展了从公安机关合同民警等非警察身份人员中考试录用人民警察工作。共有3700余名合同警等非警人员参加了此次入警考试，审批录用3338人。

2007年，根据省编办、省人事厅、省公安厅等部门《关于印发安徽省民用机场公安机构改革移交实施意见的通知》（皖编办〔2006〕211号）精神，省人事厅、公安厅组织实施从安徽民航机场集团有限公司管理的原民航安徽省管理局公安处及其直属的黄山机场公安局（以下称机场公安机构）民警中录用公务员工作。共录用公务员53人。

2008年8月，根据人事部、国家林业局《关于做好全国森林公安机构核定政法专项编制后人员过渡有关工作的通知》（国人部发〔2008〕15 号）等精神，省人事厅、林业厅组织实施全省森林公安机构核定政法专项编制后人员过渡公务员工作。过渡工作采取考试与考核相结合的办法进行。全省共 1139 人录用过渡为森林公安机关公务员。

2008 年 11 月，根据《国务院办公厅关于第二批中央企业分离办社会职能工作有关问题的通知》（国办发〔2005〕4 号）和《中央编办关于第二批中央企业公安、法院、检察院机构移交地方为有关省、自治区、直辖市下达政法专项编制的通知》（中央编办发〔2007〕103 号）以及省编办《关于第二批中央企业公安机构移交地方管理有关机构编制问题的批复》（皖编办〔2008〕226、227、228、229、230 号）精神，省人事厅、省公安厅组织实施从第二批中央企业公安机构移交地方管理的民警中过渡公务员工作。过渡工作采取考察和考试相结合的方法进行。全省共 285 人录用过渡为公务员。

2008 年开始，根据省政府决定，按照省人事厅、省编办、省公安厅《关于安徽省公安职业学院侦查、治安管理、道路交通管理专业试行“按需招生、单列考录”政策有关问题的通知》（皖人发〔2005〕43 号）和省人事厅《关于对〈安徽公安职业学院“按需招生、单列考录”学生综合素质量化考核办法（试行）〉意见的复函》（皖人秘〔2006〕4 号）等精神，省人事厅、省公安厅组织实施了安徽公安职业学院应届毕业生单列考试录用公务员工作。截至 2010 年，共录用 1513 人为公务员。

2008 年，省委组织部、省人事厅启动实施从优秀村干部中考试录用乡镇机关公务员试点工作，纳入当年度全省公务员统一招考工作一并进行。截至 2010 年，全省共从优秀村干部中考录公务员 149 人，其中 2008 年 65 人、2009 年 46 人、2010 年 38 人。

2009 年 9 月，根据人力资源和社会保障部、铁道部、国家公务员局《关于做好铁路公安机关转制人员过渡有关工作的通知》（人社部〔2009〕64 号）精神，省人事厅组织开展了全国铁路公安机关转制人员考试录用公务员安徽考区的笔试实施工作，分别在合肥、蚌埠两市设置笔试考点，共有 1270 人参加了安徽考区的笔试考试。

2009 年 11 月，根据《国务院办公厅转发交通运输部等部门关于成品油价格和税费改革人员安置工作指导意见的通知》（国办发〔2009〕9 号）、《中央编办 财政部 人力资源和社会保障部 交通运输部 税务总局关于成品油税费改革税务部门接收人员有关事宜的通知》（中央编办发〔2009〕8 号）和《人力资源和社会保障部 交通运输部 国家税务总局 国家公务员局关于做好成品油税费改革税务等部门接收人员工作的通知》（人社部发〔2009〕57 号）等文件精神，我厅会同省交通运输厅、省地方税务局组织实施了从安徽省成品油税费改革在编公路养路费征稽管理人员中考试录用公务员工作。全省共录用公务员 215 名。

2009—2010 年，根据人力资源社会保障部、公安部等部委文件精神和统一部署，安徽省连续两年组织开展了从武警部队反恐分队拟退役士兵中考试录用公安机关人民警察工作。其中 2009 年录用 2 人、2010 年录用 3 人。

2009—2010 年，根据中央政法委等 12 个部委文件规定和统一部署，组织实施了安徽省基层政法机关干警培养体制改革招录试点工作，招录培养对象主要为符合招录条件要求的退役士兵和全日制普通院校应届毕业生等有关人员。其中2009年招录1106人，2010年招录882人。

安徽省公开考试录用公务员情况统计表（1996—2010年）

表4-2-2　　　　单位：人

年度	招考层次	录用计划数	报考人数	实际录用人数	备注
1996	省市两级和部分县乡机关	784	15988	784	首届招考“公务员”
1997	省市县乡机关	1351	17085	1351	首次四级联考
1998	四级联考停招，部分县乡机关招考				因启动新一轮机构改革，国家明文要求暂停
1999	部分市县乡机关	350	3710	250	
	省以下地税系统	100	300	83	
	市以下公安机关	900	17151	793	
2000	市以下公安机关	800	3833	626	
2001	市县法院系统和宣城、池州市直机关	226	852	162	
2002	省安全机关和个别省直机关	10	74	9	
2003	省市县乡机关	1954	48713	1739	全省地方新一轮机构改革后再次启动全省性四级统考
2004	省市县乡机关	1909	35881	1679	
	市以下公安机关	1657	23077	1650	
2005	省市县乡机关	1818	38547	1567	
	市县法院系统	437	5508	424	聘任制书记员
	亳州市直机关	8		8	
2006	省市县乡机关	1731	36328	1578	含省委政研室10人、外办2人
	市以下公安机关	1462	16585	1380	特警
2007	省市县机关	1745	45458	1712	
	合肥市区直机关	50	2915	50	
2007	亳州市直机关	18	40	18	
2008	省市县乡机关	4907	90718	4667	
	省财政厅监察局招录	12	123	12	
2009	省市县乡机关	5435	132718	5370	
	省经信委非煤办招录	8	70	8	
	基层政法干警定向招录	1099	12379	1033	

续表 4-2-2

年度	招考层次	录用计划数	报考人数	实际录用人数	备注
2010	省市县乡机关	5118	130028	5027	
	基层政法干警定向招录	882		882	
合计		27771	547922	26951	

第三节　考核奖励

考核工作

1995 年 11 月，省人事厅印发《安徽省国家公务员考核暂行办法》（皖人核字〔1995〕第 22 号），规定考核对象为全省各级国家行政机关的公务员。公务员在年度考核中被确定为优秀、称职等次的，具有晋职、晋级和晋升工资的资格，并发给一定数额的奖金，被确定为不称职的，予以降职，连续两年考核被确定为不称职等次的，按规定予以辞退。

1996 年，省人事厅印发《关于做好 1996 年度全省国家行政机关和事业单位工作人员考核工作的通知》，首次将目标管理考核与公务员（工作人员）年度考核结合起来，省政府目标管理考核优秀的单位，年度考核中优秀人员比例可按 15% 执行；目标考核良好的单位，年度考核中优秀人员比例不得超过 12%；目标考核差的单位，年度考核中优秀人员比例不得超过 10%。

1999 年，省人事厅印发《关于进一步做好国家公务员年度考核工作的补充通知》，要求推行量化考核，分解制定适用于担任领导职务的人员和适用于担任非领导职务工作人员的安徽国家公务员量化测评参考标准；增设考核等次，即增设“基本称职”等次。“基本称职”主要适用于政治、业务素质一般，甚至在个别方面表现较差的人员。

2002 年，省人事厅印发《关于加强和改进国家公务员年度考核工作的若干意见》（皖人发〔2002〕20 号），规定进一步规范考核程序，首次明确将考核结果以书面形式通知被考核人；建立年度考核审核备案制度，各单位年度考核工作要在次年 3 月底前完成，并将上年度《考核工作总结报告》、《考核结果统计表》和《考核结果花名册》等材料及时报送同级政府人事部门。

2008 年 1 月，省委组织部、省人事厅印发《安徽省公务员考核办法（试行）》（皖组字〔2008〕2 号），规定公务员年度考核优秀等次人数，一般掌握在本机关参加年度考核的公务员总人数的 15% 以内。受到同级以上党委、政府综合性表彰的先进集体，被评为同级以上系统的先进集体，被评为同级机关绩效考核等综合性考核的先进单位，在组织年度考核时，报经同级公务员主管部门同意后，本年度考核优秀等次比例可按 20% 确定。首次规定被确定为优秀等次的，当年给予嘉奖；连续三年被确定为优秀等次的，记三等功。对公务员的考核，按照管理权限和规定的程序，全面考核公务员的德、能、勤、绩、廉，重点考核工作实绩，公务员的考核分为平时考核和定期考核，定期考核以平时考核为基础；定期考核的结果分为优秀、称职、基本称职和不称职四个等次。考核实行领导与群众相结合，平时与定期相结合，定性与定量相结合的方法。被考核公务员进行个人年度总结并填写《公务员年度考核登记表》；主管领导写出评语，提出考核等次初步意见；对考核拟定等次进行公示；机关负责人或考核委员会根据主管领导意见、民主测评情况和优秀等次名额，确定考核等次；考核结果以书面形式通知被考核公务员，并由公务员本人签署意见和签字；被确定为不称职等次公务员可提出复议和申诉；将《公务员年度考核登记表》存入本人档案。

安徽省国家公务员量化测评参考（一）

（适用于担任领导职务的人员）

表 4-3-1

内容	要素		标　准	分值
德（25）	政策水平（9）	优秀	积极贯彻执行党和国家有关路线、方针、政策，模范遵守国家的法律、法令和各项规章制度，作风正派，办事公道。	8—9
		良好	贯彻执行党和国家有关路线、方针、政策较认真，遵守国家的法律、法令和各项规章制度，作风正派，办事较公道。	6—7
		一般	能够贯彻执行党和国家有关路线、方针、政策，但有时有失误或偏差，基本遵守国家的法律、法令和各项规章制度，作风比较正派，办事基本公道。	4—5
		差	贯彻执行党和国家有关路线、方针、政策不力，不认真遵守国家的法律、法令和各项规章制度，作风不正派，办事有时不公道。	0—3
	思想道德（8）	优秀	模范遵守社会公德、本职业道德，爱岗敬业，公仆意识强。	7—8
		良好	遵守社会公德、本职业道德，敬业精神较强，公仆意识较强。	5—6
		一般	基本遵守社会公德、本职业道德，敬业精神一般，公仆意识一般。	3—4
		差	有违反社会公德、本职业道德行为，敬业精神较差，公仆意识弱。	0—2
	廉政建设（8）	优秀	模范遵守廉政建设的各项规定，廉洁奉公，对下属经常教育，要求严格。	7—8
		良好	遵守廉政建设的各项规定，廉洁奉公，对下属监督作用发挥得较好。	5—6
		一般	基本遵守廉政建设的各项规定，对下属缺乏教育，要求不严。	3—4
		差	自身要求低，有违反规章制度或不够廉洁现象，对下属监督作用较差。	0—2
能（20）	工作能力（10）	优秀	组织协调能力调，讲究工作方法和领导艺术，政策、文字水平高。	9—10
		良好	组织协调能力比较强，注意工作方法和领导艺术，政策、文字水平比较高。	6—8
		一般	组织协调能力一般，有时不注意工作方法和领导艺术，政策、文字水平一般。	4—5
		差	组织协调能力较差，不注意工作方法和领导艺术，政策、文字水平较低。	0—3

续表 4-3-1

内容	要素		标　准	分值
能（20）	业务水平（10）	优秀	熟练掌握与本职工作有关的专业理论和管理知识，了解各地工作发展动态，具有解决疑难问题和指导下属的能力。	9—10
		良好	掌握与本职工作有关的专业理论和管理知识，了解各地工作发展动态，具有处理业务上具体问题和指导下属的能力。	6—8
		一般	掌握与本职工作有关的专业理论和管理知识，能够处理业务上的具体问题，有时指导下属不力。	4—5
		差	本专业知识欠缺，在实际工作中处理问题感到吃力，难以指导下属。	0—3
勤（15）	出勤率（8）	优秀	全年出满勤，基本无事假、旷工、迟到、早退等现象。	7—8
		良好	全年事假累计不超过 5 天，无旷工、迟到、早退等现象。	5—6
		一般	全年事假累计不超过 15 天，没有旷工或无故迟到、早退等现象。	3—4
		差	全年事假累计不超过 15 天，或有无故迟到、早退、旷工等现象。	0—2
	勤奋程度（7）	优秀	工作积极主动，作风扎实，有强烈的事业心、责任感。	6—7
		良好	工作主动性较强，作风扎实，有事业心、责任感较强。	4—5
		一般	工作主动性一般，作风不太扎实，事业心、责任心不太强。	2—3
		差	工作主动性较差，作风不扎实，事业心、责任感不强。	0—1
绩（40）	工作量（10）	优秀	承担任务饱满，分管工作量大，不得不经常加班加点。	9—10
		良好	承担任务充实，分管工作量较大，有时需要加班加点。	6—8
		一般	承担任务不重，分管工作量不大。	4—5
		差	工作任务量较小，工作时间有时空闲。	0—3
	难易程度（10）	优秀	所承担的工作中，有多项任务涉及范围广，要求高，难度大。	9—10
		良好	所承担的工作中，至少有一项任务涉及范围较广，要求较高，难度较大。	6—8
		一般	所承担的工作中，有一项或多项工作有一定难度。	4—5
		差	所承担的工作均属常规性工作，没有难度，但有时不能完成。	0—3
	工作效率效果（10）	优秀	工作效率高，办法和点子多，按时或超额完成工作目标，质量很高。	9—10
		良好	工作效率较高，办法和点子较多同，能按时完成工作目标且质量较高。	6—8
		一般	工作效率一般，办法和点子较不多，能按时完成工作目标，质量一般。	4—5
		差	工作效率低，墨守成规，有一项或多项工作且目标不能按时完成，质量不尽符合要求。	0—3
	本人作用（10）	优秀	对承担和分管工作的完成，直到关键作用和应尽的领导作用。	9—10
		良好	对承担和分管工作的完成，直到重要作用和应尽的领导作用。	6—8
		一般	对承担和分管工作的完成，直到一些作用。	4—5
		差	没有起到岗位职责所要求的作用，影响了工作任务的完成或质量提高。	0—3

安徽省国家公务员量化测评参考（二）

（适用于担任非领导职务的人员）

表 4-3-2

内容	要素		标　准	分值
德（20）	政治思想（10）	优秀	积极贯彻党和国家有关路线、方针、政策，模范遵守国家的法律、法令和各项规章制度，作风正派，办事公道。	9—10
		良好	贯彻执行党和国家有关路线、方针、政策较认真，遵守国家的法律、法令和各项规章制度，作风正派，办事较公道。	6—8
		一般	能够贯彻执行党和国家有关路线、方针、政策，但有时有失误或偏差，基本遵守国家的法律、法令和各项规章制度，作风比较正派，办事基本公道。	4—5
		差	贯彻执行党和国家有关路线、方针、政策不力，不认真遵守国家的法律、法令和各项规章制度。	0—3
	职业道德（10）	优秀	模范遵守社会公德、本职业道德，爱岗敬业。	9—10
		良好	遵守社会公德、本职业道德，敬业精神较强。	6—8
		一般	基本遵守社会公德、本职业道德，敬业精神一般。	4—5
		差	有违反社会公德、本职业道德的行为，敬业精神较差。	0—3
能（20）		优秀	组织协调能力强，能独立实施工作计划，讲究工作方法，政策、文字水平高。	9—10
		良好	组织协调能力比较强，能按计划进行工作，注意工作方法，政策、文字水平比较高。	6—8
		一般	组织协调能力一般，基本能按计划进行工作，有时不注意工作方法，文字水平一般。	4—5
		差	组织协调能力较差，不能按计划进行工作，不注意工作方法，政策、文字水平较低。	0—3
	业务水平（10）	优秀	熟悉掌握与本职工作有关的专业理论和管理知识，了解各地工作发展动态，具有解决疑难问题的能力。	9—10
		良好	掌握与本职工作有关的专业理论和管理知识，了解各地工作发展动态，具有处理业务上具体问题的能力。	6—8
		一般	掌握与本职工作有关的专业理论和管理知识，能够处理业务上的具体问题。	4—5
		差	本专业知识欠缺，在实际工作中处理问题感到吃力。	0—3
勤（15）	出勤率（8）	优秀	全年出满勤，基本上无事假、旷工、迟到、早退等现象。	7—8
		良好	全年事假累计不超过 5 天，无旷工、迟到、早退等现象。	5—6
		一般	全年事假累计不超过 15 天，没有旷工、迟到、早退等现象。	3—4
		差	全年事假累计不超过 15 天，或有无故迟到、早退、旷工等现象。	0—2
	勤奋程度（7）	优秀	工作积极主动，作风扎实，有强烈的事业心、责任感，群众公认。	6—7
		良好	工作主动性较强，作风扎实，事业心、责任感较强，群众较满意。	4—5
		一般	工作主动性一般，作风不太扎实，事业心、责任感不太强。	2—3
		差	工作主动性较差，作风不扎实，事业心、责任感不强。	0—1

续表 4–3–2

内容	要素		标　准	分值
绩（45）	工作量（15）	优秀	承担任务饱满，工作量大，不得不经常加班加点。	13—15
		良好	承担任务充实，工作量较大，有时需要加班加点。	9—12
		一般	承担任务不重，工作量不大，工作时间有时空闲。	5—8
		差	工作任务量较小，工作时间常有空闲。	0—4
	难易程度（15）	优秀	所承担的工作中，有一项或多项任务涉及范围广，要求高，难度大。	13—15
		良好	所承担的工作中，至少一项任务涉及范围较广，要求较高，难度较大。	9—12
		一般	所承担的工作中，有一项或多项难度较大。	5—8
		差	所承担的工作均属常规性工作，没有难度，但有时不能完成。	0—4
	工作效率效果（15）	优秀	工作效率高，办法和点子多，或超额完成工作目标，质量很高。	13—15
		良好	工作效率较高，办法和点子较多，能按时完成工作目标且质量较高。	9—12
		一般	工作效率一般，办法和点子不多，基本能按时完成工作目标，质量一般。	5—8
		差	工作效率较低，墨守成规，有一贡或多项工作目标不能按时完成，质量不尽合要求。	0—4

奖励工作

1996 年，省政府印发《批转省人事厅关于进一步规范行政性表彰奖励工作意见的通知》（皖政〔1996〕49 号），进一步规范行政性表彰奖励的名称，审批权限、综合管理，范围数量，待遇等。

1999 年，省政府印发《关于印发〈安徽省行政性表彰奖励公开评选暂行办法〉的通知》（皖政〔1999〕26 号），规定以省政府名义或经省政府同意开展的行政性表彰奖励，均应实行公开评选，包括公开的原则、范围、程序等。

2002 年，省政府印发《关于进一步精简和规范行政性表彰奖励活动的通知》（皖政办〔2002〕37 号），对以省政府名义开展的奖励在奖项设置、审批程序和奖励办法做出规定，明确省政府常设性表彰奖励项目为 5 项，规范和减少以省政府名义开展的行政性表彰奖励活动。

2003 年，省委办公厅、省政府办公厅出台《关于精简和规范省直部门表彰工作的通知》（厅〔2003〕25 号），明确省直各部门只保留一项综合性表彰活动，原则上由省直部门与省人事厅联合开展，不再以部门、系统名义开展单项业务表彰活动。

2003 年，经省政府同意，省人事厅印发《关于行政记功奖励实行定期申报制度的通知》，对记功奖励的对象、种类、批准权限、审批程序和获奖待遇等做出全面规定，细化嘉奖、记功奖励的国家有关规定。

2006 年，经省委、省政府同意，省委办公厅、省政府办公厅出台《安徽省突出贡献人才奖励办法》（皖办发〔2006〕32号）。该奖作为安徽省人才奖励的最高奖，旨在奖励获得重大国际奖、重大国家奖、为安徽经济建设和社会发展做出突出贡献的人员，每两年评选一次，每次授奖人员不超过10人。该奖的实施，为全省人才强省战略实施，人才激励机制完善提供制度上保证。

2006年，经省政府同意，出台《安徽省有突出贡献的运动员教练员奖励暂行办法》（皖人发〔2006〕68号），对参加国内外重大竞技体育比赛中获得金、银、铜牌的运动员和教练员奖励标准做出规定，改变过去一赛事一汇报一奖励的做法，填补了全省竞技体育表彰奖励政策规定的空白。

2008年，经省委、省政府同意，省委组织部、省人事厅出台《安徽省公务员奖励办法（试行）》（皖组字〔2008〕40号），对公务员、公务员集体奖励的原则、条件、种类、审批权限、程序、奖励撤销等作出全面系统的规定，为公务员、公务员集体奖励提供了政策依据。

1994—2009年，省人事厅承办省委、省政府有关表彰奖励活动117项，表彰先进集体4484个、先进个人8784名；完成233项人事部（人力资源社会保障部）与国家部委联合表彰安徽省推荐工作，推荐先进集体568个，先进个人1381名；与省直部门联合开展了250项全省系统性行政表彰工作，表彰先进集体5889个，先进个人13812名。

重要表彰基本情况统计表（1994—2009年）

表4-3-3

	省委省政府表彰			人社部与部委联合表彰（涉皖部分）			人社厅与省直单位联合表彰		
年份	项目数	先进集体	先进个人	项目数	先进集体	先进个人	项目数	先进集体	先进个人
1994	2	49	60	6	11	31	8	271	533
1995	3	167	326	13	27	327	19	576	1539
1996	9	320	343	13	33	48	23	442	864
1997	9	445	1038	12	27	42	17	360	1036
1998	12	666	316	17	44	87	16	320	948
1999	7	168	298	9	17	44	16	337	984
2000	7	264	251	15	39	94	25	676	1073
2001	10	338	356	13	36	77	15	318	897
2002	8	327	969	12	24	33	11	262	649
2003	9	814	1054	12	31	44	9	178	422
2004	4	92	112	14	28	101	19	489	1037
2005	6	26	221	16	30	50	14	292	848

续表 4-3-3

年份	省委省政府表彰			人社部与部委联合表彰（涉皖部分）			人社厅与省直单位联合表彰		
	项目数	先进集体	先进个人	项目数	先进集体	先进个人	项目数	先进集体	先进个人
2006	9	308	869	24	50	73	21	367	927
2007	6	200	1244	20	73	157	17	385	884
2008	8	268	498	17	38	57	12	384	694
2009	8	32	829	20	60	116	8	232	477
总计	117	4484	8784	233	568	1381	250	5889	13812

重大专项奖励

安徽省行政奖励工作履行“六个坚持”：坚持奖励活动的立项申报审批制度，严控表彰周期、范围和数量；坚持民主推荐公开评选，按照全省公开评选办法评选推荐；坚持面向基层单位和工作一线人员，设置处级单位和人员表彰比例；坚持人事和主办部门逐级审核把关，要求对所上报的事迹材料进行实地核实；坚持征询相关方面意见主要按照干部管理权限征求组织、纪检（监察）部门意见，按照属地管理原则征求社会治安综合治理、计划生育等部门意见；坚持两次公示，即基层推荐单位首次公示和全省系统内再公示。通过这些工作，不断完善创新全省的奖励制度，树立各行各业的先进典型，充分发挥奖励工作激励功能，产生积极社会反响。

全省抗旱表彰：1994 年安徽省遭受了旱灾，各级政府投身于抗救旱灾工作，同年 10 月，省委、省政府表彰了 22 个抗旱工作先进集体、60 名先进个人。

有突出贡献科技人员表彰：1995 年 11 月，为推进科技进步，加强科技队伍建设，促进安徽经济更好更快的发展，省人民政府决定对 21 名有突出贡献科技人员实行奖励，授予省劳动模范荣誉称号，其中 7 名颁发“贡献奖”金质奖章，14 名颁发“贡献奖”银质奖章。

全省人民满意的公务员及集体表彰：为践行全心全意为人民服务的宗旨，加强公务员队伍建设，提高执政管理能力水平，省政府等部门自 1998 年至 2004 年共开展了四届全省“人民满意的公务员”和“人民满意的公务员集体”评选表彰活动，授予了 30 名“人民满意的公务员”荣誉称号和 10 个“人民满意的公务员集体”荣誉称号，给予 34 名同志记一等功，给予 4 个集体记一等功；表彰了 19 名“人民满意的公务员”和 20 个“人民满意的公务员集体”。其中，以省政府名义开展了前 3 届：1998 年表彰 10 名“优秀公务员”，11 人记一等功（皖政秘〔1998〕253 号）；1999 年表彰 10 名“人民满意的公务员”，12 人记一等功（皖政秘〔1999〕54 号）；2002 年表彰 10 名“人民满意的公务员”，11 人记一等功（皖政〔2002〕22 号）。以省委组织部、省委宣传部、省文明办、省人事厅名义开展了第4届:2004年表彰19名“人民满意的公务员”(皖人发〔2004〕69号)。

全省抗击非典先进集体和先进个人表彰:2003年上半年非典疫情爆发,各级政府和部门全力抗击非典,涌现出众多先进单位和个人。同年5月省人事厅发明电布置表彰活动,2003年8月省委、省政府表彰了先进集体100个,先进个人300名,其中30名授予省劳动模范荣誉称号。

全省造林绿化表彰:1989年,省委、省政府作出决策,至2002年万里绿色长廊一期工程建设结束,全省林业、生态建设获得阶段性成果,2004年1月,省政府表彰先进集体50个,先进个人50名,安徽省绿化奖章获得者50名,享受省劳模(先进工作者)待遇。

全省“人民满意的基层站所”表彰:为进一步促进政府各基层站所干部职工增强服务意识,改进工作作风,提高办事效率,2002年省政府决定,在全省开展创建“人民满意的基层站所”活动。历经四年,2006年省政府表彰了100个“人民满意的基层站所”。

参加第29届奥运会和第13届残奥会全省有功单位和人员的表彰:全省运动员在运动会上勇于拼搏,取得佳绩。2008年省政府表彰了6个集体和获奖牌的运动员及教练员27人,其中23名享受省先进工作者待遇。

全省社会科学文学艺术出版优秀成果表彰:为奖励全省社会科学文学艺术出版优秀成果,促进全省社会科学文学艺术出版事业的繁荣和发展,2009年省政府对2005—2006年全省社会科学文学艺术出版优秀成果予以奖励,授予13项成果一等奖、62项成果二等奖、108项成果三等奖和14项荣誉奖。

全省“人民满意的公务员”(优秀公务员)名单

表4-3-4

序号	姓　名	单　位
1	王永福	六安地区寿县农业局人秘股副股长
2	任元华	马鞍山市当涂县物价局局长
3	许志英	黄山市工商局屯溪分局公园工商所所长
4	刘芙蓉	滁州市南谯区审计局副局长
5	朱其仁	安庆市大观区菱湖街道办事处主任
6	张兴才	宣城地区宣州市公安局雁翅乡派出所所长
7	沈德元	芜湖市南陵县档案局局长
8	陈安源	宿县地区萧县乡镇企业局局长
9	周志德	合肥市政府纠风办公室副主任
10	彭永超	省委、省政府信访局来访室主任
11	王成龙	合肥市东市区市容委主任

续表 4-3-4

序号	姓　名	单　位
12	沈延安	五河县审计局局长
13	朱华丽	全椒县统计局副局长
14	童家顺	凤台县公安局巡警大队副大队长
15	江　涛	铜陵县信访办主任
16	陈　荣	庐江县白山镇人民政府镇长
17	杜法杰	砀山县统计局局长
18	仲　杰	淮北市财政局农税科科长
19	钱奕光	东至县农经委主任
20	徐　刚	望江县民政局主任科员
21	王　敏	颍上县公安局胜利派出所副指导员
22	孙国祥	全椒县公安局马厂中心派出所所长
23	朱乃刚	池州市审计局企业审计科科长
24	刘永浩	淮北市杜集区矿山集镇党委书记（原淮北市杜集区 司法局局长）
25	李　静	安徽省科学技术厅农村与社会发展处主任科员
26	张业付	蚌埠市公安局交警支队东区大队大队长
27	吴　起	合肥市公安局交警支队二大队一中队队长
28	周迅鲁	涡阳县水利局局长
29	胡　斌	宿州市埇桥区朱仙庄镇政府农经助理员
30	涂自胜	霍邱县粮食局局长
31	李业飞	合肥市公安局东七派出所副所长
32	王淮玲	淮北市烈山区计生委主任
33	王纯青	利辛县公安局刑警大队大队长
34	王清香	砀山县卫生局局长
35	苏翠霞	蚌埠市龙子湖区（原东区）计生委主任
36	刘　侠	阜阳市颍泉区科委主任
37	程晋淼	淮南市公安局田家庵分局刑警大队副大队长
38	章和平	滁州市琅琊区劳动和社会保障局局长
39	周世友	六安市金安区绿化办主任
40	杨世木	马鞍山市劳动和社会保障局副主任科员
41	徐启来	无为县监察局局长
42	王　欣	芜湖市高新技术产业开发区管委会副主任芜湖市马塘区招商局局长

续表 4-3-4

序号	姓　名	单　位
43	高玉民	朗溪县十字镇三峡办主任（科员）
44	汪桂霞	铜陵市狮子山区审计局局长
45	李　林	石台县财政局局长
46	朱旭东	黄山市黄山区林业局局长
47	芮黄顺	安徽省审计厅投资审计处主任科员
48	周庆国	安徽省公安厅刑警总队副主任科员
49	黄秋云	安徽省农委农业局主任科员

全省“人民满意的公务员”集体名单

表 4-3-5

序号	单　位	序号	单　位
1	合肥市包河区义城镇人民政府	16	阜南县王家坝镇人民政府
2	蒙城县板桥集镇人民政府	17	淮南市地方税务局田家庵区分局
3	宿州市公安局经济犯罪侦查支队	18	凤阳县地方税务局
4	五河县计划生育委员会	19	六安市地方税务局
5	太和县土地管理局	20	马鞍山市地方税务局征收管理分局
6	淮南市公安局交警支队五大队上窑中队	21	庐江县地方税务局
7	六安市公安局交警支队二大队分路口中队	22	芜湖市国家税务局办税服务中心
8	无为县高沟镇人民政府	23	绩溪县委、县政府信访局
9	宣城市公安局宣州区分局雁翅派出所	24	铜陵市公安局长江路派出所
10	池州市贵池区水利电力局	25	东至县国家税务局
11	合肥市财政局	26	安庆市公安局大南门派出所
12	淮北市地方税务局烈山区分局	27	祁门县公安局平里派出所
13	亳州市谯城区交通局	28	安徽省教育厅人事处
14	宿州市地方税务局	29	安徽省生产救灾办公室
15	蚌埠市公安局交警支队一大队一中队	30	安徽省水利厅基本建设处

第四节　培训教育

培训制度建设

1994—2009 年，我省公务员培训工作贯彻《国家公务员暂行条例》和公务员法，不断完善培训制度，逐步规范培训机制，共举办公务员各类培训班、研修班约 8500 多期，培训公务员140余万人次，全面提高了公务员素质和能力。

1994年，省人事厅印发《安徽省推行国家公务员制度骨干培训工作实施方案》，在全省广泛开展国家公务员制度教育培训工作。组织全省党政机关学习国家公务员法规知识，做到学习对象、计划、内容、时间、效果“五落实”，同时在全省范围开展国家公务员制度知识竞赛，27万人参加了学习和竞赛活动。

1995年，省人事厅提出《开展全省国家公务员培训工作的实施意见》，全省以更新知识为突破口，全面启动公务员任职培训，全年共举办国家公务员制度专题讲座和公务员培训班100余期，培训工作骨干3万余人。

1996年，省政府颁发《关于在全省开展国家公务员正规化培训的意见》（皖政〔1996〕39号）。这是全省第一次以省政府名义就公务员培训工作制发的法规性文件，对正规化培训的指导思想与培训目的，培训原则，培训类型，对象和时间，培训内容和方式、方法，管理措施，特别是组织管理、培训分工、调学、师资、经费、考核、发证等都作了明确的规定，标志着我省公务员初任培训、任职培训、专业培训、知识更新培训等“四类培训”正式启动。全年举办“四类培训”班460余期，培训公务员2.6万人。省人事厅1996年成立安徽省外语和计算机应用能力培训考核工作办公室，组织对全省公务员等人员进行外语和计算机应用能力考核，当年1.4万人参加了计算机应用能力培训，至2005年6月底，全省公务员和专业技术人员共计50余万人通过考核。

1997年，安徽省出台《安徽省国家公务员培训“九五”工作纲要》，省人事厅印发《安徽省国家公务员初任培训实施意见》和《安徽省国家公务员任职培训实施意见》，对公务员初任培训与任职培训进行了规范，与相关部门联合下发了《关于我省国家安全机关国家公务员培训工作的实施意见》（皖国安政〔1997〕48号）、《关于在全省开展乡镇在职统计员、调查员岗位培训及实行持证上岗制度工作的通知》（统农〔1997〕62号）、《关于在全省开展价格监督检查干部资格培训考核工作的通知》（皖价办〔1997〕211号）、《关于举办首期城镇建设管理干部岗位培训函授班的通知》（建人〔1997〕368号）等文件。全省全年举办各类培训班200余期，2.2万人参加培训。

1998年，省人事厅印发《培训教育机构评估指标（试行）》和《培训班评估指标（试行）》，为全省公务员培训教育效益评估提供了依据，该年度全省举办公务员培训班250余期，25592人参加培训。

1999年，省人事厅印发《关于进一步加强乡镇公务员培训工作的通知》（皖人办发〔1999〕82号），对乡镇一级的所有公务员（包括参照执行公务员制度的乡镇工作人员），特别是近两年以来从未参加过党校、干校和其他培训机构学习的乡镇公务员分期分批进行培训，全省乡镇公务员培训人数达1.3万余人。

2000年，省政府办公厅转发省人事厅、省教育厅《关于机关分流人员学习和培训实施方案的通知》（皖政办〔2000〕79号）。全省举办机关分流人员学习培训班、公务员培训班700余期，3万多人参加培训。省人事厅还会同省直有关部门加强了成人高等教育《专业证书》、《学业证书》、MBA 教育活动，共完成《专业证书》教育结业发证 8009 人次、《学业证书》教育考录 8007 人次、MBA 教育 500 余人。

2001—2004 年，贯彻省委《2001 年—2005 年安徽省干部培训规划》、安徽省国家公务员培训“十五”工作纲要，开展了公务员行为规范教育、反腐倡廉教育和诚信教育活动。全省普遍开展公务员依法行政培训和信息化、英语应用能力培训、公务员信息化和电子政务知识测试。制定《安徽省国家公务员行政许可法专项培训实施方案》，开展公务员行政许可法专项培训。加强公务员各类培训和 MBA、MPA 专业学位教育，全省参加培训 22 万人。

2005 年，全省广泛开展了公务员法学习、宣传和培训活动，20 余万人参加了各类专题讲座、培训和公务员法知识测试。

2006 年，安徽省出台《安徽省实施“中华人民共和国公务员法”工作方案》，公务员能力建设进一步加强，初步建立公务员能力建设课程框架和教学体系，全年举办公务员“四类培训”100 余期，1 万多人参加培训，公务员初任培训率 100%；首次开展“全省公务员信息化和电子政务大赛”，促进公务员能力提升。

2007—2009 年，贯彻《国家公务员“十一五”培训纲要》《安徽省“十一五”人才队伍建设规划》，全省实施《安徽省行政机关公务员通用能力培训工作实施方案》，下发《关于开展行政机关公务员通用能力培训的通知》《关于加强公务员依法行政知识培训的通知》，按照《安徽省行政机关公务员通用能力培训大纲》《安徽省公务员依法行政知识培训考核大纲》要求，20 余万人次公务员参加了通用能力培训，通过了依法行政知识考核，提前完成“十一五”全体公务员普遍轮训一遍任务，2009 年，启动实施了皖北地区公务员培训工程，当年培训 700 余人次。同年，与四川省地震灾区松潘县开展公务员对口培训，3 期培训共计 150 人；与省委组织部、合肥电大等单位联合建成集“教、学、管、考”于一体的全省统一的干部教育在线学习平台，当年在线学习达 3 人。

重大培训项目

1996 年 7 月，省人事厅、省委组织部，在宣城、六安、宿县、阜阳和蚌埠等地市对 1994 年以来晋升科级（含副科）职务的国家公务员，在省直各厅局对 1994 年 10 月以来晋升处级职务（含副处）的国家公务员进行任职培训试点。

1997 年，出台《安徽省国家公务员培训“九五”工作纲要》，先后在公务员中开展了依法行政知识、WTO 知识、行政许可法及信息化与电子政务知识与技能等培训考核，启动实施了 MPA、MBA 等高层次学历学位教育等活动，全省公务员素质能力加速提升。

1998 年 1 月，经省政府和国务院外国专家局批准，由省人事厅副厅长、省继续教育协会常务副会长张文和为团长、省直机关人事教育处处长、有关地市人事局局长共 24 人组成的省公务员培训教育管理培训团，赴澳大利亚开展为期 20 天的境外培训活动。同年 3 月，在宣城行署人事局干训中心召开了全省人事培训教育工作现场经验交流会，各行署市分管培训教育工作的局长和培训教育科长与会，会议总结交流了 1997 年度人事培训教育工作，研究部署1998年度培训教育工作，研究制定了全省人事培训教育工作表彰奖励的评比方案。

1999年4月，省人事厅组织开展了全省人事培训教育工作先进集体和先进工作者评比表彰活动，马鞍山市人事局、六安市人事局、省建设厅人事教育处、省财政厅人事教育处、省新闻出版局人事教育处等5家单位被评为“全省人事培训教育工作先进集体”，宣城行署人事局、芜湖市人事局、蚌埠市人事局、省计划委员会培训中心、省高级人民法院法官培训中心、省纪律检查委员会（监察厅）宣教室、省经贸委教育处、省粮食局人事教育处、安徽行政学院培训一部等9家单位被评为“全省公务员培训工作先进集体”，安庆市人事局、滁州市人事局、省统计局人事教育处等3家单位被评为“全省计算机应用能力培训考核工作先进集体”。

2001年，出台《安徽省国家公务员培训“十五”工作纲要》。2001—2005年，省人事厅在全省国家公务员和专业技术人员中开展创新教育活动，时间跨度达两年之久，到2002年底，提前完成“十五”全员创新理论教育培训任务。

2007年—2009年，贯彻《国家公务员“十一五”培训纲要》、《安徽省“十一五”人才队伍建设规划》，围绕提高思想政治素质，加强政治理论培训；围绕能力建设，进一步深化四类培训；围绕提高政府行政效能，加强公共管理核心内容培训；围绕建设社会主义新农村和促进社区事业协调发展，加强基层公务员培训；围绕振兴皖北，加强公务员对口培训；围绕建设高素质、专业化公务员队伍，继续抓好学历学位等教育培训。组织开展皖北地区公务员培训及与四川地震灾区松潘县公务员的对口培训活动。

培训教材

1991年至1993年，省人事厅先后组织编写了《人事管理学》《人事心理学》、《现代人才学讲座》《人事干部岗位实务知识讲座》《公务员应用文写作》《国家公务员制度知识讲座》。

1996年上半年，对计算机应用能力培训初级教材进行了修订再版，组织专家组完成了中级教材的编写，并研制开发了练习与考核软件。

2000年，组织专家学者编写出版了《公务员行为规范》《简明领导科学》《市场经济知识》。“十一五”期间，还先后组织编写了《学习能力建设读本》《公务员电子政务教程》《公务员通用能力教程》等普训教材，并根据网络学习需要，开发了数百学时的电子课程，形成了全省公务员培训教材体系，保证了公务员培训教学所需。

培训基地建设

1996年3月，安徽行政学院与省经济管理学院合并，为省政府直属事业单位，业务上受省人事厅指导。6月，在全省16个地市全部建立了初级计算机应用能力培训与考核基地，有50多个县设立了培训点。同年，省人事厅下发了《安徽省国家公务员培训基地资格认定暂行办法》等3个政策性文件，首批发文认定和同意挂牌为公务员培训基地的共20家，其中省直的干校（培训中心）12家，地市的8家。对省直各行政干校、培训中心改称为某系统公务员培训中心（学校），承担本系统内的公务员专门业务培训和更新知识培训；地市人事部门的综合性培训基地，负责本地科级以下国家公务员的任职培训和新录用人员的初任培训以及部分更新知识培训。

1998 年，省人事厅印发《关于确定首批计算机应用能力（中级）培训基地的通知》（皖人办发〔1998〕59 号），确定安徽大学、安徽广播电视大学、合肥工业大学、中国科学技术大学、合肥市职工大学、安徽广播电视大学省直分校、安徽医科大学、安徽省邮电学校、安徽省交通干校、安徽农业技术师范学院等 10 家单位为首批计算机应用能力（中级）培训基地，将安徽农业大学、安徽中医学院计算机应用研究所、安徽省管理发展中心、省对外经济贸易委员会信息中心、省计委经济信息中心、省体育运动技术学校、安徽农村经济管理干部学院、安徽省科学技术培训中心等 8 家单位确定为可在本单位（本系统）内开展计算机应用能力（中级）培训活动的单位。

“十一五”期间，省人事厅将省内外、国内外的部分高等院校纳入培训机构体系，同时，建立了具有不同特色的现场（异地）教学合作基地，实现了公务员培训资源的快速扩充和优化，满足了大规模、多样化的学习培训需求。

第五章　军官转业安置管理

军转干部安置与服务，历来为各级党委、政府高度重视。1994—2009 年，安徽省把军转干部安置作为重要的政治任务，作为重要的人才资源开发，适应新形势，采取新举措，全面完成了国家下达的安置计划和工作任务。

第一节　军转干部计划安置

计划安置政策

1994 年 4 月，国务院、中央军委批转国务院军转干部安置工作小组、人事部、总政治部《关于做好 1994 年军队转业干部安置工作意见的通知》（国发〔1994〕18 号），明确规定，转业干部原则上由其原籍或入伍时所在省、自治区、直辖市负责安置。对少数服役时间较长、职务较高、贡献较大的转业干部，继续按〔1990〕国转办字 6 号文件的有关规定给予照顾。为了缓解转业干部住房和随调家属工作安排等困难，除直辖市、省会（自治区首府）市和计划单列市以外，对配偶已随军的转业干部，可就地就近安置，具体办法由各省、自治区制定。对需要跨省、自治区、直辖市安置的转业干部，可由各地区军转安置工作部门提出计划，报国务院军队转业干部安置工作小组办公室统筹安排。对自愿到属于国家规定的边远艰苦地区工作的转业干部，除按现行规定享受有关优惠政策外，一般应安排相应职务并优先解决住房。

1994 年 5 月，全省军队转业干部安置工作会议召开。会议学习了中央领导同志关于做好新形势下军转安置工作的指示，传达贯彻了国务院、中央军委及省委、省政府关于做好 1994 年军转安置工作的意见。根据国务院、中央军委下达的任务，1994 年全省接收军队转业干部 1237 人，其中，师职 3 人，团职 237 人，营职 422 人，连排职 311 人，技术干部 264 人。接收随调家属 598 人。此后，全省每年都召开高规格的全省军队转业干部安置工作会议，学习国家有关军转安置政策，部署年度军转安置工作任务。

1995 年至 2000 年，国家有关部门每年都要下发做好军转安置的年度工作意见。

2001 年 1 月，中共中央、国务院、中央军委印发《军队转业干部安置暂行办法》（中发〔2001〕3 号）。该文件对军转干部安置工作的一系列问题作出了规范性规定。明确，国家对军队转业干部实行计划分配和自主择业相结合的方式安置。计划分配的军队转业干部由党委、政府负责安排工作和职务。军队转业干部一般由其原籍或者入伍时所在省（自治区、直辖市）安置，也可以到配偶随军前或者结婚时常住户口所在地安置。配偶已随军的军队转业干部，具备下列条件这一的，可以到配偶常住户口所在地安置：配偶取得北京市常住户口满4年的；配偶取得上海市常住户口满3年的；配偶取得天津市、重庆市和省会（自治区首府）城市、副省级城市常住户口满2年的；配偶取得其他城市常住户口的。父母身边无子女或者配偶为独生子女的军队转业干部，可以到其父母或者配偶父母常住户口所在地安置。未婚的军队转业干部可以到其父母常住户口所在地安置。父母双方或者一方为军人且长期在边远艰苦地区工作的军队转业干部，可以到父母原籍、入伍地或者父母离退休安置地安置。军队转业干部具备下列条件之一的，可以到配偶常住户口所在地安置，也可以到其父母或者配偶父母、本人子女常住户口所在地安置。自主择业的；在边远艰苦地区或者从事飞行、舰艇工作满10年的；战时获三等功、平时获二等功以上奖励的；因战因公致残的；夫妇同为军队干部且同时转业的，可以到任何一方的原籍或者入伍地安置，也可以到符合配偶随军条件的一方所在地安置。一方转业，留队一方符合配偶随军条件的，转业一方可以到留队一方所在地安置。因国家重点工程、重点建设项目、新建扩建单位以及其他工作需要的军队转业干部，经接收单位所在省（自治区、直辖市）军队转业干部安置工作主管部门批准，可以跨省（自治区、直辖市）安置。符合安置地吸引人才特殊政策规定条件的军队转业干部，可以到该地区安置。

2007年6月，中共中央、国务院、中央军委印发《关于进一步做好军队转业干部安置工作的意见》（中发〔2007〕8号），对改进计划分配军转干部安置办法作了规定。明确：军队转业干部的工作分配，贯彻公平、公正、公开的原则。各地要根据实际情况，在坚持指令性分配办法的同时，积极总结探索与服役期间德才表现、贡献挂钩和考核选调、考试考核、双向选择相结合的分配办法。军队转业干部的岗位安排以工作需要为主，兼顾本人意愿，确保军队转业干部人尽其才、各得其所。妥善解决党政机关接收军队转业干部需要的行政编制。党政机关接收军队转业干部，按照军队转业干部计划分配数的25%增加行政编制。按25%增加行政编制后有缺口的，首先用自然减员空缺出来的行政编制解决；解决后仍不够的，可专项向中央机构编制部门报告。各级党政机关在制定年度人事安排计划时，要充分考虑接收军队转业干部的情况，预留出部分职数接收军队转业干部。中央下达各地使用的政法专项编制，应有一定数量用于接收军队转业干部。中央机构编制部门为接收军队转业干部给有关地方增加的行政编制，不得挪作他用。各地区各部门各单位要按照有关规定，切实安排好军队转业干部的工作和职务。对担任师级领导职务和担任团级领导职务且任职满最低年限的军队转业干部，一般安排相应的领导职务；接收师、团级职务军队转业干部人数较多、安排领导职务确有困难的部门和单位，可以安排相应的非领导职务。要把师、团级职务军队转业干部安排与领导班子建设通盘考虑，根据工作需要和转业干部的德才条件，有计划地选调到市（地）、县（市）级领导班子或者事业单位、国有企业领导班子任职。要制定优惠的政策措施，鼓励军队转业干部到艰苦地区、基层、企业事业单位工作。中央和国家机关京外直属机构、企业事业单位的军队转业干部安置计划，由所在省（自治区、直辖市）军队转业干部安置工作主管部门编制下达，其上级主管部门要按照有关规定及时解决所属单位接收军队转业干部所需增加的编制、职数和工资总额等问题，保证安置计划的落实。

2007 年 9 月，根据中共中央、国务院、中央军委印发《关于进一步做好军队转业干部安置工作的意见》（中发〔2007〕8 号）精神，省委、省政府、省军区发出《关于认真做好军队转业干部安置工作的通知》（皖发〔2007〕21 号），对全面完成计划分配军队转业干部安置任务作了具体规定。要求：各级党政机关要带头接收军队转业干部。各级党政机关在制定人事安排计划时，要预留出部分职数接收军队转业干部；编制尚未满员或有增员计划和自然减员缺编的部门和单位，应首先从军队转业干部中补充；对超编接收的军队转业干部，准予公务员登记，财政单列供给；政法和执法监管部门需要充实人员的，应优先从军队转业干部中选用，增加的专项编制，应有一定数量用于接收安置军队转业干部。事业单位要尽可能多地接收安置军队转业干部。编制尚未满员的事业单位，首先从军队转业干部中补充；满编单位进人后，按照实际接收军队转业干部人数，相应增加编制和人员工资总额。事业单位接收安置军队转业干部，应参照其在军队职务等级安排相应的管理或专业技术岗位，并给予 3 年适应期。实行人员聘用制的单位要根据军队转业干部本人的志愿，在协商一致的基础上，与其签订中长期聘用合同，军龄计算为接收安置单位的连续工龄（工作年限），聘用合同期限不包括适应期。重点安排好师、团职军队转业干部。各地各部门要继续采取使用空出的领导职位、按规定增加非领导职数或者先进后出、带编分配等办法，安排好师、团职军队转业干部的工作和职务。担任师级领导职务或者担任团级领导职务且满 3 年的，一般安排相应的领导职务。接收师、团职军队转业干部人数较多、安排领导职务确有困难的部门和单位，按照管理权限，经组织、人事部门批准，可根据有关规定增加相应非领导职务职数。按照军队转业干部计划分配数 25% 增加的行政编制，优先用于安排师、团职军队军转干部。对师职军队转业干部继续采取指令性办法进行安置。正团职以上军队转业干部原则上不下县安置。要把师、团职军队转业干部安排与领导班子建设通盘考虑，根据工作需要和转业干部的德才条件，有计划地选调到市、县（市、区）级领导班子或事业单位、国有大中型企业领导班子任职。对担任专业技术职务的军队转业干部，尽量按其专业对口安排。对军队转业干部在部队按照有关规定评定的专业技术职称，地方应当予以认可，并安排相应的专业技术岗位工作，享受对应待遇。如单位无空缺岗位，可超专业技术岗位结构比例予以安排。对担任行政职务并兼任专业技术职务的军队转业干部，可以安排相应的行政职务或者聘用相应的专业技术职务。突出抓好功臣模范和在艰苦边远地区、特殊岗位服役的军队转业干部安置。对符合进合肥地区政策性安置条件，且被大军区以上授予荣誉称号的，或平时荣立一等功（战时荣立二等功）的，或解放军四总部联合表彰的，或在边远艰苦地区及从事飞行、舰艇工作连续 20 年以上的军队转业干部，由部队按规定条件推荐，经组织、人事部门审核，报省军转安置工作小组研定，直接指令性分配到省直党政机关工作。在部队荣立二等功以上，或在艰苦边远地区和特殊岗位服役满15年，或在完成急难险重任务中表现突出受到省部级以上表彰的军队转业干部，可以到原籍、入伍地或者配偶常住户口所在地的省辖市安置。

改进计划分配军转干部安置办法

军队转业干部的工作分配，必须贯彻公平、公正、公开的原则。对进省直单位计划分配的军队转业干部，在指令性分配计划的基础上，继续采取考试考核、积分划线、双向选择和保底安置相结合的办法进行安置。各地可以根据实际情况，参照省直做法，在坚持指令性分配办法的同时，积极探索与服役期间德才表现、贡献挂钩和考核选调、考试考核、双向选择或依次选择相结合的分配办法。军队转业干部的岗位安排以工作需要为主，兼顾本人意愿，确保人尽其才、各得其所。

1994—1996年，合肥地区接收安置军转干部的形式沿用先省直后合肥市的安置办法。

1996年4月，省军转干部安置工作小组、省委组织部、省人事厅下发《关于改变省直、中央部属单位与合肥市军转干部接收分配办法的通知》（皖军转办〔1996〕4号），改变原省市接收分配办法，原则实行切块接收安置。

2006年7月，省委组织部、省军转办、省军区转业办、合肥市委组织部、合肥市军转办联合召开省直、合肥市接收军转干部条件专题会议，根据《军队转业干部安置暂行办法》和中央、国家有关文件精神，经过充分协商，对符合进合肥市区安置条件的军转干部，进省直（含中央部属）单位或合肥市安置条件，达成一致意见，形成《专题会议纪要》，维持原切块接收安置办法。同时明确，夫妇同为军队干部，双方或一方转业，且一方为合肥驻军的，按照解放军、武警部队（含公安现役）分别由省直和合肥市接收安置，每两年轮换一次（2006年度解放军系统转业干部进省直安置）；非驻肥部队双军人双转或单转，父母都在省直单位的由省直安置，父母一方在省直的，根据本人志愿可以进省直或合肥市安置。

2007年8月，省军转干部安置工作小组、省委组织部、省人事厅、省军区政治部联合印发《安徽省省直和驻肥部属单位军队转业干部安置实施办法（暂行）》（皖军转〔2007〕2号），探索采取“考试考核、积分划线、双向选择、保底安排”相结合的办法，对营职以下军队转业干部进行安置。

2009年10月，省军转干部安置工作小组、省委组织部、省编办、省人力资源和社会保障厅、省军区政治部正式出台《关于印发〈安徽省省直和驻肥部属单位军队转业干部安置试行办法〉的通知》（皖军转〔2009〕8号），进一步规范了省直接收军队转业干部安置办法。对符合指令性分配条件的功臣模范军队转业干部，由部队推荐，经组织、人力资源和社会保障部门会审，报省军转安置工作小组研定，直接指令性分配到党政机关工作。对师职军队转业干部继续采取指令性办法进行安置。对团职（含文职和技术级，下同）以上军队转业干部实行两轮安置。第一轮：双向选择。对副团职（文职副处级、技术9级，下同）以上军队转业干部要求进党政机关的，实行考核计分，参加双向选择落实单位的办法进行安置；对营职（文职科级、技术10级，下同）以下军队转业干部要求进党政机关的，实行考核、考试，参加双向选择落实单位的办法进行安置。第二轮：积分单选。对首轮双选未落实单位的军转干部实行积分单选，其中，对副团职以上军队转业干部按照考核量分，排序选岗，组织分配办法进行安置；对营职以下军队转业干部按照考核考试的合成积分，排序选岗，组织分配办法进行安置。考核工作由省军转办会省军区、省武警和省公安现役转业办负责。考核根据军队转业干部的档案，按照军队转业干部的职级、立功受奖等要素量化计分。计分结果须经考核人签字、转业干部本人认可、部队转业办负责人复核、纪检监察部门审核、省军转办确认。一旦确认之后，均不再作变动。考核分由职务分、奖励分、处分减分三部分组成：职务分计分标准：正团职和副团职分别计70分和65分（技术8级、9级参照此标准计分）；正营职和副营职干部分别计70分和65分（文职正科级和副科级、技术10级和11级参照此标准计分）。正连职和副连职分别计60分和55分（文职二级和一级科员、技术12级和13级参照此标准计分）。排职计50分（文职办事员和技术14级参照此标准计分）。任实职满最低年限的加1分，以后每满一年增加0.5分。奖励分计分标准：⑴在部队服役期间立二等功的首次计10分，此后每次加5分，最高不超过计20分；立三等功的首次计5分，此后每次加2分，最高不超过上一等功首次分值。战时三等功按平时二等功计分。因同一原因多次立功受奖的，只按最高奖项计分一次。任主官满一年以上的，所在单位立集体功的按个人记功档次计分，其他集体立功的不计分。⑵在艰苦边远地区或从事飞行、舰艇工作满5年不满10年的计3分，满10年的计5分、以后每满一年加1分。既从事飞行、舰艇工作，又在艰苦边远地区工作不在同一时间段的，可以（单项或混合）累计计分。⑶参战（维和）满一年的计10分，一年以下的计5分。⑷受省级党委、政府综合表彰（以明确属于享受省部级劳动模范待遇的为准）和大军区级或大军区级司、政、联、装四部联合表彰首次加8分，此后每次加4分，最高不超过计16分。处分减分计分标准：受党内撤销职务以上或行政记过以上处分的，减15分。受党内警告、严重警告等党纪处分的，分别减5分、10分；受行政警告、严重警告处分的，分别减3分、5分。因同一原因分别受到党纪和军纪处分的，以党纪处分减分。减分可累计计算，但不得超过上一个处分档次分数。考试分为发布公告、报名、参加考试、公布考试结果等四个阶段。发布《公告》，公布考试报名办法、《考试大纲》及考试时间。报名工作由省军区、武警和公安现役转业办负责。考前给转业干部不少于20天的复习时间。考试形式：考试采取闭卷笔试的形式，满分为100分，考试时间150分钟。考试内容范围：考试内容结合转业干部的特点，包括党和国家的重大方针政策、邓小平理论和“三个代表”重要思想、科学发展观、经济基础知识、法律基础常识、公务员制度和公共管理基础知识与省情、时政、军队条令、写作等。具体内容范围及考试题型由当年《考试大纲》明确。考试阅卷结束后，公布应考人员分数。量化积分规定:副团职以上军队转业干部,按考核积分排序。营职以下军队转业干部,按考核、考试成绩量化计分,考核、考试成绩各占50%,合并计算为该军队转业干部的所得总分。根据相关规定和省直单位的接收计划,对军队转业干部积分结果从高分到低分排序(分数相同的职务高的排前;再相同的任主官的排前;再相同的任职时间长的排前;再相同的军龄长的排前)。

随调配偶安置政策规定

根据中发〔2007〕8号文件规定,结合我省实际,皖发〔2007〕21号文件规定,军队转业干部随调配偶的工作,可以采取计划分配与自谋职业两种办法进行安置。随调配偶为公务员且符合公务员转任规定或者为事业单位正式工作人员的,参照本人职务等级和从事的职业,由安置地组织、人事部门合理安排;为企业职工的,由劳动保障部门负责,主要在企业妥善安排。对安排到实行劳动合同制、聘用制企业事业单位的随调配偶,应当给予3年适应期,适应期内非本人原因不得擅自解除劳动、聘用合同。

对随调配偶本人选择自谋职业的,由安置地劳动保障部门发给《再就业优惠证》,享受下岗失业人员自谋职业的有关再就业扶持政策,并按随调配偶参加工作的年限,每满1年给予1个月接收地职工上年度月平均工资的一次性补助,资金由接收地政府负责解决;对在原单位参加失业保险的随调配偶,失业保险关系及相关费用按国家有关规定转移后,由迁入地失业保险经办机构按照迁入地的标准按月发放失业保险金,期限为迁出时未领完的月份;已参加养老、医疗保险的随调配偶,持社保关系转移凭证,可以个体劳动者身份按接收地政府有关规定办理养老、医疗保险参保接续手续。

对符合进省直单位安置条件的军队转业干部的随调配偶,为事业单位聘用制身份的工作人员和企业职工的,采取发给一次性补助费、由本人自谋职业的办法进行安置,省财政厅负责解决经费,省劳动保障厅负责办理相关手续。各地可结合实际,参照省直做法,积极探索和改进军队转业干部随调配偶安置办法。

军转安置实施

省委、省政府高度重视军队转业干部安置工作,省委常委会专题研究军转干部安置工作,组成由省委组织部长为组长、省人事厅厅长等有关负责同志为副组长的省军队转业干部安置工作小组。省委、省政府年年召开全省军转干部安置工作会议进行布置,各级党委、政府不折不扣贯彻落实。

按照党和政府的政策规定和国家下达的军转干部安置计划指标,1994—2009年,全省接收安置军转干部22226人(师职48人,团职5537人,营连排职10626人,专业技术干部6015人),其中,计划安置军转干部21213人,自主择业军转干部1013人。随转随调家属5575人。在军转干部安置工作中,全省坚持把师团职干部安置作为重点,对师职干部实行指令性分配安置,对功臣模范、长期在边远艰苦地区和从事飞行舰艇的进行照顾安置,对团职干部采取考核基础上双向选择的办法进行安置,90%以上都充实到公务员队伍。2009年,《人民前线》头版头条以“让安置政策畅通无阻”为题,报道了安徽省高标准做好军队转业干部安置工作的经验。

全省接收军转干部情况统计表（2001 年—2009 年）

表 5-1-1　　　　单位：人

地区	2001 年	2002 年	2003 年	2004 年	2005 年	2006 年	2007 年	2008 年	2009 年	合计
合肥	157	136	139	305	308	366	239	210	127	1997
淮北	25	34	26	59	45	47	21	28	19	304
亳州	29	19	15	47	38	46	20	25	16	255
宿州	47	39	32	82	79	75	48	35	27	464
蚌埠	101	85	94	179	159	196	116	110	76	1116
阜阳	51	47	45	90	93	90	65	64	36	581
淮南	27	23	25	47	47	53	33	24	26	305
滁州	80	43	70	135	113	122	80	48	36	727
六安	68	34	52	101	73	97	46	57	47	575
马鞍山	41	23	31	47	46	37	34	31	30	320
巢湖	67	50	54	118	101	109	67	76	43	685
芜湖	69	62	63	115	99	166	75	89	105	843
宣城	44	30	35	62	55	74	33	30	24	387
铜陵	23	11	12	28	25	33	21	22	24	199
池州	21	13	16	39	49	49	20	21	25	253
安庆	93	62	48	114	128	124	89	83	65	806
黄山	26	31	41	56	64	57	38	49	38	400
省直	87	109	95	204	196	227	260	216	186	1580
合计	1056	851	893	1828	1718	1968	1305	1218	950	11787

军队转业干部工资待遇保障与表彰

按照国务院、中央军委国发〔1995〕19 号文件规定，自 1993 年 10 月 1 日后转业的军队干部，其职务工资按本人原军队职务工资 80% 的数额就近套入对应职务工资档次，分配到事业单位的军队转业干部，其工资的固定部分按照分配到机关的同等条件军队转业干部基本工资（职务工资、级别工资、基础工资和工龄工资四项之和）70% 的数额，就近就高套入所在单位对应专业技术职务工资或职员职务工资档次，其津贴部分按照国家有关规定执行。1994 年后转业的军队干部，比照地方同等条件人员每满 2 年考核称职以上，均可在次年的 10 月 1 日晋升一个工资档次。2006 年，皖政〔2007〕8 号文件规定，机关的军队转业干部按本人现任职务套改职务工资和级别工资，事业单位的军队转业干部按本人现聘岗位（职务）套改岗位工资和薪级工资。按照国务院、中央军委国发〔2008〕8号文件规定，2006年7月1日后军队转业干部中在军队担任师团级领导职务的，执行相应职务层次的领导职务工资标准。分配到事业单位的军队转业干部，比照与其军队职务等级（专业技术职务）相对应的地方同等条件人员确定基本工资。按专业技术干部移交的，被聘用到管理岗位的，比照原在军队享受相当待遇的职务相对应的地方同等条件人员确定基本工资；被聘用到专业技术岗位的，如基本工资低于比照原在军队享受相当待遇的职务相对应的地方同等条件人员确定的基本工资，比照原在军队享受相当待遇的职务相对应的地方同等条件人员确定基本工资。分配到事业单位的军队转业干部，绩效工资按国家有关事业单位绩效工资的规定执行。

为解决部分军转干部的实际困难，1994年，安徽省进行军转干部集中建房试点，1994年，完成一期工程3000平方米建房。1996年5月28日，成立安徽省军队转业军官住房统建办公室，县级建制，核定事业编制3名，主要负责全省转业干部建房试点工作，具体组织实施省直转业干部住房统建工作。1996年完成二期工程4500平方米建房。2006年完成三期工程50000平方米建房。

2001年6月，省军转干部安置工作小组、省委组织部、省人事厅发出《关于表彰全省模范军队转业干部全省军队转业干部安置工作先进单位全省先进军转工作者的决定》（皖军转干〔2001〕4号），授予郑忠勋等30名同志全省模范军队转业干部荣誉称号，对合肥市公安局等23个军队转业干部安置工作先进单位和毕可华等23个先进军转工作者予以表彰，模范军队转业干部和先进军转工作者，享受厅、市级劳动模范待遇。

2009年10月，省军队转业干部安置工作小组、省委组织部、省人力资源和社会保障厅、省军区政治部作出《关于表彰全省模范军队转业干部全省军队转业干部安置工作先进单位全省先进军转工作者的决定》（皖军转〔2009〕7号），表彰阚和伟等32位同志为“全省模范军队转业干部”，表彰中共合肥市委组织部、合肥警备区政治部等38个单位为“全省军队转业干部安置工作先进单位”，表彰郭本胜、陈自福等36名同志为“全省先进军转工作者”。

第二节 自主择业军转干部管理服务

自主择业军转干部政策规定

2001年1月，中共中央、国务院、中央军委印发《军队转业干部安置暂行办法》（中发〔2001〕3号）规定，国家对军队转业干部实行计划分配和自主择业相结合的方式安置。计划分配的军队转业干部由党委政府负责安排工作和职务，自主择业的军队转业干部由政府协助就业、发给退役金。从2001年起，开始实行部分军队转业干部自主择业的方式安置。

2001年8月，国务院军队转业干部安置工作小组、中央组织部、中编办、人事部、教育部、财政部、劳动和社会保障部、建设部、中国人民银行、国家税务局、国家工商行政管理局、总政治部、总后勤部《印发〈关于自主择业的军队转业干部安置管理若干问题的意见〉的通知》(〔2001〕国转联8号),2001年12月,国务院军队转业干部安置工作小组、人事部、财政部《关于印发〈自主择业的军队转业干部退役金发放管理办法〉的通知》(国转联〔2001〕9号),对自主择业军队转业干部退役金的核定与发放、住房补贴与医疗保障、择业指导与就业培训、随调随迁家属安置与子女入学等问题作出政策规定。

2004年4月,国务院军队转业干部安置工作小组、人事部、财政部下发《关于增加自主择业军队转业干部退役金的通知》(国转联〔2004〕2号)。该《通知》规定,2001年、2002年自主择业军队转业干部的退役金,自2003年7月1日起,以本通知附表中相应职务的“增资标准”为基数,按本人退役金计发比例增加。自2004年1月1日起。自主择业军队转业干部年定期增加的退役金,以本通知附表中相应职务的“年定期增加标准”为基数,按本人退役金计发比例计发。

2006年2月,国务院军队转业干部安置工作小组、人事部、外交部、公安部、财政部、劳动和社会保障部、国家人口和计划生育委员会、总政治部下发了《关于自主择业军队转业干部安置管理若干具体问题的意见》(国转联〔2006〕1号),对自主择业军队转业干部的军龄和工作时间计算、退役金计发、有关待遇和管理服务等问题作出更加具体的规定。

2006年12月,国务院军队转业干部安置工作小组、人事部、财政部、总政治部下发《关于2006年转业的自主择业军队转业干部退役金计发办法和建立生活性补贴等有关问题的通知》(国转联〔2006〕7号),根据中发〔2001〕3号、〔2001〕国转联8号、国转联〔2001〕9号等文件的有关规定,结合2006年军队工资制度调整改革的实际情况,决定调整2006年转业的自主择业军队转业干部退役金计发办法,并建立生活性补贴。对月退役金计发标准、年定期增加退役金、建立生活性补贴、经费保障和审批权限等都作出相应规定。国务院军转办为此在北京召开会议,对贯彻国转联〔2006〕7号文件作出部署,强调对2006年以前和2006年以后转业安置的自主择业军队转业干部的退役金计发办法和生活性补贴也一并参照执行。

2009年8月。国务院军转干部安置工作小组、人力资源和社会保障部、财政部、总政治部下发《关于调整规范自主择业军队转业干部退役金计发基数中的津贴补贴项目有关问题的通知》(国转联〔2009〕9号),将原退役金计发基数中的军人职业津贴、生活补贴、福利补助、伙食补贴、生活补助、生活性补贴等6个项目,调整归并为军人职业津贴和自主择业生活补贴2个项目。调整后,自主择业军队转业干部退役金计发基数中的津贴补贴项目共4项,包括:军人职业津贴、自主择业生活补贴、房租补贴和地区津贴。2001—2007年自主择业的军队转业干部,从2008年7月1日起执行调整后的自主择业生活补贴标准;从2008年8月1日起执行调整后的房租补贴标准。2008年自主择业的军队转业干部,从2009年1月1日起执行调整后的自主择业生活补贴和房租补贴标准。

2002年3月，经省委、省政府领导同意，根据中发〔2001〕3号、〔2001〕国转联8号、国转联〔2001〕9号文件的有关规定和要求，省军队转业干部安置工作小组、省委组织部、省编办、省人事厅、省教育厅、省财政厅、省劳动和社会保障厅、省建设厅、中国建设银行安徽省分行、省国家税务局、省地方税务局、省工商管理局、省军区政治部印发《关于印发〈安徽省自主择业军队转业干部安置管理暂行办法〉的通知》（皖军转〔2002〕1号），结合安徽省实际制定《安徽省自主择业军队转业干部安置管理暂行办法》。对自主择业军队转业干部安置管理原则、自主择业军队转业干部计划分配与接收安置、自主择业军队转业干部退役金的发放、自主择业军队转业干部住房补贴、自主择业军队转业干部医疗保障和自主择业军队转业干部就业培训等相关问题作出明确规定，是安徽省认真贯彻落实中央文件精神，做好全省自主择业军队转业干部管理服务工作的配套文件。

2004年6月，省军队转业干部安置工作小组印发《转发国务院军队转业干部安置工作小组等部门〈关于增加自主择业军队转业干部退役金的通知〉的通知》（皖军转〔2004〕1号），指出，增加自主择业军队转业干部退役金，是一项政策性很强的工作，各地军转部门要加强领导，精心组织，认真审核，严格按文件政策规定，把增加自主择业军队转业干部退役金工作做细做好。

2004年6月，省委组织部，省人事厅印发《关于转发中组部、人事部、总政治部〈关于加强自主择业军队转业干部党员教育管理工作的通知〉的通知》（组通字〔2004〕19号）。对认真做好自主择业军队转业干部党员组织关系接转和档案移交工作、切实抓好自主择业军队转业干部党员教育管理工作、高度重视和切实加强对自主择业军队转业干部党员教育管理工作的领导等作出规定。

2006年3月，省军队转业干部安置工作小组、省人事厅、省外事办公室、省公安厅、省财政厅、省劳动和社会保障厅、省人口和计划生育委员会、省军区政治部印发《关于转发国务院军队转业干部安置工作小组等单位〈关于自主择业军队转业干部安置管理若干具体问题的意见〉的通知》（皖军转〔2006〕3号，要求各市军队转业干部安置工作小组、各市有关部门和单位、军分区，认真贯彻落实中央和省文件精神。

2009年12月，省军转干部安置工作小组、省人力资源和社会保障厅、省财政厅、省军区政治部发出《关于转发〈关于调整规范自主择业军队转业干部退役金计发基数中的津贴补贴项目有关问题的通知〉的通知》（皖军转〔2009〕24号），对贯彻国转联〔2009〕9号文件，结合安徽省实际提出了明确要求。

接收自主择业军转干部

实行部分军转干部自主择业的方式安置，是为适应社会主义市经济，对军转干部安置办法改革的重大举措。从2001年开始安徽省接收安置自主择业军队转业干部。

2001—2009年安徽省接收安置自主择业军队转业干部一览表

表5-2-1

年度	接收安置自主择业军队转业干部人数	备注
2001年	115人	其中团职（含副团职）37人，营职（含副营职）39人，专业技术军官39人，男性109人，女性6人，研究生学历2人，大学本科学历74人，大学专科学历32人，高中学历1人
2002年	131人	其中团职（含副团职）31人，营职（含副营职）46人，专业技术军官54人，男性127人，女性4人，研究生学历4人，大学本科学历72人，大学专科学历48人，中专学历5人，高中学历2人
2003年	150人	其中团职（含副团职）47人，营职（含副营职）44人，专业技术军官59人，男性148人，女性2人，研究生学历4人，大学本科学历66人，大学专科学历72人，中专学历8人
2004年	220人	其中团职（含副团职）59人，营职（含副营职）60人，专业技术军官101人，男性214人，女性6人，博士后1人，博士生学历2人，硕士生学历4人，研究生学历2人，大学本科学历115人，大学专科学历81人，中专学历16人
2005年	137人	其中团职（含副团职）19人，营职（含副营职）59人，专业技术军官59人，男性132人，女性5人，博士生学历1人，硕士生学历4人，研究生学历4人，大学本科学历49人，大学专科学历66人，中专学历12人，高中学历1人
2006年	96人	其中团职（含副团职）8人，营职（含副营职）37人，专业技术军官51人，男性90人，女性6人，博士后1人，博士生学历1人，硕士生学历6人，研究生学历2人，大学本科学历30人，大学专科学历44人，中专学历9人，高中学历3人
2007年	64人	其中团职（含副团职）16人，营职（含副营职）24人，专业技术军官24人，男性64人，博士后1人，硕士生学历1人，研究生学历2人，大学本科学历30人，大学专科学历20人，中专学历4人，高中学历2人
2008年	58人	其中师职1人，团职（含副团职）7人，营职（含副营职）13人，专业技术军官37人，男性58人，博士生学历2人，硕士生学历3人，研究生学历1人，大学本科学历34人，大学专科学历14人，中专学历4人
2009年	42人	其中团职（含副团职）4人，营职（含副营职）17人，专业技术军官21人，男性41人，女性1人，博士后1人，博士生学历1人，硕士生学历2人，研究生学历1人，大学本科学历14人，大学专科学历21人，中专学历2人

自主择业军转干部安置管理服务

2002年，省军队转业干部安置工作小组等13个部门颁发的《安徽省军队转业干部安置管理暂行办法》明确规定，军队转业干部安置工作部门负责自主择业的军队转业干部安置管理工作。各级军队转业干部安置工作部门可根据接收人数和工作任务，调整或适当增加事业编制，建立管理机构，专门负责自主择业军队转业干部管理工作。

安徽省自主择业的军队转业干部安置管理部门的主要职责有：按照国家的政策规定，制定全省自主择业军队转业干部安置政策和管理办法；按照国家和省政策规定，确定自主择的军队转业干部安置去向，负责审查档案，下达安置计划，发出报到通知；负责自主择业的军队转业干部退役金的核定、预（决）算、申报、发放确认、停发审批、监督和调整工作；协调自主择业的军队转业干部的住房、医疗等社会保障工作；指导和协助自主择业的军队转业干部的培训、就业工作、组织择业登记；负责自主择业的军队转业干部的档案接转与存放，协助办理评定专业技术职称、因私申请出国、出境等有关手续；负责指导街道、乡镇做好自主择业军队转业干部的管理服务工作。对全省自主择业军队转业干部安置管理服务工作和退役金发放等进行业务指导和监督检查。

安徽省辖市自主择业军队转业干部安置管理部门的主要职责有：负责本地区自主择业军队转业干部各项经费的统计、预算、审核、上报和发放工作；负责办理自主择业的军队转业干部社会保障工作；组织实施本地区自主择的军队转业干部培训和就业指导工作；负责自主择业的军队转业干部档案接转与存放工作；负责对本地区各县（市、区）自主择业的军队转业干部安置管理服务部门的业务指导和监督管理工作；协调解决本地区自主择业的军队转业干部安置管理工作中的有关问题。

自主择业军队转业干部要充分发挥自身优势，积极就业创业；安置地政府要通过提供政策咨询、发布就业信息、组织人才交流、开展就业创业培训、制定和落实有关优惠措施等形式予以协助；用人单位要充分发挥自主择业军转干部的作用，依法保障他们的权益，形成自主择业转业干部自主作为、政府协助、社会支持的就业创业良好环境。

自主择业的军队转业干部申请从事个体经营或者创办企业，符合条件的，凭有关转业证件，工商行政管理部门应当优先办理。从事个体经营的，经主管税务机关批准，自领取税务登记证之日起，3 年内免征营业税和个人所得税。对为安置自主择业的军队转业干部就业而新开办的企业，凡安置自主择业的军队转业干部占企业总人数 60%（含 60%）以上的，经主管税务机关批准，自领取税务登记证之日起，3 年内免征营业税和企业所得税。

各级党委、政府对自主择业军转干部同计划分配军转干部一样重视、一样关心、一样爱护。认真落实自主择业军转干部的各项待遇政策，对自主择业军转干部的军龄及工作时间计算、退役金计发和医疗保险、养老保险等有关待遇做出明确规定。建立和不断完善自主择业军转干部数据库，逐步完善和加强自主择业军转干部管理服务体系，保障自主择业军转干部退役金按时足额发放。开展自主择业军转干部创业培训和就业指导，举办自主择业军转干部专场招聘会，帮助自主择业军转干部创业就业。到 2009 年，全省自主择业军转干部已达 1074 人，90% 以上实现自主创业或重新就业。

第三节 军转干部培训工作

军转干部培训分类

计划安置军队转业干部教育培训分为全员适应性培训和专业培训两个阶段进行。

军转干部参加培训，视同参加干部继续教育培训和公务员初任培训。

全员适应性培训重点宣讲国情、省情、安置形势、安置政策，介绍安置地机构设置及其职能和地方工作特点，帮助军转干部角色转换、心理调适和职业生涯设计。

专业培训在全员适应性培训之后进行，重点开展公共管理服务培训，帮助军转干部尽快提高地方工作能力和岗位专业技能，培训采取集中面授、网络学习和参观考察等形式进行，培训针对性强、效果好。

适应性培训内容包括安徽省军队转业干部安置形势与政策；机关机构设置及职能；宪法讲座；政治知识讲座；公务员法讲座；时政知识讲座；国情、省情介绍；转业干部角色转换与心理调适。

专业培训内容包括《中国国情概要》《社会主义市场经济》《实用公文写作》《公共管理》《电子政务》《管理心理学》。

素质提升课程内容着眼于开阔视野、拓展知识和提高技能，培训形式以讲座为主。主要有：安徽经济发展若干问题、领导艺术、工资制度改革、时事政策解读、创新科学发展理念完善市场经济体制、以科学发展观统领市场经济运行、传统文化中的理想人格类型、旁听行政诉讼庭审、现代公务礼仪、有效沟通、中青年保健等。

省直军转干部培训

省直单位计划安置军转干部全员适应性培训和专业培训，由省军转办发培训通知，省军区、武警、公安各转业办协助，省军培中心组织实施。

安徽省军队转业军官培训中心为安徽省军队转业干部培训专设机构，县级事业单位，差额事业编制 18 名。中心位于合肥市包河区徽州大道 1046 号，占地面积 13478 平方米，建筑面积 4898 平方米。2009 年起，隶属于安徽省人力资源和社会保障厅。

1994—2009 年，每年组织一期军转干部培训班，军转干部培训班一般每年下半年举办，1994—2005 年，培训时间为 4 周，160 学时。2006—2009 年，培训时间为三个月，380 学时。培训经费由中央财政列支，1994—2007 年每人 1100 元，2008—2009 年每人 3300 元。

各年度培训人数：1994 年 67 名；1995 年 84 名；1996 年 63 名；1997 年 67 名；1998 年 58 名；1999 年 82 名；2000 年 85 名；2001 年 52 名；2002 年 54 名；2003 年 49 名；2004 年 106 名；2005 年 145 名；2006 年 201 名；2007 年 223 名；2008 年 188 名；2009 年 174 名。

参观见学是军转干部教育培训的重要形式，组织学员到大型企业、社区、人文历史场馆等地参观见学，丰富感性认识，促进所学理论知识与安置地实际相结合。先后参观江淮汽车股份有限公司汽车基地、奇瑞汽车公司、合肥经济开发区、高新开发区、科技馆、渡江战役纪念馆、江苏省昆山市等。

师资聘用方面，按照“素质优良、规模适当、结构合理、专兼结合”的原则选聘师资，做到教师基本情况清楚，具有培训领域专长，教育理念和培训方式先进，授课质量评估为优良以上。建立了包恬党政领导干部、国内专家学者、高等院校教授、优秀企业家、优秀军转干部等在内的教育培训师资队伍信息库，信息库坚持动态更新，实时完善，确保师资队伍政治素质过硬、理论功底深厚、实践经验丰富、教学方法灵活。

省直单位军转干部培训教材使用国务院军转办组织编写的军队转业干部教育培训规定教材，《依法行政》《中国国情概要》《机关及企事业单位人事管理》《公共管理》（上、下）《社会主义市场经济》《实用公文写作》《管理心理学》《经济法教程》《公务员法》释义等。

培训班加强科学管理，结合省直单位军转干部培训工作实际，对军转干部培训的组织报名、教学管理、参观考察、考试考核等进行规范，制订了《学员手册》《学员行为规范》《考勤制度》《课堂纪律》《考场纪律》等规章制度，明确职责及工作流程，使军转干部培训工作规范化、精细化。培训结束后，对学员基本情况、教学课程设置、教学计划总结、文字表格资料、音像教学资料等收集整理归档。

为推动军转干部培训工作的科学化、制度化和规范化，加大了考试考核的力度，并将考试与考核有机结合起来，将培训期间的集中培训考试成绩、网络在线培训考试成绩、岗位实习成绩和学习期间表现、遵守纪律和考勤情况各方面综合起来，作为学员参加培训的综合成绩。综合成绩合格者，准予结业，由安徽省军队转业军官培训中心颁发《结业证书》，为电子政务考试合格者颁发《信息化与电子政务证书》，评选表彰优秀学员。

第四节　部分企业军转干部生活解困

2002 年以来，按照国家和省的部署要求，省人事、劳动、民政、财政等有关部门和各地党委、政府，下发一系列文件，采取一系列措施，开展一系列工作。到 2003 年，基本完成解决部分企业军队转业干部生活困难问题有关政策规定的落实工作。从 2004 年开始，建立部分企业军队转业干部生活困难补助长效机制。

至 2009 年，全省近 3 万名生活困难的企业军队转业干部享受生活补助，实际收入连年增长，普遍提高，解困目标基本实现。

政策规定

在推进社会主义市场经济、深化企业改革的进程中，国家对部分企业军转干部一度发生的生活困难问题非常关心。

省委、省政府对解决部分企业军队转业干部生活困难问题高度重视，2002 年 9 月发出通知，要求坚决执行国家政策规定，结合安徽省实际抓紧做好解决部分企业军队转业干部生活困难问题的工作。

2003 年 12 月，省委、省政府发出《关于认真贯彻落实中办发〔2003〕29 号文件精神，切实解决部分企业军队转业干部生活困难问题的通知》（皖办发〔2003〕29 号），提出了政策措施和具体要求。

主要做法

安徽省部分企业军转干部生活解困，主要包括：在岗企业军转干部，达不到所在市、县职工上年度月平均工资水平的，补助到平均水平；退休企业军转干部，达不到所在市、县职工上年度月平均养老金（机关、事业单位退休费与企业养老金合并计算）水平的，补助到平均水平。对生活困难的退休企业军转干部，在按社会平均养老金给予补助的基础上，每月增发一定数额的生活补助。对 1953 年 12 月 31 日前参军转业和复员到企业工作的退休人员，每月另增发一定数额的生活补助。国家和省调整增加的企业退休人员养老金，在核算的年度退休企业军转干部社会平均养老金基础上全额增加。各地在一些重大节日，组织单位对企业军转干部慰问。同时，对生活特别困难的企业军转干部进行个案救助。已经转制为企业的原事业单位军转干部，按照企业军转干部有关政策兑现相关待遇。

基本生活保障和再就业

对仍在中心的下岗军转干部基本生活费确保按时足额发放，并代缴各项社会保险费；未进入中心及已出中心但未与原企业解除、终止劳动关系，仍未实现再就业的企业军转干部，应发给基本生活费，发放标准不得低于当地国有企业下岗职工基本生活费标准。对年龄偏大且再就业困难的下岗企业军转干部，经本人自愿申请，可与企业协议保留养老保险关系。对曾荣立三等功以上，或在部队、地方获得军区、省级以上模范称号，或革命伤残军人，或患有癌症、尿毒症以及严重疾病长期（连续半年以上）住院或生活不能自理的企业军转干部，要予以重点救助。各地要采取措施，保证有就业愿望的下岗、失业军转干部在不挑拣工作岗位的前提下，实现再就业。

养老保险

将企业中的军转干部纳入当地基本养老保险范围，养老保险费自 1996 年起补缴，1996 年之前的军龄和连续工龄视同缴费年限。补缴养老保险费中，属于个人缴费部分由个人承担，企业缴费部分由企业承担。企业缴费确有困难的，经当地政府同意，由企业和社会保险经办机构签订缓缴协议，确保企业军转干部参加基本养老保险。未参保企业的已退休军转干部的基本养老金，可按省有关规定，先补建养老保险个人账户，再由当地社会保险经办机构按照国家和省有关规定核定养老保险费并负责发放，按照有关政策规定参加今后的待遇调整，所需资金由现行渠道解决。停产、半停产和长期亏损、资不抵债的困难国有企业的军转干部，距国家法定退休年龄 5 年以内的，如本人自愿，可以提前退休，并按照国家政策规定相应减发基本养老金。提前退休人员的基本养老金由现行渠道解决。

医疗保障

军转干部所在企业未参加基本医疗保险的，要督促企业尽快参保，有条件的企业要按国家有关规定建立企业补充医疗保险，以保障企业军转干部的基本医疗保险待遇。有部分缴费能力但未参保的困难企业，先参加医疗保险社会统筹和大病医疗救助，按统筹地区社会统筹和大病医疗救助规定的比例和标准缴费；经当地劳动和社会保障、财政、经贸等部门审核，确无缴费能力的特困企业，可由企业主管单位负责组织军转干部集中参加社会统筹和大病医疗救助；无主管单位的特困企业，由企业负责组织军转干部参加社会统筹和大病救助。在再就业服务中心的军转干部，其基本医疗保险费（包括单位缴费和个人缴费），由再就业服务中心按统筹地区上年度职工月平均工资的60%为基数缴纳，享受与统筹地区在职职工相同的基本医疗保险待遇；对出中心解除劳动关系或协议保留养老保险关系，以及实现再就业并重新建立劳动关系的军转干部，按规定参加基本医疗保险；对采取灵活方式就业和自谋职业并自愿参保的军转干部，按统筹地区城镇灵活就业人员的有关政策参保，并享受基本医疗保险待遇。实施关闭、破产和已经关闭、破产企业的退休军转干部，由原主管单位负责组织集中参保，原无主管单位的由政府有关部门负责协调办理，所需资金从破产企业资产变现中提取，不足部分由财政解决。对未参保企业军转干部发生的医疗费用，由企业参照当地医疗保险的有关规定报销。企业报销确有困难以及参保后医疗费负担仍很沉重的企业军转干部，要通过社会筹资和财政补助等办法给予医疗救助。

第六章 事业单位人事制度改革

事业单位点多、线长、面广、人才济济，是干部人事制度改革的重要区域，也是人才资源开发的重要领域。1994—2009年，安徽省以深化改革为动力，以调动专业技术人员积极性为目标，做了大量探索工作，取得意义深长的成效。

第一节 事业单位人事制度改革试点

1997年，按照全国事业单位机构和人事制度改革工作会议精神，省人事厅结合安徽实际，组织开展事业单位人事制度改革调查研究。同年12月12日，发出《关于加强机关事业单位工勤人员管理若干问题的通知》（皖人发〔1997〕89号）。安庆市作为全省第一批事业单位养老保险制度改革试点城市，启动了事业单位工作人员养老保险工作。

1998年3月，省人事厅下发《关于开展事业单位人事制度改革试点工作的通知》（皖人发〔1998〕35号），成立了全省事业单位机构改革和人事制度改革协调组，陆续出台了《安徽省事业单位实行聘用合同制试行办法》（皖人发〔1998〕35号）、印发了《事业单位聘用合同书》（皖人办发〔1998〕78号）、《安徽省事业单位聘用合同鉴证办法（试行）》（皖人发〔1999〕28号）、《关于事业单位聘任制人员退休问题的通知》（皖人发〔1998〕87号），开始探索实施事业单位用人制度改革．改革试点包括学习培训、调研考察、实施试点、宣传推动等阶段工作。

改革试点工作指导思想以邓小平理论和党的十五大精神为指导，从社会事业发展的实际出发，与事业单位管理体制和机构改革相配合，贯彻政事分开和“脱钩、分类、放权、搞活”的原则，探索建立适合社会主义市场经济需要的、符合各类事业单位特点的、充满生机和活力的人事管理体制及运行机制，增强事业单位自我发展和自我约束的能力，减轻国家财政负担，促进社会事业与经济建设协调发展。

改革试点主要内容。一是试行人员聘用制度。事业单位的行政领导，应根据单位的特点和实际，按干部管理权限，采取直接聘任、选举聘任、招标聘任等多种形式产生。完善行政首长负责制，进一步明确法人代表义务、责任和工作职权，使行政领导人员按照规定的职责和程序，行使单位的行政管理决策权。对管理人员，按照事业单位岗位设置与任职条件，打破身份界限，通过公开竞争等多种形式，择优聘用上岗。对专业技术人员，完善专业技术岗位设置，合理确定专业技术职务结构比例，在设置的专业技术岗位内，由用人单位按照工作需要、专业技术人员的业务能力和实际表现，聘任专业技术职务，可以高职低聘。对工勤技能人员，根据生产任务和工作需要，在核定的岗位限额内，依岗定人，并按有关规定确定和晋升技术等级。二是搞活内部分配。试点单位按照“按劳分配、效率优先、兼顾公平”的原则，切实理顺内部分配关系，把职工的工资报酬与岗位职责、工作实际和贡献大小挂起钩来，合理拉开档次，打破平均主义和“大锅饭”。三是逐步建立相关激励约束配套制度。制定和完善适合专业技术人员、管理人员和工勤技能人员不同特点的评价办法，把考核结果与人员聘用制度紧密结合起来，把考核结果作为聘用、续聘、解聘及晋职、增资、奖惩的重要依据。逐步建立健全人才流动和仲裁制度，促进事业单位各类人员的合理流动。1998 年 9 月 15 日，省人事厅转发人事部《关于禁止赎卖工龄和违反规定办理提前退休等问题的通知》（皖人发〔1998〕65 号）。1998 年 12 月 11 日，省人事厅印发《关于事业单位聘任制人员退休问题的通知》（皖人发〔1998〕87 号）。合肥市政府颁布政府令，作出事业单位工作人员养老保险暂行规定。

1999 年，省人事厅分别就聘用制度、分配制度、职称制度、考试进人和岗位设置等先后在中科院等离子所、省黄梅剧院、歌舞团、省出版社、省电子工业学校、科技馆、电视台等进行试点探索。同时，淮南、芜湖、宣城等市县选择不同类型事业单位试点。同年 12 月 14 日，省人事厅在芜湖召开事业单位人事制度改革试点工作座谈会，省人事厅厅长丁道荣强调，要从聘用制度、岗位管理制度、分配制度、监督制度、安置制度五个方面全面推进。

2000 年，贯彻中组部、人事部《关于加快推进事业单位人事制度改革的意见》，配合农村税费改革，安徽省在全国率先启动乡镇事业单位改革，精简乡镇财政供给事业单位编制 43000 多个，分流 5 万多人，机构和人员精简比例分别达到 50% 和 40.6%。

2001 年，省委、省政府《关于加强人才工作若干问题的决定》（皖发〔2001〕1 号）和省委《关于贯彻实施〈深化干部人事制度改革纲要〉的意见（暂行）》（皖发〔2001〕8 号），明确事业单位人事制度改革的方向、重点和基本要求，即：围绕科教兴皖战略，适应事业单位管理体制改革的要求，以推行人员聘用制度和岗位设置管理制度为重点，加快建立政事分开、单位自主用人、人员自主择业、政府依法管理、配套措施完善的分类管理体制，形成有利于优秀人才健康成长和发挥作用的良好机制，建设高素质的专业技术干部队伍。省委办公厅、省政府办公厅印发《关于乡镇事业单位机构改革中未聘人员安置问题的意见》（皖办发〔2001〕8 号），转发省委组织部、省人事厅、省编办、省财政厅《关于加强乡镇事业单位人员管理工作的意见》（皖办发〔2001〕22 号），省人事厅分南北两片召开座谈会、举办培训班，宣传推动事业单位人事制度改革，就乡镇和省直 13 家直属事业单位、科研勘探单位、安徽日报社改制及稻香楼宾馆人事制度改革方案，作专项政策指导和组织论证。

2002 年 3 月，省人事厅与省编办、省劳动和社会保障厅、省财政厅、省科技厅、省建设厅联合发出《关于科研事业单位改企转制中职工提前退休有关政策问题的通知》（皖编办〔2002〕28 号）。11 月，省人事厅提出《事业单位未聘人员安置政策研究分析研究报告》，人事部作为重点课题收录。11 月底，在舒城召开全省事业单位人事制度改革座谈会，讨论拟订《事业单位未聘人员安置意见》《事业单位岗位设置意见》、《事业单位人员聘用意见》和《事业单位人员竞聘上岗办法》。12 月，省人事厅会同省委组织部、编办、财政厅颁布《关于省委省政府直属事业单位机构改革人员定岗分流意见》（皖人发〔2002〕93 号）。

2003 年 12 月，省委办公厅、省政府办公厅印发《关于进一步做好乡镇事业单位机构改革分流人员安置工作的意见》（皖办发〔2003〕28 号）。

2004 年 5 月，省委组织部、省人事厅提出《关于党政机关事业单位工作人员到民营经济创业有关问题的意见》（皖人发〔2004〕36 号）。9 月 16 日，省人事厅转发人事部《关于事业单位试行聘用制度人员有关工资待遇等问题的处理[试行]的通知》（皖人发〔2004〕62 号。7 月，省政府办公厅印发《关于我省事业单位转制为企业参加企业职工基本养老保险的试行意见》（皖办发〔2004〕57 号）。省人事厅组织赴东北三省和江苏等地考察事业单位聘用、招聘和岗位设置制度设计办法，在省内开展事业单位进人、分配、职称、竞聘和分流等相关调查研究，提出学习考察调研报告，初步确立抓好以市为单位的综合配套改革试点和以系统为单位的聘用制度改革试点的思路。着手草拟全省事业单位人事制度改革指导意见，淡化编制、身份管理，强化聘用、岗位管理。通过多种形式，广泛开展事业单位改革宣传活动，印制《事业单位人事制度改革文件汇编》。

第二节　推进行业人事制度改革

卫生事业单位人事制度改革

2000 年 5 月，省委组织部、省人事厅、省卫生厅转发了中组部、人事部、卫生部《关于深化卫生事业单位人事制度改革的实施意见》（皖人发〔2002〕30 号），启动卫生事业单位人事制度改革。

改革的指导思想。坚持以邓小平理论、党的基本路线和十五大精神为指导，认真贯彻党的路线方针政策和中央关于卫生改革与发展的决定精神，从服务于社会主义现代化建设和满足人民群众卫生需求出发，以优化卫生人才资源配置，提高卫生服务质量为核心，理顺政事职能，下放管理权限，引入竞争机制，搞活用人制度，为推进卫生改革和促进卫生事业的发展提供强有力的组织保证和人才支持。

改革的总体目标。力争用 3 至 5 年或更长一点时间，逐步建立起符合卫生工作特点的政事职责分开，政府依法监督，单位自主用人，人员自由择业，科学分类管理，配套措施完善的管理新体制，基本建立起人员能进能出，职务能上能下，待遇能高能低，人才结构合理，有利于优秀人才脱颖而出，充满生机与活力的人事管理运行机制。

改革的主要任务。改革卫生事业单位的用人制度。实行人员聘用制，按照公开招聘、择优聘用、平等自愿、协商一致的原则，单位与职工通过签订聘用合同，明确单位与被聘人员的责权利，保证双方的合法权益；进行科学合理的岗位设置，坚持按需设岗、精简高效的原则，充分考虑社会的需求、单位的发展、人才结构和人才培养等多种因素，根据工作需要，确定一部分关键岗位；改革卫生事业单位领导人员管理制度，在坚持党管干部原则和严格干部管理权限的前提下，引入竞争机制，改革单一的委任制，区别不同情况分别实行聘任、选任、委任、考任等多种选拔任用方式；对卫生管理人员实行职员聘任制，对卫生专业技术人员实行专业技术职务聘任制，对卫生事业单位中的工勤人员实行合同制；加强聘后管理，建立和完善岗位考核制度；建立解聘、辞聘制度；对新进人员实行公开招聘制度。

科研事业单位人事制度改革

2000 年 7 月，省委组织部、省人事厅、省科技厅根据中组部、人事部、科技部《关于深化科研事业单位人事制度改革的通知》，下发了实施意见（皖人发〔2000〕47 号），启动科研事业单位人事制度改革。

改革的指导思想。坚持以邓小平理论、党的基本路线和十五大精神为指导，认真贯彻党的路线方针政策和党管干部原则，正确处理继承、借鉴、创新的关系，根据各类科研机构的改革与发展方向和各类科技人才的成长规律，建立以“开放、流动、竞争、协作”为基础的格局特色的人才培养、使用和激励制度，实现人员能进能出、职务能上能下、待遇能高能低，充分调动广大科技人员的积极性和创造性，推动科技人才队伍结构调整，优化人才资源配置，使优秀人才脱颖而出，促进科技事业的健康发展。

改革的主要任务。按照建立社会主义市场经济体制和与之相应的新型科技体制的要求，对科研机构的人事工作实行分类管理。对向企业化转制的科研机构，实行企业用人制度和分类制度；对按非营利性机构运行和管理、国家资助与自我发展相结合的科研机构，赋予其充分的人事管理自主权；对主要依靠财政支持的科研机构，推行固定岗位与流动岗位相结合的用人制度，国家对固定岗位实行制度化的总量控制，建立以竞争和流动为核心的动态人事管理机制，实行人才供求市场调节和人才服务社会化。建立符合科研机构特点的充满生机活力的用人制度。全面推行聘用制；实行岗位设置管理制度，逐步实行科研机构专业技术职务聘任与岗位聘用的统一；建立公开招聘制度；建立解聘、辞聘制度；科研机构实行固定岗位和流动岗位相结合的用人方式，促进科研人员的合理流动；鼓励科研人员创办高新技术企业或在完成本职工作的前提下兼职从事研究开发和成果转化活动。

中小学人事制度改革

2001 年 2 月省政府转发省教育、人事、财政、编办四部门《关于深化中小学人事制度改革的若干意见》的通知（皖政办〔2001〕8号）。

改革的指导思想。坚持以邓小平理论和“三个代表”重要思想为指导，坚持解放思想、实事求是、与时俱进、开拓创新和以人为本，全面贯彻党的教育方针和尊重劳动、尊重知识、尊重人才、尊重创造的人才政策，充分调动广大教职工的积极性和创造性，促进基础教育改革与发展，促进科教事业进步，为加快发展、富民强省，全面建设小康社会提供人才智力支持。

改革的总体目标。以实行聘用（聘任）制和岗位管理为重点，建立人员能进能出、职务能上能下、薪随岗定、优绩优酬、优秀人才脱颖而出的充满生机与活力的用人机制。以合理配置人才资源，优化中小学教职工结构，全面提高教育质量和管理水平为核心，依法管理教师队伍，加快农村中小学教师管理体制的调整和完善，建设一支高素质专业化的中小学教师队伍和管理人员队伍。

改革的主要任务。加强编制和人员管理，调整优化中小学教职工队伍结构；进一步完善校长负责制，改进和完善校长选拔任用、考核和监督，落实校长职责和权力；实行教职工聘用（聘任）制。健全考核制度，完善教师职务聘任办法；完善教职工工资保障机制，强化分配激励机制；促进人才合理流动。

高等学校人事制度改革

2001年5月，省委组织部、省人事厅、省编办、省教育厅出台《关于深化高等学校人事制度改革的意见》（皖人发〔2001〕37号）。

改革的指导思想。坚持以邓小平理论和党的十五大精神为指导，认真实施科教兴皖战略，以合理配置教育人才资源、优化高等学校人员结构、全面提高教育质量和办学效益为核心，引入竞争激励机制，加强机构编制管理，进一步改革用人和分配制度，为高等学校的改革和发展提供强有力的组织保证和人才智力支持。

改革的总体目标。通过规范政府及其职能部门、高等学校主管部门与高等学校的职责权限，下放管理权限，落实高等学校办学自主权，为高等学校的改革和发展创造良好的社会环境；逐步建立符合高等学校特点的学校自主用人、人员自主择业、政府依法监督、配套措施完善的人事管理新体制；用3—5年时间基本建立起人员能进能出，职务能上能下，待遇能高能低，人才结构合理，有利于优秀人才脱颖而出，充满生机与活力的人事管理运行机制。

改革的主要任务。在高等学校工作人员中全面推行人员聘用制度；高等学校的教师和其他专业技术人员实行职务聘任制；探索建立教学、科研、管理关键岗位制度；加强聘用管理，建立和完善岗位考核制度；根据国家有关政策，认真处理好有关人事争议，依法保护教职工和学校双方的合法权益。

2001年12月，省政府办公厅转发省编办、科技厅、人事厅等部门《关于深化省属科研机构管理体制改革实施意见的通知》，妥善安置未上岗人员，对部分符合条件的采取提前退休办法。

广播影视事业单位人事制度改革

2002 年，省人事厅组织省文化、广电、出版等部门赴海南参加人事部事业单位人事制度改革培训班学习。

2003 年 7 月，省委组织部、省委宣传部、省人事厅、省财政厅和省广播电影电视局转发了中组部、中宣部、人事部、广播电影电视总局《关于深化广播影视事业单位人事制度改革的实施意见》（皖人发〔2003〕48 号），启动实施广播影视事业单位人事制度改革。

改革的指导思想。坚持以马克思列宁主义、毛泽东思想为指导，高举邓小平理论伟大旗帜，全面贯彻“三个代表”重要思想，坚持解放思想，实事求是，与时俱进，坚持党的基本路线，贯彻干部队伍的“四化”方针和党管干部原则，尊重劳动、尊重知识、尊重人才、尊重创造。按照党中央、国务院对广播影视工作的要求，牢牢把握先进文化的前进方向，遵循广播影视事业发展的内在规律，改革不适应广播影视事业发展的用人制度和分配制度。改革要有利于加强党对广播影视工作的领导，使之成为党、政府和人民的坚强喉舌，成为社会主义思想文化的重要阵地，从组织上保证广播影视工作的正确导向，有利于调动广大广播影视工作者的积极性，激发创造性，提高竞争力，有利于广播影视事业的持续繁荣和发展。改革要积极稳妥，确保广播影视单位的正常宣传秩序。

改革目标。在广播电台、电视台和广播发射塔等广播影视事业单位，建立单位自主用人、人员自主择业、政府依法管理、配套措施完善的人事管理体制；努力形成广纳群贤，人尽其才，能上能下，充满活力的用人机制，营造优秀人才脱颖而出的良好环境，为推进广播影视事业的改革与发展提供强有力的组织保证和人才支持。

改革的主要任务。推行人员聘用制，建立单位与个人之间以聘用合同管理为基础的平等的人事关系；打破身份管理界限，建立包括岗位聘用、岗位考核、岗位培训等为内容的岗位设置管理制度；扩大内部分配自主权，建立以岗位工资为核心的多种分配方式并存的分配制度；建立和完善人才流动机制，合理配置人才资源，妥善安置未聘人员。

文化事业单位人事制度改革

省委组织部、省委宣传部、省人事厅和省文化厅根据中组部、中宣部、人事部、文化部《关于深化文化事业单位人事制度改革的通知》，下发实施意见（皖人发〔2003〕49 号），启动文化事业单位人事制度改革，并对改革提出了具体要求。

改革的指导思想。坚持以马克思列宁主义、毛泽东思想为指导，高举邓小平理论伟大旗帜，全面贯彻“三个代表”重要思想，坚持解放思想，实事求是，与时俱进，适应社会主义市场经济发展和文化体制改革的要求，认真贯彻落实党中央、国务院关于发展文化事业的一系列重大决策，遵循文化行业专门人才成长的规律，理顺人事管理体制，改革用人和分配制度，为文化事业的繁荣和发展提供强有力的组织保证和人才支持。

改革目标。力争用 3 至 5 年的时间，逐步建立起符合文化事业单位特点的单位自主用人、人员自由择业、政府依法监督、配套措施完善的人事管理体制；健全竞争和激励机制，搞活用人和分配制度，逐步形成人员能进能出、职务能上能下、待遇能升能降，人才结构合理，优秀人才能够脱颖而出，充满生机与活力的人事管理机制。

改革的主要任务。建立文化事业单位人事分类管理制度；完善文化事业单位内部领导体制，建立健全领导人员选拔任用和管理监督机制；推行人员聘用制度和岗位设置管理制度，形成充满生机与活力的用人机制，全面实行人员聘用制度，推行公开招聘制度，加强聘后管理工作，实行解聘、辞聘制度，建立岗位管理制度，在坚持用人基本条件的前提下，文化事业单位可根据岗位要求和不同人员的具体情况，既可高职低聘，也可低职高聘，既可短期聘用，也可长期聘用。

2003 年 12 月，省人事厅、教育厅出台《关于贯彻人事部、教育部〈关于深化中小学人事制度改革的实施意见〉的意见》（皖人发〔2003〕90 号）。

2001—2003 年，全省教育、科技、卫生、文化、出版、广播影视等行业事业单位集中就实行人员聘用制，探索建立符合各自特点的充满生机活力的用人制度，进行了积极稳妥的改革尝试。在实施过程中，省人事厅组织人员深入学校、医院、剧团等试点单位进行政策研究和工作指导。

第三节　聘用制度和公开招聘

1998 年后，《安徽省事业单位实行聘用合同制试行办法》、《事业单位聘用合同书》、《事业单位实行聘用制人员退休问题的通知》、《安徽省事业单位实行聘用合同管理鉴证办法（试行）》等一系列文件相继出台，在事业单位人事制度改革试点中，探索改变事业单位传统的以身份管理向以岗位管理的转变，重点推行事业单位人员聘用制度。

1999 年，开始在中科院等离子所、省黄梅戏剧院试行人员聘用合同制，在省科协所属科技馆试行新进人员面向社会考试办法，省出版社试行人员聘用合同制的同时试行工效挂钩分配办法。

2001 年结合乡镇机构改革，出台《关于加强乡镇机关事业单位人员管理工作的意见》《关于乡镇事业单位机构改革中未聘人员安置问题的意见》，在全省乡镇事业单位人员定岗的基础上，推进人员聘用制度，妥善安置未聘人员。

2002 年，国务院办公厅转发人事部《关于在事业单位试行人员聘用制度的意见》，副省长张平批示要求抓紧研究全省的实施意见，省政府印发各地贯彻执行。该意见规定实施聘用制度的基本原则：贯彻党的干部路线，坚持党管干部原则；坚持尊重知识、尊重人才的方针，树立人才资源是第一资源的观念；坚持平等自愿、协商一致的原则；坚持公开、平等、竞争、择优的原则；坚持走群众路线，保证职工的参与权、知情权和监督权。聘用制度实施范围：事业单位除按照国家公务员制度进行人事管理的以及转制为企业的以外，逐步试行人员聘用制度。同时，对人员聘用的基本程序、聘用合同的内容、聘用合同变更和终止的条件、违反聘用合同的责任、建立和完善考核制度、规范解聘辞聘制度、人事争议的处理、未聘人员安置等方面都作了规定。2002年3月，省委组织部、省人事厅出台《安徽省财政拨款事业单位新进人员考试考核办法（试行）》（皖人发〔2002〕24号），共八章二十八条。同年，开始统一组织省直部门事业单位补充工作人员试行公开考试办法，2002年12月，在省委省政府直属事业单位机构改革人员定岗工作中，省委组织部、人事厅、编办、财政厅发文要求各事业单位中的工勤人员实行聘用合同管理。截至年底，全省36535个事业单位已有19596个单位实行人员聘用制度（其中省直273个，地市19323个），占事业单位总数54%；实行聘用制度职工609248人（其中省直29279人，地市579969人），占职工总数59%。

安徽省事业单位推行聘用制度基本情况统计表（2002年）

表6-3-1

全省事业单位总数（个）：36535							
已实行聘用制度数（个）				实行聘用制度职工数（人）			
19596	省直	273	占单位总数54%	609248	省直	29279	占职工总数59%
	地市	19323			地市	579969	

2003年，省人事厅拟草“全省事业单位实行聘用制的意见”，上报省政府。同年12月，人事部印发《事业单位试行人员聘用制度有关问题的解释》（国人部发〔2003〕61号），对聘用制度的实施范围进行细化，解释了推行聘用制度首次签订聘用合同的有关问题，并对聘用合同的期限、解聘辞聘、经济补偿等问题作进一步明确。省人事厅转发全省执行。

2006年3月，省政府办公厅转发省人事厅《关于在全省事业单位试行人员聘用制度的意见》（皖政办〔2006〕13号），结合安徽省实际，进一步规范事业单位实行聘用制度的管理。文件指出：事业单位实行人员聘用制度是今后事业单位的基本用人制度；聘用制度适用于全省各级各类事业单位的全体职工；全省事业单位补充工作人员必须面向社会公开招聘，签定聘用合同，实行人员聘用制；提出事业单位试行聘用制有关工资待遇等问题的处理意见。安徽省按照国家和省有关规定，坚持统一规范、分类指导、分级管理和公开、平等、竞争、择优的原则，进一步推进事业单位聘用制和面向社会公开招聘工作。

2007年1月，省人事厅、省编办、省财政厅出台《关于省直事业单位新进工作人员公开招聘工作的通知》（皖人发〔2007〕2号），要求省直各类事业单位新进工作人员，坚持德才兼备的用人标准，按照公开、公平、公正的原则，面向社会公开招聘，统一组织实施，考试考核后择优聘用。规定招聘特殊、紧缺、急需的人才，经过批准可单独实施，招聘考试包括笔试和专业实务测试，进一步规范公开招聘工作管理。

2009年，事业单位进人公开招考和聘用制度覆盖全省。“十一五”期间，全省实行人员聘用制度的单位和签订事业单位聘用合同的人员已达74.8%，其中新进人员全部签订聘用合同，实行合同管理。全省面向社会提供事业单位公开招聘各类工作岗位63797个，除去因达不到开考比例取消（核减）的岗位，实际公开招聘61300人，参加考试人数超过60万人。各级人事部门及时总结经验，不断调整完善招聘方式方法。公开招聘强调为用而考、人岗相宜，考试模式、方法、内容不断创新，科学化、规范化程度有所提高，如采取试讲、答辩、情景模拟、技能操作等。公开招聘组织程序实施进一步规范，确保公开、公平、公正。统一招聘、紧缺专业招聘、高层次人才直接引进等方式满足了不同单位、不同层次的用人需求。坚持因事择人、择优聘用，新进人员素质不断提高。

第四节　岗位设置管理

2008年12月，省政府第21次常务会议研究决定，在全省启动事业单位岗位设置管理实施工作，同年12月9日，省委办公厅、省政府办公厅印发了《安徽省事业单位岗位设置管理实施意见》（皖办发〔2008〕17号）。

岗位设置管理实施范围：为了社会公益目的，由国家机关举办或者其他组织利用国有资产举办的事业单位，包括经费来源主要由财政拨款、部分由财政支持以及经费自理的事业单位，都要按照本实施意见实施岗位设置管理。事业单位管理人员（职员）、专业技术人员和工勤技能人员，都要纳入岗位设置管理。岗位设置管理中涉及事业单位领导人员的，按照干部人事管理权限的有关规定执行。党委、人大、政协、法院、检察院、民主党派、工商联和人民团体机关所属事业单位，以及使用事业编制的各类学会、协会、基金会等社会团体工作人员，参照本实施意见，纳入岗位设置管理。经批准参照《中华人民共和国公务员法》进行管理的事业单位、社会团体，各类企业所属的事业单位和事业单位所属独立核算的企业，以及由事业单位已经转制为企业的单位，不适用该实施意见。

岗位类别设置：事业单位岗位分为管理岗位、专业技术岗位、工勤技能岗位三种类别。三类岗位总量的结构比例，根据其社会功能、职责任务、工作性质和人员结构特点等因素综合确定，具体控制标准如下：（1）主要承担社会事务管理职责的事业单位，应保证管理岗位占主体，一般应占单位岗位总量的50%以上。（2）主要以专业技术和知识提供社会公益服务的事业单位，应保证专业技术岗位占主体，一般不低于单位岗位总量的70%。（3）主要承担技能操作维护、服务保障等职责的事业单位，应保证工勤技能岗位占主体，一般应占单位岗位总量的50%以上。（4）事业单位主体岗位之外的其他两类岗位，应保持相对合理的结构比例。（5）行业指导意见有具体规定的，按照行业指导意见执行。（6）按照事业单位改革方向，后勤服务等工作应逐步实现社会化。已经实现社会化服务的一般性劳务工作，不再设置相应的工勤技能岗位。根据事业发展和工作需要，经批准，事业单位可设置特设岗位，主要用于聘用急需的高层次人才等特殊需要。

岗位等级设置：管理岗位的设置要适应增强单位运转效能、提高工作效率、提升管理水平的需要。管理岗位最高等级和结构比例根据事业单位的规格、规模、隶属关系，按照干部人事管理有关规定和权限确定。管理岗位分为8个等级。事业单位现行的厅级正职、厅级副职、处级正职、处级副职、科级正职、科级副职、科员、办事员依次分别对应管理岗位三到十级职员岗位。专业技术岗位的设置要符合专业技术工作的规律和特点，适应发展社会公益事业与提高专业技术水平的需要。专业技术岗位的最高等级和结构比例按照事业单位的功能、规格、隶属关系和专业技术水平等因素，根据现行专业技术职务管理有关规定和行业指导意见确定。专业技术岗位分为13个等级，包括高级岗位、中级岗位和初级岗位。高级岗位分7个等级，即一至七级。高级专业技术职务正高级的岗位包括一至四级，副高级的岗位包括五至七级；中级岗位分3个等级，即八至十级；初级岗位分3个等级，即十一至十三级，其中十三级是员级岗位。专业技术岗位最高等级岗位设置，高级专业技术职务区分正副高的，省属事业单位原则上可设至专业技术二级岗位；设区的市和县（市、区）属事业单位原则上可设至专业技术三级岗位，确需设置专业技术二级岗位的，其专业技术三级岗位的设置数量应相应减少。高级专业技术职务不区分正副高的，暂按现行专业技术职务有关规定执行，具体改革办法待国家有关规定下发后组织实施。专业技术高级、中级、初级岗位之间的结构比例全省总体控制目标为1:3:6。其中省属事业单位为3:4:3，设区的市属事业单位为2:4:4，县（市、区）属事业单位为1:3:6，乡镇属事业单位为0.5:3:6.5。具体控制标准另行制订。高级、中级、初级岗位内部不同等级岗位之间的结构比例具体控制目标为：二级、三级、四级岗位之间的比例为1:3:6，五级、六级、七级岗位之间的比例为2:4:4，八级、九级、十级岗位之间的比例为3:4:3，十一级、十二级岗位之间的比例为5:5。根据事业单位的功能、工作性质和专业技术工作特点，综合确定专业技术岗位的主体、辅助岗位。主体岗位一般不低于专业技术岗位总量的80%。两个以上主体岗位应保持合理的结构比例。辅助岗位的等级设置应低于主体岗位的等级。专业技术一级岗位是国家专设的特级岗位，其人员的确定按国家有关规定执行。专业技术二级岗位由省政府人事行政部门实行总量控制和管理。专业技术二级岗位设置应根据事业单位发展需要、专业技术水平和高层次人才的数量等因素综合确定。事业单位按照隶属关系，将符合专业技术二级岗位条件的人选逐级上报至设区的市政府人事行政部门或省直主管部门审核后，报省政府人事行政部门确定。工勤技能岗位的设置要适应提高操作维护技能，提升服务水平，满足单位业务工作的实际需要。工勤技能岗位的最高等级和结构比例按照岗位等级规范、技能水平和工作需要确定。工勤技能岗位分为技术工岗位和普通工岗位。技术工岗位分为5个等级，普通工岗位不分等级。事业单位中的高级技师、技师、高级工、中级工、初级工，依次分别对应一至五级工勤技能岗位。工勤技能岗位结构比例全省控制目标为：一级、二级、三级岗位的总量占工勤技能岗位总量的25%左右，其中一级、二级岗位的总量占工勤技能岗位总量的5%左右。一级、二级岗位主要应在专业技术辅助岗位承担技能操作和维护职责等对技能水平要求较高的领域设置。特设岗位是事业单位中的非常设岗位，不受事业单位岗位总量、最高等级和结构比例限制，在完成工作任务后，按照岗位核准权限予以核销。特设岗位的等级根据具体情况确定。事业单位有下列情形之一的，可申请设置特设岗位，并填写《安徽省事业单位特设岗位申报表》，经主管部门审核后，报设区的市级以上政府人事行政部门核准。（1）急需引进高层次人才，且本单位相应等级岗位无空缺的；（2）承担国家和省重大科研项目、课题或重大工程项目，本单位工作人员无法满足工作需要，急需引进人才的；（3）其他确需设置的。

事业单位岗位设置程序：事业单位根据国家和省制定的岗位总量、结构比例和最高岗位等级设置控制标准，确定各岗位的类别、名称、等级，并填写《安徽省事业单位岗位设置申报表》；事业单位按规定程序报主管部门审核后，报政府人事行政部门核准；事业单位在核准的岗位总量、结构比例和最高等级限额内，制定岗位设置实施方案，明确岗位职责任务、工作标准和任职条件；岗位设置实施方案在广泛征求职工意见的基础上，由单位领导集体研究通过。事业单位岗位设置方案实行核准制度。核准权限按照以下规定执行：省政府直属事业单位的岗位设置方案报省政府人事行政部门核准。省直部门所属事业单位的岗位设置方案经主管部门审核后，报省政府人事行政部门核准。设区的市直属事业单位岗位设置方案报本市政府人事行政部门核准。设区的市各部门所属事业单位的岗位设置方案经主管部门审核后，报本市政府人事行政部门核准。县（市、区）直属事业单位的岗位设置方案经县（市、区）政府人事行政部门审核后，报设区的市政府人事行政部门核准。县（市、区）各部门所属事业单位的岗位设置方案经主管部门、县（市、区）政府人事行政部门审核汇总后，报设区的市政府人事行政部门核准。省以下垂直管理的直属机构所属事业单位的岗位设置方案，报省政府人事行政部门核准后，由省主管部门组织实施。党群系统事业单位的岗位设置方案，报设区的市以上政府人事行政部门商同级党委组织部门核准。对规模小、人员少、较分散的事业单位，可由事业单位主管部门统一组织制定岗位设置方案，在核准的岗位总量、结构比例、最高等级限额内实行集中调控、集中管理。经核准的岗位设置方案是事业单位聘用工作人员、确定岗位等级、调整岗位以及核定工资的依据。

事业单位岗位聘用：按照国家和省有关规定以及核准的岗位设置方案，根据按需设岗、竞聘上岗、按岗聘用的原则，确定具体岗位，明确岗位等级，聘用工作人员，签订聘用合同。事业单位聘用人员，要严格按照管理岗位、专业技术岗位、工勤技能岗位的职责任务和任职条件，在岗位有空缺的条件下，按照公开招聘、竞聘上岗的有关规定择优聘用。聘用条件不低于国家和省规定的基本条件。对确有真才实学，岗位急需且符合破格条件的，按照有关规定破格聘用。尚未实行聘用制度和岗位管理制度的事业单位，按照《国务院办公厅转发人事部关于在事业单位试行人员聘用制度意见的通知》（国办发〔2002〕35号）和本实施意见及行业指导意见，抓紧研究制定岗位设置方案，经核准后进行岗位设置，组织岗位聘用。已经实行聘用制度，签订聘用合同的事业单位，可根据国家有关规定和本实施意见，按照核准的岗位设置方案，对本单位现有在册的正式工作人员确定不同等级的岗位，并变更合同相应的内容。事业单位首次进行岗位设置和岗位聘用，岗位结构比例不得突破现有人员的结构比例，不得突击聘用人员，不得突击聘用职务。要根据国家和省有关规定，使事业单位现有在册的正式工作人员按照现聘职务或岗位进入相应等级的岗位。现有在册的正式工作人员的结构比例已经超过核准的岗位结构比例的，应通过自然减员、调出、低聘或解聘的办法，逐步达到规定的岗位结构比例，在无空缺岗位的情况下，不得新聘人员。尚未达到核准的岗位结构比例的，要严格控制岗位聘用数量，根据事业发展需要和人员队伍状况逐年逐步到位。事业单位工作人员原则上不得同时在两类岗位上任职。因行业特点确需兼任，且符合兼任岗位任职条件，须按照干部人事管理权限核准，并执行主要岗位的工资福利待遇。可由专业技术岗位人员兼职完成管理工作的，原则上不再设置管理岗位；专门从事管理职责任务的，不设专业技术岗位。按专业技术岗位进行管理的，应在核准的专业技术岗位限额内，确定其具体的专业技术岗位。事业单位接收的政策性安置人员的聘用，按照国家和省有关政策规定确定岗位等级，并签订聘用合同。事业单位新进工作人员的聘用，应根据所聘岗位重新确定岗位等级，并签订聘用合同。事业单位工作人员变换工作岗位的，应具有所任岗位规定的任职条件，并对聘用合同的有关内容进行变更，从变换后的下月起执行新聘岗位的工资标准。政府人事行政部门和事业单位主管部门对事业单位岗位设置、组织岗位聘用并签订聘用合同情况进行认定。对符合政策规定的，根据所聘岗位确定岗位工资待遇。

2008 年 12 月，省政府召开全省事业单位岗位设置管理工作会议进行部署。为了指导帮助各地、各部门（单位）了解事业单位人事制度改革动态发展趋势，正确理解和掌握事业单位岗位设置政策规定和具体操作办法，全面推进事业单位岗位设置管理工作，2009 年元月省人事厅举办了专题培训班，同年 2 月，分别会同省直 10 个行业主管部门转发了国家 14 个行业指导意见，拟制了事业单位岗位设置管理实施方案和岗位设置方案报送说明及参考样本，并上网供各地各单位参阅。同年 5 月 12 日，省人事厅出台《安徽省事业单位专业技术岗位结构比例控制标准（试行）》（皖人办发〔2009〕56 号）。

第五节　基层医改人事制度改革

2009 年 10 月，为配合基层医药卫生体制综合改革试点工作，省人事厅起草《安徽省乡镇卫生院分流人员安置办法》，作为《安徽省人民政府关于基层医药卫生体制综合改革试点的实施意见》（皖政〔2009〕122 号）附件之六。同年 11 月，省政府召开会议，部署在 32 个县（市、区）启动基层医药卫生体制综合改革试点。

改革的主要任务：依据乡镇卫生院、社区卫生服务机构承担的工作任务，结合服务人口及当地自然、经济和社会条件情况，合理核定需要的人员编制，由编制部门实行总量控制、集中管理、统筹使用。改革后，乡镇卫生院院长、社区卫生服务中心主任，由县级卫生行政部门会同相关部门公开选拔、择优聘任，实行任期目标责任制。实行卫生技术人员资格准入制度。乡镇卫生院、社区卫生服务机构在核定的编制范围内，按照人事部门核准的设岗方案，所有人员竞聘上岗，按岗聘用，实行合同管理。分流人员采取多种方式妥善安置。

改革的主要内容：科学设置岗位。按照管理岗位、专业技术岗位、工勤技能岗位三种类别，科学合理设置岗位。其中，专业技术岗位不得低于总岗位的80%。专业技术岗位的设置，以医、药、护、技等岗位为主体，并根据工作需要适当设置非卫生专业技术岗位。人员竞聘定岗。

竞聘对象：2008年12月31日前进入乡镇卫生院的人员，包括在编正式工作人员和临时聘用人员中具有执业（从业）资格或医药卫生类中专以上学历者；2009年度依据省卫生厅、人事厅、财政厅《关于公开招募医药卫生类专业毕业生到乡镇卫生院工作的通知》（皖卫人〔2004〕23号），经由县卫生、人事、财政部门公开招募进入乡镇卫生院的大专以上毕业生，可参加此次定岗竞聘。

实施步骤：①报批设岗方案。乡镇卫生院依据核定的编制和职责任务，拟制本单位岗位设置方案。设岗方案由县（市、区）卫生部门审核、人事部门核准后，报市人力资源和社会保障（人事）部门备案。②确定竞聘人员。县（市、区）卫生、人事（劳动）、编制等部门对乡镇卫生院上报的竞聘人员，按规定逐人审核、确认。③组织竞聘上岗。县（市、区）卫生部门根据岗位职责和任职条件，采取考试、考核的方式，统一组织竞聘上岗。

资格准入：实行资格准入制度，不具备执业资格的人员不得进入。对具有执业（从业）资格的卫生专业技术人员，如无相应空缺的岗位，可以高职低聘、转岗聘用。鼓励事业单位后勤服务社会化，已经实现社会化服务的一般性劳务工作，不再设置相应的工勤技能岗位。

实行全员聘用。乡镇卫生院实行人员聘用制度，按照国家和省有关规定签订聘用合同，实行合同管理。合同应明确双方的责任、权利、义务、待遇、聘期等内容，合同文本完整规范。县级人事、卫生部门按规定对乡镇卫生院完成岗位设置、组织人员定岗并签订聘用合同的情况进行认定。对符合政策规定，完成规范的岗位设置和岗位聘用的，根据所聘岗位确定岗位工资待遇。今后乡镇卫生院岗位空缺需补充工作人员，必须在核准的岗位设置方案和年度招聘计划内，面向社会公开招聘，采取公开信息、资格审查、考试考核、竞争择优等规范程序组织实施。新进人员一律实行聘用制。

分流人员安置办法。指导思想：以科学发展观为指导，深入贯彻国家和省深化医药卫生体制改革精神，推进乡镇卫生院管理体制和运行机制改革，以优化卫生人才资源配置，提高卫生服务质量为核心，引入竞争机制，建立健全能进能出和激励有效的人事管理制度，切实加强基层医疗卫生队伍建设，促进安徽省基层医疗卫生事业的科学发展。基本原则：坚持深化改革，加强队伍建设。贯彻公开、平等、竞争、择优的原则，实行人员聘用制度、岗位管理制度和资格准入制度，优化人员结构，提高人员素质，加强基层医疗卫生队伍建设。坚持依法办事，严格执行政策。贯彻执行国家法律、法规和政策规定，严格操作程序，确保分流安置工作规范有序进行。坚持以人为本，维护和谐稳定。维护人民群众的根本利益，保障广大职工的合法权益，确保社会和谐稳定。安置措施：在编分流人员，主要采取以下 5 条措施予以妥善安置：一是系统内统筹调剂。二是允许提前退休。三是三年过渡安置。四是鼓励自谋职业。五是支持学习深造。非在编分流人员，与原单位解除人事（劳动）关系后，按照《中华人民共和国劳动法》和《中华人民共和国劳动合同法》的有关规定享受以下待遇：一是给予经济补偿；二是按规定参加企业职工基本养老保险，符合享受失业等保险待遇条件的，按规定享受相应待遇。另外，对具有相应执业（从业）资格的卫生专业技术人员，视情可由乡镇卫生院推荐到行政村卫生室聘用，以体现对专业技术人员的政策倾斜，拓宽安置渠道。

第七章　工资福利离退休管理服务

机关事业单位工资福利工作，是干部人事制度的有机组成部分，有着重要的保障作用、激励作用和调节作用。1994—2009年期间，安徽省机关与事业单位实施不同的工资制度，工资工资宏观管理明显加强，工作人员福利待遇不断改善。

第一节　工资制度改革与管理

公务员工资制度改革

我国现行公务员工资制度是1993年工资制度改革时建立的。公务员收入分配领域和社会收入分配一样，也存在一些比较突出的问题和矛盾。一是收入分配秩序混乱。各地、各部门、各单位在国家统一的工资政策外普遍自行出台津贴补贴，名目繁多，相互攀比。不同地区、不同单位之间公务员工资收入悬殊较大。二是工资制度不尽科学合理。现行公务员基本工资切块偏多，有的功能重叠，难以形成有效的激励机制。工资制度与住房、医疗等福利货币化的改革不相配套。三是工资管理体制需要完善。现行工资管理体制与财税管理体制不相适应。国家出台统一增资政策时，往往出现发达地区吃不饱，欠发达地区吃不消的情况，不利于国家对收入分配的调控。为有效解决这些问题，改革规范的工作势在必行。

2006年机关事业单位工资收入分配制度改革，是中华人民共和国以来第四次大的工资制度改革。这次工改是党中央、国务院的重大决策，是贯彻党的十六大深化分配制度改革的重要内容，也是实施公务员法的客观要求，对理顺收入分配关系，建立科学合理的收入分配制度，规范收入分配秩序，严肃收入分配纪律，进一步调动广大公务员的积极性、主动性和创造性，全面建设小康社会和构建和谐社会，都具有重要意义。2006年公务员工资制度改革的特点主要体现在四个方面：一是改革工资制度和清理规范津贴补贴相结合。这次工改不是简单地增加工资，是通过改革建立科学合理的公务员工资制度，通过规范秩序促进严肃纪律，从而建立起新机制和一个好的制度框架，为今后继续深化改革奠定基础。二是适当向基层倾斜。实行级别与工资等待遇挂钩；对县乡党政主要领导高定级别，使工资水平得到适当提高。三是向艰苦边远地区倾斜。在改革公务员职级工资制的同时，完善艰苦地区津贴制度。适当增设津贴类别，提高津贴标准，建立动态调整机制，逐步提高艰苦边远地区的工资水平。四是增强工资激励功能。

将公务员基本工资结构进行了调整，适当拉开不同职务、级别之间的工资差距，进一步理顺工资关系，更好地体现公务员的职责和贡献大小。

按照国务院《关于改革公务员工资制度的通知》和人事部、财政部关于《印发〈公务员工资制度改革实施办法〉的通知》，省政府及省人事厅、省财政厅制发有关文件报经人事部审批后于2007年1月启动工资制度改革，新的工资制度从2006年7月1日起执行。

这次工资制度改革范围与对象是：按照公务员制度管理和经批准参照公务员制度管理单位中，2006年7月1日在册的正式工作人员。按照实施公务员法的方法和步骤，要求在公务员登记和职务确定完成后，再进行工资套改。

这次工资制度改革的主要内容。改革公务员职级工资制、完善机关工人岗位技术等级（岗位）工资制。公务员的基本工资构成由现行职务工资、级别工资、基础工资和工龄工资四项调整为职务工资和级别工资两项，取消基础工资和工龄工资。机关技术工人基本工资由现行岗位工资、技术等级（职务）工资和奖金三项调整为岗位工资和技术等级（职务）工资两项。机关普通工人实行岗位工资制，基本工资构成由现行岗位工资和奖金两项调整为岗位工资一项。

公务员职务工资。主要体现公务员的职责大小。这次工改与历次工改做法不同的是，一个职务对应一个工资标准，领导职务和相当职务层次的非领导职务对应不同的工资标准。非领导职务工资标准，略低于相同职务层次领导职务工资标准。从办事员到国家级正职共设12个职务层次，乡科级副职到厅局级正职设有领导职务和非领导职务，办事员、科员不设领导职务只设非领导职务。公务员以现任职务确定职务工资，以后随职务变化而变动。

公务员现任职务。是指按干部管理权限由任免机关于2006年7月1日前正式任命的职务。对于由领导职务改任同一职务层次非领导职务的，按干部管理权限，由干部管理部门根据实际情况明确其执行的职务工资标准。

公务员所任职务低于相同学历新录用公务员转正定级工资待遇对应职务层次的，可以执行相同学历新录用公务员转正定级工资待遇。

专业技术类、执法类等类别公务员，在其工资办法出台前，暂按现任职务确定工资。

公务员级别工资。主要体现公务员的工作实绩和资历。这次工改，增设了级别和调整职务级别对应关系，将公务员对应的级别数由现行的15个增加到27个，每一职务层次对应若干个级别，每一个级别设若干个工资档次。各职务对应的级别数都有相应增加，科员、办事员从现在对应的6个级别增加到对应9个级别，副科级从现在对应的5个级别增加到对应8个级别，给低职务公务员提供了充分的级别晋升空间。同时加大不同职务对应级别的交叉幅度，使低职务公务员能晋升到较高级别。

公务员工资套改。这次工改，公务员级别和级别工资档次按现任职务、任职年限和套改年限确定。以后随职务的变化和考核晋级晋档而变动。公务员级别工资套改表是按每一职务不同的任职年限和套改年限划分的。任职年限按1—5年、6—10年、11—15年、16年以上划分4个档次（科员、办事员不分年限）。套改年限按3年以下、4—5年、6—7年、8—9年、10—12年、13—14年、15—17年、18—19年、20—22年、23—24年、25—27年、28—29年、30—32年、33—34年、35—37年、38—39年、40—42年、43—44年、45—47年、48年以上划分20个档次。公务员按现任职务套改的级别，如低于或等于按原任低一职务套改的级别，可先按原任低一职务套改，在此基础上高套一个级别，级别工资就近就高套入对应的工资标准；如高于原任低一职务套改的级别，但级别工资额低于按原任低一职务套改的级别工资额，可先按原任低一职务套改，再就近就高套入按现任职务套改级别对应的工资标准。公务员套改的级别和级别工资额低于相同学历新参加工作人员转正定级的级别和级别工资额的，执行相同学历参加工作人员转正定级的级别和级别工资额；套改的级别高于相同学历新参加工作人员定级的级别，但级别工资额低于定级的级别工资额的，可按相同学历新参加工作人员定级的级别工资额就近就高套入套改级别对应的工资标准。

被授予省部级以上劳动模范和先进工作者等荣誉称号，且1993年工资制度改革以来按国家规定高定或奖励了工资档次的人员，仍保持荣誉的，可在本人套改确定的级别内，高定工资档次。

对2006年6月还保留有在西藏工作高定的工资档次且未冲销完的人员，本次工改按其实际保留的工资档次高定，并在正常晋升工资和提拔职务时作基数处理。

对1993—2006年受过降级、撤职处分的公务员，在套改确定的级别基础上低定一个级别，级别工资就近就低套入对应的级别工资标准，如套改级别为本职务最低级别，在套改确定的级别工资基础上低定一个级别工资档次。受过强制戒毒、强制收容及劳动教养处罚的人员，在套改确定的工资档次上低定两档工资；被判处管制、拘役、缓刑，由原单位收回重新分配工作的人员，在套改确定的工资档次上低定三档工资。上述人员套改确定的工资档次不足以按上述规定低定档次数的，执行最低工资档次。

任职年限。是指从任免机关正式任命现任职务的当年起计算的年限。按原任低一职务套改时，现任职务的任职年限可与原任低一职务的任职年限合并计算为低一职务的任职年限。

套改年限。是指工作年限与不计算工龄的在校学习时间合并计算的年限，其中须扣除1993年工改以来除试用期外年度考核不计考核等次或不称职的年限。

任职年限和套改年限的计算截至2006年6月30日。

这次工资制度改革，机关技术工人和普通工人分别实行岗位技术等级工资制和岗位工资制。机关技术工人基本工资由岗位工资和技术等级（职务）工资两项构成。岗位工资根据工作难易程度和工作质量确定，按初、中、高级工三个技术等级和技师、高级技师二个技术职务设置。初、中级工岗位工资各设18档次，高级工设17个档次，技师、高级技师各设15个档次。技术等级（职务）工资根据技术水平高低确定，一个技术等级（职务）对应一个工资标准。技术工人岗位工资套改表是按每一个技术等级（职务）不同的任职年限和套改年限划分的。除初级工外的每个技术等级（职务）任职年限按1—4年、5—8年、9年以上划分为三个档次。套改年限按4年以下、5—6年、7—9年、10—11年、12—14年、15—16年、17—19年、20—21年、22—24年、25—26年、27—29年、30—31年、32—34年、35—36年、37—39年、40—41年、42年以上划分为17个档次。技术工人按考评（聘任）的技术等级（职务）执行相应的技术等级工资，岗位工资档次按现任技术等级（职务）、任技术等级（职务）年限和套改年限确定。

现任技术等级（职务）。是指技术工人按机关事业单位技术等级（职务）考评规定考评（聘任）的技术等级（职务）。

任技术等级（职务）年限。是指技术工人从考评聘任技术等级（职务）兑现工资当年起计算的年限，其中须扣除1993年以来除学徒期、熟练期外年度考核不计考核等次或不合格的年限。

技术工人套改年限的计算方法与公务员相同。

技术工人按现任技术等级（职务）套改的岗位工资额如低于或等于按原任低一技术等级（职务）套改的岗位工资额，可先按原任低一技术等级（职务）套改，再就近就高套入现任技术等级（职务）对应的工资标准。按原任低一技术等级（职务）套改时，现任技术等级（职务）的年限与原任低一技术等级（职务）的年限合并计算为低一技术等级（职务）的年限。

机关普通工人基本工资由岗位工资一项构成。普通工人按套改年限确定的相应岗位工资档次，普通工人的套改年限计算方法与技术工人相同。套改年限划分为4年以下、5—6年、7—9年、10—11年、12—14年、15—16年、17—19年、20—21年、22—24年、25—26年、27—29年、30—31年、32—34年、35—36年、37—39年、40—41年、42年以上17个档次。

受过开除留用察看处分的机关工人，在套改的岗位工资基础上降低三个工资档次，岗位工资在第4档以下的，执行最低工资档次；受过强制戒毒、强制收容、劳动教养处罚及被判处管制、拘役、缓刑由原单位收回重新分配工作的机关工人比照公务员的处理办法执行。

机关公务员滚动晋升级别工资。2006年工改，省政府皖政〔2007〕8号文件规定，公务员按套改办法重新确定级别后，自2007年1月1日至2010年12月31日，凡年度考核称职及以上并达到级别工资套改表规定年限的，可从达到规定年限当年1月1日起晋升一个级别，级别工资就近就高套入晋升后级别对应的工资标准（通常称之为“滚动升级”）。其中，职务未发生变动的，须按现任职务达到上一级别规定年限或按原任低一职务达到套改确定级别规定年限；晋升职务只晋升一个级别的，须按原任职务达到晋升后级别的规定年限。任职年限和套改年限同时达到晋升级别条件的，只能晋升一级级别工资。按上述办法晋升级别后，按年度考核结果晋升级别的考核年限从级别变动的当年起重新计算。因晋升职务晋升两个级别的，不能按级别套改表规定年限晋升级别。

机关公务员级别工资调整。2006年工改后建立了正常增资机制。省政府皖政〔2007〕8号文件规定，从2006年7月1日起，公务员（机关工人）年度考核累计两年称职及以上的，从次年1月1日起在所任级别（岗位）对应工资标准内晋升一个工资档次。公务员年度考核累计5年称职及以上的，从次年1月1日起在所任职务对应级别内晋升一个级别，级别工资就近就高套入晋升后级别对应的工资标准；公务员的级别达到所任职务最高级别后，不再晋升级别，在所任级别对应工资标准内晋升一个工资档次。下一次按年度考核结果晋升级别（岗位）工资档次、晋升级别的考核年限，分别从级别（岗位）工资档次和级别晋升的当年起重新计算。

公务员晋升级别增资超档差的，下一次晋升级别工资档次考核年限从级别晋升的当年起计算。

公务员晋升职务相应晋升两个级别以上的，下一晋升级别的考核年限从晋升职务变动级别的当年起重新计算。

事业单位工资制度改革

2007年1月安徽省人民政府印发《安徽省人民政府关于印发安徽省机关事业单位工作人员工资、收入分配制度改革和计发离退休费等实施意见的通知》（皖政〔2007〕8号），决定从2006年7月1日起，对事业单位工作人员工资制度进行改革。

改革的原则。贯彻按劳分配与按生产要素分配相结合的原则，建立与岗位职责、工作业绩、实际贡献紧密联系和鼓励创新创造的分配激励机制。适应事业单位聘用制改革和岗位管理的要求，以岗定薪，岗变薪变，加大向优秀人才和关键岗位的倾斜力度。建立体现事业单位特点的工资正常调整机制，使事业单位工作人员收入与经济社会发展水平相适应。坚持搞活事业单位内部分配，进一步增强事业单位活力。实行分级分类管理，加强宏观调控，规范分配秩序，理顺分配关系。

改革的范围与对象。经各级政府或机构编制委员会批准为事业性质的单位，可列入这次事业单位工改范围。具体包括：教育、卫生、科学研究事业单位。文化、艺术、体育、新闻、出版、广播电视电影事业单位。农业、林业、水利、水产、畜牧、兽医事业单位。交通、海洋、地质勘查、测绘、气象、地震事业单位。社会保障、社会福利、检验检疫、环境保护、环境卫生、园林绿化、房地产管理、物资储备事业单位。机关、团体附属独立核算的事业单位。列入事业编制的各类学会、协会、基金会、监管机构。有条件的集体所有制事业单位也可参照进行收入分配制度改革。其中，经批准参照公务员法管理的事业单位、各类企业所属的事业单位和事业单位所属独立核算的企业，不列入这次事业单位收入分配制度改革范围。列入事业单位工改范围内的人员对象是：上述所列范围的事业单位中2006年7月1日在册的正式工作人员。2006年6月30日前已办理离退休手续的人员，按人事部、财政部国人发〔2006〕60号文件规定，增加离退休费。

改革的主要内容。一是建立岗位绩效工资制度。岗位绩效工资由岗位工资、薪级工资、绩效工资和津贴补贴四部分组成，其中岗位工资和薪级工资为基本工资。岗位工资主要体现工作人员所聘岗位的职责和要求。事业单位岗位分为专业技术岗位、管理岗位和工勤技能岗位。专业技术岗位设置13个等级，管理岗位设置10个等级，工勤技能岗位分为技术工岗位和普通工岗位，技术工岗位设置5个等级，普通工岗位不分等级。不同等级的岗位对应不同的工资标准。薪级工资主要体现工作人员表现和资历。对专业技术人员和管理人员设置65个薪级，对工人设置40个薪级，每个薪级对应一个工资标准。对不同岗位规定不同的起点薪级。绩效工资主要体现工作人员的实绩和贡献。国家对事业单位绩效工资分配实行总量调控和政策指导。各事业单位在政府有关部门核定的绩效工资总量内根据有关政策和规定，按照规范的分配程序和要求，采取灵活多样的分配形式和办法，自主决定本单位绩效工资的分配。绩效工资分配应以工作人员的实绩和贡献为依据，合理拉开差距。事业单位实行绩效工资后，取消现行年终一次性奖金，将一个月基本工资的额度以及地区附加津贴纳入绩效工资。二是实行新的工资分类管理办法。适应事业单位分类改革的要求，对从事公益服务的事业单位，根据其功能、职责和资源配置等不同情况，实行工资分类管理。基本工资执行国家统一的政策和标准，绩效工资根据单位类型实行不同的管理办法。三是完善工资正常调整机制。适应聘用制改革要求，事业单位建立符合自身特点的工资正常调整机制，在运行机制上与机关彻底脱钩。根据考核结果，将两年晋升一档改为每年增加一级薪资工资；建立基本工资标准和津贴补贴的动态调整机制，使事业单位工作人员收入水平与国民经济社会发展相协调。四是完善高层次人才和单位主要领导的分配激励约束机制。贯彻中央人才工作会议精神，进一步完善各项激励措施，体现知识、技术、管理等生产要素参与分配，实现一流人才、一流业绩、一流报酬，充分调动高层次人才的积极性、主动性和创造性。探索建立单位主要领导收入分配激励约束机制，使事业单位主要领导的收入与单位的社会经济效益及长远发展相联系，规范事业单位主要领导的收入分配，并加强监督管理。五是健全收入分配宏观调控机制。改革现行高度集中的工资管理体制，进一步明确中央、地方和部门的管理权限，分级管理，分级调控，充分发挥地方和部门的作用。完善收入分配调控政策，加强工资收入支付管理，理顺分配关系，规范分配秩序。

事业单位工作人员工资套改办法

岗位工资套改：工作人员按所聘岗位执行相应的岗位工资标准。

薪级工资套改：工作人员按照本人套改年限、任职年限和所聘岗位，结合工作表现，套改相应的薪级工资。

套改年限，是指工作年限与不计算工龄的在校学习时间合并计算的年限，其中须扣除1993年以来除见习期外年度考核不计考核等次或不合格的年限。任职年限，管理岗位任职年限是指按人事管理权限，由任免机关任命或聘用到现岗位（职务）当年起计算的年限。专业技术岗位任职年限是指按规定程序聘用在岗年限，只评资格或未按规定程序聘用的不计算为任职年限。技术工人技术岗位任职年限是指从技术等级(职务)工资兑现当年起计算的年限。套改年限和任职年限的计算截至 2006 年 6 月 30 日。

工作人员按现聘岗位套改的薪级工资,如低于按本人原聘低一级岗位套改的薪级工资,可按低一级岗位进行套改,并将现聘岗位的任职年限与低一级岗位的任职年限合并计算。

工作人员按套改办法确定的薪级工资,低于相同学历参加工作人员转正定级薪级工资的,执行相同学历新参加工作人员转正定级薪级工资标准。

薪级工资调整。从 2006 年 7 月 1 日起,事业单位工作人员年度考核结果为合格及以上等次的工作人员,每年增加一级薪级工资,并从第二年的 1 月起执行。

工资标准调整

据统计，1999 年至 2009 年 10 年间,全省机关公务员年人均工资额从 6810 元增长到 36289 元,全省事业单位人员年人均工资额从 6974 元增长到 27325 元，10 年间全省机关事业单位工作人员年人均工资增长了约 5 倍。

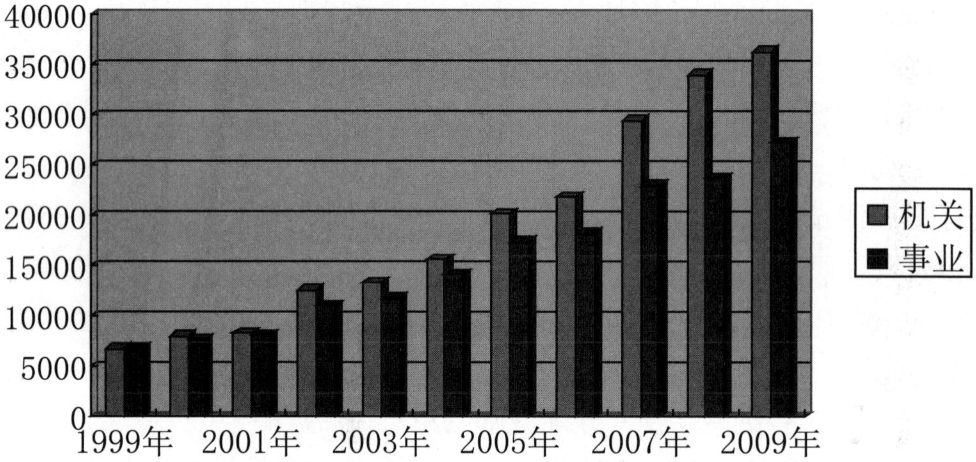

图 7-1-1 **机关事业单位人员年人均工资额增长图** （单位:元）

1994 年调整工资。1994 年 10 月,省人事厅皖人福〔1994〕200 号文件,明确机关干部在任期内两年考核称职以上,从下年度第一个月晋升一个职务工资档次;考核连续五年为称职或三年优秀的可从下年度第一个月起晋升一级级别工资。事业单位中个别考核优秀并作出突出贡献的专业技术人员,可提前晋升或越级晋升,此比例一般控制在单位总人数的 3% 以内。

1995 年调整工资。1995 年 2 月,省人事厅皖人福〔1995〕01 号文件明确,为继续贯彻 93 工改套改时规定的精神，1995 年已达到上一级别工作年限的条件,即可在元月 1 日起,在 1993 年确定的级别基础上晋升一个级别工资;对工改后晋升职务但没有晋升级别工资的人员,可按原职务工作条件来衡量升级。已晋升级别工资的只能从新级别起五年后方可晋升。对从企业调入机关的人员，按相关文件确定后，再按本次的条件衡量。同时还相应增加离退休费。

1996年调整工资。1996年4月，省人事厅、省财政厅、省计委皖人发〔1996〕14号文件，根据人事部人薪发〔1995〕150号文件精神，给安徽省机关事业单位工作人员进行正常晋升工资工作，凡1995年9月30日在册的正式职工，两年考核称职以上，可从1995年10月1日起晋升一个工资档次；新参加工作人员必须在正式确定工资档次后，两年考核合格，可升一个工资档次；晋升职务的人员，增加的工资不足正常增加的工资额，其考核年限可累加计算。如超过正常增加工资额，则从新职务重新计算。

1997年调整工资。1997年10月，省人事厅、省财政厅皖人发〔1997〕70号，根据人事部人发〔1997〕89号文件规定，从1997年7月1日起，调整工资标准，基础工资标准由每人每月90元，提高到110元。其他各类人员都作了相应提高。根据事业单位各类工作人员工资制度的特点及其工资构成比例，相应调整事业单位专业技术人员、职员、体育运动员、行员、测绘队人员、船员、野外地质勘探队人员、交通部水上作业人员、技术工人、普工等工资标准。事业单位工作人员工资构成中固定部分调整后，活的部分按国家规定的工资构成比例相应提高。同时还相应增加离退休费。

1998年调整工资。1998年3月省人事厅皖人发〔1998〕28号明确机关事业单位工作人员正常晋升工资档次。凡在1996、1997两个年度考核称职以上，可从1997年10月1日起，在本人职务工资标准基础上晋升一档工资。省人事厅、省财政厅皖人发〔1998〕63号明确机关正常晋升级别工资。凡属1993年工改后首次确定级别或级别变动后，年度考核连续五年为称职以上，均可从元月起晋升一级级别工资。如因职务变动已达到现职务最高级别的，可增加一个倒级差。

1999年调整工资。1999年9月省政府办公厅皖政办〔1999〕44号文件，根据国务院办公厅国办发〔1999〕78号文件精神，从1999年7月1日起，机关工作人员基础工资标准由每人每月110元提高到180元；级别工资标准由15级至1级每人每月55元至470元提高到85元至720元。离退休费也相应增加。新级别工资标准为：15级85元，14级100元，13级120元，12级145元，11级175元，10级210元，9级250元，8级295元，7级350元，6级405元，5级460元，4级520元，3级585元，2级650元，1级720元。从1999年7月1日起，调整事业单位工作人员工资构成中固定部分，并相应提高按原有工资构成比例中活的部分。适当提高新参加工作人员和工人的工资标准。在本次调整工资标准中，皖人发〔1999〕77号文件规定，对已达到本职务最高级别，自1997年后满五年考核称职可从1999年7月1日起增加一个倒级差，1999年后则从下年度1月1日起增加一个倒级差。对连续三年考核优秀的，也按增加倒级差的办法增加级别工资。同时还相应增加离退休费。

2001年调整工资。2001年4月，省政府办公厅皖政办〔2001〕19号文件，根据国务院办公厅国办发〔2001〕14号文件精神，从2001年1月1日起，调整机关事业工作人员工资标准和提高离退休费，机关人员基础工资标准由每人每月 180 元提高到 230 元；级别工资标准由 15 级至 1 级每人每月 85 元至 720 元，提高到 115 元至 1166 元。同时其他各类人员也作了相应调整。新级别工资标准为：15 级 115 元，14 级 133 元，13 级 158 元，12 级 190 元，11 级 231 元，10 级 281 元，9 级 340 元，8 级 408 元，7 级 490 元，6 级 586 元，5 级 686 元，4 级 790 元，3 级 903 元，2 级 1030 元，1 级 1166 元。同时，调整事业单位工作人员工资构成中固定部分，并相应提高按原有工资构成比例中活的部分。适当提高新参加工作人员和工人的工资标准。2001 年 12 月，省政府办公厅皖政办〔2001〕91 号，根据国办发〔2001〕70 号文件精神，从 2001 年 10 月 1 日起，调整机关工作人员工资标准，各职务层次职务工资起点标准由最低 50 元至最高 480 元，提高到 100 元至 850 元。同时也相应增加离退休费。新的职务工资最低一档至最高一档为：办事员 100 元，科员 117 元，副科 136 元，正科 160 元，副县处 195 元，正县处 240 元，副司厅 295 元，正司厅 365 元，副部省 460 元，正部省 560 元，副总理 680 元，总理 850 元。

2002 年调整工资。2002 年 6 月省人事厅、财政厅皖人发〔2002〕47 号文件明确，凡属 2001 年 9 月 30 日在册的机关事业单位正式职工，满两年考核称职以上的，从 2001 年 10 月 1 日起，增加一个职务工资档次。同时也相应增加离退休费。

2003 年调整工资。2004 年 1 月，省政府办公厅皖政办〔2004〕1 号转发国务院办公厅国办发〔2003〕93 号文件，调整机关事业工作人员职务工资标准和增加离退休费。从 2003 年 7 月 1 日起，机关职务工资标准由现行的 100 元至 850 元，分别提高到 130 元至 1150 元，其他各职务工资标准、离退休费也相应提高。新职务工资最低一档至最高一档为：办事员 130 元，科员 157 元，副科 188 元，正科 225 元，副县处 280 元，正县处 345 元，副厅司 425 元，正厅司 520 元，副省部 645 元，正省部 780 元，副总理 940 元，总理 1150 元。

2004 年调整工资。2004 年 2 月，省人事厅、财政厅皖人明电〔2004〕10 号，凡属 2003 年 9 月 30 日在册的机关事业单位正式职工，满两年考核称职以上，从 2003 年 10 月 1 日起晋升一个职务工资档次。同时相应增加离退休费。

2005 年调整工资。按照省人事厅、财政厅皖人明电〔2004〕10 号，在国家没有新的规定下发之前，凡属 2005 年 9 月 30 日在册的机关事业单位正式职工，满两年考核称职以上，从 2005 年 10 月 1 日起晋升一个职务工资档次。同时相应增加离退休费。

各类人员工资待遇

公安干警工资待遇。2002 年 3 月人事部、财政部人发〔2002〕25 号，经国务院批准，分两段调整警衔津贴标准，分别为 2001 年 1 月 1 日至 9 月 30 日；2001 年 10 月 1 日起执行新警衔工资标准（具体标准略）。

毕业生及新参加工作人员工资待遇。省人事局皖人福〔1994〕49 号文件规定，从 1993 年 10 月 1 日起，新进入机关事业单位工作的各类人员工资待遇按以下标准执行。

新录用为机关工作的人员试用期工资为：博士学位270元，硕士学位240元，双学士即无学位的研究生220元，本科毕业生205元，专科生195元，中专生180元，初中生170元。分配到县以下乡镇工作的，可不实行试用期工资待遇，直接定级工资待遇执行。试用期满后确定相应级别工资。博士为11级111元，硕士为12级92元，大学本科、双学士、无学位研究生为13级77元，大专为14级65元，初中、高中、中专为15级55元。试用期满后确定相应职务工资。博士定主任科员二档116元，硕士定副主任科员三档109元，双学士、无学位研究生定科员四档99元，大学本科定科员二档75元，专科定科员一档63元，高中、中专定办事员二档60元，初中定办事员一档50元。新进入事业单位的工作人员见习期与初期工资待遇：初中毕业生为170元（含见习津贴四十元，下同）；中专、高中毕业生为180元；大学专科毕业生为195元；大学本科毕业生为205元；获得双学士学位的大学本科毕业生（含学制为六年以上的大学本科毕业生，下同）、研究生班毕业和未获得硕士学位的研究生为220元；获得硕士学位的研究生为240元；获得博士学位的研究生为270元。见习期或初期工资执行期满后，专业技术人员按确定的专业技术职务领取相应的职务工资：中专、高中毕业生按技术员第一档确定；大学专科毕业生按技术员第二档确定；大学本科毕业生按助教第二档确定；获得双学士学位的大学本科毕业生、研究生班毕业和未获得硕士学位的研究生按助教第三档确定；获得硕士学位的研究生按助教第四档确定；获得博士学位的研究生按讲师第三档确定。管理人员按确定的职员职务领取相应的职务工资：初中毕业生和中专、高中毕业生按六级职员第一档确定；大学专科毕业生按六级职员第二档确定；大学本科毕业生按五级职员第二档确定；获得双学士学位的大学本科毕业生、研究生班毕业和未获得硕士学位的研究生按五级职员第三档确定；获得硕士学位的研究生按五级职员第四档确定；获得博士学位的研究生按四级职员第四档确定。新进入优秀体育运动队的运动员，其待遇分为两种：一种是试训的运动员，在试训期间，一律发给每人每月120元的临时体育津贴，试训结束后停发。二是新入队的正式运动员，从入队当月起，按第一档津贴标准发给体育基础津贴；达到领取运动员成绩津贴条件的，可发给相应的运动员成绩津贴。新参加工作的工人仍实行学徒期、熟练期制度。学徒期、熟练期的工资待遇：技术工人实行三年学徒期，学徒期待遇（含津贴部分）第一年为150元；第二年为162元；第三年为180元。第四年转正定级后执行工资标准：按初级工第一档145元确定。普通工人实行熟练期，熟练期待遇（含津贴部分）第一年为150元；第二年为165元。第三年转正定级后执行工资标准：按普工第一档135元确定。

皖人发〔1997〕70号文件规定，从1997年7月1日起，相应提高机关事业单位新参加工作人员的试用期、见习期和初期工资标准：即初中（事业单位含见习津贴，下同）190元，高中、中专200元，大专215元，本科225元，双学士、无学位研究生240元，硕士260元，博士290元。相应提高新参加工作的工人学徒期、熟练期工资待遇：技术工人学徒期待遇第一年为170元；第二年为185元；第三年为200元。普通工人熟练期待遇第一年为170元；第二年为185元。新进入优秀体育运动队的试训运动员，临时体育津贴调整为140元。

皖政办〔1999〕44号文件规定，从1999年7月1起，相应提高机关事业单位新参加工作人员的试用期、见习期和初期工资标准：初中（事业单位含见习津贴，下同）280元，高中、中专295元，专科315元，本科330元，双学士、无学位研究生350元，硕士375元，博士415元。相应提高新参加工作的工人学徒期、熟练期工资待遇：技术工人学徒期待遇第一年为260元；第二年为275元；第三年为290元。普通工人熟练期待遇第一年为260元；第二年为275元。新进入优秀体育运动队的试训运动员，临时体育津贴调整为235元。

皖政办〔2001〕19号文件规定，从2001年1月1日起，相应提高机关事业单位新参加工作人员的试用期、见习期和初期工资标准：初中（事业单位含见习津贴，下同）360元，高中、中专375元，专科395元，本科415元，双学士、无学位研究生435元，硕士465元，博士515元。相应提高新参加工作的工人学徒期、熟练期工资待遇：技术工人学徒期待遇第一年为330元；第二年为350元；第三年为370元。普通工人熟练期待遇第一年为330元；第二年为350元。新进入优秀体育运动队的试训运动员，临时体育津贴调整为315元。

皖政办〔2004〕1号文件规定，从2003年7月1日起，相应提高机关事业单位新参加工作人员的试用期、见习期和初期工资标准：初中425元，高中、中专446元，专科474元，本科499元，双学士、无学位研究生530元，硕士570元，博士635元。相应提高新参加工作的工人学徒期、熟练期工资待遇：技术工人学徒期待遇第一年为355元；第二年为375元；第三年为395元。普通工人熟练期待遇第一年为355元；第二年为375元。新进入优秀体育运动队的试训运动员，临时体育津贴调整为380元。

皖政办〔2007〕8号文件规定，从2006年7月1日起，新进入机关事业单位工作的各类人员工资待遇按以下标准执行。新录用公务员的试用期工资分别为：初中毕业生570元，高中、中等专业学校毕业生590元，大学专科毕业生655元，大学本科毕业生685元，获得双学士学位的大学本科毕业生（含学制为六年以上的大学本科毕业生）、研究生班毕业和未获得硕士学位的研究生710元，获得硕士学位的研究生770元，获得博士学位的研究生845元。试用期满合格后，职务工资分别执行下列职务对应的标准：初中、高中和中专毕业生按办事员；大学专科、大学本科、获得双学士学位的大学本科毕业生（含学制为六年以上的大学本科毕业生）、研究生班毕业和未获得硕士学位的研究生按科员；获得硕士学位的研究生按副主任科员；获得博士学位的研究生按主任科员。级别和级别工资分别定为：初中毕业生27级1档；高中、中专毕业生27级2档；大学专科毕业生26级2档；大学本科毕业生25级2档；获得双学士学位的大学本科毕业生（含学制为六年制以上的大学本科毕业生）、研究生班毕业和未获得硕士学位的研究生25级3档；获得硕士学位的研究生24级3档；获得博士学位的研究生22级1档。其他新录用的公务员试用期工资，按管理权限由主管部门参考录用前本人工作经历和录用后拟任职务、级别，按照比本单位同等条件人员低一个级别工资档次的数额确定。试用期满合格后，按所任职务比照本单位同等条件人员执行相应的工资标准。新录用到国家扶贫开发工作重点县的公务员，仍实行一年试用期。试用期工资可直接按试用期满后工资确定。新录用到国家扶贫开发工作重点县的大中专以上毕业生试用期满合格后，在县城（含城关镇）工作的，可在所定级别内高定一档；在县以下乡镇工作的，可在所定级别内高定二档。2006 年 7 月 1 日前录用到国家扶贫开发工作重点县的大中专以上毕业生，按现任职务套改工资低于新录用同等学力毕业生工资的，执行新录用同等学力毕业生工资待遇。服务期不满五年调离国家扶贫开发工作重点县的人员，取消高定的工资档次。

新参加工作的技术工人和普通工人，分别实行学徒期和熟练期制度。技术工人招工前为普通初中、高中毕业生，实行两年学徒期。学徒期待遇：第一年每人每月 560 元；第二年每人每月 580 元。招工前具有技校、职业高中（含中专，下同）以上学历毕业生均实行一年学徒期。学徒期待遇：技校、职业高中毕业生，每人每月 590 元；职业技术学院等大专以上毕业生，每人每月 620 元；大学本科及以上学历毕业生，每人每月 640 元。普通工人实行一年熟练期。熟练期待遇：招工前为普通初中、高中毕业生，每人每月 560 元；技校、职业高中毕业生，每人每月 580 元；职业技术学院等大专以上毕业生，每人每月 600 元；大学本科及以上学历毕业生，每人每月 620 元。新参加工作工人学徒期、熟练期满合格后，办理转正定级手续，并执行以下定级工资：技术工人岗位工资标准：普通初、高中毕业生，定初级工 1 档 500 元；技校、职业高中毕业生，定初级工 2 档 526 元；职业技术学院等大专以上毕业生，定初级工 3 档 552 元；大学本科及以上学历毕业生，定中级工 1 档 570 元。技术工人技术等级工资标准：大专及以下学历的人员技术等级工资均为 125 元；大学本科及以上学历的人员技术等级工资均为 155 元。普通工人岗位工资标准：普通初、高中毕业生，定普工 1 档 610 元；技校、职业高中毕业生，定普工 2 档 634 元；职业技术学院等大专以上毕业生，定普工 3 档 658 元；大学本科及以上学历毕业生，定普工 5 档 710 元。

事业单位新参加工作的各类学校毕业生见习期工资标准分别为：初中毕业生 570 元，高中、中专毕业生 590 元，大学专科毕业生 655 元，大学本科毕业生 685 元，获得双学士学位的大学本科毕业生（含学制为六年以上的大学本科毕业生）、研究生班毕业和未获得硕士学位的研究生 710 元。见习期工资执行期满后，上述人员按所聘专业技术岗位或管理岗位执行相应的岗位工资标准，薪级工资按以下办法确定：初中毕业生执行 1 级薪级工资标准，高中、中专毕业生执行 2 级薪级工资标准，大学专科毕业生执行 5 级薪级工资标准，大学本科毕业生执行 7 级薪级工资标准，获得双学士学位的大学本科毕业生（含学制为六年以上的大学本科毕业生）、研究生班毕业和未获得硕士学位的研究生执行 9 级薪级工资标准。获得硕士学位的研究生和获得博士学位的研究生，不实行见习期。在明确岗位前，执行初期工资，获得硕士学位的研究生初期工资标准为770元，获得博士学位的研究生初期工资标准为845元。明确岗位后，按所聘专业技术岗位或管理岗位执行相应的岗位工资标准，薪级工资分别执行11级和14级薪级工资标准。新聘用到国家扶贫开发重点县工作的大中专以上毕业生，可提前转正定级；转正定级时，薪级工资可高定1至2级。聘用在县城（含城关镇）工作的，薪级工资高定1级，聘用在县以下工作的，薪级工资高定2级。2006年7月1日前聘用到国家扶贫开发工作重点县工作的大中专以上毕业生，按现聘岗位（任命的职务）套改工资低于新聘用相同学历毕业生工资的，执行新聘用相同学历毕业生工资待遇。

新参加工作的技术工人和普通工人，分别实行学徒期和熟练期制度。技术工人。招工前为初中、高中毕业生学徒期待遇，第一年每人每月560元，第二年每人每月580元。具有技校、职业高中（含中专，下同）学历的毕业生每人每月590元；大专毕业生，每人每月620元；大学本科及以上学历毕业生，每人每月640元。学徒期满转正定级，技术工人初中、高中毕业生执行五级岗位工资、2级薪级工资标准；技校、职业高中毕业生，执行五级岗位工资、4级薪级工资标准；大专毕业生，执行五级岗位工资、6级薪级工资标准；大学本科及以上学历毕业生，执行四级岗位工资、8级薪级工资标准。普通工人。普通工人熟练期待遇：招工前为普通初中、高中毕业生，每人每月560元；技校、职业高中毕业生，每人每月580元；大专毕业生，每人每月600元；大学本科及以上学历毕业生，每人每月620元，熟练期满转正定级，普通工人执行540元岗位工资标准。普通初中、高中毕业生，执行1级薪级工资标准；技校、职业高中毕业生，执行3级薪级工资标准；大专毕业生，执行5级薪级工资标准；大学本科及以上学历毕业生，执行7级薪级工资标准。其他新聘人员，已明确岗位的，岗位工资按所聘岗位确定，薪级工资比照同等条件人员确定；未明确岗位的，由单位按拟聘岗位暂确定其工资待遇。

军队转业干部工资待遇。1995年7月，国务院、中央军委国发〔1995〕19号文件规定，自1993年10月1日后转业的军队干部，其职务工资按本人原军队职务工资80%的数额就近套入对应职务工资档次（超过半个级差上套一档，不足半个级差套入下个级差），最多不超过机关同等条件人员4个档次。分配到事业单位的军队转业干部，其工资的固定部分按照分配到机关的同等条件军队转业干部基本工资（职务工资、级别工资、基础工资和工龄工资四项之和）70%的数额，就近就高套入所在单位对应专业技术职务工资或职员职务工资档次，其津贴部分按照国家有关规定执行。1994年后转业的军队干部，比照地方同等条件人员每满2年考核称职以上，均可在次年的10月1日晋升一个工资档次。

2006年工资制度改革，皖政〔2007〕8号文件规定，机关的军队转业干部按本人现任职务套改职务工资和级别工资。如现任职务低于转业时部队原职务的，根据其现执行工资待遇对应的职务套改职务工资和级别工资，职务工资执行相当职务层次的非领导职务工资标准。事业单位的军队转业干部按本人现聘岗位（职务）套改岗位工资和薪级工资。如现聘岗位低于转业时部队原职务的，根据其现执行工资待遇对应的岗位套改工资。转业后聘任在专业技术岗位的军队转业干部，按现执行工资待遇对应的职务套改薪级工资，岗位工资按现聘岗位执行。转业后聘任在管理岗位的军队转业干部，按现执行工资待遇对应的岗位套改工资。

国务院、中央军委国发〔2008〕8号文件规定，2006年7月1日后军队转业干部中在军队担任师团级领导职务的，执行相应职务层次的领导职务工资标准。

分配到事业单位的军队转业干部，比照与其军队职务等级（专业技术职务）相对应的地方同等条件人员确定基本工资。按专业技术干部移交的，被聘用到管理岗位的，比照原在军队享受相当待遇的职务相对应的地方同等条件人员确定基本工资；被聘用到专业技术岗位的，如基本工资低于比照原在军队享受相当待遇的职务相对应的地方同等条件人员确定的基本工资，比照原在军队享受相当待遇的职务相对应的地方同等条件人员确定基本工资。分配到事业单位的军队转业干部，绩效工资按国家有关事业单位绩效工资的规定执行。上述办法，不涉及岗位（职务）确定等问题。

奖励升级的工资处理。1996年4月，省人事厅皖人发〔1996〕26号文件，在1995年正常工资调整中，对奖励升级的处理作了规定，1993年10月1日以前受到奖励升级的国家级有突出贡献的中青年专家、省部级以上劳模和原受过2‰奖励的人员，在工改后本人正常晋升职务工资标准上累加。之后受奖励的也可累加。在西藏等地区已批准固定的浮动工资，3%优秀人员提前晋升的工资，可作为职务工资基数处理。

受处分人员工资待遇。省人事局皖人福便字〔1991〕43号文件对未剥夺政治权利，未交两劳部门管制的，福利性补贴除奖励工资外，其书报费、洗理费、菜肉糖补贴、粮油补贴等继续发给，计算连续工龄的，发给工龄津贴。省人事厅皖人福〔1994〕208号文转省计生委对违反计划生育的，按安徽省"计划生育条例"规定执行外，职务工资降一档，津贴按降一档金额计算，扣除一个月的年终奖金。人事部人函〔1999〕177号文件规定，机关和事业单位工作人员被取保候审或被监视居住期间的，停发工资，按本人原基本工资额的75%计发生活费。如宣判无罪无任何处分的，其工资、奖金、津贴、补贴应由原单位补发；如被劳教拘留或免予追究刑事责任的，减发或扣发的工资等不予补发；宣告缓刑的停发原工资，按本人原基本工资的60%发给生活费；确被错判犯罪的，应恢复其原工资待遇，原判期间可计算连续工龄。在同日134号文中支持，在停职审查期间，如遇国家调整工资，其暂缓调整，待审查结束有结论后再按规定办理，未受任何处分的，予以补调。2010年12月21日中组部、人社部以人社部发〔2010〕104号、105号分别就公务员受处分后的工资待遇问题处理下发了两个文件。

党外人士工资生活费待遇。1997年3月省委统战部、人事厅、财政厅皖统〔1997〕17号转发中央统战部统发〔1996〕58号文件，给上述人员从1995年10月1日起增加生活费。现（曾）担任全国人大常委、全国政协常委中领取生活费的党外人士，每月增加45元；现（曾）担任全国政协委员、中央文史馆馆员中领取生活费的党外人士，每月增加40元；其他党外人士现生活费在170元及以下的，增加18元；171—235元增加21元；236—300元增加24元；301—370元增27元；371—440元增30元；441元以上增33元。1998年4月12日省委组织部、统战部、人事厅皖人发〔1998〕34号文件规定，1993年从企事业单位选拔进入各级人民政府及其工作部门、法院、检察院领导班子或民主党派、工商联机关担任专职领导干部的党外高级专业技术干部，执行机关职级工资制度。原在事业单位执行的专业技术职务基本工资，高于国家机关现任职务基本工资的，高出的部分作为保留工资；原在企业按专业技术职务确定的基本工资（不包括各种奖金、津贴、补贴和浮动工资等）高于到机关后确定的职级工资，可先按调入时的专业技术职务套改为全额拨款事业单位的基本工资，其高于到国家机关现任职务基本工资的部分作为保留工资。以上保留工资在机关正常晋升工资时不冲销，但在提拔职务增加职务、级别工资时应予冲销，冲销不完的继续保留。2006年工资制度改革，皖人发〔2007〕8号文件规定，从企业、事业单位调入机关或民主党派机关担任领导职务的党外干部，原工资中按皖人发〔1998〕34号文件规定保留的高出部分，本次套改后不再保留。同时明确2006年7月1日后，皖人发〔1998〕34号文件不再执行。

其他人员工资待遇。人事局皖人福〔1994〕50号为1993年工改后退役到机关的志愿兵、义务兵工资待遇作了明确，按地方同岗位、同条件的本行业的工人工资制度执行。1995年4月20日省人事厅皖人福〔1995〕03号对乡聘干部的工资待遇作了明确，凡1993年9月30日以前已聘在乡镇工作的人员，其工资待遇按机关同职务、同条件的人员确定。大中专毕业生如低于定级工资的按定级工资标准执行；以后新选聘的，按新参加工作的人员工资标准执行，具有大中专毕业学历的，可直接执行定级工资。乡镇选聘制干部任届期满落选或解聘的，发给一次性生活补助费，6年以下（含6年）每满一年发一个月的基本工资外，加发相当一个月基本工资额的生活补助费；7年以上的，从第7年起每满一年加发一个半月基本工资的生活补助费。2001年4月29日，省委办公厅、省政府办公厅皖办发〔2001〕5号文件，从机关事业单位选派优秀干部到贫困村担任党支部书记三年，期间享受原单位同等工资福利待遇，并给每人每天10元生活费。工资还可上浮一档，期满考核优秀的其上浮工资予以固定。2001年皖办发〔2001〕34号文件规定，机关选派到贫困村任职期间，级别工资可上浮一级。2007年1月皖人发〔2007〕8号文件规定，自2006年7月1日起，按皖办发〔2001〕5号文件规定选派到村任职的优秀年轻干部的浮动或已转固定的级别（职务）工资不再执行。2006年6月30日前选派现仍在村或2006年7月1日后选派到村的人员待遇，按省委办公厅皖办发〔2006〕27号文件执行。

工作调动人员的工资待遇。皖人福〔1994〕48号文件对1993年工改后机关事业单位工作调动人员的工资待遇提出如下处理意见：1993年工资制度改革后，由企事业单位调入机关的人员，均由调入单位按干部管理权限先确定行政职务，再比照机关同等条件人员确定其工资。各类机关之间相互调动的人员，也按上述办法执行。1993年工资制度改革后，由机关、企业单位调入事业单位的人员，均由调入单位按新任职务比照同等条件人员确定其职务工资标准。各类事业单位之间相互调动的人员，也按上述办法执行。其中，在原单位聘任了专业技术职务的，调入后在职称数与增资额内按一定程序聘任了相同专业技术职务的，聘任时间可累加计算；如改变了专业技术职务系列，此间隔时间应扣除。在机关、事业单位之间调动的工人，按调入单位工人工资制度执行。由技工改为普工的，比照单位同等条件普工工资水平重新确定；由普工经考核转为技工的，根据调入单位同等条件技工的工资水平重新确定技工工资标准。执行警衔津贴及其他岗位津贴的工作人员，调出本系统后，应执行调入单位工资制度和津补贴制度，不再执行原单位警衔津贴及其他岗位津贴。

2006年工资制度改革后，由事业、企业调入机关的人员，根据调入后本人所任职务，结合本人实际情况，比照机关同等条件人员确定其工资。2006年工资制度改革后，由机关、企业单位调入事业单位的人员，均由调入单位按新任岗位比照同等条件人员确定其岗位和薪级工资标准。各类事业单位之间相互调动的人员，也按上述办法执行。在机关、事业单位之间调动的工人，按调入单位工人工资制度执行。由技工改为普工的，比照单位同等条件普工工资水平重新确定；由普工经考核转为技工的，根据调入单位同等条件技工的工资水平重新确定技工工资标准。

机关事业单位人员职务（岗位）变动后的工资待遇。皖人福〔1994〕200号文件对1993年工改后机关事业单位工作人员职务变动后的工资待遇提出如下处理意见：机关事业单位工作人员职务晋升时，原职务工资低于新任职务工资标准最低档的，进入新任职务工资标准最低档。本系列职务晋升的人员如原职务工资高于新任职务工资标准最低档的，就近就高进入新任职务工资标准。事业单位行政管理人员正、副职务执行同一等级职员的职务工资标准，1993年10月1日以后由副职晋升为正职的，可提高一档职务工资。工作人员降低（事业单位解聘）职务后，应从下月起，按新确定的职务（或解聘后的原职务）比照同类人员重新确定职务工资；其中事业单位行政管理人员由正职降为副职的，应相应降低职务工资标准一个档次。机关工作人员降低职务后，应相应降低级别工资，如级别在降低后的职务对应级别以内，级别可以不降，但考核年限应从降低后的职务重新起算。

皖政〔2007〕8号文件对2006年工改后机关事业单位工作人员职务（岗位）变动后的工资待遇提出如下处理意见：公务员晋升职务后，从晋升职务的次月起执行新任职务的职务工资和相应的级别工资。原级别低于新任职务对应最低级别的，晋升到新任职务的最低级别；原级别在新任职务对应级别以内的，晋升一个级别。级别工资逐级就近就高套入晋升后级别对应的工资标准。技术工人晋升技术等级（职务）后，岗位工资逐级就近就高套入晋升后的技术等级（职务）相应的岗位工资和技术等级工资标准。事业单位工作人员岗位变动后，从变动的下月起执行新聘岗位的工资标准。岗位工资按新聘岗位确定，薪级工资按以下办法确定：一是由较低等级的岗位聘用到较高等级的岗位，原薪级工资低于新聘岗位起点薪级工资的，执行新聘岗位起点薪级工资，第二年不再正常增加薪级工资；原薪级工资达到新聘岗位起点薪级工资的，薪级工资不变。二是由较高等级的岗位调整到较低等级的岗位，薪级工资不变。三是在专业技术岗位、管理岗位、技术工岗位和普通工岗位之间变动的，薪级工资按新聘岗位比照同等条件人员重新确定。

年终一次性奖金

1994年—2001年，全省机关、部分事业工作人员的奖金标准，按全年不超过三个月基本工资，从办事员最低15元，到省长60元不等。

2001年12月省政府皖政办〔2001〕91号转发国务院国办发〔2001〕14号文件规定，年终一次性奖金的发放对象是年度考核为称职以上的机关事业单位的工作人员，奖金标准为当年12月份本人的基本工资。

2006年工资制度改革，皖政办〔2007〕8号文件规定，对年度考核为称职（合格）及以上的机关工作人员发放年终一次性奖金，奖金标准为本人当年12月份的基本工资。事业单位实行绩效工资后，取消现行年终一次性奖金，将一个月基本工资的额度以及地区附加津贴纳入绩效工资。

津贴补贴

2006年工资制度改革后，全省津贴补贴工作改由省财政厅牵头开展。

人民警察值勤岗位津贴。发放范围及标准：根据皖人发〔2007〕20号、国人部发〔2006〕81号文件精神，从2006年7月1日起，人民警察值勤岗位津贴标准调整为：县（市）级人民政府所属公安、安全机关和直辖市公安、安全分局，县（市）级人民法院、人民检察院，以及监所、监狱、劳教所监区（大队）以下单位的人民警察值勤时，值勤岗位津贴标准为每人每天10元；市（地）级人民警察值勤岗位津贴标准为每人每天8元；省级（直辖市本级）及以上人民警察值勤岗位津贴标准为每人每天6元。发放办法：值勤岗位津贴纳入工资统一发放，按实际值勤天数计算，按月发放。值勤是指人民警察外出执行执法、办案任务。执行执法办案任务以及外出参加执行大型活动安全保卫工作等临时性任务时，已享受出差等相关补贴的，不再发放值勤岗位津贴。备勤人员不再享受值勤岗位津贴。

人民警察警衔津贴。发放标准：根据皖人发〔2007〕7号、国人部发〔2006〕79号文件精神，从2006年7月1日起，人民警察警衔津贴每人每月标准：总警监313元、副总警监295元、一级警监277元、二级警监263元、三级警监249元、一级警督235元、二级警督223元、三级警督211元、一级警司199元、二级警司187元、三级警司175元、一级警员165元、二级警员155元。发放范围：各级公安、安全、监狱劳教管理部门和各级人民法院、检察院中评定授予警衔的在职人民警察。在警察岗位上连续工作满5年并从警察岗位上离退休人员，其警衔津贴作为计发离退休费的基数。

人民警察法定工作日之外加班补贴。法定工作日之外加班是指一周工作5个工作日的基础上，在正常休息日或法定节假日加班。日工作时间在 2 个小时以上、4 个小时以内的，按加班半天计算；日工作日在 4 个小时以上的，按加班 1 天计算。对一周工作不满 5 个工作日而在正常休息日或法定节假日加班的，不发放补贴。正常休息日每加班 1 天 80 元，法定节假日每加班 1 天 100 元。根据人社部发〔2009〕184 号文件，综合管理部门每年月发放加班补贴天数一般不超过 4 天；一线实战部门的一般每月不超过 6 天。从 2010 年 1 月 1 日起执行。

法官审判津贴。发放范围及标准：根据皖人发〔2007〕83 号、国人部发〔2007〕105 号文件精神，实行法官津贴的人员，限于各级人民法院中评定法官等级的在职法官。从 2007 年 7 月 1 日起，法官审判津贴每人每月标准为：首席大法官 340 元，一级大法官 318 元，二级大法官 298 元，一级高级法官 278 元，二级高级法官 262 元，三级高级法官 246 元，四级高级法官 233 元，一级法官 220 元，二级法官 210 元，三级法官 200 元，四级法官 190 元，五级法官 180 元。法官离退休后，从离退休的下一个月起，停止执行法官审判津贴。

人民法院办案人员岗位津贴。发放范围及标准：根据人发〔1997〕117 号文件，最高人民法院和地方各级人民法院的法官、执行员、书记员及其他办案辅助人员。最高人民法院办案人员每人每天 2 元。地方各级人民法院办案人员每人每天 2.2 元。发放办法：根据实际出勤天数计算，按月发放。因节、假日、病、事假或脱产学习未参加办案人员，不发岗位津贴。调离上述岗位人员，停发岗位津贴。

检察官检察津贴。发放范围及标准：根据皖人发〔2007〕88 号、国人部发〔2007〕106 号文件精神，实行检察官津贴的人员，限于各级人民检察院中评定检察官等级的在职检察官。从 2007 年 7 月 1 日起，检察官检察津贴每人每月标准为：首席大检察官 340 元，一级大检察官 318 元，二级大检察官 298 元，一级高级检察官 278 元，二级高级检察官 262 元，三级高级检察官 246 元，四级高级检察官 233 元，一级检察官 220 元，二级检察官 210 元，三级检察官 200 元，四级检察官 190 元，五级检察官 180 元。发放办法：检察官检察津贴纳入工资统发范围，按月发放。按有关规定取消检察官等级的，其检察津贴即行取消。晋升或降低检察官等级时，从晋升或降低的下一个月起，按晋升或降低后的等级执行对应的标准。检察官离退休后，从离退休的下一个月起，停止执行。

检察官检察工作岗位津贴。发放范围及标准：根据人发〔1997〕118 号文件，最高人民检察院和地方各级人民检察院的检察官、书记员及其他办案辅助人员。最高人民检察院办案人员每人每天 2 元。地方各级人民检察院办案人员每人每天 2.2 元。发放办法：根据实际出勤天数计算，按月发放。因节、假日、病、事假或脱产学习未参加办案人员，不发岗位津贴。调离上述岗位人员，停发岗位津贴。

纪检、监察办案人员补贴。发放范围及标准：根据人薪发〔1992〕15 号文件，1992 年 7 月 1 日起，经国务院批准，纪检、监察部门办案人员实行外出办案补贴。列入中纪委、监察部行政编制的纪检监察办案人员；省、地（市）、县（市）、乡（镇）纪检、监察机关办案人员。人发〔1997〕120号文件规定，1997年1月1日起执行标准为：每人每天2元。发放办法：根据实际出勤天数计算，按月发放。调离上述岗位的办案人员，停发岗位津贴。

司法助理员津贴。发放范围及标准：人社部发〔2009〕172号文件规定，列入国家政法专项编制并执行公务员工资制度，在乡、镇、街道等基层司法所工作的司法助理员。发放办法：工作年限10年以下的，每人每月150元，10年以上的，工作年限每增加1年，月津贴标准增加10元，最多不超过300元。从2010年1月1日起执行。调离本岗位或离退休的人员，从调离或离退休的下月起停发岗位津贴。

审计人员工作补贴。发放范围及标准：人发〔1997〕119号文件规定，全省各级审计机关的审计人员和列入审计厅编制的审计厅派驻省直部门的专职审计人员（编制在省直部门的内部审计机构的审计人员，不得享受审计人员工作补贴）。每人每天2元。发放办法：根据实际出勤天数计算，按月发放。调离审计工作岗位的人员，停发审计工作津贴。

税务部门人员津贴。发放范围及标准：人薪发〔1994〕38号文件规定，省、自治区、直辖市及以下各级国家税务部门、地方税务部门的工作人员。县级以下每人每月60元；地市级每人每月45元；省级每人每月30元；省直属分局工作人员按基层税务征收人员执行。发放办法：按实际出勤天数计算，按月发放。调离岗位停发。国税、地税的助征员（协税员）不发。

密码人员岗位津贴。发放范围及标准：包括中共安徽省委办公厅机要局，各市、县及省直有关单位机要密码机构中专职从事核心密码工作的人员。工作年限不满10年的，每人每月80元；工作满10年不满20年的，每人每月100元；工作满20年以上的，每人每月120元。发放办法：按月发放，离岗次月起停发。

信访岗位津贴。一线信访岗位每人每月235元，其他信访工作人员每人每月130元。从2010年1月1日起执行。

邮电、广播电视、地震、海洋观测台和艰苦气象台站津贴。发放标准：它是根据台站所处地理处境、艰苦程度（海拔高度等）划分六种标准。一至六级每人每天5元、4元、3元、2元、1.5元、1元。

广播电视天线工和播音员岗位津贴。保健津贴标准：1997年1月起调整为每人每3元。高空作业津贴标准：按在广播电视天线杆、塔上作业位置的高度，分为四个档次，从1997年1月起每人每天按下列标准执行：第一档：150—199米，每人每天4元。第二档：100—149米，每人每天3元。第三档：50—99米，每人每天2元。第四档：49米以下，每人每天1元。作业高度在200米以上的，每升高50米，可在第一档的标准上每人每天递增1元。

地质勘探职工野外工作津贴。发放标准：地矿部1994年7月对地质勘探职工野外工作津贴作了调整：一至二类地区每人每天17元；三至四类地区每人每天16元；五至八类地区每人每天 15 元。1997 年 7 月 1 日起安徽省执行每人每天 16 元标准。

城市福利事业人员岗位津贴。发放范围：民政部门办的福利院、养老院、儿童福利院、精神病院和救助站的工作人员。分类及标准：一类：直接担任病瘫老人、严重精神病人、传染病人和生活不能自理的痴呆傻、病残婴幼儿护理工作及从事处理尿布、拆洗污秽被服的人员。每人每天 0.4 元；二类：担任较重精神病人、老人、痴呆傻和婴幼儿护理和担任医务工作、救助站直接接触收容对象的人员。每人每天 0.3 元；三类：为病残、精神病人和救助站为收容对象服务的其他人员。每人每天 0.3 元。（民发〔1980〕66 号，人薪发〔1994〕32 号）。根据皖人发〔1996〕108 号文件精神，省内每人每月标准为：一类 60 元；二类 50 元；三类 40 元。

教师津贴。发放范围：中等专业学校、教师进修学校、技工学校、普通中学、职业中学、农业中学、工读学校、盲聋哑学校、小学、弱智儿童学校和幼儿园的公办教师。从事教师工作满 20 年，因工作需要，经领导批准，调离教师岗位，仍在学校从事教育工作的人员；从事教师工作满 20 年，因工作需要，经领导批准，调任学校行政工作并继续兼课的人员；各级教研室内实际从事一门学科教学研究的教研人员，按其原在学校从事教师工作的年限计发教龄津贴。发放办法及标准：教龄满 5 年不满 10 年，每月 3 元；满 10 年不满 15 年的，每月 5 元；满 15 年不满 20 年的，每月 7 元；满 20 年以上的，每月 10 元。

班主任津贴。发放范围：普通中、小学，中等专业学校、盲聋哑学校、技工学校以及民办教师。发放办法及标准：分为四个等级，中学（含中专学校、技工学校、聋哑学校）每人每月 6 元、7.5 元、9 元、10.5 元；小学每人每月 4.5 元、6 元、7.5 元、9 元。

特殊教育津贴。发放范围：盲聋哑学校的手语教师、盲聋哑协会手语翻译、从事孤儿、伤残儿童特殊教育工作的教师、弱智辅读教师及上述学校的在编正式职工。发放办法及标准：本人基本工资的 15%。

小学特级教师津贴。发放范围：获得特级教师称号的中、小学教师。发放办法及标准：1993 年 7 月起每人每月 80 元。2008 年 1 月 1 日起调整为每人每月 300 元。

护龄津贴。发放范围：各级卫生部门所属的医疗机构中直接护理病人、从事护理技术操作和营养配置工作的护士（含公共卫生护士）、助产士、护师、主管护师、正副护士长、正副助产士长、护理部正副主任或正副总护士长，均可实行护龄津贴。上述人员，从事护理工作满 20 年，因工作需要经领导批准调离护理工作岗位，仍在医疗卫生事业单位从事其他工作的，也可实行护龄津贴。发放办法及标准：从事护理工作满 5 年不满 10 年的，每人每月 3 元；满 10 年不满 15 年的，每人每月 5 元；满 15 年不满 20 年的，每人每月 7 元；满 20 年以上的，每人每月 10 元。

卫生防疫津贴。根据工作量大小，时间长短，条件好坏，防护难易以及危害身体健康程度等情况，分别享受一、二、三、四类津贴。根据国人部发〔2004〕27 号文件精神，从 2004 年 1 月 1 日起，调整卫生防疫津贴标准，由原来的按月发放改为按工作日发放。发放范围：卫生防疫站从事有毒、有害、有传染病危险和常年外勤的现场卫生防疫人员，在麻风病院及专职从事传染病、结核病、血吸虫等寄生虫病防治的卫生工作人员，执行卫生防疫津贴。发放办法及标准：按工作日发放。一类每人每工作日9元，二类每人每工作日7元，三类每人每工作日5元，四类每人每工作日3元。

医疗卫生津贴。从1980年1月1日起（〔1979〕卫政字第1780号）各级各类医疗保健、医药科研、药品检验以及医学生物制品等单位。医疗卫生工作单位专职从事或直接接触有毒、有害、有传染危险的人员试行医疗卫生津贴。发放范围和标准：凡从事下列工作而影响身体健康的职工，均应根据工作量大小、时间长短、条件好坏、防护难易以及危害身体健康程度等情况，分别享受一、二、三、四类医疗卫生津贴。一类：每人每月13—15元。二类：每人每月10—12元。三类：每人每月7—9元。四类：每人每月4—6元。发放办法：凡兼做两种类别以上可享受医疗卫生津贴的工作时，只享受一种津贴，不能同时享受两种津贴。发放上述津贴的标准，除从事放射工作的人员按月发给外，其余人员均按实际接触天数发给（参加手术人员按次数给）。专职人员调离本岗位后，应即取消其津贴。

城市环境卫生津贴。发放范围：从事公厕保洁，清运垃圾、粪便，清扫街道的人员；环卫专用车辆、公共卫生设施和维修人员；其他接触垃圾、粪便等有毒有害物质的人员。（〔1980〕城发环字92号）发放标准：由原来的每人每天0.6元、0.7元、0.8元调整为3元、4元、5元。

环境保护监测津贴。发放范围：在环境保护中直接接触有毒有害物质的环境监测、科研人员及有关辅助人员。等级划分及标准：一等：从事有毒物质、强辐射监测和研究工作的，从事空中和重污染现场作业的，每人每天为3.5元；二等：从一事一般性物质、一般辐射监测和研究工作的，经常使用和接触有毒有害物质和从事分析、化验工作的，经常深入环境污染现场的，每人每天2元；三等：经常深入实验室进行仪器调试、维修、保养工作及其他辅助工作的，接触有毒有害化学药品的运输、保管及发放工作的，每人每天2.5元。兼做两种以上可享受监测津贴的工作人员，只享受一种津贴（可选择其中较高的一种标准）。

城市下水道工人津贴。发放范围和标准：一等：劳动条件恶劣、直接接触有毒有害物质的下水道养护工人，每人每天7元；二等：劳动条件比较恶劣，经常接触有毒有害物质的污水泵站及污水处理厂的操作工，每人每天4元；三等：劳动条件较差，与污染物质有一定接触的污水泵站和污水处理厂的电修工、仪表工、污泥运输工、污水化验工及污水水质监测人员，每人每天3元。干部到现场工作，按其实际工作天数享受相应岗位人员的津贴标准。

畜牧兽医医疗卫生津贴。发放范围及标准：分一、二、三类，1997年1月1日起标准调整为每人每天3元、2.5元、2元。

殡葬事业特殊行业津贴。发放标准：大中城市的殡葬事业单位工作人员每人每月平均30元，最多不超过40元；市县还低一些。具体办法，由各省、自治区、直辖市人民政府根据情况适当安排。在安排津贴标准时，应按接触尸体的程度划分档次，有所差别。各地新定津贴标准，从该通知下达之月份起执行。所需津费按现行财政体制，由地方财政负担。殡葬事业单位工作人员实行特殊行业津贴以后，原来实行的类似性质的岗位、保健津贴予以取消。凡被民政部评定为国家一级、二级和省民政厅确定为三级殡仪馆的工作人员，每人每月可增发 30、20、10 元特殊行业津贴。此项补贴从授予等级称号的下月发给，称号被取消的下月起停止发放。

安徽省殡葬职工特殊行业津贴类级一览表

表 7–1–1　　单位：元 / 月

类别 \ 津贴额 \ 岗位等次	一等 接尸、火化、整容、防腐工	二等 停尸场所服务人员、接尸司机、火化业务负责人	三等 追悼厅服务员、骨灰管理员、业务接洽员及殡仪馆场内其他人员	四等 各级殡葬管理所
一类 年火化率在 100% 的市县	150	140	130	120
二类 年火化率达 90% 不足 100% 的市县	130	120	110	100
三类 年火化率达 60% 不足 90% 的市县	110	100	90	80
四类 年火化率达 35% 不足 60% 的市县	90	80	70	60
五类 年火化率达 35% 以下的市县	60	50	40	30

离退休专家生活补贴。发放范围：1986 年 12 月 31 日前离退休，1985 年工改前专业技术级别为 1—6 级的离休专家。包括 1985 年工改前专业技术级别为 6 级以上的教授、副教授、研究员、副研究员、工程师和相当这类技术职称的农林、卫生及其他科技干部。发放标准：根据离休专家原技术级别和现有月固定收入额确定补贴标准。1—3 级离休专家月固定收入达不到 1000 元的，补足到 1000 元；4—6 级离休专家月固定收入达不到 800 元的，补足到 800 元。增加的补贴为固定补贴，正常调整离退休费时，不予冲销。补贴金额尾数计算到元，不足 1 元的按 1 元计算。每月补贴数额最低不少于 10 元。

离休人员护理费。护理费发放范围和标准：1937 年 7 月 7 日到 1945 年 9 月 2 日参加革命工作的离休干部每人每月发放 500 元护理费。1945 年 9 月 3 日到 1949 年 9 月 30 日参加革命工作的，每人每月 300 元。从 2009 年 1 月 1 日起执行。1937 年 7 月 6 日前参加革命工作的离休干部，每人每月 800 元。从 2007 年 8 月 1 日起执行。（省委组织部组通字〔2007〕28 号）因瘫痪等原因生活长期完全不能自理或年满 85 周岁以上的离休干部每人每月 600 元。从 2008 年 1 月起执行。

离休干部 1—2 个月生活补贴。1937 年 7 月 6 日前参加革命工作的，每年增发两个月基本工资作为生活补贴。1937年7月7日至1942年12月31日参加革命工作的，每年增发一个半月基本工资。1943年元月1日至1945年9月2日参加革命工作的，每年增发一个月基本工资。1945年9月3日至1949年9月30日参加革命工作的，不发生活补贴。

离休干部一次性生活补贴。根据安徽省人事厅《关于给我省离休干部发放一次性生活补贴费有关问题的通知》（皖人明电〔2003〕5号）精神，经省委、省政府同意，从2003年起经全省离休干部发放一次性生活补贴。标准为：省级1500元，厅级1300元，处级1000元，科级及以下800元；教授（含相当职务，下同）1300元，副教授1000元，讲师及以下800元。

离休干部交通费。地厅级（含享受同等待遇，下同），每人每月50元；县处级每人每月30元；一般干部每人每月20元。凡配有专车和享受专车待遇而用车不交费的离休干部不发交通补贴。

省直机关工作人员通信补贴标准。根据安徽省财政厅《关于调整省直机关工作人员通信补贴标准的通知》（财行〔2004〕363号）文件精神，从2004年7月1日起，省直机关工作人员按职级和工作需要发放公务通信补贴，具体标准为：住宅电话补贴：正、副厅级每人每月80元；正处长每人每月60元；副处长每人每月40元。移动电话补贴：正厅级每人每月300元；副厅级每人每月250元；处级每人每月180元；科以下（含工勤人员）每人每月100元。移动电话特岗补贴：每个特岗50元。

安徽省事业单位工作人员和离退休人员职务（岗位）补贴标准一览表

表7-1-2

职务	工作年限	变动时间和标准（元）						
		1993.10	1995.9	1996.10	1997.10	2000.10省直机关事业单位	2002.6省直机关事业单位	2004.1
正省	21年以上	51	88	158	206	306	426	846
	20年以下		83	148	194	294	414	774
副省	21年以上	47	83	148	194	294	414	774
	20年以下		78	138	182	282	402	712
正厅	21年以上	43	78	138	182	282	402	712
	20年以下		73	128	170	270	390	650
副厅	21年以上	39	73	128	170	270	390	650
	20年以下		68	118	158	258	378	598
正处	21年以上	35	68	118	158	258	378	598
	20年以下		63	108	146	246	366	546
副处	21年以上	31	63	108	146	246	366	546
	20年以下		58	98	134	234	354	504

续表 7–1–2

职务	工作年限	变动时间和标准（元）						
		1993.10	1995.9	1996.10	1997.10	2000.10 省直机关事业单位	2002.6 省直机关事业单位	2004.1
正科	21 年以上	27	58	98	134	234	354	504
	20 年以下		53	88	122	222	342	462
副科	21 年以上	23	53	88	122	222	342	462
	20 年以下		48	78	110	210	330	430
科员	21 年以上	18	48	78	110	210	330	430
	20 年以下		43	68	98	198	318	398
办事员	21 年以上	13	43	68	98	198	318	398
	20 年以下		38	58	86	186	306	376

事业单位行政管理人员职务补贴标准一览表

表 7–1–3

职务	工作年限	变动时间和标准（元）						
		1993.10	1995.9	1996.10	1997.10	2000.10 省直机关事业单位	2002.6 省直机关事业单位	2004.1
教授	21 年以上	43	78	138	182	282	402	702
	20 年以下		73	128	170	270	390	640
副教授	21 年以上	35	68	118	158	258	378	588
	20 年以下		63	108	146	246	366	541
讲师	21 年以上	27	58	98	134	234	354	499
	20 年以下		53	88	122	222	342	462
助师	21 年以上	18	48	78	110	210	330	430
	20 年以下		43	68	98	198	318	408
技术员	21 年以上	13	43	68	98	198	318	398
	20 年以下		38	58	86	186	306	376

事业单位专业技术人员职务补贴标准一览表

表 7–1–4

技术等级		工作年限	变动时间和标准（元）						
			1993.10	1995.9	1996.10	1997.10	2000.10 省直机关事业单位	2002.6 省直机关事业单位	2004.1
技工	高级技师	26 年以上	13	67	118	158	258	378	588
		25 年以下		64	112	150	250	370	550

续表 7-1-4

技术等级		工作年限	变动时间和标准（元）						
			1993.10	1995.9	1996.10	1997.10	2000.10 省直机关事业单位	2002.6 省直机关事业单位	2004.1
	技师	26 年以上	13+	64	112	150	250	370	550
		25 年以下		61	105	140	240	360	515
	高级工	31 年以上	13	61	105	140	240	360	515
		26—30 年		57	97	130	230	350	485
		25 年以下		52	87	118	218	338	453
	中级工	16 年以上	13	47	77	108	208	328	428
		15 年以下		42	67	94	194	314	399
	初级工	6 年以上	13	37	57	82	182	302	372
		5 年以下		33	51	74	174	294	354
普工	21 年以上		13	43	68	98	198	318	413
	11 年—20 年			37	58	86	186	306	381
	10 年以下			31	48	74	174	294	354

机关事业单位工人技术等级（职务）岗位补贴标准一览表

（2005 年 1 月起执行合肥市岗位补贴标准）

表 7-1-5

行政管理人员		专业技术人员	
职务	标准（元）	职务	标准（元）
正省	410	教授	260
副省	350	副教授	200
正厅	300	讲师	160
副厅	260	助讲	130
正处	220	技术员	100
副处	190	技术工人	
正科	160		
副科	140	高级技师	210
科员	120	技师	170
办事员	100	高级工	140
普通工人		中级工	120
普工	100	初级工	100

回民补贴。每人每月 7.7 元。

工资统发管理

2001 年 3 月,安徽省制定了《安徽省省级行政事业单位财政统一发放工资暂行办法》,规定统一发放工资单位为省级行政单位和省级财政全额预算拨款的事业单位;统一发放工资人员为纳入统一发放工资范围的单位在职人员、离退休人员以及按省有关政策应由财政供给的其他人员;统一发放工资项目为按国家和省现行工资制度、工资标准以及财政预算政策,应由财政担负的工资和津补贴。

统一发放工资单位为省级行政单位和省级财政全额预算拨款的事业单位;统一发放工资人员为纳入统一发放工资范围单位的在职人员、离退休人员以及按省有关政策应由财政供给的其他人员;统一发放的项目为按国家和省现行工资制度、工资标准以及财政预算,应由财政担负的工资和津补贴。

2001 年 4 月省财政厅、省人事厅、省编办下发了《关于印发安徽省省级行政事业单位财政统一发放工资实施办法的通知》,其中要求人事部门负责审核纳入工资统发范围的人员、工资和津补贴标准,建立人员和工资数据库。

2005 年 3 月省财政厅、省人事厅、省监察厅下发了《关于省直机关工作人员津贴补贴纳入工资统一发放有关问题的通知》,进一步规范省直机关津贴补贴管理,建立公开透明的发放机制,将省直机关自行发放的津贴补贴纳入工资统一发放。

2007 年 1 月,为顺利实施机关、事业单位工资收入分配制度改革,加强省直机关、事业单位人员工资和离退休费等规范发放与管理,省人事厅下发了《关于抓紧做好人员工资信息采集建立完善人员工资管理数据库的通知》,要求采集人员工资离退休费等信息,完成工改自动套改,建立省直事业单位人员工资管理数据库,完善省直机关人员工资管理数据库。

第二节　机关事业单位福利

假期待遇

1998 年 1 月起,安徽省国家机关工作人员病假期间的生活待遇基本上是根据国务院国发〔1981〕52 号文件规定执行的。病假期间医疗费用,仍按公费医疗制度办理。病假期间的生活待遇按下列规定:病假在 6 个月以内的,头 2 个月工资照发,从第 3 个月起按以下标准发给工资:工作年限不满 10 年的,发个本人基本工资的 90%;工作年限满 10 年的,发给本人基本工资的 100%。病假超过 6 个月,从第 7 个月起按以下标准发给生活费:工作年限不满 10 年的,发给本人基本工资的 70%;满 10 年不满 20 年的,发给本人基本工资的 80%;满 20 年以上的发给本人工资的 90%。上述人员中,获得省、部级劳动模范称号的工作人员,病假期间的工资,可以提高 5%。1949 年 9 月底以前参加革命工作的,病假期间工资照发。工作人员在病假期间,可以继续享受所在单位的生活福利待遇。享受本规定的生活待遇，应有医疗机构证明，并经主管机关批准。病假期间不发午餐补贴。连续病假达3个月，全年累计病假达到66天，不发年终奖金。

1998年1月起，安徽省机关事业单位工作人员事假待遇按下列规定执行：工作人员全年累计事假超过15天，从第16天起按本人基本工资的70%发放。全年累计事假超过22天，从第23天起停发本人基本工资。全年累计事假超过22天的，不发年终奖金。事假期间不发午餐补贴。事假一般不超过3个月。对有特殊情况，经主管部门批准可适当延长。

2002年1月经省委、省政府同意，省人事厅进一步明确了机关工作人员年休假办法：凡参加工作时间满5年不满10年，每年休假6天；工作时间满10年不满20年，每年休假10天；工作时间满20年不满30年，每年休假14天；工作时间满30年以上，每年休假20天。年休假不包括法定节假日、公休日；各类学校的工作人员，凡享受寒暑假待遇的，不再安排年休假；年休假当年享受，不跨年度使用。符合年休假条件的工作人员在休假期间工资、福利待遇不受影响。

下列人员不能享受年休假待遇：（1）上年度考核不称职；（2）上年度或当年事假累超过20天；（3）上年度或当年病假累计超过30天；（4）上年度或当年病假、事假累计超过40天。

自2008年1月1日起，全省机关事业单位工作人员年休假按国务院《职工带薪年休假条例》和人事部《机关事业单位工作人员带薪年休假实施办法》执行。职工累计工作已满1年不满10年的，年休假5天；已满10年不满20年的，年休假10天；已满20年的，年休假15天。下列人员不享受当年的年休假：（1）职工依法享受寒暑假，其休假天数多于当年的年休假天数的；（2）职工请事假累计20天以上且单位按照规定不扣工资的；（3）累计工作满1年不满10年的职工，请病假累计2个月以上的；（4）累计工作满10年不满20年的职工，请病假累计3个月以上的；（5）累计工作满20年以上的职工，请病假累计4个月以上的。年休假在1个年度内可以集中安排，也可分段安排，一般不跨年度安排。单位确因工作需要不能安排职工休年休假的，经职工本人同意，可不安排职工休年休假。对职工应休未休的年休假天数，单位应当按照该职工日工资收入的300%支付年休假工资报酬，其中包含工作人员正常工作期间工资收入。工作人员应休年休假当年日工资收入的计算办法是：本人全年工资收入除以全年计薪天数（261天）。

优秀公务员健康休养

2002年10月，安徽省人事厅会同省委组织部、省财政厅在省直部委办厅局机关建立优秀公务员健康休养制度。健康休养的对象为上一年度考核优秀的公务员；健康休养期限为7—10天，计入本人年休假假期。省直机关优秀公务员健康休养期间的交通、住宿由所在单位按公差标准报销，在本单位职工福利费中列支。其余经费由省财政按规定专项解决。

2010年6月健康休养的对象调整为:2005年以来连续三年年度考核优秀,记三等功及以上的公务员。机关工勤人员参照执行。

职工死亡抚恤

90年代初,工资制度改革后,国家机关、事业单位工作人员和离退休人员死亡,一次性抚恤金按照以下标准执行:因公牺牲为本人生前20个月基本工资或基本离退休费;因公牺牲被评为烈士的,为本人生前40个月基本工资或基本离退休费。病故为本人生前10个月基本工资或基本离退休费,取消1986年对病故后一次性抚恤金最高数额不超过3000元的规定。

2007年5月,按照民政部、人事部、财政部的规定,从2004年10月1日起,国家机关离退休人员死亡,烈士的一次性抚恤金标准为本人生前80个月基本离退休费,因公牺牲为本人生前40个月基本离退休费,病故为本人生前20个月基本离退休费。

遗属生活困难补助

1986年6月,省人事局、省财政厅,对安徽省国家机关、事业单位退休职工死亡后的遗属困难补助标准作了补充规定:遗属居住在县(市)以上(包括县所在地的城关镇)的非农业人口,每人每月补助30元,居住在乡镇以下的,每人每月补助25元。1937年7月6日以前参加革命的老红军、老干部去世后,其符合享受遗属补助条件的父母、配偶每人每月补助费可另加15元;抗日战争时期参加革命工作的人员去世后,其符合享受遗属补助条件的父母、配偶,每人每月补助费另加10元;解放战争时期参加革命工作的人员去世后,其符合享受遗属补助条件的父母、配偶每人每月补助费可另加5元。无依无靠的孤独遗属,可每人每月增加10元;死者系独生子女的,其父母每人每月可增加补助费5元。凡具备上述两项及以上增加补助费条件的,可按其中最高一项标准执行,但不得同时执行两项或两项以上待遇。

1986年9月,对遗属补助标准进行了修订,将原按遗属居住地划分修订为农业人口和非农业人口,即遗属属于非农业人口,每人每月补助30元,属于农业人口,每人每月补助25元,从1986年9月1日起执行。

1989年11月,省人事局对遗属定期补助标准又作了如下调整:从1990年1月1日起,非农业人口每人每月补助30元提高到40元,农业人口每人每月补助由25元提高到35元。

1991年11月,省人事局《关于国家机关、事业单位未参加工改的退离休人员死亡一次性抚恤金如何计发的复函》(皖人福便字〔1991〕第44号)规定,对国家机关、事业单位未参加工资制度改革的退离休人员死亡后,将国发〔1979〕245号文件规定的每人每月5元副食品补贴,省人民政府皖政〔1991〕25号文件规定的粮油调价每人每月补偿6元合并计发一次性抚恤金。

1993年3月,由于物价上涨,为使遗属生活不受影响,全省将离退休人员遗属生活困难补助标准作了调整,即非农业人口的,由每人每月40元提高到55元;农业人口的由每人每月35元提高到50元。

1994—1998年，对遗属生活困难补助标准，非农业人口每人每月55元；农业人口每人每月50元。

1998年10月，省人事厅、省财政厅通知，对遗属生活困难补助标准进行了调整，即非农业人口的，每人每月120元；农业人口的，每人每月85元。1937年7月6日以前参加革命的老红军、老干部去世后，其符合享受遗属补助条件的父母、配偶每人每月补助费可另加40元；抗日战争时期参加革命工作的人员去世后，其符合享受遗属补助条件的父母、配偶，每人每月补助费另加30元；解放战争时期参加革命工作的人员去世后，其符合享受遗属补助条件的父母、配偶每人每月补助费可另加20元。无依无靠的孤独遗属，每人每月可增加20元。

2000年1月，省人事厅、省财政厅通知，对遗属生活困难补助标准又进行调整，即非农业人口的，每人每月160元；农业人口的，每人每月115元。1937年7月6日以前参加革命的老红军、老干部，抗日战争时期参加革命工作和解放战争时期参加革命工作的老干部去世后，其符合享受遗属补助条件的父母、配偶每人每月补助费可另加50元、40元和25元。无依无靠的孤独遗属，可每人每月增加25元。

2003年1月，省人事厅、省财政厅，对遗属生活困难补助标准调整为：今后遗属生活困难补助，遗属为农业人口或非农业人口的，均按死亡职工单位所在地最低生活保障标准计发。遗属生活困难补助标准随所在地居民最低生活保障标准的变化及进进行调整。

2009年7月，省人力资源和社会保障厅、省财政厅对离休干部无工作遗属生活困难补助进行了规定，1937年7月6日以前参加革命的老红军、老干部，抗日战争时期参加革命工作和解放战争时期参加革命工作的老干部去世后，其无工作遗属生活困难补助，在执行皖人发〔2000〕20号和皖人发〔2002〕92号文件规定的机关、事业单位遗属生活困难补助标准基础上，每人每月增加200元。

工龄制度

民办教师工龄计算。民办（代课）教师被招收录用为国家正式职工或经组织批准进入各级各类学校学习毕业（结业）后，成为国家正式职工，并继续从事教育工作的，其成为国家正式职工前最后一次经组织批准任民办教师工作时间或与成为国家正式职工后的工作时间合并计算为连续工龄。1995年，安徽省规定，凡经组织批准，直接从民师岗位上转为国家正式职工或进入各类学校学习的，其参加工作前最后一次经组织批准任民办（代讲）教师时间可与正式参加工作后的时间合并计算为连续工龄。

乡村医生（赤脚医生）工龄计算。乡村医生（原赤脚医生），被吸收录用为国家正式职工或考入医药学校毕业后为国家正式职工，其担任乡村医生的工作时间，可以合并计算为连续工龄。

攻读博士、硕士研究生学位人员工龄计算。国内攻读博士并获得学位的，学习期间计算工龄。国家职工考取硕士研究生并获得学位的,学习期间与学习前后的工作时间合并计算连续工龄。

出国留学人员工龄计算。公派出国留学人员,在批准出国留学的期限内,国内计算工龄。公派出国攻读博士学位的研究生获得博士学位后,在批准的攻读博士学位期限内,国内计算工龄。在职人员获准自费出国留学的,从出境的下一个月起停发工资,保留公职一年。出国留学回国工作后,出国前的工龄可以保留,并与回国后的工作时间合并计算工龄。获得硕士学位回国工作后,在规定的学习年限内也计算工龄。获得博士学位回国参加工作的,其在国外攻读博士学位的年限,国内计算工龄,工龄计算方法与公派留学人员相同。

国有企业职工重新录用后工龄计算。2005 年省人事厅答复合肥市人事局,对国有企业工作人员解除劳动合同后,与原单位签订一次性安置协议,被机关、事业单位招收录用为工作人员的工龄计算作出具体规定:国有企业工作人员解除劳动合同,与原单位签订一次性安置协议,被机关、事业单位招收录用为工作人员,原国有企业的工作时间可计算为连续工龄;国有企业工作人员解除劳动合同,经人事部门鉴证签订合同,被安排到其他单位工作的时间可计算连续工龄;国有企业工作人员解除劳动合同,自己缴纳养老保险,但实际没有参加工作的时间或虽被聘用但没有经人事部门鉴证签订聘用合同的工作时间,不能计算连续工龄。

人事代理期间工龄计算。为合理配置人才资料,大力支持非国有经济的发展,1998 年安徽省对人事代理期间工龄计算作出具体规定,大中专毕业生到非国有经济单位工作,凭毕业生主管机关签发的就业派遣证报到,由各级政府人事部门所属人才交流服务机构,按照《安徽省人事代理办法(试行)》规定,办理人事关系转接、档案管理、转正定级等人事代理服务事项,他们在国有企事业单位和非国有经济单位间变动工作时,其工龄可连续计算。

支农 支教 支医 扶贫高校毕业生工龄计算。安徽省 2006 年对“三支一扶”高校毕业生工龄计算作出具体规定,服务期满考核合格的“三支一扶”大学生,进入国有企事业单位的,其服务期限,计算为工龄,由接收单位按照所任职务比照同等条件人员确定其职务工资标准;在今后晋升中高级职称时,同等条件下优先评定。

西部志愿服务高校毕业生工龄计算。志愿服务西部高校毕业生正式参加工作后,其服务期间可以计算连续工龄。

工龄折算。从事井下、高空、高温(低温)、特别繁重体力劳动和其他有害身体健康工作的工作人员工龄可以折算。凡从事井下、高温工作的时间,每年按一年零三个月计算;从事其他有害身体健康工作的时间,每年按一年零六个月计算;经常在摄氏零度以下低温场所工作和常年在海拔 4500 米以上高山、高原地区流动工作时间可参照从事井下、高温工作时间计算;常年居住在 4500 米以上高山、高原地区的工作时间可参照其他有害健康工作时间计算。

第三节　离退休管理与待遇

离休费和补贴

1995 年 10 月 1 日起，离休人员按同职务在职人员晋升一个工资档次的增资额增加离休费。增资额低于 25 元的，按 25 元增加。

1996 年 3 月，省委老干部局、省财政厅下发《关于调整离休干部交通费、护理费标准和发放范围的通知》。调整交通费标准，地厅级（含享受同等待遇，下同）离休干部的车公里定额包干标准调整为每人每月 50 元；县处级离休干部的交通费补贴标准调整为每人每月 30 元；一般干部的交通费补贴标准调整为每人每月 20 元。凡配有专车和享受专车待遇而用车不交费的离休干部不发交通补贴。护理费分为高龄补贴费和护理补助费两部分。高龄补贴标准：凡 1937 年 7 月 6 日前参加革命工作的离休干部，每人每月 100 元；1937 年 7 月 7 日至 1949 年 9 月 30 日参加革命工作，年满 70 周岁的离休干部每人每月 70 元。护理补助费发放范围和标准：凡因公致残，完全丧失工作能力，或因病瘫痪等原因，生活长期不能自理，饮食起居需要人扶助的离休干部，发放护理补助费，标准为：全省全部职工年平均工资的 30%（根据每年省统计局劳动工资年报实际数）。其中符合人事部、财政部人退发〔1993〕1 号和民政部、人事部、财政部民优发〔1993〕10 号文件提高标准规定的，按上述文件标准执行。离休干部享受护理补助费后，不得再享受高龄补贴费。两项经费不得同时享受。

1999 年 2 月，省委组织部、省老干部局、省人事厅、省劳动厅、省财政厅关于贯彻中共中央组织部、人事部、劳动和社会保障部、财政部《关于调整因瘫痪等原因生活长期完全不能自理的离休干部护理费标准的通知》（皖人发〔1999〕6 号）文件规定，凡因公致残、饮食起居需人扶助或因瘫痪等原因，生活长期完全不能自理的离休干部，按每人每月 140 元标准发给护理费，享受护理费后，不得再享受高龄补贴。

1997 年 7 月 1 日起，按每人每月 20 元标准增加离休费。同时，从 10 月 1 日起按同职务在职人员晋升一个职务工资档次的档差增加离休费，每月低于 25 元的，按 25 元增加。

1999 年 7 月 1 日起，离休人员按同职务同条件在职人员的增资额增加离休费。每人每月增加数额不足 120 元的，按 120 元增加。同时，在职人员 10 月 1 日起正常晋升职务工资档次时，离休人员按同职务在职人员晋升一个职务工资档次的档差增加离休费。

2001 年 1 月 1 日起，离休人员按同职务同条件在职人员的增资额增加离休费。每人每月增加数额不足 100 元的，按 100 元增加。

2001 年 10 月 1 日起，离休人员按同职务同条件在职人员的增资额增加离休费。每人每月增加数额不足 80 元的，按 80 元增加。同时，在职人员从 10 月 1 日起正常晋升职务工资档次时，离休人员按同职务在职人员晋升一个职务工资档次的档差增加离休费。

2002年，省财政厅、省委老干部局《关于提高离休干部高龄补贴的通知》（财社〔2002〕977号）规定，高龄补贴发放范围是：1949年9月30日前参加革命工作，年满70周岁的离休干部。发放标准：1937年7月6日前参加革命工作的离休干部，每人每月140元；1937年7月7日至1949年9月30日参加革命工作的离休干部每人每月100元。离休干部享受高龄补贴后，不得再享受护理费，高龄补贴和护理费不得同时享受。本规定从2003年元月起执行。

2002年5月，中组部、人事部、财政部、劳动和社会保障部印发《关于调整离休干部特需经费标准的通知》（人发〔2002〕51号），决定从2002年1月1日起，离休干部的特需经费标准，由原来每人每年150元调整为每人每年500元，离休干部所在单位或上级主管部门每年将特需经费列入预算，统一掌握使用。特需经费主要用于解决离休干部的特殊困难和必要的活动经费开支，不得平均发给个人或挪作他用，当年节余可以跨年度使用。

2003年3月，省委组织部、省老干部局、省人事厅、省财政厅印发《关于给我省离休干部发放一次性生活补贴费有关问题的通知》（皖人明电〔2003〕5号），决定从2002年起，给离休干部（包括机关、事业、企业）发放一次性生活补贴费。标准是：省级1500元，厅级1300元，处级1000元，科级及以下800元；教授1300元，副教授1000元，讲师及以下800元。

2003年7月1日起，离休人员按同职务同条件在职人员的增资额增加离休费。每人每月增加数额不足50元的，按50元增加。同时，在职人员从10月1日起正常晋升职务工资档次时，离休人员按同职务在职人员晋升一个职务工资档次的档差增加离休费。

2003年，省人事厅、省财政厅、省劳动和社会保障下发皖人发〔2003〕38号文件，规定事业单位离休人员两年一次增加离休费，可在本人离休时（1993年9月底以前离休人员可在1993年工改套改时）职务工资档次上顺延，并相应增加津贴（活工资）。从2003年1月1日起，事业单位离休人员的基本离休费按本人实际顺延后的职务工资档次标准（即为现行事业单位同职务同档次在职人员的职务工资标准）和相应的津贴（活工资）两项执行。机关离休人员比照1993年工改后在职人员每满五年增加一个级别工资（倒级差）的办法增加离休费。凡机关1997年11月底以前办理离休手续的离休人员，可按现行国家级别工资标准，相应增加两个级别工资数额的离休费。凡机关1997年12月以后办理离休手续的离休人员，可按现行国家级别工资标准，相应增加一个级别工资数额的离休费。已达到本职务最高级别的，可按增加倒级差的办法增加。解决事业单位离休人员两年一次增加离休费时相应增加津贴（活工资）和机关离休人员五年增加级别工资问题的时间，均从2003年1月起执行，过去的不补。此文件2006

年7月1日工改后按国家规定停止执行。

2005年5月，省委组织部、省老干部局、省人事厅、省劳动厅、省财政厅关于贯彻中共中央组织部、人事部、劳动和社会保障部、财政部《关于适当调整因瘫痪等原因生活长期完全不能自理的离休干部护理费标准的通知》（皖人发〔2005〕55号）文件决定，自2005年1月1日起，适当调整我省离休干部护理费标准，老红军每人每月400元，抗战时期参加革命工作的离休干部每人每月300元，解放战争时期参加革命工作的每人每月240元。

2005年，在职人员从10月1日起正常晋升职务工资档次时，离休人员按同职务在职人员晋升一个职务工资档次的档差增加离休费。

2006年7月工改后，离休人员不执行新的工资制度，按下列标准增加离休费：行政管理人员，省厅级（皖人发〔2007〕9号文件标准已发），县处级正职670元，县处级副职490元，乡科级及以下350元；专业技术人员，教授及相当职务990元，副教授及相当职务540元，讲师（含相当职务）及以下职务350元。

2007年8月，省委组织部、省老干部局、省财政厅、省人事厅、省劳动和社会保障厅转发《关于提高红军时期参加革命工作的离休干部护理费的通知》（组通字〔2007〕28号）文件规定，自2007年8月1日起，1937年7月6日前参加革命工作的离休干部护理费标准调整为每人每月800元。

2008年3月，省委组织部、省老干部局、省财政厅、省人事厅、省劳动和社会保障厅转发《关于调整因瘫痪等原因生活长期完全不能自理的离休干部护理费标准的通知》（组通字〔2008〕6号）文件规定，自2008年1月1日起，因瘫痪等原因生活长期完全不能自理或年满85周岁（含）以上的离休干部按每人每月600元发放护理费。

2008年11月，中组部、财政部、人力资源和社会保障部下发《关于提高部分离休干部护理费标准和扩大发放范围的通知》（组通字〔2008〕48号），决定从2009年1月1日起提高离休干部护理费标准，扩大发放范围。为贯彻落实这一文件精神，省委组织部、省委老干部局、省财政厅、省人事厅、原省劳动和社会保障厅下发皖老字〔2009〕4号文件，调整了我省离休干部护理费标准，并扩大了发放范围，取消了高龄补贴。1937年7月7日到1945年9月2日参加革命工作的离休干部，每人每月500元。1945年9月3日到1949年9月30日参加革命工作的离休干部，每人每月300元。

退休管理

退休条件。《国家公务员暂行条例》对国家公务员提前退休作了规定。国家公务员符合下列条件之一的，本人提出申请，经任免机关批准，可以提前退休，男年满55周岁，女年满50周岁，且工作年限满20年的；工作年限满30年的。

2005年，根据《中共安徽省委办公厅、安徽省人民政府办公厅关于省属经营服务性事业单位转企改制工作的意见》（皖办发〔2005〕26号）规定，对经省编办批准实行改企转制的事业单位，截至2005年12月31日，其改企前的原在编在岗职工，距法定退休年龄5年内（含5年）且工作年限满20年，或工作年限满30年的，由本人申请、所在单位同意和主管部门审核，报省人事厅调档符合批准，可一次性办理提前退休手续。

按照《中华人民共和国公务员法》规定，2006年1月1日起，公务员符合下列条件之一的，本人提出申请，经任免机关批准，可以提前退休：工作年限满30年的；距国家规定的退休年龄不足5年，且工作年限满20年的；符合国家规定的可以提前退休的其他情形的。

退休年龄延长。1998年6月，省人事厅《关于高级专家延期办理退（离）休手续问题的通知》（皖人发〔1998〕52号），申报延期办理退（离）休手续的高级专家，必须是在事业单位工作，聘任了专业技术职务，且确因工作需要，身体能坚持正常工作并符合下列情况之一的：国家和省某学科带头人或主要业务骨干，退（离）休后尚无人接替；特殊专业或新学科、重点学科所急需的骨干；在省内偏远地区或技术力量薄弱的单位工作，退（离）休后将对工作带来较大影响的；已承担省级及以上重点攻关科研项目或重点工程，或已带研究生等任务尚未完成的。获得高级专家任职资格而没有受聘的人员，不得延期办理退休手续。虽受聘但非因工作需要，或身体不能坚持正常工作的高级专家，也不得办理延退手续。延长办理退（离）休的期限，一般一次只批准一至二年，特殊情况不超过三年。高级专家延期办理退（离）休手续一般不超过六十五周岁，极少数特殊需要的正高级技术职务的高级专家，最高不超过七十周岁。

事业单位聘任制人员退休。1998年12月，省人事厅《关于事业单位聘任制人员退休问题的通知》（皖人发〔1998〕87号）规定，按中组部、人事部人法发〔1991〕5号文件精神，事业单位工人身份的人员，因工作需要，经组织批准聘任为行政管理干部，只要受聘满十年，并在聘任岗位上达到退休年龄的，可以按聘任的干部职务办理退休手续，并享受所聘职务的退休待遇。根据原劳动人事部、国务院工资制度改革小组劳人干〔1987〕56号文件规定，事业单位工人身份的人员，因工作需要，经专业技术职称考试合格，可以取得专业技术职称任职资格。被聘任为专业技术职务的，可以享受相应职务的工资待遇。按此精神，事业单位工人身份的人员，只要按上述要求经组织批准聘任为专业技术职务，同时享受所聘专业技术职务工资待遇满十年以上，并在聘期岗位上达到退休年龄的，可以按所聘专业技术职务办理退休手续，并享受相应职务的退休待遇。上述人员如在达到法定退休年龄前，组织不续聘行政管理或专业技术职务，到龄后只能按解聘后原工人身份的退休年龄，比照普工同类人员的待遇办理退休手续。事业单位聘用人员必须正式办理聘用手续。如履行聘用手续前，已在干部岗位工作的，其聘用前后的时间可以连续计算。被聘任为干部的工人身份的人员，如本人自愿，也可以按工人的年龄条件办理退休手续，但其退休待遇只能按普通工人标准执行。

2007年11月，省人事厅《关于调整事业单位聘用制干部管理政策有关问题的通知》（皖人发〔2007〕92号）规定，自本通知下发之日（2007年11月9日）起，停止执行皖人法〔1991〕23号文件，各地、各单位不得再办理事业单位聘用制干部审批和续聘手续。今后不再使用“聘用制干部”称谓，逐步实现按需设岗，按岗聘用（任）。对于本通知下发前已经办理“聘用制干部”审批手续的人员，聘期满10年并达到退休年龄的，可按皖人法〔1991〕23号文件规定的政策办理退休手续。对未满十年或达不到退休年龄的，根据个人表现和工作需要，按照现行规定和条件实行岗位聘用（任）。

退休待遇。2007年1月，省政府《关于印发安徽省机关事业单位工作人员工资、收入分配制度改革和计发离退休费等实施意见的通知》，对2006年7月1日后办理退休手续的人员的退休费计发办法作了新的规定：公务员退休后的退休费按本人退休前职务工资和级别工资之和的一定比例计发。其中，工作年限满35年的，按90%计发；工作年限满30年不满35年的，按85%计发；工作年限满20年不满30年的，按80%计发；工作年限满10年不满20年的，按70%计发；工作年限不满10年的，按50%计发。机关技术工人退休后的退休费按本人退休前岗位工资和技术等级工资之和的一定比例计发，机关普通工人退休后的退休费按本人退休前岗位工资的一定比例计发。其中，工作年限满35年的，按90%计发；工作年限满30年不满35年的，按85%计发；工作年限满20年不满30年的，按80%计发；工作年限满10年不满20年的，按70%计发。事业单位工作人员退休后的退休费按本人退休前岗位工资和薪级工资之和的一定比例计发。其中，工作年限满35年的，按90%计发；工作年限满30年不满35年的，按85%计发；工作年限满20年不满30年的，按80%计发；工作年限满10年不满20年的，按70%计发。

1999年5月，《关于我省归侨职工退休后增发退休补贴费的通知》（皖人发〔1999〕37号）规定，新中国成立后，凡在国家机关、企业、事业单位工作的归侨职工（含回内地定居的港澳同胞），在安徽省办理退休时，连续工龄男满30年，女满25年的，可增发退休补贴费。机关事业单位为补足本人退休前的原工资。

2008年5月，省人事厅《关于对当年退休人员如何发放年终一次性奖金的复函》（皖人复〔2008〕83号）规定，从2007年起，安徽省机关当年退休工作人员可不参加年度考核，发放部分年终一次性奖金（正在接受立案或停职审查，以及受到党纪、政纪处分和行政处罚期限未满的除外）。具体发放办法：按本人退休当年的实际工作月数计发，即“本人退休当月基本工资 ÷12× 本人当年实际工作月数（含退休当月）”，于次年初执行。事业单位在国家绩效工资政策出台前，可参照上述意见办理。国家绩效工资出台后，按国家政策规定执行。

退休人员特殊待遇。1995年，根据省人事厅皖人核〔1995〕21号规定，全省系统性表彰和地市委、行署政府开展的综合性表彰（单项奖除外）的先进工作者，奖励两次以上的，退休后其退休费标准可提高5%。

1996年3月，省人事厅《关于因工患血吸虫病和在血防岗位上工作30年退休后提高退休费标准的处理意见》（皖人发〔1996〕16号），因工致残人员退休后，其退休费比例标准达不到 85% 的，按 85% 计发；饮食起居需要扶助的，其退休费比例标准达不到 90% 的，按 90% 标准计发；因工致残达二级甲等以上人员，退休费标准可在国务院国办发〔1993〕85 号文件规定的比例基础上提高 5%。常年在血防工作岗位上连续工作 30 年以上的，退休费比例可提高 5%。

1996 年 5 月，省人事厅《关于获奖人员退休后提高退休费标准问题的通知》（皖人发〔1996〕35 号）规定，凡省和国家部委表彰的各种称号的先进个人，除省级以上政府和国家部委有明文规定可以享受省级劳模待遇者外，一律不按省级劳模对待。但获得两次以上者，退休时其退休费标准可提高 5%（从下文起执行，过去不补）。

1996 年 12 月，根据人事部人函〔1996〕295 号文件精神，机关、事业单位工作人员凡属因公（工）致残的，其退休费计发比例按本人饮食起居需要人扶助的，可在国家规定的最高计发退休费比例幅度的基础上提高 10%；本人饮食起居不需要人扶助的，可在其计发退休费最高比例基础上提高 5%。总体退休费标准不得超过本人原工资。

1999 年 1 月，省人事厅、省卫生厅、省财政厅《关于在农村卫生院工作满 30 年（女满 25 年）的大、中专毕业生提高退休费标准的通知》（皖人发〔1999〕9 号）规定，凡直接分配到县以下乡镇（不含城关镇）卫生院工作满 30 年（女满 25 年）的大中专毕业生，并在乡镇卫生院工作岗位上退休的，退休后可按本人原工资的 100% 发给。

1999 年 4 月，省人事厅《关于我省社会科学优秀成果奖获得者退休后提高退休费标准的通知》（皖人发〔1999〕34 号），安徽省社会科学优秀成果一、二等奖获得者，退休后可在本人计发退休费比例的基础上提高 10%；三、四等奖获得者可提高 5%。

2007 年 1 月，省委组织部、省人事厅、省财政厅规定，提高退休费计发比例应严格按照国家有关规定执行，各地区、各部门不得自行提高退休费计发比例。对特殊贡献人员提高退休费比例，继续按国发〔1978〕104 号文件的有关规定执行。2006 年工改后，原安徽省出台的提高退休费计发比例的相关政策规定，除省依据相关法律授权并明确继续执行的以外，其他均从 2006 年 7 月 1 日起停止执行。

独生子女和无子女人员退休待遇。终身无子女或者领取独生子女证后子女死亡不再生育的夫妻，职工批准退休时，按 100% 发给退休费。1996 年 5 月，安徽省人事厅《关于实行计划生育夫妇退休后提高退休费中有关问题的函复》（皖人函复〔1996〕163 号）规定，夫妇双方无子女、依法抱养一个孩子的，领取了独生子女证，已决定不再生育的；只生育过一个孩子，离婚或丧偶后不再结婚或与未生育过的人（也未抱养）再婚，决定不生育的；双方均系再婚，婚前各生育一个孩子，都已领取独生子女证，离婚时（或一方丧偶），一方独生子女判随对方，现再婚家庭中只有一个孩子；1979 年第一批领取独生子女证，领证时孩子年龄超过 14 周岁，但不满 18 周岁的；一个家庭有两个以上孩子，因死亡只有一个孩子，过去已批准发给《计划生育光荣证》的，符合上述情况之一的，退休时可享受提高退休费标准 5%。终身无子女或领取独生子女证后子女死亡不再生育的夫妻；离异、丧偶或再婚后终身无子女的，退休后可按原工资 100% 发给退休费。

教师退休待遇。安徽省从 1994 年 1 月 1 日起：教师退休或者退职后，享受国家规定的退休或者退职待遇。县级以上地方人民政府可以适当提高长期从事教育教学工作的中小学退休教师的退休金比例。1995 年，对教龄满 30 年（女满 25 年）的退休教师，可按原工资 100% 发给退休金。

退休人员下落不明（失踪）期间待遇。1997 年 12 月，省人事厅根据《中华人民共和国民法通则》和国家现行有关规定，下发《关于退休人员下落不明后待遇问题的复函》（皖人函复〔1997〕507 号），规定退休人员失踪，下落不明在六个月以内的，其退休费待遇可继续发给；超过六个月的，从第七个月起暂时停发其退休待遇，但对其供养直系亲属因此而发生生活困难的，由发给退休待遇的单位酌情给予生活困难补助至宣告死亡时至。下落不明满四年，因意外事故下落不明的，从事故发生之日起满两年依法被宣告死亡的，改按死亡有关待遇处理。上述人员重新出现或者确知其下落，经本人或利害关系人申请，可按有关规定补发或恢复其应享受的待遇，但应扣还下落不明期间（包括被宣告失踪、宣告死亡期间）停发退休待遇后发给其供养直系亲属的生活困难补助和死亡待遇。

退休人员受行政处分或刑事处罚及服刑期间的待遇。1996 年 11 月，人事部《关于退休干部被判处有期徒刑宣告缓刑期间能否增加退休费问题的函》（人函〔1996〕286 号），退休干部被判处有期徒刑宣告缓刑未被剥夺政治权利并按规定继续享受原退休待遇的，如在缓刑期间适逢国家规定给退休人员增加退休费，则不应给其增加，可在缓刑考验期满后按规定增加，但缓刑期间的差额不予补发。

1998 年 12 月，在国家尚未作出统一规定之前，省人事厅下发《关于退（离）休人员受行政处分或刑事处罚后待遇问题的通知》（皖人发〔1998〕88 号），规定：机关事业单位离休、退休、退职人员，如受警告以外的党内处分或行政处分的，均应停止一次正常增加退（离）休（职）费；（离）休人员被查实在职期间违法违纪受行政降级处分的，其待遇的处理，其中，执行职务级别工资制的，应降低相当于一级级别工资档差数额折算后的退（离）休费；执行事业工资制的，应降低一档职务工资档差数额折算后的退（离）休费；如受撤职处分的，其待遇应降低二档制度工资档差数额折算后的退（离）休费；退（离）休人员被劳动教养的，劳教期间的生活费按照原享受的基本退（离）休费的 70% 计发，并停止正常增加退（离）休费，其他生活补贴照发。由所在单位按劳动教养法规上缴给教养单位，多余部分由该劳动教养人员的家属领取。劳动教养期满后仍由原单位管理，其生活费用仍按上述规定标准执行，并参加国家和省退（离）休人员增加退休费；被判处有期徒刑宣告缓刑未被剥夺政治权利的退休人员，在缓刑期间，如没有明确规定可以享受原待遇的，只发给本人基本退（离）休费的 60% 作为生活费，其他生活补贴照发。缓刑期间未发现新的违法违纪行为的，期满后继续执行上述规定标准，国家和省给退休人员增加退休费时应给予增加；被羁押的退（离）休人员，从批准逮捕之日起停发一切退（离）休费。如检察机关决定不予起诉，又未受行政处罚，也未给予任何行政纪律处分的，其单位应补发羁押期间停发的退（离）休费，并执行原退（离）休费待遇；被羁押的退（离）休人员虽未受到刑事处罚，但受到党纪政纪处分的，其羁押期间的退（离）休费及此后的待遇按有关规定办理；退休人员触犯刑律被判处有期徒刑后，应停止享受各项退休待遇。他们服刑期满释放后的生活待遇，由原发给退休费的单位酌情处理。上述基本退（离）休费是指按在职时的基本工资发给的离休费或按一定比例打折后的退休费。基本工资：机关干部为职务工资、级别工资、基础工资、工龄工资之和；机关工人为岗位工资、技术等级工资、奖金之和；事业单位工作人员为职务工资与津贴（即活的部分）之和；事业单位工人为：技术等级工资（等级工资）、津贴（即活的部分）之和。

按照国家人事部人函〔1997〕136号文件精神，机关事业单位工作人员受到开除以外的行政处分，在未解除处分前达到退休年龄的，如符合国家规定的退休条件，应按规定办理退休手续，并按其受处分的性质执行相应的待遇。受党纪处分的比照本条精神办理。立案调查人员，在未结案前不应办理退休手续。如结案后符合国家规定的退休条件，但已超过年龄，只能按国家规定的法定年龄办理退休手续。

2001年2月，人事部《关于对离退休的国家公务员所犯错误如何追究其政纪责任的函的复函》（人函〔2001〕27号）规定：关于国家公务员退休后，因违纪被查处的行政处理及待遇问题，对国家公务员在任职期间违纪，退休后被查处且需要给予行政处分的，应按照《国家公务员暂行条例》规定的处分种类和标准，给予行政处分。但考虑到他们已退出公务员队伍，不是在职国家公务员，因此，可不作处分决定，而按照其所犯错误应受到行政处分的种类，按以下办法作出行政处理决定：应给予记过、记大过行政处分的，按每两年一次增加退休费的标准降低其基本退休金；应给予降级处分的，以退休时的级别为基础，降低一个级别后，重新确定其基本退休金。对处分前已经发放的基本退休金不再退回；应给予撤职处分的，以退休时所担任的职务为基础撤销一职以上职务，按照规定重新确定相应的职级待遇后，重新确定其基本退休金，并按所受处分降低其相应的政治待遇和生活待遇。对处分前已经发放的基本退休金不再退回；对于因违纪应给予开除处分的，一般不再给予开除处分，改为撤职处分，应以退休时的职务为基础，给予撤销三职以上职务的撤职处分，其中对于担任副主任科员以下职务的公务员，给予撤销两职以下职务的处分，撤到最低职务，即办事员职务，按照规定重新确定相应的职级待遇后，重新确定其基本退休金，并按所受处分降低其相应的政治待遇和生活待遇。对处分前已经发放的基本退休金不再退回；对于国家公务员退休后，犯有危害国家安全、荣誉和利益、泄密、贪污、受贿等严重问题，但尚不够给予行政、刑事处罚的，按照其错误程度应受到行政处分的种类，给予行政处分。对于其错误程度达到在职公务员记过、记大过行政处分的，按每两年一次增加退休费的标准降低其基本退休金；对于其错误程度达到在职公务员受降级以上处分的，均按每两年一次增加退休费的标准降低其基本退休金，再以降低后的基本退休金为基数，按不同比例减发基本退休金；对于其错误程度达到在职公务员受降级处分的，减发其基本退休金的5%；对于其错误程度达到在职公务员受撤职行政处分的，减发其基本退休金的10%，并按所受处分降低其相应的政治待遇和生活待遇；对于其错误程度达到在职公务员受开除处分的，减发其基本退休金的15%，并按降低三职以上职务，降低其相应的政治待遇和生活待遇。国家公务员退休后，因违法被查处的行政处理及待遇问题。对于被劳动教养、治安拘留、取保候审、监视居住、强制收容教育、强制戒毒、羁押、管制、拘役、有期徒刑缓刑的，停发基本退休金，其受行政、刑事处罚期间的生活费按照《关于国家机关、事业单位工作人员受行政刑事处罚工资处理意见的复函》（人函〔1999〕177号）办理；退休的公务员在任职期间或退休后触犯刑律，并被判处有期徒刑以上刑罚的，自判处之日的下月起取消其退休费和其他退休待遇。

养老保险制度试点

1996年9月，宁国县作为全省试点县，在全县机关事业单位率先推行养老保险制度改革，在全省率先建立起基金的筹集机制，按照“权利、义务与强制性相结合，国家、单位和个人共同负担，行政管理与基金运营相分离”的原则，全面推行机关事业单位工作人员社会养老保险制度改革。

退职管理

1993年工改前退职人员，按月发给相当于本人标准工资40%的生活费。1993年工改时，未参加套改，当时按每人每月35元绝对数增加退职生活费。1993年工改后退职人员，根据人事部《关于印发关于机关、事业单位工资制度改革实施中若干问题的规定的通知》（人薪发〔1994〕3号）规定，事业单位工作人员和机关工人，工作年限不满10年退职的，其退职生活费按本人原工资（含活的部分）的50%计发。1995年10月、1997年10月、1999年10月、2001年10月、2003年10月和2005年10月6次，在职人员正常晋升职务工资档次时，退职人员每人每月增加15元。1997年7月，在职人员调整工资标准时，退职人员每人每月增加20元。1999年7月，增加80元。2001年1月增加70元。2001年10月增加50元。2003年7月增加30元。

2007年1月，根据《关于印发安徽省机关事业单位工作人员工资、收入分配制度改革和计发离退休费等实施意见的通知》（皖政〔2007〕8号），2006年7月1日后退职的事业单位工作人员和机关工人，退职后的退职生活费按本人退职前基本工资的一定比例计发。其中，工作年限不满10年的，按基本工资的50%计发；工作年限满10年不满20年的，按基本工资的60%计发；工作年限满20年以上的，按基本工资的70%计发。2006年6月30日前已按国务院国发〔1978〕104号文件规定办理退职手续的人员，从2006年7月1日起按每人每月170元增加退职生活费。

1998年皖人发〔1998〕4号文件规定，我省部分新中国成立前参加革命工作的退职人员（非按国发〔1978〕104号文件办理退职）的对象是：建国前参加革命工作，退职后无固定收入的老干部；符合规定条件，因组织原因退职或精简下放的老工人。每人每月发给退职补助费60元（含医疗费）；省财社字〔1997〕468号文件提高到200元。皖人发〔2000〕37号文件提高到260元；皖政办〔2001〕91号文件提高到460元。皖人发〔2007〕4号文件提高到600元。

2007年1月，根据《关于调整部分建国前参加革命工作的退职人员生活补助费标准的通知》（皖人发〔2007〕4号），自2006年7月1日起调整我省部分建国前参加革命工作的退职人员生活补助费标准，符合皖政办〔2001〕91号和皖老字〔1998〕5号、劳险字〔1988〕364号、劳险字〔1988〕940号、财社字〔1997〕468号、皖人发〔1998〕4号、皖人发〔2000〕37号文件规定，安徽省新中国成立前参加革命工作，退职后无固定收入的老干部、老工人，生活补助费（含医疗费），由原每人每月460元调整为600元。

第四节　机关事业单位工人技术等级考核

1995年8月，省人事厅印发《关于我省机关事业单位工人技术等级岗位进行清理认定并颁发机关事业单位岗位证书的通知》（皖人福〔1995〕54号），对过去全省机关事业单位工人技术等级考核工作不规范的现象进行清理整顿，对已取得工人技术等级证书并符合条件的进行复核认定，统一颁发国家人事部印制的机关事业单位工人技术等级岗位证书。从1997年起，安徽省工人技术等级考试再次统一开展。1997年5至7月，省人事厅印发《关于1997年全省机关事业单位工人技术等级考核晋升有关工作的通知》（皖人发〔1997〕24号）、《关于1997年全省机关事业单位工人技术等级考核晋升有关工作的补充通知》（皖人发〔1997〕43号）。主要做法：采取业余自学为主，集中辅导为辅，通过考试考核的办法为技术等级考核晋升的方式；晋升高、中级工实行全省统一的应知考试（笔试）；晋升考核合格率按应试人员的70%—80%掌握；经财政、物价部门核定统一培训考核收费标准；选择汽车驾驶员、厨师两个工种作为全省规范统考的试点，在取得经验后全面推开。第二轮考工升（定）级工作总的要求是力争做到规范化、正常化和制度化；坚持全省统一等级标准、统一教材和培训大纲、统一考试的原则；同时，按照国家有关规定，坚持改革方向，在考工工种中引入竞争机制。目的是进一步调动广大工人学习技术学习文化的积极性，提高工人的工资收入，稳定机关事业单位技术工人队伍。

汽车驾驶员、烹饪工种考核试点

全省机关、事业单位（含接受中央驻皖各机关、事业单位委托的），符合省人事厅皖人福〔1995〕54号文件申报晋升技术等级条件的技术工人（衡量申报晋升技术等级工作年限和本工种年限条件的截止时间为1999年12月31日），均可报名参加考核。申报晋升技术等级考核的技术工人必须具备一定的文化知识，能独立完成应知考试。申报条件在皖人福〔1995〕54号文件基础上又作了补充：在技术工种岗位上转正定级后工作满一年，且没有改变学徒期技术工种的工人（含招工前有学历、对口培训六个月招工后直接执行第二年学徒期待遇的技术工人）可以申报初级工的等级培训考核。技校（含职高）毕业生在技术对口岗位上转正定级时可不参加初级工的等级培训考核，直接确定为初级工，其申报中、高级工仍按省人事厅皖人福〔1995〕54号文件规定的条件执行。按照皖人福〔1995〕54号文件规定晋升技术等级的条件之一是在本等级岗位有五个年度考核合格。这五个考核年度从1993年计算至1997年。由于1993年部分单位年度考核尚未规范，还未进行年度考核。因此，以前参加过工人技术等级培训考核，到1997年又符合晋升技术等级年限条件的技术工人，申报晋升技术等级时必须在1993年和1997年未受过处分，同时病事假没有超过年度考核合格规定的天数。现已在机关事业单位技术工人岗位工作（包括企业调入的技术工人）没有取得技术等级但又不参加1997年机关事业单位工人技术等级考核的，今后不再按年限条件直接确定申报技术等级考核，必须持有上一个技术等级证书满五个年度考核合格才能申报晋升技术等级考核。1997年以后企业调入的技术工人也按照以上规定办理。1997年以后复员、退伍到机关事业单位技术工种岗位工作的志愿兵、义务兵可不受五个年度考核合格的限制。截至1993年底，工作年限、本工种年限符合第一轮申报中、高级工条件的企业调入技术工人，可直接申报参加相应的技术等级考核，但工资不再按取得的技术等级重新套改，只能按第一个技术等级确定的工资就近就高考入考核取得的技术等级工资标准。

工人技术等级确定后，因调动或其他原因改变所定技术等级工种岗位的，不能按原岗位工种等级申报晋升技术等级。按皖人福〔1995〕54号文件规定，因工作需要改变技术工种的，必须于当年或次年在现岗位重新申报考核现工种的原技术等级。在现技术工种岗位没有通过原技术等级考核的，降低一个技术等级，工资标准就近就低靠入降低后的技术等级标准。

破格晋升条件：在部队两次以上获得师一级技术比武前五名的义务兵、志愿兵、退役回来后仍在所取得成绩的技术工种岗位上工作的，其申报晋升技术等级的年限也可放宽3年。

有下列情况之一的工人，暂不能申报技术等级考核：受党内严重警告以上处分不满一年的；受行政记大过以上处分尚未解除处分的；发生重大责任事故尚在处分期内的；经批准立案审查尚未作处理结论的。1993年以来，有一年以上（含一年）年度考核不合格的受处分人员，须待处分期满一年或解除处分以后，经单位批准，方可申报相应的技术等级考核。

机关事业单位工人晋升技术等级后，工资待遇按照皖人发〔1998〕64号文件执行。具体兑现时间，当年符合条件考核合格人员从第二年1月起兑现。延长年限的，只能从符合年限条件第二年1月起兑现工资。

合格比例：1997年全省统一进行应知考试的驾驶、烹饪两个试点技术工种，由省人事厅根据考试情况统一平衡，高级工合格率按各地市参考人数的70%比例，将合格人员名单直接通知地市。中级工的合格率由各地市参考人数的 80% 比例掌握。

第二轮考工升（定）级

1998 年 10 月，在驾驶、烹饪两个试点工种的技术等级考核晋升工作结束后，省人事厅印发皖人发〔1998〕71 号文件，将第二轮考工定级工作全面推开。考核的范围对象和报考条件与两个试点工种相同。选择 40 个工种为全省统考工种，未列入统考工种的其他工种考核，按照属地原则进行；省直及中央驻皖单位的，由省人事厅统一组织，也可由省人事厅委托有关行业主管部门和单位组织。其中，省直及中央驻皖单位在地市的，经省人事厅同意可参加地市组织的考核。全省 40 个统考工种，由省人事厅根据情况分三批组织开考，到 1999 年年底结束。

列为全省统一考试的应知考试，实行统一教材、统一命题制卷、统一组织考试。高级工试卷由省人事厅统一组织评阅；地、市中、初级工试卷由地、市人事部门组织评阅。

根据两个试点工种考核情况，调整晋升比例。高级工合格率控制在 90% 以内，中级工合格率控制在 95% 以内。

根据人事部的要求和精神文明建设的需要，机关事业单位工人技术等级考核应包括职业道德教育。今后开考的所有工种（含各行署、市负责开考的工种）均在应知考试中增列《职业道德教育》的有关内容。

第三轮考工升（定）级

2002 年 8 月，省人事厅印发《关于开展机关事业单位工人技术等级晋升工作的通知》（皖人发〔2002〕71 号）文件，组织实施第三轮考工升（定）级工作。

技术等级考核晋升的范围对象为机关、事业单位在岗的技术工人（含合同制技术工人）。申报条件按人薪发〔1994〕45 号、皖人福〔1995〕54 号、皖人发〔1997〕24、43 号文及以下规定执行。退伍、专业的义务兵和志愿兵首次确定技术等级时，可直接申报参加相应的技术等级考核。考核没有通过的，降一个等级确定工资标准。工人技术等级确定后，因调动或其他原因改变所定技术等级工种岗位的，不能按原岗位工种等级申报晋升技术等级。按皖人福〔1995〕54 号文件规定，因工作需要改变技术工种的，必须于当年或次年在现岗位重新申报考核现工种的原技术等级。在现技术工种岗位没有通过原技术等级考核的，降低一个技术等级对没有参加机关、事业单位技术等级考核的工人，首次确定技术等级可按本人工龄和从事申报技术等级工种的工作年限比照机关事业单位同等条件人员降低一个技术等级参加考核。

统考工种考核。将全省统考工种调整到 20 个：汽车驾驶员、汽车修理工、烹饪、仓库保管员、宾馆服务员、保育员、图书资料员、公路养护工、殡葬工、园艺花卉工、渠道维护工、灌排工程工、河道修防工、闸门运行工、钻探工、计算机录入员、计算机系统操作工、广播电视天线工、广播电视机务工、水、电维修工（全省统考工种一般不再变动）。

将原先确定 1997 年后原则上每 5 年一次调整为每 3 年进行一次工人技术等级考核晋升工作。省统考工种的应知考试时间安排在开考年度的第四季度。

非统考工种考核。非统考工种与统考工种开展技术等级考核晋升的时间大体同步，一般按照属地原则，分批进行。省直和中央部属单位部门第一批开考的费统考工种为29个：热力司炉工、电焊工、油漆工、木工、瓦工、印刷工、制版工、装订工、铸造工、钳工、镗工、车工、铣工、刨工、磨工、农业实验工、水工防腐工、泵站机电设备维修工、泵站运行工、水文工、小水电电气运行工、话务员、电话线务员、电话机务员、房管员、邮件分拣员、农机修理工、洗衣工、物资采购员。第二批非同统考工种36个，具体为无线电装配工、无线电调试工、电子零配件表面处理工、无线电检验工、电子材料制作工、计算机调试工、泵站设备维修工、变配电运行工、水轮机运行检修工、电力电缆工、水文勘测工、水工防腐工、消毒员、配餐营养员、医疗器械维修工、医学实验工、船舶驾驶员、船舶轮机工、运政员、航政员、稽查员、质量鉴定工、计量鉴定工、特种设备检修工（含锅炉、管道）、制冷工、污水处理工、淡水养殖工、家禽饲养工（含特殊动物饲养）、农艺工、蚕业工、测量工（含大地、工程类测量）、体育场地工、电影放映员、摄影员。各市非统考工种开考的具体时间由各市根据实际情况确定。根据皖政〔2002〕23号文件，把机关事业单位工人技术等级考核资格审查权限下放给各主管部门，省人事厅不再对省直机关事业单位工人申报晋升技术等级考核进行资格审查。为了平衡工资关系，执行政策，在下达合格人员名单时，仍需要衡量申报条件。为此，申报人员所在单位和主管部门应认真对照人薪发〔1994〕45号、皖人福〔1995〕54号、皖人发〔1997〕43号等文件规定的资格条件对等申报。第三轮考工升（定）级条件、破格晋升条件、受处分人员暂缓申报的处理和第二轮考工相同，工资待遇也仍按皖人发〔1998〕64号文件规定执行。

第四轮考工升（定）级

2005年4月，省人事厅印发《关于开展机关事业单位工人技术等级晋升工作的通知》（皖人办发〔2002〕61号）文件，组织开展第四轮全省机关事业单位考工升（定）级工作。

工人技术等级考核晋升的范围和对象是机关事业单位在岗的技术工人（含合同制技术工人）。申报条件按人薪发〔1994〕45号、皖人福〔1995〕54号、皖人发〔1997〕24、43、皖人发〔2002〕71号文及以下规定执行。计算工作年限和等级年限条件截至2005年底。从企业成建制划转为事业单位（如中小学和医院）中的技术工人，已在本岗位上取得劳动部门颁发的工人技术等级证书，按划转为事业单位的时间，根据皖人福〔1995〕45号、54号文件规定进行复核认定。符合条件的换发人事部统一印制的《机关事业单位工人技术等级证书》，套改和兑现工资。不符合规定条件的，或尚未取得技术等级的，按皖人发〔1997〕24、43号文件规定，参加技术等级升（定）级考试、考核。

统工考工种。根据实际情况，2005年列入全省统考工种的有汽车驾驶员、烹饪（含面桌）、仓库保管员、保育员、宾馆服务员、图书资料员、公路监护工、殡葬工、园艺花卉工、渠道维护工、闸门运行工、河道修防工、灌排工程工、钻探工、计算机录入员、计算机系统操作工、电工、管道工、广播电视机务工等19个工种。非统考工种考核晋升时间与统考工种大体同步,由各市人事局或省人事厅和省直有关单位共同组织实施。

2005 年全省工人技术等级晋升考试时间定在 8 月底，5 月 25 至 6 月 25 日报名。

工人技师考核评聘

2002 年 12 月,省人事厅印发《安徽省机关、事业单位工人技师考核评聘试行办法》(皖人发〔2002〕94 号),全省机关事业单位工人技师考核评聘工作从此展开。为摸索经验,稳妥有序开展全省机关事业单位工人技师考核评聘工作,选择烹饪工种为全省机关事业单位工人技师考核评审试点,然后逐步推开。

工人技术考核评聘原则。工人技师实行聘任制,并坚持评聘分开、强化聘任的原则。工人技师的考评与聘任严格执行政策规定,坚持标准与条件,实行职岗一致的原则。工人技师资格的考评工作坚持公开、公平、公正原则。

范围和对象。技师评聘的范围是人事部规定的技师工种范围内的技术含量较高、技术特性较强的职业和工种。技师评聘对象是经政府人事部门考核并确定为高级技术等级的在岗机关、事业单位技术工人。

申报条件。遵纪守法,德、能、勤、绩表现突出,具有良好的职业道德和较高的技术理论水平。一般应具有技工学校或高中(含职高)毕业以上文化程度。对少数具有丰富实践经验、能解决本工种岗位上关键性操作技术问题和工作难题、年龄较大(男 50 周岁、女 45 周岁以上)的优秀高级工,文化程度可放宽到初中毕业。在技术工种岗位上工作满 25 年,并取得政府人事部门考核合格的高级工满 5 年(或兑现高级工工资满 5 年),现仍在所取得高级工岗位上的技术工人。取得高级工等级后,在省、部级以上技术比赛中获得前五名的工人,或在技术革新、技术发明中取得成果,并有省、部级以上成果证书的工人,或获得省、部级以上劳动模范称号并保持荣誉的工人,可适当放宽申报工作年限 5 年;获全省系统技术比赛第一名或获地市级劳动模范称号并保持荣誉的工人,可适当放宽申报工作年限 2 年。

理论考试入围进入评审的比例。根据工人技术岗位的实际要求和技能考核的特点,以综合成绩按参考人数的 20% 从高分到低分择优确定技师资格评审入围人选。综合成绩按理论考试成绩占 40% 和技能考核成绩占 60% 合成。技能考核由省人事厅委托相关部门进行,届时凭理论考试《准考证》参加。

评审条件。部门组织或政府人事部门委托的考试考核机构组织的专业技术理论考试和实际操作技能考核合格。对岗位工作有独特的技术专长,能解决本工种操作上技术难题,并具有辅导培训高、中级技术工人的能力。工作上能刻苦钻研技术,没有因本人原因造成严重事故。符合评审委员会制订的具体评审条件,并由评委会评审通过。

岗位职数比例。省人事厅对全省机关、事业单位技师岗位职数实行总量控制,原则上按各市机关、事业单位技术工人总数 3% 的比例,并参考可评技师工种岗位技术工人数,核准下达各市。省直和中直驻皖机关、事业单位技师岗位职数由省人事厅统一核定。技师岗位设置必须限定在人事部规定的技师工种范围内。技师岗位职数要根据工作需要，合理确定，注意向技术含量高、技术工人较多的工种倾斜。

考评程序。个人申请：机关、事业单位在设置技师工种岗位上工作并符合本《试行办法》第三条、第四条的工人，向所在单位提出申报本工种岗位技师，并提供机关、事业单位高级工证书、学历证书、参加比赛获得名次证书、技术成果证明等有关材料原件。资格审核：所在单位负责对申请人进行资格审查，并对符合申报条件的，填报《安徽省机关、事业单位工人技师考试考核申报表》，经主管部门同意后，报政府人事部门审核，验证后有关原件退回。培训与考试考核：申报技师资格的工人原则上以自学为主，根据需要和自愿，也可适当安排短期集中培训。省人事厅统一组织技师资格的职业道德、技术理论考试，实行全省统一教材、统一考试、统一评卷，并按参考人数的25%从高分到低分择优确定进入技师技能操作考核。获考试通过的人员，参加统一组织的技师技能操作考核。技能操作考核采取现场实际操作（模拟）或答辩形式相结合的办法进行。合格率为参加技能操作考核人数的40%。技师技能操作考核合格的人员参加技师评审。组织评审：省人事厅负责全省技师任职资格评审的组织工作，聘请有关行业、工种的技术专家、专业老师组成评审组。评审组一般由7—11人。评审组开会不得少于7人。评审工作在讨论申报人申报材料的基础上采取无记名投票方式表决。通过票达到或超过评审组应到人数三分之二的为评审通过。评审组完成评审后应对评审结果进行公示。最后由省人事厅审核下达具有技师任职资格的人员名单，并统一核发《机关、事业单位工人技师证书》。技师评审提供材料：个人主要工作业绩总结；学历证书、高级工证书；获奖证书和参加技术比赛取得名次证件；

聘任、解聘、调动。各单位要根据岗位设置和工作需要，对取得技师任职资格的人员，综合其工作表现，引入竞争机制，择优聘任。单位与拟聘人要签订聘约。聘约内容要说明签约人的职责范围、聘任期限和目标等。技师的聘期一般为1至3年。聘任期满可在工作业绩考核合格的基础上续聘。被聘任的技师凡年度考核不合格或不能履行本人技师岗位职责、不能完成岗位聘期目标的，应予解聘。技师调动工作或变更与原聘任的技术工种完全不同的技术岗位，原聘任的技师职务自行解聘。不再聘任为技师职务的人员，可保留原工种技师资格。调动工作后工种没有改变的，或新任岗位与原工作岗位技术工种任务相近的，单位需要聘任技师而又有技师岗位聘任指标的，报经同级政府人事部门核准后可重新聘任。

工资待遇。聘任为技师职务的工人，从聘任之日的下月起，以本人原高级工工资标准就近就高套入技师的职务工资标准，享受相应的工资福利待遇。技师被解聘的，从解聘之日的下月起，比照同类人员执行重新确定的技术等级工资标准，执行相应的工资福利待遇。

试点工种（烹饪）的考核。2003年3月，省人事厅印发《关于开展机关事业单位烹饪工种技师考核评聘有关工作的通知》（皖人发〔2003〕15号），安徽省机关事业单位工人技师考核评聘工作选择烹饪工种先行试点，待摸索出经验后再分期分批展开。

烹饪工种考核评聘的技师职务有中式烹调、中式面点、西式烹调、西式面点。考评范围和申报条件按照省人事厅皖人发〔2002〕94号文件执行。申报技师考核的人员首先参加省人事厅统一组织的技师资格应知（职业道德、技术理论）考试。考试实行统一教材、统一时间、统一阅卷。然后参加应会（实际操作）考核。按参加应知考试人数的25%从高分到低分择优确定进入技师技能操作考核；应知考试成绩（40%）和应会考核成绩（60%）合成为综合成绩。以综合成绩按参考人数的40%从高分到低分择优确定技师资格评审入围人选。再由7—11名专家组成的评审组的评审，需获得三分之二以上赞成票才算通过。经评审通过人员名单在省人事厅网站公示5个工作日无异议后，由省人事厅行文通知取得资格人员的单位。由所在单位聘任后方能兑现工资。

第二次工人技师考核评聘

2004年10月，省人事厅印发《关于开展车工、焊工等10个工种技师考评工作的通知》（皖人办发〔2004〕113号），在认真总结试点工种技师资格考评工作经验的基础上，决定进行第二次技师考评试点，并将技师试点工种扩大到10个。

第二次技师考评试点的范围对象和申报条件按照皖人发〔2002〕94号和以下规定执行。在国家部委行业技能大赛中取得一等奖或奖金，国家部委授予“技术能手”称号的技术工人，可直接破格申报本工种技师资格。在国家部委行业技能大赛中取得二、三等奖，引、铜奖或在技术革新、技术发明中取得成果，并有省部级以上成果证书的高级工，或获得省、部级以上劳动模范称号并保持荣誉的高级工，可不受工作年限的限制和技术等级年限的限制申报本工种技师资格。在全省行业（系统）技能大赛取得前三名或获得市级劳动模范称号并保持荣誉的高级工，可放宽工作年限5年、技术等级年限2年申报本工种技师资格。

考评程序和办法与试点工种相同。

第八章　人事考试与人事争议仲裁

1994—2009年，随着人事制度改革的深入、人才资源开发的发展，人事考试工作逐步走向规范化，对保障国家公务员制度的推行、评价专业技术人才水平、建立公开平等竞争择优的用人机制发挥了重要作用；人事争议仲裁工作逐步走向规范化，促进了人才发展环境的优化展环境的优化。

第一节　人事考试

人事考试机构建设

机构沿革。1995年10月，省人事厅实施直属事业单位分类管理，将省职称考试指导中心（1991年4月成立，县级建制事业单位，编制5名，领导职数1名）和省国家公务员录用考试指导办公室（1992年9月成立，县级建制事业单位，编制6名，领导职数1名）合并，组建省人事考试中心。1996年1月，省机构编制委员会印发《安徽省人事厅直属事业单位分类管理实施方案》（皖编〔1996〕1号），确定省人事考试中心为县级建制事业单位，编制20名，领导职数3名（主任1名，副主任2名），专业技术人员9名，行管人员5名，工勤人员3名。预算拨款形式由全额向差额过渡，过渡期为3年（1995年—1997年年底）。主要职责是：承担全省国家公务员、事业单位职员录用考试和专业技术人员专业技术职务资格、职业资格、外语考试的考务组织实施工作；承担全省国家机关、事业单位工人技术等级岗位考核的具体组织实施工作；承担省直国家机关、事业单位工人技术等级岗位考核事务工作；组织编印考试教材和复习资料，培训考务人员；建立和管理考试题库，提供考试工作咨询和技术服务；承担各类人事考试结果统计分析、人才测评和考试方面的科研工作。1997年，省人事考试中心由全额拨款事业单位转为差额拨款事业单位。2002年12月，省人事厅印发《安徽省人事考试中心主要职责、内设机构和人员编制方案》（皖人人〔2002〕43号），确定人事考试中心的主要职责为：根据国家有关政策性规定承担人事考试工作，适应形势发展需要，逐步拓展人才评价领域，开展社会化考试服务、人才测评业务。具体职责有：承担全省国家公务员录用、事业单位工作人员招聘、专业技术资格、执（职）业资格、职称外语、计算机应用能力和全省机关、事业单位工人技术等级的考试（核）工作；开展社会化考试（人才测评）服务工作；负责各类人事考试结果的公布和统计分析；组织编印考试参考资料，培训考务人员；

开展人事考试科研和试题库的开发、建设工作；提供考试信息咨询和技术服务；受委托，指导各市、县和省直有关单位人事考试工作。根据确定职责，内设综合科、专业技术人员考试科和公务员与社会化考试科三个科室。事业编制20名，其中处级领导职数4名，科级领导职数6名，工勤人员2名。2007年12月，根据《关于同意省人事考试中心更名的批复》（皖编办〔2007〕269号）精神，省人事考试中心更名为省人事考试院。其他机构事项不变。2009年5月，省人事考试院成建制划归省人力资源和社会保障厅。

基础建设。2009年前，省人事考试（中心）院一直在外租用场地办公，人事考试试卷保密室、考试机房等基础建设发展缓慢。2007年9月，省人事考试中心购置了2940.66平方米的办公用房，用于建设人事考试基地。在基地建设过程中，本着突出功能需求的原则，着眼于人事考试工作的现实需要及长远发展，重点加大对试卷保密室、考试（阅卷）专用机房、服务大厅等关键部位和消防、安保、监控等关键设施的投入，建成1个198平方米的试卷保密室、1个359平方米的服务器和考试（阅卷）专用机房、1个227平方米的服务大厅、1个181平方米的阅卷室、1个44平方米的阅卷扫卡室，2个48平方米的资料库。2009年8月，省人事考试基地正式投入使用。

获得的荣誉。2002年、2004年、2007年、2008年，省人事考试（中心）院党支部被中共安徽省人事厅机关委员会评为先进党支部；2005年，省人事考试中心被省妇女“巾帼建功”活动领导小组评为巾帼文明岗；2006年，省人事考试中心被人事部人事考试中心评为先进单位；2007年，省人事考试中心被人事部人事考试中心评为中央机关及其直属机构公务员录用考试、计算机应用能力考试考务管理成绩突出单位；2008年，省人事考试院被人力资源和社会保障部人事考试中心评为先进单位。

专业技术人员考试

1994年，全国会计、统计、审计专业技术资格考试考务工作全部由相关业务主管部门负责，省职称考试指导中心不再负责具体考务工作。

1995年，省人事考试中心成立，新增全国执业（中）药师资格考试、全国一级注册建筑师资格考试（其中报名工作由省建设厅承担）。

1996年，新增全国二级注册建筑师资格考试（其中报名工作由省建设厅承担）、全国注册资产评估师资格考试。

1997年，新增一、二级注册结构工程师资格考试（其中报名工作由省建设厅承担）、全国监理工程师执业资格考试、安徽省专业技术人员计算机应用能力考试（由省人事信息中心组织实施）。

1998年，新增全国造价工程师执业资格考试、全国企业法律顾问执业资格考试、全国注册税务师资格考试。

1999年，新增全国注册城市规划师、价格鉴证师执业资格考试。

同年，首次组织参加全国专业技术人员职称外语等级统一考试。

2001年，新增全国质量专业技术人员职业资格考试、全国公安消防监督检查人员岗位资格考试、全国房地产估价师执业资格考试、全国执业药师资格认定考试（仅当年开考）。同年，全面推开全国专业技术人员职称外语等级统一考试工作，安徽省职称外语考试不再举行。

2002年，新增全国出版专业职业资格考试、全国房地产经纪人执业资格考试、全国注册土木工程师（岩土）资格考试、全国公安消防火灾原因调查人员岗位考试。同年，安徽省图书资料专业技术资格考试、安徽省档案专业技术资格考试交由省人事考试中心负责组织实施，省文化厅、省档案局只负责教材征订与培训工作，不再负责具体考务工作。同年，安徽省专业技术人员计算机应用能力考试工作交由省人事考试中心负责组织实施，省人事信息中心不再负责该项考务工作。

2003年，新增全国二、三级翻译专业资格（水平）考试。同年，首次组织参加全国专业技术人员计算机应用能力考试。同年，安徽省律师专业技术资格考试交由省人事考试中心负责组织实施，省司法厅只负责教材征订与培训工作，不再负责具体考务工作。

2004年，新增全国注册咨询工程师资格考试、全国土地登记代理人职业资格考试。同年，全省全国审计专业技术资格考试的具体考务工作交由省人事考试中心负责组织实施，省审计厅只负责教材征订与培训工作，不再负责具体考务工作。

2005年，新增全国注册设备监理师执业资格考试、全国一级建造师执业资格考试、全国环境影响评价工程师执业资格考试、全国公安机关刑事科学技术和技术侦察队伍专业技术职位专业考试、安徽省二级建造师执业资格考试、安徽省房地产经纪人协理从业资格考试。同年，全国勘察设计行业新增注册土木工程师（港口与航道）、注册电气工程师（发输变电、供配电）、注册公用设备工程师（暖通空调、给水排水、动力）、注册化工工程师等7项资格考试（其中报名工作由省建设厅承担）。

2006年，全面推开全国专业技术人员计算机应用能力考试工作，安徽省专业技术人员计算机应用能力考试不再举行。

2007年，新增全国投资建设项目管理师、管理咨询师职业水平考试以及注册安全工程师资格考试。同年，全国勘察设计行业新增注册土木工程师（水利水电工程规划、水土保持、水利水电工程地质、水利水电工程移民、水工结构）、注册环保工程师等6项资格考试（其中报名工作由省建设厅承担）。

2008年，新增社会工作者职业水平考试、安徽省二级地震安全性评价工程师资格考试。

2009年，新增全国招标师职业水平考试。安徽省全国注册建筑师资格考试（2项）、全国勘察设计行业注册工程师资格考试（16项）考务工作均交由省人事考试院负责，省建设厅不再承担具体考务工作。

公务员考试

统一招录考试。1996年6月，安徽省首次举行省直机关招考公务员（工作人员）

考试,同年下半年,部分市(地)分别举行公务员(工作人员)招考工作。自此以来,我省公务员考试规模不断扩大,社会关注度不断提高,考试工作与时俱进,不断规范化、科学化,取得了长足的发展和进步。1997年,省直、市(地)机关统一举行全省公务员(工作人员)考试录用工作。1998年—2002年,因行政机构改革,全省公务员统一招考工作暂停。期间,部分市(地),公安、地税、工商等系统,合肥市公安局等部门分别单独举行招录公务员(人民警察)考试工作。2003年—2009年,全省连续7年组织全省公务员四级联考工作,报考人数逐年增加。

在考试设计方面,1996年—2002年期间,省直机关、市(地)分别单独进行公务员考录工作,各系统、各部门根据机构改革或用人需要单独进行考录。2003年开始,全省每年统一组织四级联考,将省直机关、市(地机关)、专门系统统一纳入四级联考,同时报名,同日考试,统一阅卷,统筹安排和规划,使得招录岗位明显增多,报考规模显著增大,社会影响力不断扩大。

在考试科目设置方面。1996年—2002年,考试科目除行政职业能力测试、公共科目(一)(二)外,还涵盖计算机类、法律类等9—10个专业类别。2003年—2007年,将原来的公共科目(一)(二)合并整合为综合知识科目(2008、2009年取消了该科目考试),不同职位类别仍然分类进行专业考试,专业科目逐步归类为申论、计算机类、法律类、财会类、外语类、公安业务类等专业科目类别。

在考试命题工作方面,2001年,组织了大规模的命题征题工作,有效地完善了公共科目试题库。此后,每年都组织有关专家对题库进行补充更新。

其他公务人员类考试。中央国家机关公务员安徽考区考务工作。自2001年起,连续9年组织中央国家机关及其直属机构考录公务员安徽考区的考务工作,报考规模逐年增加。同时,多次抽调阅卷老师赴北京、山东、河南、浙江等地参加中央国家机关公务员阅卷工作。

安徽省选调生考试。自1999年起,连续11年举行选调生选拔考试。选调生考试由省委组织部公务员管理处主管,报考对象为优秀应届高校毕业生和基层项目服务人员。11年来,选调生选拔考试为基层选拔了大量年轻干部。

政法干警定向培养招录考试。2009年,为法院系统、检察院系统、公安系统和司法系统等政法系统举行基层政法干警定向培养招录考试工作,有效充实了基层政法力量。

军队转业干部考试。自2006年起,连续4年举行营职以下军队转业干部安置考试,为全省军队转业干部提供了公平竞争的平台,为改进转业干部安置提供了新途径。

转制、改制录用公务员考试。1999年,首次举行从部分试点企业公安改制人员中录用人民警察考试;2002年,组织了从全省企事业单位公安机构体制改革中录用人民警察考试;2006年,举行了从全省公安机关合同民警等非警察身份中录用人民警察考试;2007年,组织了从原安徽省民用机场公安机构和原合肥市汽车站派出所民警中录用公务员考试;2008年,组织了森林公安转制考试;2009年,组织了铁路公安机关转制人员考试等。转制、改制考试工作，是公务员政策性考试的重要组成部分，理顺了管理体制，有效地解决了部门历史遗留问题。

全省公务员考试报考情况一览表（2003年—2009年）

表8-1-1

考试时间	报考人数	考试科目
2003年	48713	综合知识、行政职业能力倾向测试、申论、财会类、法律类、计算机类、动物科学、动物医学、法医、药学、质量技术监督、英语、俄语、韩语、日语、德语、面试
2004年	35879	综合知识、行政职业能力倾向测试、申论、计算机类、法律类、财会类、英语类、药学、税收、面试
	23077（市以下公安）	综合知识与行政能力、公安业务知识、计算机类、电子通信类、金融财税类、法医类、英语类、文秘类、法律类
2005年	44071	综合知识、行政职业能力倾向测试、申论、计算机类、法律类、财会类、英语类、药学、税收、日语、公安业务、面试
2006年	36217	综合知识、行政职业能力倾向测试、申论、计算机类、法律类、财会类、英语类、药学、税收、商务厅英语、面试
	16582（全省招警）	综合知识、公安业务
2007年	45458	综合知识、行政职业能力倾向测试、申论、计算机类、法律类、财会类、英语类、药学、日语、公安业务、面试
2008年	90718	行政职业能力倾向测试、申论、计算机类、法律类、财会类、英语类、药学、税收、日语、公安业务、面试
2009年	132497	行政职业能力倾向测试、申论、计算机类、法律类、财会类、英语类、药学、税收、日语、公安业务、德语、韩语、面试

中央国家机关公务员考试安徽省考区报考情况一览表（2001年—2009年）

表8-1-2

考试时间	报名人数	确认参考人数
2001年	1740	1044
2002年	2363	1493
2003年	3544	2674
2004年	6064	4570
2005年	10814	7570
2006年	19052	13403
2007年	29622	21102
2008年	40273	28573
2009年	50080	33463

安徽省选调生考试报考情况一览表（1999 年—2009 年）

表 8-1-3

考试时间	报考人数	考试科目	考试方式
1999		行政职业能力测验、综合知识	笔试
2000		行政职业能力测验、综合知识	笔试
2001	56	行政职业能力测验、综合知识	笔试
2002	50	行政职业能力测验、综合知识	笔试
2003	50	行政职业能力测验、综合知识	笔试
2004	120	行政职业能力测验、综合知识	笔试
2005	224	行政职业能力测验、综合知识	笔试
2006	428	行政职业能力测验、综合知识	笔试
2007	540	行政职业能力测验、申论	笔试
2008	586	行政职业能力测验、申论	笔试、面试
2009	1318	行政职业能力测验、申论	笔试、面试

政法干警考试报考情况一览表（2009 年）

表 8-1-4

考试时间	报考人数	考试科目	考试方式
2009	12379	行政职业能力测试、申论（本科 / 专科）、文化综合或民法学或《专业综合Ⅰ》《专业综合Ⅱ》	笔试、面试

安徽省军队转业干部考试报考情况一览表（2006 年—2009 年）

表 8-1-5

考试时间	报考人数	考试科目	考试方式
2006	148	公共基础知识	笔试
2007	671	公共基础知识	笔试
2008	567	公共基础知识	笔试
2009	402	公共基础知识	笔试

事业单位考试

自 2005 年起，连续 5 年组织了省直事业单位公开招聘考试。报考人数逐年增加，社会影响也逐年提高。考试科目设置方面，2005 年，仅进行职业能力测试科目考试，确保报考人员基本素质。2006—2007 年，采取职业能力测试、专业科目测试的方式进行考试，在考查报考人员基本素质的同时，对其专业知识、能力进行测查，考试科目最多达到22个专业。2008年开始，考试科目更改为职业能力测试和公共基础知识两个科目，专业测试由用人单位选择性进行，既确保了新进人员素质，又降低了多专业测试的难度和成本，提高了效率。

省直事业单位报考情况一览表（2005年—2009年）

表8-1-6

考试时间	报考人数	考试科目
2005年	1572	职业能力测试
2006年	2801	职业能力测试、22个专业
2007年	7579	职业能力测试、30个专业
2008年	14241	职业能力测试、公共基础知识（计算机、英语、写作）
2009年	14151	职业能力测试、公共基础知识（计算机、英语、写作）

支农 支教 支医 扶贫考试

自1999年起，连续11年举行了全省选拔高校毕业生到农村基层工作考试，同时完成了滁州等部分市（地）选拔高校毕业生到农村基层工作考试。2006年，这一考试变更为“三支一扶”考试，并沿用至今。“三支一扶”考试工作全省统一组织规划，专家队伍稳定，科目设置合理，每年稳定的向基层农村提供支农、支教、支医和扶贫工作新生力量，为农村基层农业、教育、医疗和扶贫工作提供了有效的智力支持。

大学生到基层（三支一扶）报考情况一览表（2001年—2009年）

表8-1-7

考试时间	报考人数
2001年	4142
2002年	3652
2003年	4399
2004年	6520
2005年	13028
2006年	4491
2007年	5254
2008年	9279
2009年	13157

大学生村官考试

自2008年起，由省委组织部农村组织处主管，连续2年举行从优秀毕业生中选聘大学生村官考试。大学生村官报考对象明确,工作去向和工作安排清晰,有效的补充了村级、社区的年轻工作力量,提高了基层管理的知识化水平。

大学生村官报考情况一览表(2008年—2009年)

表8-1-8

考试时间	报考人数
2008年	3373
2009年	7712

技工、技师考试

1997—1999年,连续三年举行了三批技术工人等级考试;2002年,举行了全省机关事业单位工人技术等级考试;2003年,组织了全省事业单位烹饪工种技师资格考试;2004年、2005年,组织了全省机关事业单位工人技师资格考试和工人技术等级考试;2007年,举行了全省技师考试;2009年,举行了全省机关事业单位工人技术等级考试。工人技术等级考试和技师资格考试为广大的技术工人群体提供了公平竞争的平台,为提高技术工人素质、激发工作热情提供了有力保障。

技师、技工考试报考情况一览表(1998年—2009年)

表8-1-9

考试时间	项目	报考人数
1998年	技工	6931
1999年	技工	11415
2002年	技工	21549
2003年	技师	504
2004年	技师	609
2005年	技工	20092
2007年	技师	1267
2009年	技工、技师	43987

社会化考试

在完成国家、省下达的政策性任务的前提下,充分发挥自身优势,积极拓展社会化考试市场。自1997年承接社会化考试开始,社会化考试项目逐年增加,参考人数不断增多,至今已接受了省内外上千家单位委托命题及考试工作,服务范围涉及全国多个省(市),进一步树立了优质服务的品牌形象,提升了安徽省人事考试品牌的影响力和知名度。

社会化考试报考情况一览表（2001年—2009年）

表8-1-10

考试时间	考试项目数	报考人数
2001年	24	5915
2002年	30	5900
2003年	46	9824
2004年	53	7115
2005年	70	14972
2006年	69	13872
2007年	63	19193
2008年	50	21000
2009年	46	20000

人事考试安全体系建设

制度建设。2000年，为保障人事考试工作正常、有序进行，省人事厅印发《安徽省人事考试工作规则（试行）》（皖人发〔2000〕36号），同年，为严格和规范人事考试管理，严肃考风考纪，保护应考人员合法权益，保障考试工作人员依法履行职责，保证人事考试工作客观、公正和考试质量，省人事厅、教育厅、监察厅联合印发《安徽省人事考试违纪处理规定》（皖人发〔2002〕77号）。指出：参加人事考试的考生，从事、参与人事考试的主考、监考、命题、阅卷人员和考试组织管理人员（统称考试工作人员）及其他有关人员，违反人事考试纪律的，除法律、法规和国家人事部另有规定的，按《规定》处理。省人事厅主管全省违反人事考试纪律的处理工作。各市、县（市）人事部门负责本行政区域内违反人事考试纪律的处理工作。上一级人事部门可以撤销或变更下一级人事部门所作出的处理决定。对考生、考试工作人员及其他有关人员违反人事考试纪律的处理，应做到事实清楚、适用规定准确，并建立有关违纪档案记录以供存查。处理机关应将有关处理决定适时通知被处理人单位。对考生违反人事考试纪律的处理方式分为：清退出考场、取消考试成绩、停考、通报批评、向考生所在单位或向社会公示。对考试工作人员及其他有关人员违反人事考试纪律的处理方式分为：当即撤换、取消考试工作资格、调离考试工作岗位、通报批评、取消专业技术职务评（聘）资格，并不得在年度考核中确定其为称职（合格）以上（含）等次。考生、考试工作人员或其他有关人员违反人事考试纪律，其行为已构成违反行政纪律的，各级人事部门应当移交行政监察机关或任免机关依法追究行政责任；其行为已构成犯罪的，移送司法机关依法追究刑事责任。考生有下列情形之一的，取消其本科目考试成绩：在答卷规定以外的地方填（涂）姓名、准考证号码的；用规定以外的纸或笔答题的，或不按规定的要求答题的；在试卷上作其他标记的；夹带、抄录、偷看资料的；开考30分钟后仍未在规定的考场和座位上参加考试，或考试期间未经允许擅自离开座位、考场的；携带通讯工具或其他非考试规定用品进入座位，不按规定处理的；交头接耳，互打暗号、手势的；开考信号发出前答题的，或考试终了信号发出后拒不按时交卷的；将试卷、答卷或草稿纸带出考场的，或故意损坏试卷、答卷的。考生有下列情形之一的，取消其本科目考试成绩，并停考1年，必要时书面通知考生所在单位（非在职人员通知其所在街道）：偷看他人答卷或抄袭他人答案的；传递纸条、交换答案或试卷的；利用其他非考试规定的用品、手段作答的；有意让他人抄袭答案，或利用其他方式协助他人答题的；有其他违反考场规则行为，经监考人员警告无效的。考生有下列情形之一的，清退出考场，取消其全部科目考试成绩，停考3年，视情节轻重予以通报批评，向考生所在单位或社会公示：使用假证件、证明、档案以取得考试资格的；找人替考或代别人参加考试的；填（涂）他人姓名、准考证号码或偷换答卷的；使用通讯工具或其他电子设备储存、传递（输）答案的；串通监考等工作人员进行舞弊的；有其他严重舞弊行为或严重违反考场规则行为的。考生或其他有关人员有下列情形之一的，除按第九条规定处理外，必要时交由公安机关处理：破坏、损坏考试设施（设备）的；扰乱报名点、考场、评卷场等考试工作场所秩序的；侮辱、诽谤、诬陷考试工作人员，侵犯其人身权利，妨碍工作人员执行公务的；对考试工作人员及其亲属进行恐吓或打击报复的。考试工作人员或其他有关人员，有下列情形之一的，予以当即撤换。情节较重的，给予通报批评、取消当年或下年度专业技术职务评（聘）资格等处理，并不得在年度考核中确定其为称职（合格）以上（含）等次：不履行职责，擅自离岗或从事与考试工作不相适宜的事情，影响考场、考点秩序的；在监考中不负责任，对拆封、回收试卷，不按有关规定、程序操作，或不执行考场纪律，对考生作弊、违纪行为不予制止、记录的；擅自提前开考或延长考试时间的；利用工作之便，为考生调换考场或座位，暗示或提示考生答题，以及为考生作弊提供其他条件的；在监考、阅卷工作中，擅自将试卷、答案带出或传出考场或评卷场所，或丢失、损坏答卷，造成一定后果的；命题及有关工作人员参与本次同一专业考试培训授课或辅导的；隐瞒实情，不执行考试工作回避制度的；在命题、编制试卷或试卷接送、保管过程中，因过失泄露国家机密，造成一定后果的；在命题、阅卷、评分或成绩信息管理中，未严格按有关规定、程序操作，给考试工作造成不良影响的；干扰、妨碍有关机关调查、核实考试工作情况的。考试工作人员或其他有关人员，有下列情形之一的，取消考试工作资格，调离考试工作岗位，并通报批评：为不具备参加人事考试资格条件的人员提供假证明、证件、档案或采取其他方式，使其取得报考资格的；疏于管理或玩忽职守，造成考场、考点秩序混乱的；发生泄密事件或大面积舞弊，隐情不报，未及时采取补救措施的；在命题、制卷或试卷接送、保管过程中，发生失、泄密事件的；在命题、制卷、阅卷或报名、成绩信息管理中，违反操作程序和有关规定，擅自更改试题答案、评分标准或篡改、更换有关考试数据、成绩的；擅自发放考试合格证书或提供考试成绩证明的；包庇、纵容、掩盖考生舞弊行为，或伙同考生作弊的；

打击、报复考生或侵犯考生人身权利，损害考生利益的；不按考试有关规定操作，给考试工作造成重大失误的。省人事厅对下列情形的考试宣布无效，并会同有关部门报国家人事部和有关业务主管部门备案。1. 有下列情形之一的，该考场考试无效：考试工作人员严重失职，考试纪律松弛，秩序混乱，考生舞弊、抄袭人数达本考场的三分之一以上，或同一考场内一科三分之一以上答卷雷同的；考试工作人员纵容考生作弊或有意为考生作弊提供条件，考场秩序失控，造成考生集体舞弊的。2. 有下列情形之一的，该考区考试无效：试题被泄露并有一定传播范围的；组织不力，制度不严，考场秩序普遍混乱，作弊严重的。考区、考点或部分考场发生上述违纪情况，除通报全省取消该考区、考点当年及下一年度承办人事考试资格外，并追究该考区、考点主要负责人及直接责任人的行政责任。

2002 年 10 月，省人事厅修订印发《安徽省人事考试工作规则》（皖人发〔2002〕78 号）。指出，人事考试必须坚持客观、公正、科学、规范的基本原则。省政府人事部门是人事考试的主管部门。全省人事考试工作在省人事厅统一领导下进行。必要时，经批准也可委托设区的市人事部门或省直有关单位按本规则组织实施。特殊情况按有关规定执行。省人事考试中心为省人事考试机构，负责全省各项人事考试工作，以及社会化考试、人才测评等业务；负责指导、协调各市、县人事考试工作。市、县人事考试机构分别承担市、县人事考试的组织实施工作。人事考试包括专业技术资格考试、专业技术人员执（职）业资格考试以及其他与职称评聘有关的专项考试；录（聘）用国家机关公务员（工作人员）和事业单位工作人员考试；机关、事业单位工人技术等级考核；其他人事考试。主要环节有发布考试信息、报名与审查资格、收费、办理准考证、命题制卷、实施考试、阅卷登分、公布成绩、发放证书、管理考试信息等。人事考试纪律按安徽省人事厅、监察厅、教育厅《安徽省人事考试违纪处理规定》等有关规定执行。保密工作遵守和执行《中华人民共和国保守国家秘密法》以及人事部、国家保密局联合发布的《人事工作中国家秘密及其密级具体范围的规定》和《人事工作中国家秘密及其密级具体范围的补充规定》。回避制度参照《国家公务员暂行条例》的有关规定，凡与考生有夫妻关系、直属血亲关系、三代以内旁系血亲以及近姻亲关系的工作人员，应当主动申请回避。规则要求，政府人事部门应当在考试前向社会发布考试信息。全省统一考试的报名工作，除另有规定外，按照分级管理和属地原则进行。省人事考试中心负责对全省考生报名工作和报名信息进行统一管理，并具体办理规定范围内的考生报名手续。全省统一考试的准考证号码，除另有规定外，由省人事考试中心编排。在肥的省直和中直驻皖单位考生的《准考证》由省人事考试中心统一制发，设区的市人事局按属地原则负责印制和发放本地考生的《准考证》。《准考证》应当加盖人事部门印章。省人事厅或经授权、委托的市人事局和省直、中直有关单位，根据考试的目的、性质和规模确定命题方式和命题原则。同级人事考试机构负责命题的组织实施工作。命题包括命制试题、编制试卷、制订参考答案和评分标准。方式有入闱命题、征题组卷、题库组卷、委托命题等。命题人员由人事考试机构选聘具备相应资格和条件的人员担任。人事考试机构须与命题人员签订《命题协议书》,内容包括命题要求,命题人员的职责、权利以及纪律与保密规定等。试卷必须经专人审校无误,由主管领导审定签字后付印。试卷一律实行单科包装,严禁混装。试卷袋、参考答案和评分标准封面应当标明“绝密”字样,并注明解密时间。试卷、参考答案和评分标准启用前属绝密级国家秘密载体,任何单位或个人不得以任何理由提前启封。领取试卷须持考试主管部门(机构)介绍信。交接时,双方应当清点核对试卷数量和种类,检查密封、包装情况,并履行签字手续。试卷须由两人以上专人专车运送,严禁无关人员搭乘运卷车。试卷应于当日运抵目的地,并妥善保管。试卷在启用前必须存入保密室或试卷库,必要时可安排两名以上人员昼夜值班看守。考区保存试卷的时间,除特殊情况外,考前不得超过两天,考试结束后不得超过一天。负责保管试卷的单位在考试成绩公布 6 个月后按照国家有关保密规定对考生答卷进行监督销毁。全省统一考试,以设区的市为单位设立考区,各考区设若干考点。县(市)一般不设考点,确需设置的,须经省人事厅批准。考点应为交通、通讯条件良好,环境适宜的场所。人事考试机构应当在考试前与有关考点单位签订协议,明确工作任务、职责、权利和要求,并对考点、考场进行检查验收。考场应为安全、安静、卫生、光线较好的平面室内场所。每个考场考生人数一般不超过 30 人,座位必须保证单人单桌。每个考场配备 2 至 3 名监考人员,必要时,楼层设若干流动监考人员。监考人员在主考领导下按《考场规则》《监考人员守则》实施监考工作。监考人员于每场考试前 30 分钟通过抽签确定所在考场。主考、监考等考试工作人员执行公务时应佩戴由设区的市以上政府人事部门统一印制的证件。省人事考试中心在全省统一考试时设总值班室,安排专人值班,做好值班记录。考区所在市人事部门也要安排值班,值班电话和值班人员名单应于考试前报省人事考试中心。除特殊规定外,值班时间一般为开考前一小时至考试结束后 30 分钟。各级政府人事部门在考试期间可邀请纪检、监察、新闻部门或聘请监督员参加考试监督工作。省人事厅视情派巡考人员和督查组赴考区巡视检查。巡视、督查人员执行公务,应当自觉接受被检查对象和社会的监督。公民或组织对巡视、督查人员的失职或违纪行为,有权向其所在单位、上级机关或行政监察机关检举、控告。受理检举、控告的机关应当及时查处,并将查处结果告知检举人、控告人。阅卷要选择外界干扰小、利于保密、便于集中的场所进行。应选聘作风正派、责任心强、业务水平高、有一定阅卷经验、身心健康的人员担任阅卷人员。人事考试机构应当在阅卷前与有关责任单位或责任人签订阅卷协议,明确双方的责任和权利。可视情与承担阅卷任务的责任单位及阅卷人员代表组成阅卷协调组负责阅卷组织工作和业务指导,负责组织专人对阅完的试卷进行复查、核分,防止和纠正错漏,有权撤换阅卷人员。阅卷中发现大面积违纪、同一考场雷同试卷超过三分之一或其他异常情况,必须迅速查清原因,并及时报告有关人事考试机构。采用光电阅读机阅卷时,须有两人以上共同操作。已拆封的答题卡必须于当日完成扫卡工作。阅卷人员不得涂改答题卡答题信息点,确因答题卡破损或考生填涂不规范等原因造成光电阅读机无法阅读而须重新填涂的，应征得阅卷负责人同意，并在其他工作人员监督下进行填涂。当日阅卷结束，要将有关数据备份到软盘中，密封后由专人分别保管。考试成绩信息的存储，必须采取技术手段加密，严禁和防止人为改动。同时要加强磁盘的使用管理，防止计算机病毒感染。考试成绩在公布前，按秘密级材料管理，任何人不得泄露。人事考试机构应当按规定时限将考试分数向社会公布或通知有关单位和考生本人。考生可持本人《准考证》和有效身份证件，在规定时间内，到指定地点申请查卷。设区的市以上人事部门受理后按规定办理有关查卷手续。查卷是指对查卷申请人在答卷上所做的答案有无漏评、漏统，计分、登分是否准确，是否有违纪记录或其他异常情况等进行复查。由光电阅读机阅卷的答题卡和对主观题评分标准的掌握不属于查卷受理范围。查卷工作必须两人以上共同进行，并履行登记签字手续。对查卷中发现的分数误差，须经主管领导核准签字后，予以更正，并书面通知有关单位和考生本人。

人事考试机构必须按照有关规定对考试经费严格管理。各项考试收费必须严格执行省财政厅、省物价局批准的收费项目和收费标准，不得额外收取费用和擅自提高收费标准。各项考试经费主要用于考试宣传、报名与资格审查、人员培训、场地租用、命题、制卷、阅卷、试卷接运、设备更新维护、题库建设、考试科研等开支，不得挪作他用。《规则》附件，分别对考场规则、主考人员职责、监考人员守则、命题人员守则、阅卷人员守则、登分人员守则、巡考人员职责、督查人员职责进行了明确。

2003 年 6 月，省人事厅印发《安徽省专业技术资格考试考务工作考评办法（试行）》（皖人办发〔2003〕61 号）。

2008 年 11 月，为有效预防和稳妥处置人事考试过程中的突发事件，维护人事考试的公正性和严肃性，保障人事考试安全、有序进行，省委组织部、省人事厅、教育厅、公安厅、监察厅、卫生厅、信息产业厅、国家保密局、省电力公司联合制定印发了《安徽省人事考试突发事件应急预案》。指出，预案适用于处置在全省各级人事考试机构组织的公务员招录、事业单位招聘、专业技术资格和执（职）业资格、职称外语、计算机应用能力、工人技术等级、社会委托等各类考试活动中发生的突发事件。工作原则是居安思危，预防为主；依法规范，加强管理；统一领导，分级负责；快速反应，协同应对。预案所称突发事件是指影响人事考试正常进行或对人事考试工作造成不良影响的突发情况。按性质、程度、范围和可控性等因素，分为三级：对人事考试产生特别重大影响的突发事件（Ⅰ级）、对人事考试产生重大影响的突发事件（Ⅱ级）和对人事考试产生影响的突发事件（Ⅲ级）。成立由省委组织部、省人事厅牵头，省教育厅、省公安厅、省监察厅、省卫生厅、省信息产业厅、省国家保密局、省电力公司等单位组成的省人事考试突发事件应急处置协调小组，负责在考试期间统筹协调，快速有效地处置全省范围内各类人事考试突发事件。应急处置协调小组下设办公室，负责协调日常事务。办公室设在省人事考试院，办公室成员由协调小组成员单位相关处室负责人组成。协调小组办公室根据实际情况聘请有关专家组成专家组，为应急管理提供建议。各市相应成立市级人事考试突发事件应急处置协调小组,负责在考试期间快速有效地应对并及时向省应急处置协调小组上报本地区发生的人事考试突发事件。发生人事考试突发事件时,人事考试部门应立即向分管领导和主要领导汇报,经厅(局)长办公会研究,会同有关部门召开应急处置协调小组成员单位会议,分析事件发生情况,确定突发事件等级,并根据事件等级作出相应级别的应急响应,启动突发事件应急预案,以迅速高效的工作机制和科学规范的工作方法,妥善处置突发事件。在特殊情况下,也可在向分管领导和主要领导汇报后,先行按规定开展应急处置工作,再按程序召开应急处置小组成员单位会议,启动突发事件应急预案。发生Ⅰ级事件时,属于市级考试的,所在市人事考试机构应立即报告市应急处置协调小组,市应急处置协调小组接到报告后迅速上报省应急处置协调小组,省应急处置协调小组应协同市应急处置协调小组立即开展应急处置工作;属于省级考试的,省级人事考试机构应立即报告省应急处置协调小组,迅速开展应急处置工作。发生Ⅱ级事件时,属于市级考试的,所在市人事考试机构应及时报告市应急处置协调小组,市应急处置协调小组接到报告后应迅速开展应急处置工作,并及时向省应急处置协调小组报告,省应急处置协调小组应对应急处置工作进行指导;属于省级考试的,省级人事考试机构应立即报告省应急处置协调小组,迅速开展应急处置工作。发生Ⅲ级事件时,属于市级考试的,所在市人事考试机构应及时报告市应急处置协调小组,市应急处置协调小组应迅速开展应急处置工作,并报省应急处置协调小组备案;属于省级考试的,省级人事考试机构应立即报告省应急处置协调小组,迅速开展应急处置工作。省、市应急处置协调小组要针对各种可能发生的突发事件,建立和完善信息采集分析机制、预测预警机制。应安排专人进行信息监测,并对所获信息进行全面分析。当出现突发事件苗头或隐患时,相关人员要在第一时间及时、如实地向相关部门报告,不得迟报、瞒报、漏报、谎报。报告事项应包括时间、地点、事件性质、影响范围、发展趋势及拟采取措施等,并做好书面记录。应根据信息监测分析结果,对可能发生的突发事件进行预警,发布预警报告。根据突发事件可能造成的危害程度、紧急程度和发展态势,将预警级别划分为三级:Ⅰ级(特别严重)、Ⅱ级(严重)、Ⅲ级(一般),依次用红色、橙色、黄色表示。预警报告内容应包括突发事件类别、预警级别、可能的影响范围、警示事项、拟采取措施等。省、市应急处置协调小组办公室应针对考试期间可能发生的突发事件类型,制定专门的通信保障方案与措施,建立考试信息沟通机制,实行突发事件逐级报告制度。应针对考试期间可能发生的突发事件类型,加强业务培训,建立联动协调机制,做到分工具体、责任明确、相互配合,为突发事件应急处置提供相应的人员保障。应为突发事件应急处置过程中的相关工作提供技术支持,确保相关技术问题高效、顺利解决。应在年度预算中设立突发事件预防和处置专项经费,用于组建应急队伍、组织应急演练、对考务人员进行培训、配置必要的技术设备及表彰奖励等。省、市应急处置协调小组办公室应协同有关部门加强对突发事件应急处置工作的监督管理,严格措施,强化责任,做好宣传、监督、奖惩等工作。应加强与媒体的沟通协调,树立正确的舆论导向,积极主动地做好人事考试突发事件应急管理过程中的宣传报道工作。应对相关制度、程序、措施的拟订和落实情况进行监督检查。人事考试突发事件应急处置工作实行领导负责制和责任追究制。对迟报、瞒报、漏报、谎报人事考试突发事件或有关情况的，或在处置突发事件中有失职、渎职行为的，依据有关规定对责任人员给予处理；构成犯罪的，依法追究单位及相关人员刑事责任。对在人事考试突发事件应急管理工作中做出突出贡献的先进集体和个人给予表彰和奖励。《预案》印发后，各成员单位根据职责分工要求，加强协作配合，有力地保障了各项人事考试工作安全顺利进行。应急处置协调小组多次召开联席会议，在考前对中央机关及其直属机构公务员招录、全省党政机关公务员招录及全国职称外语等级统一考试等大型考试突发事件应对工作进行安排部署，对保障考试安全，维护社会稳定发挥了重要作用。

2009 年 1 月，为推进安徽省专业技术人员计算机应用能力考试考务工作的制度化、程序化、规范化，省人事考试院制定印发《安徽省专业技术人员计算机应用能力考试考务工作规程》。依据考试实施环节，对全省专业技术人员计算机应用能力考试的工作原则、组织管理、成绩管理、证书管理、题库管理、信息管理等进行了明确规定。对安徽省专业技术人员计算机应用能力考试工作人员职责、考试考场规则进行了明确规定，对考试考区系统设置、考点系统设置、报名点系统设置等提出明确要求。

在加强业务安全制度建设的同时，省人事考试（中心）院十分注重内部制度建设，规范内部管理，就民主决策、财务管理、工作纪律等问题制定出台了《院长办公会议规定》《财务管理规定》《固定资产管理规定》《文档管理规定》《公务接待管理规定》《公务车辆管理规定》《办公用品管理规定》《请销假及休假制度》《合格证书发放管理规定》《安徽省人事考试网管理规定（试行）》《聘用人员管理规定（试行）》等。

人事考试信息化建设

2004 年，安徽省人事考试网站建立。历经优化改版，网站已经具备了考试信息发布、报名缴费、准考证打印、成绩查询、考生留言等考试远程服务功能。网站访问量突破 3100 万。

2005 年，首次在计算机技术与软件资格（水平）和二、三级翻译专业资格（水平）考试中试点实行网上报名。报考人员通过网络，在报名期限内随时随地提交报名信息，查询报名结果，打印考试准考证，极大地方便了报考人员，提高了工作效率。

2006 年，在总结试点经验的基础上，网上报名工作逐步推广到职称外语、医古文、古汉语、经济专业技术资格考试及全省招警等大型考试中。同年，在芜湖、铜陵、安庆三市的职称外语、医古文、古汉语、计算机技术与软件资格（水平）考试及全省经济专业技术资格考试中试点实施网上缴费。同年，在全省公务员招录、“三支一扶”考试中实行网络化阅卷。通过计算机网络化阅卷系统，将主观题答卷扫描为电子图像，阅卷人员通过电脑终端打分，阅卷系统自动进行合成和复核，实现了阅卷的实时监控。同时采用“2+1”评卷模式，减少因阅卷人员个人原因而造成的评卷误差，极大地提高了阅卷效率和科学性。

2008年，网上报名范围进一步扩大，除部分社会委托考试外，全部实行网上报名；网上缴费范围扩大到全省党政机关公务员招录、省直事业单位招聘、选调生、大学生村官、政法干警培养体制改革、职称外语、医古文、古汉语、经济专业技术资格、计算机技术与软件资格（水平）、房地产经纪人协理、计算机应用能力、律师专业技术资格等考试中；网络化阅卷范围扩大到全省党政机关公务员招录、省直事业单位招聘、选调生、大学生村官、政法干警培养体制改革等考试中。

2009年，省人事考试院在新基地建设中，重点加大人事考试信息系统建设，建成专用考试网、内部办公网和公众互联局域网三套网络系统，并实现完全物理隔离。5月，省人事考试院印发了《安徽省人事考试信息化建设五年规划》，提出了统筹规划、整体推进全省人事考试信息化建设的思路，以及用5年时间在全省范围内构建人事考试网站、考生数据库、考试资料库、公众互联网、内部办公网、考试（阅卷）专用网、考务管理系统、网上监巡考系统、办公自动化系统、视频会议系统、机房、保密室、档案室、阅卷室、服务大厅等一站、两库、三网、四系统、五用房的总体目标。

人事考试工作队伍建设

专家队伍建设。1996年，为适应人事考试工作发展的需要，提高人事考试工作的科学性、公正性和权威性，省委组织部、省人事厅面向全省征聘了一批专家，初步建立了安徽省人事考试命题、阅卷两个专家库。之后，依托有关高校、科研院所及机关、企事业单位，省人事考试（中心）院每年都对两个专家库进行扩充更新。

监、巡考队伍建设。积极协调教育主管部门，认定了一批组织管理严、人员素质高、硬件设置好、具有一定考试组织实施经验的学校作为人事考试的定点学校。每次考试前，都要召开考点学校考务会，加强对考点学校的监督指导和业务培训，逐步建立起一支素质过硬、业务熟练、敢抓敢管的监考人员队伍。同时，通过组织程序，从全厅各处室、单位抽调干部职工担任巡考人员。每次大型考试前都组织召开巡考人员会议，针对考试特点进行专门培训和指导，逐步建立起一支具有很强原则性和责任意识的巡考人员队伍。

工作队伍建设。通过举办各类培训班，提高考务工作人员业务能力。2000—2009年，每年定期举办全省人事考试信息管理培训班，提高工作人员信息技术应用能力。同时积极鼓励干部职工通过考试等形式取得各类专业技术资格，培养了一批专业技术业务骨干。

第二节 人事争议仲裁工作

人事争议仲裁组织机构建设

1994—2009年，随着人事制度改革的深入、人才资源开发的进程，1999年1月省政府办公厅发出《关于成立省人事争议仲裁委员会的通知》（皖政办秘〔1999〕9号），成立省人事争议仲裁委员会，省人事争议仲裁委员会办公室设在省人事厅，副省长杨多良任主任，省政府副秘书长张俊、省人事厅厅长丁道荣任副主任，省教委主任陈贤忠、省科委副主任王百江、省人事厅副厅长张勇、省劳动厅副厅长夏邦文、省法制局副局长蒋传华、省人事厅调配处长贾立堂为委员，张勇兼任办公室主任。1999年6月，省人事争议仲裁委员会办公室聘请首批仲裁员28名。

2003年8月，根据工作需要，报经省政府同意，对省人事争议仲裁委员会成员进行了调整（皖仲裁〔2003〕1号）。省委常委、省政府常务副省长任海深任主任，省政府副秘书长张良庆、省人事厅厅长张耀文任副主任，省教育厅厅长陈贤忠、省科技厅厅长唐承沛、省人事厅副厅长张勇、省劳动厅副厅长陈晓玲、省法制办副主任程利民为委员。2007年，省人事争议仲裁委员会办公室聘任人事争议仲裁员31名，其中，陈义悟（省人事争议仲裁员会办公室主任）、唐佳（省人事争议仲裁员会办公室副主任）、王智三人为专职仲裁员；黄河清等28人为兼职仲裁员。

2008年7月，鉴于人事变动，报经省政府同意，对省人事争议仲裁委员会成员进行调整（皖人仲〔2008〕1号）。省委常委、省政府常务副省长孙志刚任主任；省政府副秘书长张秋保，省人事厅厅长刘莉任副主任；王林建、陈晓玲、程利民、李明扬、周晓刚、夏训发、邓顺华、王秉玉、吴园阔、刘光法、王忠、袁超、高峰、周先意、李坤刚、董辉军、范成刚、陈义悟、赵勇为委员。

安徽省人事争议仲裁委员会办公室，为省人事厅直属事业单位，处级建制，列入全额预算事业单位管理序列，核定事业编制10名，其中主任1名、副主任1名、工作人员8名。主要职责是负责人事仲裁案件的受理、文书送达、档案管理、费用收取与管理等日常工作，办理省仲裁委员会授权的其他事宜。2001年1月，安徽省人事争议仲裁委员会办公室列入依照国家公务员制度管理，核定依照国家公务员制度管理职位9个（皖人办发〔2001〕26号）。

人事争议仲裁制度建设

1997年9月，省人事厅发出《关于转发人事部〈人事争议处理暂行规定〉的通知》（皖人发〔1997〕64号），全省逐步开展人事争议仲裁工作。

1998年9月，省政府发出《关于印发〈安徽省人事争议仲裁暂行规定〉的通知》（皖政〔1998〕37号）。为全省开展人事争议仲裁工作提供了法定依据。

1999年7月，省人事厅制定印发《人事争议仲裁委员会组织规则》和《人事争议仲裁委员会办案规则》（皖人发〔1999〕31号）。

2000年2月，省人事厅发出《关于转发人事部〈人事争议处理办案规则〉和〈人事争议仲裁员管理办法〉的通知》（皖人发〔2000〕22号），进一步加强人事争议仲裁业务。

2001年5月，省人事厅发出《关于贯彻落实〈安徽省人事争议仲裁暂行规定〉的通知》（皖人发〔2001〕33号），要求全省各地加大组织机构建设的力度，积极推进人事争议仲裁工作开展。

2007年9月，省人事厅会同省委组织部、省军区政治部转发中共中央组织部、人事部、总政治部联合颁发的《人事争议处理规定》（皖人发〔2007〕85号），明确适用范围是：实施公务员法的机关与聘任制公务员之间、参照公务员法管理的机关（单位）与聘任工作人员之间因履行聘任合同发生的争议，事业单位与工作人员之间因解除人事关系、履行聘任合同发生的争议，社团组织与工作人员之间因解除人事关系、履行聘任合同发生的争议，军队聘用单位与文职人员之间因履行聘任合同发生的争议，依照法律法规规定可以仲裁的其他人事争议。

2008年7月，省人事厅转发人力资源和社会保障部办公厅《关于人事争议仲裁适用有关法律问题的答复意见的函》的通知（皖人发〔2008〕77号），明确目前各地人事争议仲裁机构的设立、组成和案件管辖等，继续执行国家《人事争议处理规定》。

人事争议仲裁工作开展

2003年，省人事厅加强工作的检查指导，积极开展调研工作，推动仲裁工作的全面开展。全省成立人事争议仲裁委员会55个，其中，13个市成立仲裁委；38个县（市、区）成立仲裁委，各级仲裁委聘请专兼职仲裁员307人。省仲裁办先后到六安、淮南、合肥、亳州、池州、宣城、巢湖等市分类指导，督促尽快建立组织，开展工作。分别到合肥、淮南、六安、巢湖等市进行现场办公，将他们“拿不准”是否能受理的18个案件，逐件帮助分析、找准政策依据，指导办案。为了加快仲裁员队伍建设，采取多种方式加强对仲裁员的培训，不断提高仲裁员的基本素质，举办两期人事仲裁业务培训班，组织到全国人事仲裁工作先进地区学习考察，组织仲裁员到法院学习民事案件的审理和执行的程序，到劳动仲裁委学习劳动仲裁的开庭程序，并且选择典型案例进行模拟开庭。全省共受理人事争议案件113件，其中调解101件，不仅较好地化解了矛盾，而且维护了当事人的合法权益。

2004年，着力夯实基础、健全机制，把人事争议仲裁机构和相应法规制度建设作为首要任务。各市县人事争议仲裁机构建设有了较快的发展，至年底全省成立仲裁机构79个，聘请专兼职仲裁员511人，专职兼工作人员82人。安庆市、铜陵市以政府令的形式分别出台了《安庆市人事争议仲裁暂行规定》《铜陵市人事争议仲裁暂行办法》；六安市政府出台了《六安市人事争议仲裁试行办法》；淮北市人事局制定了《淮北市人事争议仲裁暂行规定》《淮北市人事争议仲裁委员会组织规则》《淮北市人事争议仲裁委员会办案程序规则》《淮北市人事争议仲裁庭开庭审理程序》和《淮北市人事争议仲裁庭规则》；合肥市人事局制定了《合肥市人事争议仲裁委员会组织规则》和《合肥市人事争议仲裁委员会办案规则》；宣城市人事局印发了《宣城市人事争议仲裁工作服务指南》。全省共受理案件219件，开庭审理3件，处理来信来访160多起。安徽省《积极开展人事争议仲裁工作竭力维护社会稳定》的材料在全国人事争议仲裁工作会议交流。

2005 年，重点推进县（市、区）人事仲裁机构建设，收到显著成效。全省 17 个市已经全部成立人事争议仲裁委员会和办公室，合肥、淮北、宿州、安庆、铜陵等市的仲裁办定为副县级机构，芜湖、巢湖两市仲裁办主任按副县级高配。已有 92 个县（市、区）相继建立人事争议仲裁机构，比上年底增加了 30 个，其中有不少按副科级设置。大部分市县根据形势的发展，对仲裁委员会成员进行了多次调整、充实和加强。组织机构的不断健全，为人事争议仲裁工作的开展提供了有力的组织保障。为总结交流人事争议仲裁工作经验，推动人事争议仲裁工作的发展，开展了人事争议仲裁工作互查评比活动，17 个市对照互查内容和分值互相进行量化测评，评出全省人事争议仲裁工作先进集体 13 个，《中国人事报》12 月 9 日作了专题报道。

2006 年，以加强人事仲裁队伍建设和调解人事争议纠纷为重点，积极推进各项工作。修改和更新《人事争议仲裁受案范围和时效》《人事争议仲裁管辖范围》，公布《安徽省人事争议仲裁流程图》，方便当事人，提高工作效能。全省人事仲裁队伍建设取得新进展，已有 95 个县（市、区）成立仲裁委、98 个县（市、区）成立仲裁办；工作人员 191 人，其中专职 67 人、兼职 124 人；聘任的仲裁员 1013 人，其中专职 175 人、兼职 838 人。为人事争议仲裁工作的开展提供了有力的组织保障。4 月 12 日至 14 日，在绩溪县举办“全省人事争议仲裁员职业资格培训班”，来自全省各市县人事局仲裁办主任、部分分管局长 140 人参加了培训，经考试合格的 103 人取得了由省人事厅颁发的《安徽省人事争议仲裁员职业资格证书》。这是全省探索人事争议仲裁员职业资格制度，推进人事争议仲裁员管理工作规范化、制度化的首次尝试。11 月 3 日，在滁州召开“人事争议案件处理交流研讨会”，交流研讨安徽省各地开庭或书面裁决的人事争议案件十起，进一步规范办案程序，提高办案能力。人事部派员参加会议并给予好评。广泛收集人事争议仲裁相关政策法规和省内外各种人事争议处理案例，编印了《人事争议处理案例及依据选编》，为基层人事争议仲裁工作提供实用的业务学习和工作参考资料。加强了对基层仲裁工作及办案的指导。

2007 年，立案处理各类人事争议案件 26 起，接待来信来访来电 140 多起，涉及离退休、编制、职称评议、事业单位转企改制、人员流动等人事管理各方面问题，坚持仲裁和谐、亲情服务、谦和办事、尽力调解的原则，耐心解答，疏导情绪，化解矛盾。继续加强组织队伍建设，着重推进县级仲裁机构的设立，努力扫除机构建设方面的空白点。在我办的督促和指导下，淮南市新成立了潘集区仲裁办，马鞍山市新成立了当涂县仲裁办。全省各级仲裁机构已经初步建了一支 1000 多人的专兼职仲裁员队伍和约 200 人的工作人员队伍。省仲裁委重新聘请了 31 位专、兼职仲裁员，初步建立了仲裁员库，夯实了人事争议仲裁工作赖以发展的基础。紧抓业务学习和培训，努力提高专业化素质。举办了“全省人事争议仲裁业务培训班”，110 多人参加了培训。召开了全省人事争议仲裁工作交流暨案例研讨会。派员参加了在江苏召开的第二届华东片人事争议处理工作会议，撰写《浅议〈劳动合同法〉对人事争议处理工作的影响》和《浅探人事聘用违约金制度》两篇论文在会上交流。9月25日，省仲裁办在与省委组织部、省军区政治部就机关聘用制公务员、部队聘用制文职人员与机关、部队发生的人事争议的处理问题进行协调后，联合转发了《人事争议处理规定》(国人部发〔2007〕109号文)，要求各地、各部门结合实际贯彻执行。根据安徽省人事厅2006—2010年立法规划，组织研究起草了《安徽省人事争议仲裁条例(草案)》及起草说明，广泛征求意见。认真研究了《人事争议处理规定》中关于受案范围及时效和仲裁程序的规定，及时制定了新的《安徽省人事争议仲裁流程图》和《人事争议仲裁受案范围和时效》，加强案例处理制度建设。

2008年，坚持把人事争议仲裁工作作为“党和政府主导的维护群众权益机制”的重要组成部分，不断强化“科学维权，保障公平”的服务理念，以规章制度梳理、机构队伍建设和基础硬件建设为重要抓手，以依法公正处理案件为主业，积极开展各项工作。共立案处理人事争议案件25件。接待群众来访、来电咨询130多人次。紧抓组织机构建设和人员队伍培训工作，为人事争议仲裁工作快速健康发展提供了有力的组织队伍保障。按照《人事争议处理规定》关于人事争议仲裁委员会设立的新要求，着重抓好仲裁委的重新调整工作，报经省政府同意，以省仲裁委名义下文调整了省人事争议仲裁委员会的组成人员，将部队、党委组织部门、法律专家、聘用人员代表等吸收进来。同年11月举办业务培训班，针对人事争议处理程序适用劳动争议调解仲裁法的新形势，邀请省劳动争议仲裁院院长对该法进行了解读；针对案件逐年增多的新趋势，分析研讨了省、市、县三级仲裁机构处理的4起案件；结合学习实践科学发展观的新要求，举办了工作论坛，分析当前人事争议仲裁工作存在的“四大问题”，明确了“四个必须”的着力方向。2008年，新的《人事争议处理规定》刚施行不久，机构改革开始，人事争议处理程序适用劳动争议调解仲裁法的有关规定面临着新情况、新任务和新要求，省仲裁办围绕三个课题开展调研活动：部队文职人员人事争议处理情况调研、新形势下人事争议仲裁工作有关问题调研和“从人事争议调处工作，看人事管理和改革中的问题”专题调研，向国家人力资源和社会保障部上报了调研报告。同时，认真梳理人事争议仲裁工作的相关制度，如《人事争议仲裁委员会组织规则》《人事争议仲裁委员会办案规则》《人事争议仲裁庭规则》《仲裁庭开庭审理案件程序》等，经与人力资源和社会保障部沟通，对《安徽省人事厅关于贯彻落实〈安徽省人事争议仲裁暂行规定〉有关问题的通知》(皖人办发〔2001〕33号)作出废止建议，明确要求全省各级人事争议仲裁机构处理有关案件，在案件处理程序上统一适用劳动争议调解仲裁法的有关规定。着力加强基础建设，积聚工作发展潜能，编印人事争议仲裁《机构职能、业务简介及相关资料》，将更新后的人事争议仲裁受案范围、时效、流程图及新的《人事争议处理规定》及时公布上网、上墙，并提供仲裁申请书、授权委托书网上下载服务，改善便民服务。

2009年，立案处理人事争议案件9件，在辞职争议案中，首次尝试《仲裁建议书》的办法，向被申请人发出了《仲裁建议书》。接待来访、来电咨询90多人次。7月，在屯溪举办了全省人事争议仲裁业务培训班，传达全国劳动人事争议调解仲裁工作座谈会议精神，解读《劳动人事争议仲裁办案规则》，讲解新的劳动人事争议调解仲裁情况统计报表，研讨合肥、亳州、蚌埠、芜湖和省仲裁办今年处理的典型案例，交流各地工作情况，市、县仲裁机构负责同志共120余人参加了培训。转发人力资源和社会保障部《关于进一步做好劳动人事争议调解仲裁工作的通知》（皖人发〔2009〕20号），印发《关于开展人事争议调解仲裁统计工作的通知》（皖人明电〔2009〕9号），要求各市启用新的统计报表，建立正常的季报、年报制度。按照人力资源和社会保障部要求，整理上报了5个典型人事争议案例和有关司法解释建议，参与《〈劳动人事争议仲裁办案规则〉讲义（初稿）》的修改，研究起草了《关于人事争议仲裁机构实体化建设的建议》，对仲裁机构实体化的设置标准、与仲裁委的关系和推进实体化的措施提出了具体的意见和建议。

第九章　引进国外智力

1994—2009年，安徽省引进国外智力工作紧密适应经济社会发展的急需，加强职能建设，加强重点服务，加强专家引进，加强培训质量，加强规范管理，呈现良好的发展势头。

第一节　引进国外智力工作职能与活动

引进国外智力职能建设

1994年以后，安徽省引进国外智力工作进一步得到重视和加强，工作职能逐步完善，人员力量得到充实，奠定了引智工作全面发展的基础。

1995年，根据省人事厅“三定”方案，省引进国外智力领导小组办公室设在省人事厅国际交流与外国专家处，负责领导小组日常事务。2000年，省政府进行机构改革，省人事厅“三定”方案确定，省引进国外智力领导小组办公室设在省人事厅外国专家局。

2001年8月，省引进国外智力领导小组成员调整。组长张平（省政府副省长）；副组长：张俊（省政府副秘书长），丁道荣（省人事厅厅长）；成员：张耀文（省委组织部副部长）、朱先发（省发展计划委副主任）、王秀芳（省经贸委副主任）、张勇（省人事厅副厅长）、徐根应（省教育厅副厅长）、周建强（省科技厅副厅长）、周春雨（省财政厅副厅长）、马萍（省公安厅副厅长）、王军（省农委副主任）、李永胜（省外办副主任）、诸葛仁（省台办主任）、张宗良（省外宣办副主任）。领导小组办公室设在省人事厅。

2000年12月，根据省政府机构改革方案，在省人事厅国际交流与外国专家处的基础上，设立省外国专家局，作为省人事厅职能处室。负责组织实施有关人事人才方面的国际交流与合作，承办政府间有关人事工作协定合作项目的实施工作；综合协调、归口管理全省引进国外智力工作。

2004年3月，为加强全省引智工作，省编委会会议研究并报省委同意，省外国专家局局长按副厅级高配。

2006年4月，省编委会同意省外国专家局（省引进国外智力领导小组办公室）升格为副厅级机构，内设国际交流合作处和外国专家工作处。核定行政编制14名。其中：局长1名（副厅级），副局长2名（正处级）。其主要职责：负责全省引进国（境）外智力工作；归口管理到安徽省外国（境）专家和出国（境）培训工作。

2009 年 8 月，省政府批准设立省外国专家局，由省人力资源和社会保障厅管理。省外国专家局设行政编制 18 名。其中：局长 1 名（副厅级），副局长 2 名（正处级）。设 3 个内设机构（正处级）：国际交流合作处、外国专家工作处和出国培训管理处。

1994 年 9 月，省政府同意省国际人才交流咨询服务中心（省国际人才交流协会）具有组织派遣团组和人员赴国（境）外培训工作资格。省引进国外智力领导小组办公室明确上述机构的主管部门为省人事厅，工作范围包括：承担省重点工程项目管理人员、专业技术人员出国（境）培训工作和省内综合性团组出国（境）培训工作。

重大引进国外智力活动

2002 年 8 月，根据国家外国专家局《关于加强引智计划项目等专家咨询工作的通知》（外专发〔2002〕191 号）精神，安徽省引智工作专家咨询委员会成立（皖智引〔2002〕20 号），引智工作专家委员会成员为 20 名，其职责等有关事宜按照《安徽省引智工作专家咨询委员会工作规则（暂行）》办理。

2006 年，邀请香港卫生署专家组、南非煤矿安全专家组、美国应急管理专家组到安徽省讲学、考察和技术指导，使安徽省众多领域加强了国际和中国港澳地区间的交流与合作。

2008 年，建立外国专家友谊林，举行了隆重的揭碑仪式暨植树活动，来自省城部分学校、科研单位、企业的近百位外国专家代表参加活动。省委常委、常务副省长孙志刚出席仪式，省政府副秘书长张秋保代表省政府致辞。人民网、国家外国专家局网站、安徽电视台等十余家媒体进行了跟踪报道。

2008 年，承办国家外国专家局 2008 年度财务工作会议。全国各省市（区）和中央国家机关引智系统近 200 人参加会议。省委常委、常务副省长孙志刚出席大会并致辞。国家外国专家局李兵副局长在大会上做财务工作报告。人事局作了题为《加强引智财务管理、放大资金使用效益》的交流发言。

2008 年，与合肥学院、省科协、德国罗斯托克大学和哥廷根应用科学大学共同主办了第二届亚欧环境技术与知识转化国际会议，20 多位来自德国、韩国、新加坡和越南等知名环境专家参加学术交流。葛余清局长在开幕式上致辞，扩大了引智工作影响，拓展了国际合作渠道。

2009 年，为认真贯彻党的十七大和胡锦涛总书记视察安徽时的重要讲话精神，认真落实党中央、国务院关于建设创新型国家、促进中部崛起等重大战略部署，积极引进国外智力，有效服务经济社会发展，加速安徽崛起进程，国家外国专家局与安徽省人民政府签订《关于引进国外智力为加速安徽崛起服务合作框架协议书》，国家外国专家局和安徽省人民政府决定建立局省合作机制，以服务皖江城市带承接产业转移示范区、合芜蚌自主创新综合配套改革试验区、加快皖北和沿淮部分市县发展为重点，为加速安徽崛起提供强有力的国外人才和智力支撑。积极参与中博会、国际徽商大会等国际性会议，与日中经济交流促进会等企业家代表团进行洽谈，在太阳能发电、新型农业等方面寻求合作项目。组团参加深圳国际人才交流大会，成功投递了65项聘请外国专家项目需求。

中国国际人才交流大会（Conference on International Exchange of Professionals，简称CIEP），是经国务院批准，由国家外国专家局2001年创办，我国目前唯一专门针对国（境）外专家组织、培训机构、专业人才开放，规模最大、规格最高的国家级、国际性的人才与智力交流盛会，是一个集人才、智力、技术、项目和管理为一体的综合性大会。2007年移师深圳并连续成功举办两届，已发展成为国际人才与智力交流的重要平台。截至2009年底，省外国专家局连续9年组团参加国际人才交流大会。

第二节　引进国外智力项目与基地建设

引进国外技术管理人才项目

引进国外技术管理人才。2002年，安徽省外国专家局出台了《安徽省引进国外技术、管理专家项目管理暂行办法》《安徽省引进国外智力专项经费管理暂行办法》《安徽省引智成果示范推广基地与推广项目管理暂行办法》等文件，为安徽省引进国外技术管理人才管理工作规范化、制度化提供了保证。

引进国外技术管理人才计划审批，实行中央和地方两级领导小组分工负责制。省外专局每年按照国家的要求，围绕安徽省重大科技攻关、技术改造项目、重点基本建设工程项目和新产品开发等组织编报全省引进国外技术管理人才年度计划，下发各地市及有关省直单位。

经确认聘请的国外技术管理人才，由聘请单位逐级报请省外办、省科委等有邀请权限的单位审批并签发邀请函电。专家入境携带的行李物品，在自用、合理数量范围内凭省政府出具的《引进专家证明书》免税放行。

属于基本建设、技术改造、科技政关和新产品开发等项目的引进国外技术管理人才经费，在相应的项目费用中开支。企业单位聘用的，在企业管理费中开支；事业单位聘用的，在事业费中开支；行政单位聘用的，在行政费中开支。国家财政安排的引进国外技术管理人才专项费用，主要用于上述项目或单位引进国外技术管理人才经费不足或全部负担有困难的补助；省财政安排的引进国外技术管理人才专项经费，主要用于省审批的引进国外技术管理人才项目。

国家外国专家局、财政部、国家科委发出《关于修订接待外国专家费用开支标准的通知》，对接待国外技术管理人才的宴请费、友好交往补助费、参观游览用餐费、夜餐费、文娱宣传费、联欢会费用、慰问、纪念品费、机场用餐费等项标准进行了规定。国家外国专家局印发《聘请外国退休专家生活待遇的规定》，进一步明确来华的退休专家的国际旅费、生活津贴费、在华食宿及公共交通费、医疗费由中方聘请单位支付。

国务院办公厅印发的《引进国外专家工作保密暂行规定》和国务院办公厅转发的

国家外国专家局、公安部《关于国外技术管理人才安全工作的情况及意见的报告》，对引进国外技术管理人才的保密与安全工作提出了具体的规定和要求。安徽省认真贯彻执行这两个文件，把引进国外技术管理人才的保密与安全工作摆到重要位置。对邀请的每位专家都下发通知，明文要求单位确定专门领导和部门负责；对专家工作、生活各个环节，采取预防措施；对于专家提供的技术诀窍和技术资料对外保守秘密，不予报道。由于这方面工作做得较好，安徽省在引进专家工作中的安全、保密方面没有发生问题。

工作流程。引进国外技术管理人才项目的具体实施是由各个项目单位来进行的。每年 10 月初，根据国家外国专家局的要求和省外国专家局的通知，各项目单位根据自身需要，按逐级申报的程序向引智主管部门申报次年的引进国外技术管理人才项目计划及经费预算。申报项目分为普通项目和重点项目两种，普通项目实行的是逐级审查，重点项目实行的是专家咨询委员会评审。其中，国家级重点项目由国家外国专家局确定，省重点项目由省外国专家局根据专家咨询委员会评审意见确定。

国外技术管理人才可以有项目单位自行寻找，也可以通过各级引智主管部门和省、市国际人才交流协会帮助寻找。凡需要通过与国家外国专家局签订协议的国外专家组织引进专家的项目，应履行网上洽谈资格和项目的申报、审批程序。项目申报单位首先要通过“中国国际人才交流网”申请成为引进国外专家的会员单位，经批准后可随时利用网络申报项目。

2001—2009 年，国家外国专家局每年召开“国际人才交流大会”，安徽省外国专家局带领项目单位参会，在“国际人才交流大会”上寻找专家、洽谈项目，这种国际人才集市的方式是项目单位寻找国外技术管理人才人选的重要渠道。安徽省的项目单位通过中国国际人才交流网网上洽谈的项目逐年增加。

项目与成果。安徽省从 1994 至 2009 年实施引进国外技术管理人才项目 1973 项，聘请外国专家约 2821 人次，国家资助金额 3852 万。

全省引进国外技术管理人才项目情况一览表（1994—2009 年）

表 9-2-1

年份	实施项目数	聘请外国专家人次	国家资助金额（万）
1994	43	46	82
1995	47	51	85.99
1996	86	103	179.58
1997	109	132	213.21
1998	98	121	208
1999	129	142	313.66
2000	127	141	256
2001	126	198	224

续表 9-2-1

年份	实施项目数	聘请外国专家人次	国家资助金额（万）
2002	154	200	239
2003	159	202	242
2004	164	239	360
2005	161	233	320
2006	162	255	180
2007	129	249	177.58
2008	128	231	294
2009	151	278	477
合计	1973	2821	3852

引进的国外技术管理人才涉及的行业十分广泛，约有 20 个。作为农业大省，种植业和养殖业一直在安徽省的经济中占有重要的地位。相应地，在聘请的国外技术管理人才中，种植业和养殖业聘请的国外技术管理人才人数约占总数的 30%，处于聘请国外技术管理人才的第一位；汽车行业聘请的国外技术管理人才人数约占总数的 11%，处于第二位；电子业聘请的国外技术管理人才人数约占总数的 8%，处于第三位。接下来的是机械、冶金、管理、化工、材料、食品、医药、纺织、环保、轻工、纸印、电器、能源、生化、开采和仪器等行业。

行业分布中值得欣喜的是其变化趋势。原来很少聘请过国外技术管理人才的汽车、电子等行业增长显著，这些行业后来发展成为安徽省的支柱产业，其中也有国外技术管理人才的功劳。1998 年以前，汽车行业和电子行业聘请的国外技术管理人才人数较少，从 1999 年起人次开始增加。汽车行业 1999 年聘请 6 人次国外技术管理人才，2002 年就达到 37 人次国外技术管理人才，聘请外国人次占当年度聘请国外技术管理人才总人次的份额由 4.3% 增加到 18.5%，位次也由 1999 年的第七位增加到 2002 年的第二位。电子行业 1999 年聘请国外技术管理人才的数量是 10 人次，一跃为当年的第四位，此后每年都聘请十几人次国外技术管理人才，2004 年共聘请了 50 人次国外技术管理人才，占当年聘请国外技术管理人才的总人次 20.9%，位列第二。汽车行业引进国外技术管理人才人数增加与其行业本身的发展有着密不可分的关联，而电子行业引进国外技术管理人才人数增加则主要得益于国家外国专家局支持引进软件及集成电路专家的政策支持。国家外国专家局自 2000 年以来，一直支持引进软件及集成电路专家，这项政策至 2005 年仍然在执行中，安徽省外国专家局在下发《关于申报 2005 年度引进外国技术、管理人才项目计划的通知》时明确指出："支持独联体及东欧专项项目和软件及集成电路专项项目"。

16 年间执行的引进国外技术管理人才项目，绝大部分效果较好，其中一大批在重点工程建设、企业技术改造、引进设备消化吸收、新产品开发、重点科研项目、农业资源开发、种植养殖业新技术等方面取得了显著的经济效益和社会效益。

安徽华夏电子有限公司执行的“高清晰度显示器制作技术”项目引进了独联体电子专家。新型显示技术和特种显示技术是信息技术发展的重点，通过该项获得了一系列关键技术，对于中国特种显示技术的不断进步起到了很大的推动作用，其中10″彩色显示管的设计填补了国内的一项空白，立体液晶显示技术获得突破性进展，完成国内第一台样机的研制，为国内首创。这个单位后更名为安徽华东光电技术研究所，由于引智工作成绩突出，被授予引智示范单位。此后，他们连续引进国外技术管理人才，解决了多项技术难题，获得数十项关键技术，填补了一系列国内空白，短时间内使我国在这些技术领域迈上一个新台阶，支持了国防建设，年产值达1.5亿元

2004年马钢集团执行的冷轧薄板工程项目引进了5位日本专家、1位美国专家、1位荷兰专家，取得了良好的效果，该项目加大了高附加值产品的开发，加速了产业升级和技术改造的步伐，为安徽省建成原材料基地立下汗马功劳。聘请的奥地利专家在转炉工艺、LF炉工艺、板坯、圆坯连铸工艺和CSP连铸工艺等方面进行技术指导，对马钢圆坯生产线铸坯钢水质量和铸坯控制上存在的问题，提出了解决方案，使钢水和铸坯的质量得到进一步的提高，满足我国动车组车轮用钢的要求。马钢作为全国重要的精品钢铁基地，引智取得多项成果。通过引进专家，使H型钢合格率提高3.61%，钢坯质量明显提高，取得经济效益1.93亿元。另外，“高温陶瓷耐火材料产品”“塞隆复合材料产业化”“高速车轮生产技术攻关”等项目的实施也收到很好的效果。

奇瑞、江汽等一批汽车制造企业通过引智走向国际市场，有的成为民族品牌。奇瑞公司通过实施“轿车集成开发先进技术”项目，使发动机的动力性、经济性、排放性大大改善，新开发的发动机主要指标优于国际先进水平，获得了多项技术专利。通过这个项目的实施，提高了企业自主开发能力，获得了多项技术专利，促进了企业的创新发展，为创汽车民族品牌做出了贡献。

安徽科大讯飞信息科技股份有限公司的“基于大数据量语音检索和转写、翻译技术”是省级重点项目。这个项目中基于TRANSDUCER的解码器属于当前国际领先的解码方法，在解码效率和正确率等方面都有较大优势，而国内在此领域的研究还属于空白阶段。为了学习国际先进技术，填补国内空白，聘请了外籍专家进行技术指导。在专家的指导下，取得了丰硕的研究成果。科大讯飞语音技术已广泛应用于电信、金融、社保、交通等社会生活各行各业的信息服务之中，并在手机、汽车导航、学习机、MP3/MP4、智能玩具等越来越多的终端产品以及汉语国际推广、国防等关键领域得到了成功应用。在中文语音产业市场份额超过70%，并牵头制定中文语音标准。

“中国百万人口城市交通系统”项目聘请了位德国专家到皖指导，项目取得了较大的成果。中德双方合作机制有效运转，获德方350万欧元的经费支持。该项目研发的新产品在北京、杭州、宁波等17个省市运用。在国际合作中，为我国智能交通行业发展

做出贡献的国外技术管理人才也得到了国家及安徽省政府表彰。其中,与我公司合作中贡献突出的是德国宇航中心交通研究所所长库勒教授,先后获得安徽省“黄山友谊奖”,和国家“友谊奖”,并受到国务院总理温家宝的亲切接见,国务院副总理曾培炎亲自为教授颁发奖章。

优质、高产、抗病杂交油菜皖油 14 及其系列品种的育成,是安徽省农业科学院作物研究所通过引智项目取得的重大科研成果。为了解决油菜优质与高产、优质与抗病性存在矛盾,先后邀请了英国洛桑农业试验站科学官员 Bruce Fitt 博士、首席科学家 Alastair McCartney 教授、英国 John Innes 生物技术中心 Alfred Arthur 博士、波兰科学院植物遗传研究所 Malgorzata Jedryczka 副教授,美国和加拿大 Cargill Food 公司 L.Debonte 和邓新民博士、新加坡国立大学分子农业学院 K. K. Tan 博士、德国基耳大学著名的油菜育种学家 Christian Jung 博士等育种家、植物病理学家和分子生物学家 20 人次来交流和传授油菜抗病育种经验。“优质杂交油菜新品种皖油 14 的选育与应用研究”2004 年获省科学技术一等奖。皖油 22 号、23 号 2005 年被批准为国家级星火计划项目。皖油系列杂交种多年被列为安徽省重点推广品种。2006 年油菜隐性上位互作核不育技术,被科技部认定为我国在农作物新品种培育方面的 5 项重大进展之一。“省农科院破解杂交油菜世界难题,被认定为我国在农作物新品种培育方面的 5 项重大进展之一”被评选为 2006 年度安徽省十大科技新闻之一。“甘蓝型油菜隐性上位核不育三系选育及制种方法”2007 年获国家技术发明二等奖。由于专家贡献突出,英国洛桑农作物研究所 Bruce Fitt 教授获 2002 年安徽省“黄山友谊奖”;英国洛桑农作物研究所 Alastair McCartney 教授 2004 年获国家“友谊奖”和安徽省人民政府“黄山友谊奖”;波兰科学院植物遗传研究所 Malgorzata Jedryczka 博士 2006 年获安徽省人民政府“黄山友谊奖”, 2009 年获得国家“友谊奖”。

长丰草莓项目先后邀请以色列、比利时、美国、日本、法国等国专家来咨询指导。专家根据当地土壤条件和草莓生长不同阶段调整水、肥、微量元素使用量;推广脱毒组培技术,增加草莓抗性;并针对严重危害草莓生产的白粉病、霜霉病等制定防治措施。当年即为莓农减少损失2400万元,因此专家荣获2004年黄山友谊奖。专家到“田头讲学”,举办培训班,几年来培训乡土草莓农技人员 5000 人次以上。2003 年 10 月,长丰县被国家标准委批准为全国唯一的国家级草莓生产标准化示范区。“长丰草莓”2004 年 5 月被国家农业部认定为无公害农产品。2005 年,“长丰草莓”被授予国家级绿色食品。特殊的风味,优良的品质,长丰草莓畅销全国,在市场上出现供不应求的局面。2005 年起,“长丰草莓”还开始出口日本等国,进入各大超市。长丰县通过引进国外优良草莓品种及草莓脱毒繁育、蜜蜂传粉技术等,全县大棚草莓种植面积达 7.23 万亩,年总产量 14 万吨,总产值 8 亿元,成为支柱产业,增加了农民收入,促进了县域经济发展。“稻鸭共生绿色农业技术”发展了节能环保的农业产业链,带动相关产业的发展,农民年增收 1298 万元。此外,Ⅲ优 98 杂交水稻、天然彩色蚕茧、蓝莓引种栽培等项目都取得了可喜的成绩。

国外技术管理人才渠道。向安徽省派遣国外技术管理人才的外国专家组织主要有：日本的JSV、JODC，德国SES、DCM，法国的ECTI、AGIR，美国的IEC，英国的VSP、BESO，荷兰的PUM，澳大利亚的AGWEST，意大利的ISES，加拿大的CESO，以色列的MATAT等。

引进国外智力成果示范基地（示范单位）

1994年，引智工作从起步、打基础，进入快速发展阶段。随着引智规模的扩大，全省各行业的专家经过多年成组配套引进国外专家，潜心学习研究，结合本领域现状，吸收再创新，取得一批在全国领先的重大引智成果。对于农业引智成果，按照国家外专局的部署，以创建引进国外智力成果示范推广基地（以下简称“引智基地”）的形式，向周边农户以及省外国外辐射推广新品种或新的种、养殖技术，扩大农业引智成果的社会和经济效益。而对引进高新技术形成的引智成果，则以创建引进国外智力示范单位（以下简称“示范单位”）的形式，彰显引智作用。2003年，国家外专局制定了《国家引进国外智力成果示范推广基地和国家引进国外智力示范单位管理办法》（外专发〔2003〕143号）。2008年又对该办法进行修订，下发新的《国家引进国外智力成果示范推广基地和国家引进国外智力示范单位管理办法》（外专发〔2008〕23号），其中第八条规定“各省、自治区、直辖市及副省级城市外国专家局，新疆生产建设兵团外国专家局应建立本地区的引智基地和示范单位，并制定相应的管理办法。”根据国家外专局有关文件精神，2003年，省外专局与省农委联合印发《引智工作进一步为“三农”服务的意见》（皖人发〔2004〕67号），明确了引智工作为“三农”服务的指导思想、基本原则、服务重点和主要措施，加大了为农业发展、农民增收和农村稳定繁荣力度。按照文件要求，围绕重点，优先支持生态经济、循环经济、绿色安全农业等可持续发展农业项目，加大引智成果的培育力度；同时发挥引智成果推广项目和引智基地育才、聚才、用才的优势，大力开展引智成果推广和基地培育建设工作；并对农引推项目和基地实行动态管理，加强跟踪调研和考察，对推广成绩突出的项目和基地加大支持力度，对业绩一般的项目和不能履行义务的基地，实行退出机制，有力推动安徽省的省级和国家级引智基地（示范单位）创建工作。

省级引智基地。1994年至2005年共培育农业引智成果300多项。以引智成果带动基地的创建与发展，先后建成中国肉牛一号、稻鸭共作技术、波尔山羊、皖油14#、小网箱养鱼、无公害蔬菜、红富士苹果、脱毒草莓、宜山一号柑橘等13个省级引智基地。

安徽省引进国外智力成果示范推广基地一览表

表 9-2-2

基地名称	项目单位	归口管理部门	命名时间
宿州农业优良品种及配套栽培技术	宿州市农业局	宿州市引智办	1999.12
农户安全储粮	肥西县官亭镇凤台县桂集乡涡阳县西阳镇	合肥市外专局	1999.12
亳州魏岗镇波尔山羊繁养	亳州市魏岗镇	亳州市引智办	1999.12
太平湖小体积高密度网箱养鱼	黄山区水产局	黄山市引智办	1999.12
皖油 14# 新品种	省农科院作物所	省农科院	2002.8
中国和牛繁育	省畜禽品种改良站	省农委	2002.8
稻鸭共作技术	省农科院畜牧所	省农科院	2002.8
沸石改良酸性红黄壤	省农科院土肥所	省农科院	2002.8
宜山一号柑橘	安庆农经站	安庆市引智办	2002.8
无公害蔬菜栽培	和县农业局	巢湖市引智办	2002.8
脱毒草莓种苗繁育及栽培	长丰县农技推广中心	合肥市外专局	2004.6
肉牛良种繁育	阜阳黄牛改良中心	阜阳引智办	2004.6
杜洛克种猪选育	省畜禽品种改良站	省农委	2004.6

2009 年,省外专局经过调研、广泛征求意见,讨论、修订印发了《安徽省引进国外智力成果示范推广基地和引进国外智力示范单位管理暂行办法》(皖人社发〔2009〕65 号)。文件进一步加强对省级引智基地和示范单位的动态管理和重点跟踪。一批新技术、新品种的农业引智成果在江淮大地蓬勃呈现,引智基地(示范单位)创建工作突飞猛进。

2009 年 8 月省外专局下发《关于开展省引智成果示范推广基地和引智示范单位评选命名工作的通知》(皖外专〔2009〕40 号),在全省组织开展新一轮的引智基地和示范单位的申报评选,共有 23 个单位申报省引智基地, 3 个单位申报省示范单位,涉及 30 多项新技术、新成果。2009 年 12 月组织农业综合管理和技术专家评审,评审的原则:从先进性、可行性、代表性等方面对所涉及的引智成果推广或示范进行评议;从单位的资质、技术力量、发展潜力等方面对申报单位进行评审,确定亳州绿苑公司等 20 家单位为省引智基地(示范单位)。

省级引进国外智力基地(示范单位)一览表(2009 年)

表 9-2-3

基地名称	单位	归口管理部门	命名时间	备注
亳州朗德鹅养殖	亳州绿苑畜禽公司	亳州市引智办	2009.12	引智基地
发酵床养猪	怀远县淮河种猪养殖公司	蚌埠市外专局	2009.12	引智基地

续表 9-2-3

基地名称	单位	归口管理部门	命名时间	备注
脱毒种苗繁育	阜阳市农科所	阜阳市外专局	2009.12	引智基地
优质小果型西瓜	合肥全新种业公司	合肥市外专局	2009.12	引智基地
稻鸭共生技术	省农科院畜牧所	省农科院	2009.12	引智基地
中国肉牛一号	省畜禽遗传资源保护中心	省农委	2009.12	引智基地
草莓标准化生产	长丰县农技推广中心	合肥市外专局	2009.12	引智基地
无公害蔬菜栽培	和县农技推广中心	巢湖市外专局	2009.12	引智基地
日本优质桃	安徽奥林园艺公司	六安市引智办	2009.12	引智基地
安芋 1 号示范推广	安大生命科学院	安徽大学	2009.12	引智基地
蓝莓产业化	省农科院农产品加工所	省农科院	2009.12	引智基地
高产优质杂交籼协优 3026	省农科院水稻所	省农科院	2009.12	引智基地
园林观赏树木	省农科院农业工程所	省农科院	2009.12	引智基地
蔬菜钾肥高效施用	省农科院土肥所	省农科院	2009.12	引智基地
珍稀花卉	中安科技研究院	淮南市外专局	2009.12	引智基地
“绿旱一号”	省农科院水稻所	省农科院	2009.12	引智基地
优质柑橘	歙县农技推广中心	黄山市引智办	2009.12	引智基地
城市智能交通	省计算机软件工程技术中心	合肥市外专局	2009.12	示范单位
城市垃圾资源化处理	合肥学院	合肥市外专局	2009.12	示范单位

“十一五”期间，安徽省的发酵床生态养猪、稻鸭共生绿色农业技术、皖油系列良种等，一批农业品牌产品形成规模；培育了一批有主导产业的县和专业村及龙头企业，如中国草莓设施种植第一大县——长丰县，蔬菜大县——和县，葡萄之乡——合肥大圩镇，淮北苹果村，天歌鹅业公司等；提高了一批农技术人员的素质，提升了农业科技创新能力；累计创经济效益 78 亿元，为安徽的经济建设和社会发展做出了积极贡献。

国家引智基地（示范单位）。创建国家引智基地（示范单位）必须行业评比中脱颖而出，而且国家外专局规定：原则上必须是省级引智基地（示范单位），因此对引智成果的先进性、实用性、示范规模与效益等方面都要经专家评审认可。2006 年前，安徽省仅有芜湖电真空研究所和蚌埠绿雨公司获此殊荣，而到了 2007 年之后，每年安徽省都打造出一个新的国家级基地（示范单位）。原国家外专局副局长张建国到安徽省考察引智基地（示范单位），曾称赞为“引智精品”。

特种显示器件一直是西方国家对华进行严格封锁的技术。华东光电技术研究所前身芜湖电真空研究所，从 1994 年起，重点从独联体国家的合作单位引进世界上知名的专家，先后解决了特种高亮度显示技术、特种彩色显示管等重要的技术难题，为该所年创产值近两亿元，产品填补了多项国内空白，打破了西方的禁运，满足了国家重点工程的急需。“十一五”期间，该所为攻克空间行波管设计制造难题，先后从独联体国家邀请了一些高水平的专家近200人次，通过技术创新，最终研制出具有自主知识产权的空间行波管产品。使我国成为继美、俄之后，能够自主研制航天多功能液晶显示器的国家。产品已被用于我国神五、神六的发射装备上，得到胡锦涛总书记及其他国家领导人的充分肯定。2002年和2007该所连续两次获得国家引进国外智力示范单位命名。

奇瑞汽车有限公司2008年被命名为“汽车数字化设计”国家引智示范单位，受到了党和国家领导人的高度重视。党和国家领导人胡锦涛、吴邦国、温家宝、贾庆林、吴官正、李长春等都先后亲临奇瑞视察，并对奇瑞公司的发展给予了充分肯定和高度评价，并提出了进一步的希望和要求，努力创造汽车行业先进的产品技术和管理方法，为中国汽车工业跻身世界汽车列强之林做出自己的贡献！

国家引进国外智力成果示范推广基地及示范单位一览表

表9-2-4

基地名称	单位	归口管理部门	命名时间	备注
果蔬节水增效栽培	安徽绿雨农业有限公司	蚌埠市外专局	1996.12	引智基地
特殊显示技术	安徽华东光电技术研究所	芜湖市外专局	2007.11	示范单位
汽车数字化设计	奇瑞公司	芜湖市外专局	2008.11	示范单位
国审稻“绿旱一号”	安徽省农科院水稻研究所	省外专局	2009.11	引智基地
稻鸭共生技术	安徽省农科院畜牧所	省农科院	2010.10	引智基地
城市智能交通	安徽省软件工程技术中心	合肥市外专局	2011.10	示范单位

省农科院水稻所借鉴日本技术，结合我国的国情，通过种间杂交，增强水稻品种的耐旱、耐涝能力，采用外源DNA导入法，培育出“绿旱一号水稻新品种”。其耐旱、耐涝、耐高温，水旱两用、抗灾性强。2009年获国家引智基地命名，辐射推广面积100.7万亩，产生社会经济效益4.5亿元。

千村引进国外智力示范项目

2007年7月国家外国专家局印发《关于实施“千村引智示范项目”的指导意见》（外专发〔2007〕153号），首批在全国10个省开展试点工作。鼓励未列入试点的省自行开展这项工作。本省按照有关文件精神，大胆创新引智成果推广模式，坚持以市场为导向，以示范推广为手段，学习借鉴日本“一村一品”的推广模式，借助本省已创建的农引推基地向广大农户推广新品种和新技术，因地制宜，讲求实效，促进引智成果转化为现实的经济效益和社会效益。

2007年12月，省外专局印发了《关于报送“千村引智示范项目”试点村的通知》

（皖外专〔2007〕104 号），提出试点村的条件和要求。在开展调研的基础上，从项目的技术含量、产业分布、可推广性等因素进行筛选。对候选对象重点考察后，下发了《关于确定千村引智示范项目首批试点村的通知》（皖外专〔2008〕8 号），确定合肥市肥西县官亭镇缪大庄村等 12 个村为本省第一批试点村。

2008 年省外专局会同有关部门分别组织了三批农村致富、创业带头人和农业产业化龙头企业负责人赴日本研修培训，学习日本“一村一品”理念和营销模式以及栽培、加工、销售等方面的先进技术和经验，了解日本主导产品培育、流通以及农民培训等方面的做法。凤阳县大学生村官培训回国后，积极加强本村特色农产品双孢菇的开拓发展，取得显著成效。胡锦涛总书记 2008 年 9 月视察凤阳时，对大学生村官带头开发特色农产品给予了极大的鼓励和支持；五河县、太和县领导参训回国后，及时组织召开了特色农业产业观摩培训会，汲取国外先进经验，结合本地实际，积极培育现代农业理念和发展特色农业产业，起到很好示范作用。

2008 年 6 月，省外专局与安徽省农业委员会联合举办了全省一村一品培训班暨推进会，全省各市外专系统和农业系统负责人、实施一村一品典型乡镇、12 个千村引智示范项目试点村的负责人等近 200 名代表到会参加培训。会议特邀一村一品运动创始人、一村一品国际推进会理事长、日本大分县前知事平松守彦博士到皖传授一村一品运动经验。应邀到皖的日本专家还有山本国义先生和胡柏教授。参训人员普遍反映：听了讲座很有收获，要求今后多进行这样的培训活动。许多参训者要求将专家的讲稿挂到网上，以便再学习，有的还与专家建立了联系。平松守彦一行在皖期间，受到时任常务副省长孙志刚的亲切会见，并考察了合肥市的一村一品典型——大圩新民葡萄村的采摘观光农业。平松先生对安徽一村一品工作给予高度评价，新民村还荣获了 2008 一村一品国际推进奖。

2009 年 7 月，省外专局印发《关于扩大千村引智示范项目试点工作的通知》。经对照条件审核研究并提交专家会评审，确定合肥市包河区新民村等 13 个单位为第二批千村引智试点单位（见附件）。我局根据考核结果对试点单位给予一定的资金支持。

安徽省在实施“千村引智示范项目”过程中，充分利用引智渠道、项目、成果、示范基地、专家、工作网络等优势，采取多种方式，实现引智成果的应用和产业化。注重引智成果既因地制宜又充分听取专家、实施村镇以及主管部门的意见。多管齐下，选择多项引智成果，按照“一村一品”的模式，整体推进。选择“长丰草莓”“绿旱一号”“发酵床养猪”“稻鸭共作”“无公害蔬菜栽培”等经济社会效益突出、适宜面广的项目重点示范，普及推广。

千村引智取得了显著的经济效益，其中稻鸭共作技术仅望江县千村引智示范项目试点村就推广了 1 万多亩。以农引推基地和千村引智项目结合，农户、农场产业化的生产形式和大米加工企业结合，解决了农产品的优质优价和深加工问题，生产的绿色大米和鸭肉，望江县每年新增效益 2100 万元。“长丰草莓”成功注册为合肥市第一件地理标志商标，2009 年，全县大棚种植面积达 9.52 万亩，总产量近 20 万吨，总产值超过 10 亿元，成为县域经济的支柱产业。实施发酵床生态养猪技术，仅蚌埠市推广了 10 多万平方米，当年在有条件的地市大力推广。该技术环保、节水、节料、节力，2009 年已制订出技术操作规程，申报省科技成果奖，已通过省级鉴定。与传统养猪法相比，每头出栏生猪可增收 80—150 元，全省增收 1000 多万元。

千村引智培养了农民专业合作社和现代化新型农民。淮北市烈山区和村连续 5 年邀请国家友谊奖获得者——日本专家末永武雄先生指导，引进日本红富士苹果系列品种和栽培技术，举办了近万人次的农民培训班，提高了农民的科技素质。该村成立了苹果专业合作社，组织和培养了自己的专业销售队伍，人均年收入达 7000 余元。

千村引智推动了农业产业化和的农业龙头企业发展。如亳州市绿苑畜禽有限责任公司是通过“公司 + 农户”的模式养殖法国朗德鹅的企业，在千村引智工作的促进下，“优质朗德鹅标准化养殖基地建设”不断壮大，实现了“农工商一体化、产供销一条龙”产业化经营模式，发展了企业，带动了周边 2000 户农民致富，养殖户户收入达 12000 元，经济效益 6000 元。

安徽省千村引进国外智力示范项目第一批试点单位名单

表 9-2-5

序号	试点单位名称	千村引智示范项目
1	肥西县官亭镇缪大庄村	蚕桑新品种推广与应用
2	谯城区魏岗行政村	优质鹅标准化养殖基地建设
3	砀山县程庄镇柴市村	西瓜保护地栽培病虫害的防治
4	五河县淮五村	芥末生产及技术推广
5	霍邱县东湖渔业村	黄鳝繁殖试验成果转化
6	六安金安区草庙村	家蚕彩色茧饲养技术的示范与推广
7	安徽庐江县潘墩村	鹅肝育肥
8	旌德县霍家桥村	中国肉牛一号示范推广
9	铜陵县五峰村	中华白姜生产加工与销售
10	宿松县姚圩村	南美白对虾养殖
11	望江县雷池村	稻鸭共生绿色农业技术
12	宿松县小圩村	美国黑李无公害栽培技术推广
13	淮北市烈山区和村	红富士苹果推广

安徽省千村引进国外智力示范项目第二批试点单位名单

表 9-2-6

序号	试点单位名称	千村引智示范项目
1	合肥市包河区新民村	无公害葡萄标准化生产
2	亳州谯城区天利达畜牧协会	弗莱维赫良种牛的引进改良
3	亳州市蒙城县马店村	生猪良种繁育
4	宿州市埇桥区八张村	良种蔬菜推广
5	阜阳太和东方现代农业公司	优质蔬菜新品种、新技术
6	阜阳市阜南县李寨村	杞柳种植、柳编加工和销售
7	巢湖市和县大荣村	甜瓜新品种新技术成果推广
8	巢湖市和县城北村	秋延椒高产高效栽培技术推广
9	安庆市大观区乡毛岭村	长江北岸杨梅栽种示范
10	芜湖市三山区联群村	无公害瓜果蔬菜示范
11	马鞍山当涂七房村	丹麦“诺维信”在蟹种培育中的应用
12	黄山市歙县塔坑村	柑橘品种改良
13	黄山市屯溪区博村	蓝莓生态园建设示范

第三节　出国（境）培训

出国（境）培训工作是引进国外智力工作中一个重要组成部分。安徽省出国（境）培训工作起步于80年代中期，发展于90年代。20多年来，安徽省出国（境）培训在国家外国专家局的指导下，在省委、省政府的领导下，出国（境）培训需求逐年加大，出国（境）培训人员逐年增多，对外交往日益频繁，与安徽省有长期合作关系的政府机构、国际组织、著名大学和民间团体约40余个国家和地区，培训了大批党政人员、专业技术人员、企业经营管理人员等各类人才，为安徽省人才队伍建设发挥了重要作用，为安徽省经济社会发展做出了积极贡献。

出国（境）培训管理

为加强出国（境）培训管理工作，提高出国（境）培训质量和效益。1994—2009年，中央和国务院有关部门相继印发了《关于进一步加强因公出国（境）管理的若干规定》《关于开展贯彻落实“两办规定”制止党政干部公款出国（境）旅游专项工作的通知》《关于坚决制止因公出访中不正之风的通知》等一系列文件。安徽省外国专家局在省委、省政府的领导下，在认真抓好中央政策规定贯彻落实的同时，结合安徽省工作实际，创新工作思路，先后印发了《关于安徽省派遣团组和人员赴国（境）外培训管理暂行办法的通知》《关于建立境外培训机构与培训团组双向评估机制的意见》、《关于推荐选用境外培训机构的意见》等文件，对进一步做好全省出国（境）培训管理工作起到了促进作用，为出国（境）培训工作顺利开展提供了制度保证。

计划管理。出国（境）培训工作计划实行的是年度报批制度。国家外国专家局每年9—10月份下达申报计划，安徽省外国专家局根据国家外国专家局申报要求，结合省委、省政府发展战略及年度中心工作任务，坚持“以我为主、为我所用、趋利避害、注重实效”方针，紧紧围绕中心、服务大局、突出重点、发展急需，认真编制全省年度出国（境）培训工作计划，切实增强出国（境）培训的针对性和实效性。

人员管理。按照“德才兼备、按需派遣、学以致用、宁缺毋滥”的选派原则，加大对参训对象的资格审查力度，凡是与培训内容无关人员一律不得参团，杜绝照顾搭车现象，不断优化结构，强化归口管理，注重提高出国（境）培训质量和效益。

经费管理。按照国家外国专家局、财政部有关出国（境）培训人员费用开支标准，制定团组经费预算，要求不得超标准收费。国家资助项目，按国家外专局下达的经费通知单，在规定的时间内领取或核销经费；省资助项目，严格按照出国（境）培训专项资助经费管理实施细则规定，持原始凭证、单据和符合国家财政规定的有效票据，依据资助标准及比例核销经费。

境外机构管理。加强境外培训机构管理，重点对管理类培训团组的境外培训机构管理。要求选用国家外专局评估认证的培训渠道，或政府机构、大学、研究机构、知名企业。同时要求组团单位与境外培训机构签订协议书。培训结束后，培训团组向省外国专家局反馈《境外培训团组评估表》。

成果管理。培训成果是检验出国（境）培训工作好坏的统一标准。强调出国（境）培训要讲成本、讲成果、讲成效，将培训成效作为出国（境）培训的最终目标。注重加强培训成果库建设，实现一人培训，多方受益的效果和成果共享的目的。

出国（境）培训实施

安徽省从1994—2009年实施出国（境）培训项目664项、9903人，国家资助经费2285.3万元。

出国（境）培训项目情况一览表（1994—2009年）

表9-3-1

年份	项目计划数	项目人数	执行项目数	执行人数	国家资助（万元）	省资助（万元）
1994年	9	141	9	135	138	
1995年	7	137	7	130	130	
1996年	24	520	20	486	118	
1997年	24	593	19	471	103	
1998年	37	488	33	408	110	
1999年	41	612	23	349	111.4	

续表 9-3-1

年份	项目计划数	项目人数	执行项目数	执行人数	国家资助（万元）	省资助（万元）
2000 年	35	506	32	477	121	
2001 年	53	783	35	446	82.9	
2002 年	56	726	37	456	97	
2003 年	59	676	39	480	107	
2004 年	51	643	44	507	115	
2005 年	54	728	49	535	123	
2006 年	53	697	53	562	148	
2007 年	49	626	45	510	191	
2008 年	60	1116	36	646	444	
2009 年	52	911	45	775	146	110
合计	664	9903	526	7373	2285.3	110

严格归口管理。省外国专家局（省引进国外智力领导小组办公室）归口管理全省出国（境）培训工作，严格执行各项外事政策和规定，认真做好出国（境）培训管理工作。在出国（境）培训团组材料报送审批前，严格审核，严格要求，严格把关，严格控制，杜绝无明确目的、无实质性内容的出国（境）培训团组；杜绝跨地区、跨部门（行业）组团，与项目无关的“搭车”人员一律不得派出。

严肃财经纪律。严格执行国家外专局和财政部关于出国（境）培训人员费用开支标准等文件规定，不得超标准申领经费，不得用公款报销开支标准范围以外的一切费用。出国（境）培训团组与境外培训渠道谈成的实际价格，必须在《出国（境）培训协议书》中如实作出反映。国家给资助的审批类培训团组，必须在组团通知中注明资助比例，不得再申领资助部分；要让每位参训人员享受到应得资助，严禁将资助只给少数人享受或留作组团单位使用。所有公费团组的国际机票、城市交通费、公务活动费必须如实申领。

慎重选用渠道。公费出国（境）培训团组一律不准由旅游部门或旅行社渠道来承办或转包。要严格按照国家外国专家局《国（境）外培训渠道管理暂行办法》和《国（境）外培训渠道管理暂行办法实施细则》办理。选用国家外国专家局当年公布认定的渠道。选用其他渠道包括国（境）外的政府部门、公益团体、国际组织和知名企业、大学等，须在立项时上报此渠道的《渠道评估申请表》及有关资料。培训渠道经批准确定后，不得随意变更。

团组配备合格翻译。短期出国（境）培训团组人员中必须有一人能兼任翻译，其外语语种须与派往国家通用语种一致，并达到 BFT（全国出国培训人员外语水平考试）高级或同等外语水平。无人能兼任的必须专门配备一名合格翻译参团，其名额占团组人员指标。五人及其以下的培训团组和中长期（90天及以上）培训团组，所有参训人员须达BFT高级或同等外语水平。

认真开展行前教育和预培训。出国（境）团组出国前，组团单位要对所有参团人员进行形势、纪律和安全保密教育，建立团组内部管理规章，明确团长负责制，从思想、组织、业务等方面充分做好出国（境）的准备工作。培训团组的出国前预培训时间不得少于三天，要用更多的时间开展与国外培训内容相关的预培训。

严格执行批复日程。出国（境）团组必须严格执行中纪委、中组部等八部委《关于加强党员干部出国（境）管理的通知》及有关文件规定，严格按批准的日程安排活动，不得擅自延长在国（境）外的期限，不得擅自变更培训或考察路线，更不允许另搞一套日程。赴申根协定国家的公务团组，一律要从签证国家入境。严禁以公务为名变相公款出国（境）旅游观光。

做好出国总结和成果跟踪工作。培训团组要用不少于一天时间开展团组总结，并在回国后一个月内分别报省外国专家局和组团单位，个人总结要在回国后七至十天内报组团单位和派员单位。培训团组回国半年至一年以后，组团单位要按照“在国外学到了什么，回国后做了什么、做成了什么”对培训情况进行跟踪问效，形成的成果（包括文字、音像材料及实物样品等）要及时报省外国专家局。严禁重派出、轻管理、轻成果的现象发生。

出国（境）培训成果

1994年，安徽铜峰电子集团公司陈升斌董事长，从美国培训后，借鉴国外先进管理经验，大刀阔斧地改革企业管理体制，广泛开展国际经济技术合作交流，创办合资企业，成立“安徽铜峰电子集团公司”，成为全国唯一具有光膜—镀膜—电容器一条龙生产格局的国家大型企业，年产值达亿元，获部优产品5个，国优产品1个，金属化膜居全国第一。陈升斌1994年被国家评为出国培训先进工作者。

1995年，赴意大利玻璃生产BOF4行列操作技术培训团组由合肥玻璃总厂5名技术人员组成的，该厂引进一套具有九十年代初世界先进水平的玻璃瓶生产设备，为消化吸收这项新技术派员赴意培训。团员们在意期间刻苦学习，勤奋钻研，学习和掌握了大量的第一手技术资料，为该厂这套先进设备顺利投产打下了良好基础。

1996年，为加强学术技术带头人队伍的建设，提高专业技术人员队伍整体水平，根据人事部等七部门《关于印发〈“百千万人才工程”实施方案〉的通知》（人专发〔1995〕147号）和《安徽省人民政府办公厅转发省人事厅等部门制定的〈安徽省培养造就跨世纪学术和技术带头人实施方案〉的通知》（皖政办〔1996〕36号）精神，从1996年起，共选拔35批526名省学术和技术带头人后备人选，其中卫生类后备人选110名。为强化培养，促进安徽省各项事业发展，我们有计划地选派有基础、有项目、有发展前景的学术和技术带头人后备人选赴国外进行中、短期培训和学习。通过学术和技术带头人后备人选的培养，促进了重点学科建设，学科的科研环境、队伍建设等软硬件大大增强，多数已发展成为技术力量雄厚、人才梯队合理、仪器设备先进、发展潜力巨大的优势学科，部分学科接近或达到国内领先或先进水平。

1997年，省政府改变了出国（境）培训计划的管理办法，由往年直接下达出国（境）培训计划改为控制全年全省出国（境）培训的总规模，具体计划由我办审核后报省政府，这就大大加强了我办对出国（境）培训工作的归口管理。1997年全省第一次实现了出国（境）培训工作的全面归口管理，为这项工作规范、有序地开展打下了良好基础。同年，经省委、省政府同意，实施了“双千工程”中高级管理人才境外中长期培训计划，这是1997年全省出国（境）培训工作的一个新的突破。

1998年，紧紧围绕省委、省政府培养和引进跨世纪拔尖人才的“双千工程”，提高培训层次，改变培训方式，确保培训质量。认真做好首期赴美中长期高级管理人才培训班，积极争取经费资助，做好“蒋氏基金安徽培训基地”立项工作。

1999年，出国（境）培训工作实现“三个转变”，即由过去以行政管理培训为主转到以专业技术培训为主，由过去以短期培训为主转到逐步加大中长期培训，由过去单纯的派出培训转到派出培训和请进专家相结合。如马钢集团公司的“高级经理企业管理培训班”和淮南新集集团“600万吨选煤项目技术培训班”分别赴美德两国进行60—70天的培训，圆满完成了培训任务，对提高企业经营管理水平和引进的生产线顺利投产起到了促进作用。马钢集团公司的“高级经理企业管理培训班”，由1名集团公司领导带队，学员全部是马钢企业中层以上管理人员，他们在美国学习了MBA的核心课程，全体学员分成4个课题组，分别就“技术创新机制”、“企业营销机制”、“分配激励机制”和“中美经贸法律环境比较”进行深入研讨，撰写了专题论文4篇。团组还根据培训的情况，结合马钢实际，向公司提交了《关于借鉴西方企业管理经验，加快马钢改革与发展的思考建议》，对马钢公司的技术创新、体制改革、人才资源开发等提出了一系列建议，受到公司领导肯定。

2000年，马鞍山钢铁公司制定了公司高级管理人才赴国外培训，去年在美国举办了第一期培训班，今年在日本对口的大企业举办第二期培训班，为马钢跨世纪发展打下了坚实的基础。

2001年，淮南国投新集能源股份有限公司组团赴德国进行“煤矿提升自动化及选煤机电设备技术”培训，使学员掌握了“钢丝绳张力在线监测系统”技术。这项技术运用于煤矿主井提升机，作为原煤二次装载的超荷保护，可有效避免二次载装事故的发生。通过培训，学员们认为用国产元器件装配完全可以替代德国的“钢丝绳张力在线监测系统”，一套设备便可节约资金280万元。他们还掌握了本公司引进设备中许多未被开发利用的技术，而这些技术的运用，将在节能、降耗、安全等方面发挥巨大的作用。

2002年，奇瑞汽车、科大讯飞、华夏电子、中科大、省农科院、安徽农业大学、省气象局等单位通过选派专业技术人员出国培训，引进、消化、吸收国外先进技术，增强了安徽省自主创新能力；安徽省学术技术带头人后备人选培训、高级党政领导干部培训、政府公共管理与行政效能建设培训等一大批出国（境）培训项目，成为安徽省出国（境）培训的品牌项目，大大提升了体制改革和公共管理水平。

2003—2009年，安徽省围绕提高中青年党政领导干部的综合素质，加大人才培训力度，按照中央提出“大规模培训干部，大幅度提高干部素质”的要求，加大对全省中青年党政领导干部的出国（境）培训工作力度，以提高中青年党政领导干部的综合素质和能力。通过中青年党政领导干部境外培训，培养了一批有战略眼光，熟悉国际规则，有较强驾驭经济、社会发展能力的中青年党政领导干部，取得了很大的成果。

2004—2009年，省农科院组织的“家蚕彩色茧丝研制与开发”培训项目，多次选派科研人员到日本农工大学、京都大学、信州大学、群马县蚕业试验场等进行专题培训，同时邀请日本专家多次到皖进行学术交流与讲学，研制出天然彩色茧丝达数十种，该技术为国内首创、到达国际先进水平。色素添食法进行家蚕彩色茧丝生产成为我国唯一可研制出天然红、橙、黄、绿等彩色茧，且达到生产实用化标准的技术。全省共有13个县市示范推广彩色茧，基地建设已具规模。彩色茧丝的生产给蚕农和企业带来了可观的经济收入，累计蚕农净利润360万元，出口创汇25万元美元，销售收入3417万元，彩色茧丝产量占全国90%以上。

2005年2月，安徽省农业委员会组织9名兽医技术人员赴美参加了动物疫情预警预报培训。动物疫病监测是预测动物疫病发生发展的一项重要技术手段，是做好动物疫情预警预报工作的一项重要技术内容，也是赴美培训的一项重要内容。美国密歇根州通过连续的疫病监测控制了鹿、牛的结核病。通过动物防疫国债项目实施，全省各级动物疫病诊断检测报告网络初步形成，疫情预警预报能力大大提高。全省建立了1个省级动物疫病诊断中心、9个国家级动物疫病测报站、5个省级禽病监测室和分布在各市、县（市、区）的兽医诊断实验室，还在全省行政村选配动物疫情观察员1.6万名，县级以上全部实现动物疫情网络报告。按照农业部要求，全省统一组织开展春秋两季高致病性禽流感、口蹄疫、猪瘟、鸡新城疫、狂犬病、布鲁氏病、奶牛结核病、血吸虫病等7种主要动物疫病集中监测，开展禽流感、口蹄疫免疫抗体检测，根据检测结果，发布疫情预警信息，及时做好补免工作。

2006年，认真贯彻中央八部委《关于进一步加强党员干部出国（境）管理的通知》精神，优化项目结构，加强管理、监督与服务，取得较大收获。专业技术类出国培训项目的比例逐步提高。奇瑞汽车有限公司通过派出10名专业技术人员赴英国里卡多公司培训，增强了研发能力，混合动力轿车在北京国际汽车展成功亮相。科大讯飞的鲁棒性语音识别技术，安徽华夏电子有限公司的自由立体显示技术，中国科学技术大学的生物质斯特林发电系统的引进与消化，省人事厅和教育厅、卫生厅组织的学术技术带头人后备人选培训，以及省农科院、安徽农业大学等单位一批项目的实施，促进了项目单位对于先进技术的引进、消化、吸收，大大增强了项目单位的科技创新能力。管理类项目中，省编办的非营利组织管理，省委组织部组织的市厅级领导干部建设节约型社会研究班，以及配合全省2006(香港)国际徽商大会的政府公共管理与行政效能建设等培训项目,促进了项目单位体制改革和公共管理水平的提高。

马鞍山市委组织部举办的“企业高管工商管理”培训项目,自2006年以来已连续组织6期,成效显著。马鞍山农村商业银行董事长孙晓培训回国后,将微小贷款核心技术通过创新引入农村,通过产品的再开发运用到中小企业等主营业务,改变了农村金融传统的贷款管理模式,取得了良好的社会和经济效益。先后荣获银监会“全国小企业金融服务先进单位”、安徽省政府“支持小企业贷款先进单位”、省银监局“支持小企业发展先进单位”、马鞍山市政府“金融创新奖”及“金融系统优质服务一等奖”等荣誉称号。中央电视台也曾两次做专题报道,孙晓董事长在银监会组织召开的全国银行业电视电话会议上作了经验交流。

2007年10月,安徽省“一村一品农协运作模式”培训团赴日本进行了为期21天的培训。团组成员由我省乡镇龙头企业、产业化带头人,农民专业协会负责人,到农村创业的大学生,以及少数分管特色产业、农民专业合作化组织工作的县、乡领导组成。团员从事的工作涉及园林、茶叶、蔬菜、中药、蘑菇、种植、养殖、加工等专业领域。“一村一品”运动发起于1979年,是由日本原大分县知县平松守彦先生倡导的。“一村一品”运动就是一个村、市、县的农民,在政府的引导和推动下,充分利用本地的资源优势,因地制宜,培育开发出具有鲜明特色的“精品”或“拳头”产品,通过农协的营销网络体系,使本地的产品打入国内外市场,最大限度地扩大该产品的时常占有率,推动农业产业化,发展农村经济,提高农民收入,提升本地声誉和地位的一种农业经济发展模式。参加这次赴日培训的五河县,在学习培训回国不久就已经举办了全县特色农业产业大会,介绍日本“一村一品”经验,总结推广本县特色典型,组织县直有关部门、十五个乡镇、省市级一村一品示范村主要负责人一同观摩了沫河镇粳稻收割现场、大新镇蔬菜基地、城关镇辣根种植基地、朱顶镇蘑菇种植基地、双忠庙镇大棚蔬菜基地等五个特色农业发展样板,对发挥区域优势,发展特色经济起到了很好的示范促进作用。

2008年,坚持以科学发展观为统领,深入贯彻落实胡锦涛总书记视察安徽时的重要指示精神,以改革开放30周年和邓小平关于引智工作重要谈话25周年纪念活动为契机,围绕中心,服务大局,突出重点,努力开拓,积极为推进科学发展、加快安徽崛起提供国外人才和智力支持。由于汶川地震、奥运会举办等原因,2008年出国(境)培训执行时间推至10月份。为提高项目执行率,重点加强对国家外国专家局有资助和自主创新培训类项目执行的督促力度。奇瑞“整车技术开发”重点项目,经反复请示国家外国专家局,实行特事特办,成功执行。省外国专家局组织的“农村实用人才培养与一村一品研修”赴日培训和“引智项目管理”赴美培训项目执行平安顺利,取得实效。凤阳县领导参训回国后,汲取日本农协组织建设经验,积极探索建立农民资金互助合作社。指导省农科院、省环保局、奇瑞、华东光电所等项目单位,重点围绕新农村建设、节能减排、自主创新等方面收集整理了12项成果报国家外国专家局,充实了全省出国

（境）培训成果库。省农科院家蚕彩茧项目成果在全国出国（境）培训成果会上作了典型交流，受到好评。积极参与省政府重大活动。为办好国际徽商大会才智交流活动，省外国专家局全力以赴，组织了美国、澳大利亚、新加坡等国（境）外以及中国香港专家组织和培训机构参会交流。与香港“西部开发—人才支援计划”秘书处签订为期3年的中小学英语教师免费培训协议。9月份，该机构选派8名国（境）外英语教学专家，在黄山市举办培训班，150人受训。12月24日，省外专局局长葛余清、省卫生厅有关领导与德中科技交流基金会北京代表处负责人在合肥举行德中医疗交流项目（安徽省）合作备忘录签字仪式。德中临床医疗交流项目是由德国政府、德中科技交流协会、德中科技交流基金会共同资助，德国医学会支持的国际医疗交流项目，其宗旨是通过与德国医疗机构多方位交流，促进中国各地区提升医疗系统整体水平，搭建德中医疗合作的新平台。交流项目内容为：选拔中国医生在德国知名医院和医疗机构进行为期3个月的学习、观摩和交流，包括参观欧洲著名医疗集团，参加国际间高水平的医学交流活动等；德国专家将在适当时候回访受培训优秀医生所在医院；经双方同意开展其他学术交流活动，以利于建立持续的技术合作关系；参加培训的医生交流学科范围较广，可以在全德国超过2000所医院进行选择交流。

徽商大会是省委、省政府确定的全省每年一度最重要的经贸洽谈会议，是具有国际影响的重大活动。从2005年起，才智交流被列为大会的重要内容，由省人事厅负责。省外国专家局以此为契机，主动参与，全力投入，积极开展引智工作。在2006年以来的三届徽商大会上，引智洽谈成效显著，引起参会代表和众多新闻媒体的高度关注，成为徽商大会的一个亮点。各类企事业单位计2000多人次前来现场咨询、洽谈，与外国专家组织达成聘请专家项目65项，与国（境）外培训机构达成培训项目34项。2008年，为办好国际徽商大会才智交流活动，省外国专家局组织了美国、澳大利亚、新加坡等国（境）外专家组织和培训机构参会交流。在徽商大会上组织了三个项引智活动：一是在京港人才交流中心负责人吴学范的牵头推动下，省人事厅与香港“西部开发——人才支援计划”秘书处负责人签署了皖港人才培训协议。按照协议，港方将连续三年每年派出语言专家为全省义务培训100—150名中小学英语教师，该机构选派8名国（境）外英语教学专家，9月在黄山市举办培训班，150人受训；二是开展出国（境）培训展示并组织部分境外培训机构与省有关单位对接洽谈；三是特邀了国家外国专家局特聘专家、新加坡华鼎集团总裁李良义先生作了题为“用文化创意打造旅游新品牌—旅游发展战略与旅游人才开发”的专题报告。专程到安徽省义务举办报告会的李良义先生还现场捐出一万元，委托省外国专家局转赠四川地震灾区，以此向灾区人民表示最深情的慰问。国家人力资源和社会保障部副部长王晓初、省委常委、组织部部长段敦厚、省人事厅厅长刘莉等领导展区视察，了解洽谈情况并给予赞扬通过徽商大会才智交流构筑起来的高层次引智平台，加大了引智工作宣传力度，彰显了引智工作成果，扩展了引智工作空间，得到省委、省政府领导的肯定。省委书记王金山欣然题词：“招才引智，造福民生”，极大地激励了广大引智工作者的工作热情。

2009年，奇瑞汽车有限公司作为国家级重点培训项目单位，通过分期分批派出专业技术人员赴英国、意大利、奥地利等著名汽车公司培训，增强了奇瑞汽车发动机、整车造型、安全性能等研发能力。2008年，奇瑞汽车S19出国（境）培训项目，先后派出3批工程师赴意大利乔治亚罗设计公司接受培训，完成了造型设计概念、总布置可行性分析研究、车身设计与可行性分析、电器布置与空间分析、内外饰设计与材料定义、底盘可行性分析与模型开发过程介绍项目课题，并以S19项目为依托开展实际设计，成功设计成S19汽车模型，形成了一套与国外公司合作培训的模式，成功打造自主创新的民族品牌。科大讯飞的高精度口语发音质量评分和检错技术研究项目，安徽华夏电子有限公司的有机发光二极管头戴显示器（OLED）研究项目等均取得科研突破，获得国家多项专利。安徽华东光电研究所实现LED背光技术全面应用到批量生产中，今年国庆大阅兵以及空军建军60周年庆典飞行表演的所有飞机，都应用了这些新技术。新产品增值突破亿元。奇瑞汽车公司成功执行“轿车集成开发先进技术”项目，完成了系列车型的内外造型设计，开发了汽车试验数据管理系统，取得多项技术专利。“中青年领导干部中长期培训”、“农村创业带头人、农民致富带头人和农业龙头企业负责人培训”“省级学术技术带头人培训”已打造成安徽省出国（境）培训品牌，有力加强了各类人才队伍建设。

积极选派人员参加国家有资助的培训项目，选派的省农科院和安农大2名种子培育专家，参加了由瑞典全额资助境外费用的瑞典SIDA项目，实现了全省参加瑞典SIDA项目的“零”突破，为参与该项目交流与合作建立了新平台。加强培训成果跟踪问效。全省实施的农村实用人才培训，促进一批农村技能人才和农业产业化带头人成为农村经济发展的“领头羊”。凤阳县学员参训回国后，建立了全国第一个县级农民资金互助合作社联合会，被称为是“抱团取暖”的“草根银行”，成为引领地方经济发展的“动车组”

第四节　外国专家管理与奖励

引进国外智力行政许可

依据行政许可法和《国务院对确需保留的行政审批项目设定行政许可的决定》（国务院第412号令，2004年7月1日起施行）有关规定，2004年8月8日，国家外国专家局办公室、外交部领事司下发《关于使用和管理〈外国专家来华工作许可证〉的通知》，通知明确由各省级人民政府外国专家归口管理部门（安徽省外国专家局）签发《外国专家来华工作许可证》。《外国专家来华工作许可证》由国家外国专家局统一印制和分发。原《聘请外国专家确认件》自2004年10月1日起停止使用，《国家外国专家局办公室、外交部领事司关于使用和管理〈外国专家来华工作许可证〉的通知》（外专办发〔1996〕16号），《国家外国专家局关于印发〈“聘请外国专家确认件”管理办法〉

的通知》(外专发〔1997〕53号)同时废止。

2004年9月,国家外国专家局《关于印发〈外国专家来华工作许可办理规定〉等的通知》(外专发〔2004〕139号),对外国专家来华工作许可、聘请外国专家单位资格认可、介绍外国文教专家来华工作的境外组织资格认可及组织派遣团组和人员赴境外培训的机构资格认定这四项行政许可的许可事项、实施机关、实施说明、申请条件、申报材料、办理程序和期限等进行明确规定。

2005年5月,安徽省外国专家局正式启用“安徽省外国专家局行政许可专用章”。按照国务院412号令,省外国专家局担负外国专家来华工作行政许可等四项任务。

2006年,安徽省引智行政许可事项已全面实施,外国专家宏观管理体制基本形成。具备聘请外国文教专家资格的单位已达97家。办理外国专家来华工作许可114项,受理聘请外国专家单位资格认可7个,颁发《外国专家证》100本。

2007年,办理外国专家来华工作许可179项,受理聘请外国专家单位资格认可申请20家,颁发《外国专家证》232本。

2008年6月1日起,聘请单位为外国专家申请办理外国专家来华工作许可和外国专家证业务时,须统一使用“国家外国专家局外国专家来华工作证件管理系统”(以下简称“系统”),外国专家证件办理实行网上申请,提高了工作效率。2008年,办理外国专家来华工作许可203项,受理聘请外国专家单位资格认可申请18家,颁发《外国专家证》369本。

2009年,办理外国专家来华工作许可186项,受理聘请外国专家单位资格认可申请24家,颁发《外国专家证》450本。

截至2009年12月31日,通过系统注册聘请单位183家,办理外国专家来华工作许可290项,《外国专家证》710本。截至2009年12月31日,安徽省具有聘请外国专家资格单位144家(14家为2009年新批复资格单位),其中科研类1家,体育类1家,卫生类2家,其余140家为各类教育机构。

奖励外国专家

国家“友谊奖”。1991年国家外国专家局恢复设立“友谊奖”。“友谊奖”每年约评选产生50名获奖者,国庆逢五逢十则将评选约百名。截至2009年底,共有22位在安徽工作的外国专家获得国家“友谊奖”。

黄山友谊奖。1995年,省政府设立“黄山友谊奖”,此奖是为表彰在安徽经济社会发展中作出突出贡献的外国专家(不含外籍华人、港澳同胞)而设立的最高奖项,截至2009年底已举办开展了十一届“黄山友谊奖”评选表彰活动,共有134名外国专家获此奖项。

本省表彰奖励外国专家情况。2006年,成功举办国庆招待会暨第九届“黄山友谊奖”颁奖活动。12名优秀外国专家获“黄山友谊奖”,其中蚌埠丰原公司的比利时专家Jean Christophe Bogaert被授予国家“友谊奖”。

2007年，省人事厅、省外专局组织了省政府第十届“黄山友谊奖”的评选表彰工作，来自乌克兰、爱尔兰等国家的9位专家获此殊荣。承办了省政府颁奖仪式暨2007外国专家国庆招待会。省委常委、常务副省长孙志刚出席会议，并亲自为获奖专家颁奖。安徽省选荐的德国专家Kuhne，获得中国政府“友谊奖”，受到温家宝、曾培炎等国家领导人的亲切接见。对获奖专家采取领导会见、媒体专访、事迹介绍等方式进一步宣传，扩大影响。

2008年，在奇瑞汽车公司工作的寺田真二先生获得国家友谊奖。厅、局领导先后会见了国家友谊奖获得者日本专家寺田真二先生。

2009年，波兰专家Malgozata Jedryczka和以色列专家Itzhak Shani荣获国家“友谊奖”。承办省政府“黄山友谊奖”组织评选和国庆招待会活动。省政府授予10名外国专家“黄山友谊奖”称号，隆重举办“黄山友谊奖颁奖仪式暨外国专家国庆招待会”，王三运省长作重要讲话并亲自为获奖专家颁奖，在家的6位副省长、省长助理全部出席。拟订了《安徽省外国专家奖励办法》。已经省法制办审核，省政府即将以规范性文件出台。

外国专家管理与服务

2002年10月，省政府办公厅《关于加强引进国外智力工作的意见》出台（皖政办〔2002〕68号），对进一步做好引智工作提出四点意见，共涉及十个方面。

2007年，安徽省出台文件，加强外国文教专家“兼职”“转聘”管理，从规范办理各项行政许可程序入手严把“四关”。即，聘请资格单位许可“准入关”、来华许可“进口关”、《专家证》发放“资格关”、年检工作“审核关”。

2008年，印发《外国专家在皖工作突发事件应急预案》，修订了《外国专家管理政策法规选编》，拟制了《关于对聘请经济技术类外国专家单位实行登记管理制度的通知》和《安徽省外国专家管理工作联席会议制度》。选择部分聘请单位试用英语类外国文教专家测评系统。

2009年，实施外国专家工作证件委托办理。对合肥、芜湖、蚌埠三市实施外国专家来华工作许可、《外国专家证》发放委托办理。指导合芜蚌三市制订业务办理流程和办事指南。

建立优质高效的服务平台

截至2009年，建立外国文教专家库，加强对外国专家管理的跟踪问效。启用了外国专家来华工作证件管理系统，实行外国专家来华工作证件网上办公，推进政务公开，提高了工作效率。认真开展聘请外国专家资格单位年检工作，组织有关部门重点抽查，考核评估各有关单位聘请工作情况，并针对年检中发现的问题，会同有关部门研究解决办法。协调公安、教育、卫生、体育等行业主管部门研究加强外国专家管理工作，努力建设良性互动的工作机制。在各相关部门的支持与配合下，已初步建立了为外国专家和用人单位提供服务的优质高效服务平台。

附　录

大事记

1994 年

1994 年 1 月 14 至 17 日，全省三项改革工作会议在合肥举行。省党政领导卢荣景、傅锡寿、杨永良、刘广才、杨多良和省机构改革领导小组成员刘永年、汪权、丁道荣等出席了会议。

1994 年 1 月 17 日，全省人事工作会议在合肥召开。省人事局党组书记、局长汪权主持会议，党组副书记、副局长苏泽泉作了《关于全国人事厅局长会议精神的传达和我省今年人事工作的意见》的报告。

1994 年 3 月，机关、事业单位工资制度改革工作会议在合肥召开。省人事局党组书记、局长汪权，党组副书记、副局长苏泽泉，局党组成员、省工改办公室主任秦长年到会并作了讲话。

1994 年 4 月 3 至 5 日，全省人事系统培训教育工作会议在滁州召开。省人事局党组副书记、副局长苏泽泉部署了今年全省培训教育工作任务。

1994 年 4 月，我省党政机构改革方案日前正式出台。改革后的我省省直党政机构共设置 55 个，精简幅度为 21.43%。

1994 年 6 月 4 日，省推行国家公务员制度办公室召开试点工作座谈会。省人事局党组副书记、副局长、省推行国家公务员制度办公室主任苏泽泉主持会议，省司法厅、广电厅、审计局、测绘局负责同志和人事处长以及省委组织部、省建设厅有关方面负责同志参加了会议。

1994 年 7 月 18 至 19 日，省委省政府在合肥召开了全省地市机构改革工作会议。会议宣布：全省地市机构改革实施工作即日开始，于年底基本完成。

1994 年 9 月 16 日，全省国家公务员制度实施试点工作座谈会在合肥召开。省委组织部副部长丁道荣、省人事厅厅长汪权出席会议并作讲话。

1994 年 11 月 10—11 日，全省地市人事局办公室主任会议在淮北市召开。省人事厅副厅长苏泽泉参加会议并作了重要讲话。

1995 年

1995 年 2 月 1 日，省委办公厅、省政府办公厅转发《关于省直机关富余人员分流安置工作若干政策》。

1995 年 2 月 18 日，全省人事编制暨推行公务员制度工作会议在合肥召开，汪洋副省长出席会议并讲话。省人事厅厅长汪权作了题为《加快步伐 加大力度 进一步拓展我省人事编制工作新局面》的报告。

1995年4月20日，省人事厅会同有关部门发出《关于执行省委办公厅省政府办公厅皖办发（1995）3号文件有关问题的通知》。

1995年6月1日，中共安徽省委组织部、安徽省人事厅印发《关于省直机关国家公务员制度实施入轨工作有关问题的通知》（皖人〔1995〕16号）。

1995年8月16日，中共安徽省委组织部、安徽省人事厅印发《关于省直机关实施国家公务员制度有关具体问题的通知》（皖人〔1995〕26号）。

1995年8月16日，省委省政府召开省直机关推行公务员制度动员会议，省委副书记王太华作了《提高认识 加快步伐 加大力度 切实做和袄推行公务员制度工作》的讲话。

1995年8—11月，安徽省推行国家公务员制度办公室批准铜陵市、马鞍山市、六安地区、淮南市、淮北市、宿县地区、蚌埠市国家公务员制度实施方案。

至1995年10月，省级直接举办5期培训班和30多场专题讲座，全省各地累计办班45期，培训推行国家公务员制度工作骨干2700多人；全省地市县4万多名工作人员参加公务员制度基本知识集中学习；省直7000多名工作人员参加国家公务员制度基本知识测试，测试成绩基本合格。

1995年11月，省政府决定对21名有突出贡献科技人员实行奖励，授予省劳动模范荣誉称号，其中7名颁发“贡献奖”金质奖章、14名颁发“贡献奖”银质奖章。

1996年

1996年3月21—22日，人事部华东片《公务员法》征求意见座谈会在合肥举行。人事部副部长张学忠到会，省人事厅厅长汪权、副厅长苏泽泉出席了会议。

1996年5月，省人事厅在六安召开了全省推行公务员制度工作座谈会。会上，省人事厅党组副书记、副厅长苏泽泉同志介绍了当前人事制度改革的基本思路和形势。

1996年5月，转发人事部《关于印发＜国家公务员职务升降暂行规定＞的通知》（皖人发1996〕34号）。

1995年6月27日，副省长杨多良代表省政府与省人事厅等12个省直部门签订“九五”目标责任书。

1996年7月，印发《关于印发县以下农业科技人员享受浮动岗位津贴实施意见的通知》（皖人发〔1996〕58号）

1996年8月，省人事厅与省监察厅联合下发了《关于违反人事考试纪律处理意见的通知》。

1996年9月，全省人才市场工作座谈会在合肥召开。省人事厅厅长汪权、副厅长苏泽泉、张勇以及厅有关处室代表出席了会议。

1996年10月23日，省人事厅召开副处级以上人员（包括离退休干部）会议，传达学习贯彻党的十四届六中全会和省委六届三次会议精神。

1996年12月，全国人事厅局长会议在北京结束。汪权厅长出席会议并接受《中国人事报》社记者采访。

1996年12月，省人事厅召开事业单位人事制度改革座谈会，部分省直单位和地、市人事部门负责同志参加了座谈会。厅党组副书记、副厅长苏泽泉参加了座谈会并作了讲话。

1996年12月10日，全省职称改革工作十周年经验交流大会在淮北市召开，张文和副厅长到会并作了《把握大局，继续前进，扎扎实实地把我省职称改革引向深入》的讲话。

1997年

1997年1月20—22日，全省人事编制工作会议在合肥召开。省长回良玉、副省长杨多良到会讲话，厅长汪权在会上做了题为《加快人才资源开发，狠抓各项改革落实，以两个调整的实绩向党的十五大献礼》的报告。

1997年2月26—3月7日，国家人事部党组成员、流动调配司司长戴光前一行，调研考察我省的人事人才工作，特别是农村人才管理及农村人才市场工作。副省长杨多良出席会见，厅长汪权、副厅长张勇陪同调研考察。

1997年4月，省教委、省人事厅联合举办了全省高校毕业生及毕业研究生供需见面会。省教委主任陈贤忠、省人事厅副厅长张勇到会并作讲话。

1997年4月10日，我省印发了《安徽省1997年度招考国家公务员（工作人员）实施方案》，4月24日在《安徽日报》上发布了招考公告。

1997年4月14—18日，人事部与全国12个省市人事厅（局）进行了远程通信联调。

1997年4月中旬，省人事厅在合肥召开全省培训教育工作会议。省委组织部、省教委、省财政厅、省经贸委等部门的负责同志作为特邀代表大会指导。省人事厅厅长汪权同志到会并作讲话。

1997年5月23日，全省军队转业干部安置工作会议在合肥召开。省党政军领导王太华、乔传秀、陆子修、汪涉云、胡道仁、马以芝等出席会议。省军转安置工作小组副组长、省人事厅厅长汪权作了《立足大局，狠抓落实，把我省军转安置工作推上新阶段》的工作报告。

1997年6月17日，省政府召开了全省人才资源普查、预测和规划工作电视电话会议。杨多良副省长出席会议并作重要讲话，省人事厅副厅长苏泽泉作工作部署。

1997年6月27—28日，全省机关事业单位社会养老保险试点工作会议在阜阳召开。国家人事部社会保险与离退休管理司副司长陈良、省人事厅副厅长张勇到会并作了重要讲话。

1997年8月2—3日，全省考核奖惩工作会议在合肥召开。省人事厅厅长汪权同志出席会议并发表重要讲话。

1997年7月22日—8月4日，国家人事部综合计划司副司长王淑敏赴皖调研。省人事厅副厅长苏泽泉作专题汇报并陪同调研。

1997年10月13—15日，全省人事局办公室工作会议在潜山召开。省人事厅副厅长苏泽泉同志到会并作重要讲话。

1997年11月11日，全省奖励有突出贡献科技人员申报评选工作会议在合肥召开。省政府副秘书长张俊作了重要讲话，省人事厅厅长汪权在会上作了《认真落实十五大精神、发挥奖励职能作用、大力为经济建设服务》的报告，省人事厅考核奖惩处副处长余泳就评奖方案作了具体布置。

1997年12月4日，全省引进国外智力工作会议在合肥召开。省政府副省长杨多良出席了会议并作重要讲话，省引智领导小组副组长、人事厅副厅长苏泽泉作工作报告。

1998年

1998年2月14日，全省人事编制工作会议在合肥召开。省人事厅厅长汪权作了题为《围绕经济抓人才 立足改革抓配套 努力实现人事编制工作新突破》的报告。

1998年2月24日，安徽省人事厅、安徽省工商行政管理局印发《关于全省工商行政管理所实施国家公务员制度若干问题的通知》（皖人发〔1998〕21号）。

1998年3月，成功举办“安徽春季人才交流会”，达成协议12000多份，省人才中心组织为基层定向培训实用人才1000人。

1998年3月，省人事厅陆续下发《安徽省事业单位实行聘用合同制试行办法（草案）》（皖人发〔1998〕35号）等文件，开始探索实施事业单位聘用制度，组织指导省直4个事业单位和淮南、芜湖等8个市开展试点工作。

1998年3月17日，省人事厅皖人发（1998）28号文件明确机关事业单位工作人员正常晋升工资档次。

1998年4月17日，省委宣传部、省人事厅联合召开学习邓小平人才人事理论座谈会，省人事厅长钱明高主持，省委副书记王太华讲话，推动全省邓小平人才人事理论学习实践活动深入展开。

1998年5月，我省制定有关高校毕业生就业分配政策。

1998年6月19日，安徽省人事厅、安徽省物价局印发《关于全省物价检查所实施国家公务员制度若干问题的通知》（皖人发〔1998〕21号）。

1998年6月，省人事厅《关于高级专家延期办理退（离）休手续问题的通知》（皖人发〔1998〕52号）。

1998年7月，省人事厅会同省公安厅、省粮食局发出《关于流动人才人事代理和户粮关系迁移落户问题的通知》（皖人发〔1998〕70号）。

至1998年8月20日，我省国家公务员制度实施入轨基本结束。

1998年9月，制定《关于为发展非国有经济做好人才人事服务工作的意见》，省政府批转全省并召开全省人事工作为经济建设服务会议，国家人事部副部长步正发和省政府副省长杨多良到会讲话。

1998 年 9 月 21 日，省政府发出《关于印发 < 安徽省人事争议仲裁暂行规定 > 的通知》（皖政〔1998〕37 号），为我省开展人事争议仲裁工作提供了法定依据。

1998 年 10 月 5 日，安徽省人事厅、省财政厅通知，对遗属生活困难补助标准进行了调整。

1998 年 12 月，省人事厅《关于事业单位聘任制人员退休问题的通知》（皖人发〔1998〕87 号）。

1999 年

1999 年 1 月 29 日，省政府办公厅下发《关于成立省人事争议仲裁委员会的通知》（皖政办秘〔1999〕9 号）。

1999 年 2 月，中共安徽省委组织部、老干部局、安徽省人事厅、劳动厅、财政厅下发了《关于调整因瘫痪等原因生活长期完全不能自理的离休干部护理费标准的通知》（皖人发〔1999〕6 号）。

1999 年 2 月，省人事厅联合卫生厅、财政厅下发了《关于在农村卫生院工作满 30 年（女满 25 年）的大、中专毕业生提高退休费标准的通知》（皖人发〔1999〕9 号）。

1999 年 3 月，省人才交流服务中心更名为省人才服务中心。

1999 年 4 月，成立省人事争议仲裁委员会办公室，为省人事厅直属事业单位，县级建制。

1999 年 4 月 14 日，省人事厅制定《安徽省事业单位聘用合同管鉴证办法（试行）》（皖人发〔1999〕28 号），直接参与指导省黄梅剧团、省出版社、省电子工业学校等 8 个事业单位人事制度改革试点工作，探索搞活用人及分配机制。

1999 年 5 月，省人事厅下发《关于我省归侨职工退休后增发退休补贴费的通知》（皖人发〔1999〕37 号）。

1999 年 6 月，省人事厅首次举行从部分试点企业公安改制人员中录用人民警察考试。

1999 年 7 月 13 日，省教委、省人事厅、省编办下发《关于抓紧清理清退乡镇自聘代科教师的通知》（皖政明电〔1999〕8 号）。

1999 年 7 月 29 日，省人事厅制定下发《人事争议仲裁委员会组织规则》和《人事争议仲裁委员会办案规则》（皖人发〔1999〕31 号）

1999 年 8 月，我省首次建立行政奖励公开评选制度，全省 6000 多名公务员受到表彰。

2000 年

2000 年 1 月 6 日，省委常委、省纪委书记、副省长杨多良到省人事厅、编办看望干部职工。

2000 年 1 月 7 日，省政府召开全省电视电话会议，隆重表彰“人民满意的公务员”。省委书记、省长王太华，省委常委、常务副省长张平，省委常委、省纪委书记、副省长杨多良卢家丰，省长助理、省政府秘书长田维谦和省委组织部副部长、省人事厅厅长、省编办主任丁道荣出席会议并为受表彰的同志颁奖。

2000 年 1 月 21 日，省委常委、常务副省长张平专门听取了丁道荣厅长代表省人事厅党组关于全国人事厅局长会议精神及贯彻意见的汇报，并就有关问题作出指示。副厅长苏泽泉、于洪启参加了汇报。

2000 年 1 月 29—30 日，全省市地人事局长、编办主任会议在合肥召开。省委常委、常务副省长张平到会作了重要讲话，省政府副秘书长张俊出席了会议。丁道荣厅长作了工作报告。

2000 年 2 月 17 日，省委办公厅、省政府办公厅下发了《关于加强机构改革期间机构编制管理的通知》。

2000 年 2 月 27 日，省教委、省人事厅联合举办的“安徽省 2000 年高校毕业生、毕业研究生供需洽谈会”在合肥举行，600 多家用人单位进场招贤，3 万多名应届高校毕业生进场应聘。

2000 年 2 月 28 日，中共中央、国务院批准《安徽省人民政府机构改革方案》以中委〔2000〕63 号文印发。

2000 年 3 月 30 日，省政府机构改革动员大会在合肥召开。省委常委，省人大常委会、省政协主要负责同志，省政府副省长，省政府各部门领导班子成员和省直有关单位及市地分管负责同志共 450 人参加了大会。

2000 年 4 月 1 日，省委办公厅、省政府办公厅印发了《省政府机关人员定岗实施办法》和《省政府机关人员分流安排实施办法》。

2000 年 4 月 19—20 日，省人事厅在六安市召开会议部署 2000 年选拔高校毕业生到农村基层工作，副厅长张勇到会讲话。

2000 年 5 月 30 日，全省军队专业干部安置工作会议在合肥召开。省委副书记乔传秀出席会议并作重要讲话，省委常委、常务副省长张平主持会议。省军转安置工作领导小组副组长、省人事厅厅长丁道荣作了军转安置工作报告。

2000 年 6 月 26—27 日，省人事厅和省经贸委在马鞍山联合召开了全省工业引智工作会议。国家外专局经济技术司司长罗传林专程到会指导，省经贸委副主任蔡庆中到会作了讲话，省人事厅党组副书记、副厅长、巡视员苏泽泉作了工作报告和会议总结。

2000 年 6 月 28 日，留学人员合肥创业园举行揭牌仪式，副省长蒋作君、合肥市副市长厉德之为之揭牌，省人事厅丁道荣厅长、张勇副厅长参加了仪式。

2000 年 8 月 22 日，省人事厅在淮南召开重奖有突出贡献科技人才专家评审会。省政协副主席徐荣楠作为专家参加评审会，省政府副秘书长张俊出席会议并讲话。省人事厅副厅长孙永吉主持了评审会。

2000年9月15日，省委、省政府召开电视电话会议，对全省乡镇党政机构和事业单位改革进行动员。省委书记王太华、省长许仲林分别讲话，省委副书记王昭耀主持了会议。

2000年9月19日，全省编办主任会议在合肥召开，传达了全省电视电话会议精神，研究了乡镇党政机关和事业单位改革工作，省编办副主任于洪启、罗昌平出席了会议。

2000年10月23—27日，省人事厅、省继续教育协会、省创造学会在合肥联合开展了全省创新教育示范研讨活动，省人事厅副厅长苏泽泉到会进行动员。

2000年11月11日，全省乡镇机构改革现场会在五河县召开。省委常委、常务副省长张平出席会议并讲话。省人事厅副厅长苏泽泉、纪检组长赵勇，省编办副主任于洪启、罗昌平出席了会议。

2000年11月27日，中共安徽省委机构改革动员大会在合肥举行。省委副书记、省委组织部部长乔传秀作了动员讲话。厅领导丁道荣、于洪启、罗昌平出席了会议。

2000年12月22日，省政府办公厅印发了《安徽省人事厅职能配置、内设机构和人员编制规定》。

2000年12月22—23日，省委、省政府在合肥召开全省人才工作会议。省委副书记乔传秀作了讲话，省委常委、常务副省长张平作了人才工作报告。

2000年12月23日，全省人才交流大会在合肥举行。省委副书记乔传秀、常务副省长张平、省纪委书记杨多良、省政协副主席岳书仓等到会视察指导。省人事厅厅长丁道荣、副厅长张勇、纪检组长赵勇陪同视察。

2001年

2001年1月，省委、省政府以新世纪第一年第1号文件出台了《关于加强人才工作若干问题的决定》。

2001年1月9—10日，全省市地人事局长、编办主任会议在合肥召开。丁道荣厅长传达了全国人事厅局长会议精神并就贯彻会议精神和当前工作提出了意见，副厅长苏泽泉、张勇、孙永吉出席了会议。

2001年3月2日，召开了全省地级市编办主任会议，传达了全国市县乡机构改革会议精神，研究布置全省市县机构改革有关准备工作。

2001年4月20—21日，全省人事编制工作会议在合肥召开。省委常委、常务副省长张平出席会议并作重要讲话，省政府副秘书长、办公厅主任张俊出席了会议。

2001年5月24日，全省专业技术人员职称晋升计算机应用能力考试工作会议在合肥召开。省人事厅党组成员、副厅长孙永吉到会并作重要讲话。

2001年5月29日，我省工业系统第一家企业博士后科研工作站——合肥美菱集团企业博士后科研工作站揭牌仪式在合肥举行。

2001年6月28日，全省人事培训教育工作会议在合肥召开。省人事厅副厅长孙永吉同志出席会议并作重要讲话。

2001年6月29日，省人事厅、编办纪念中国共产党成立80周年大会隆重举行。省人事厅党组书记、厅长、编办主任丁道荣同志在会上作了重要讲话。

2001年7月16日，全省军转安置工作暨表彰大会在合肥隆重召开。

2001年8月15日，省委、省政府召开电视电话会议，对全省市县机构改革进行动员和部署。

2001年8月16—17日，省编办、省气象局召开了全省气象事业单位法人登记工作会议。省编办领导于洪启、省气象局副局长孙健到会看望了与会代表。

2001年8月20日，省委组织部副部长、省人事厅厅长、省编办主任丁道荣同志主持召开了全厅、编办处级干部会议，认真传达学习中组部、人事部、中编办召开的电视电话会议精神和三部门《关于进一步加强管理严肃干部人事工作纪律有关问题的通知》文件。

2001年8月21—22日，全省专业技术人员管理工作会议在合肥召开。省人事厅副厅长孙永吉同志出席会议并即席作了重要讲话。

2001年10月8日，省人事厅、编办召开处级领导干部学习会，认真学习中共十五届六中全会公报。省人事厅厅长、编办主任丁道荣同志主持学习会，并就传达贯彻十五届六中全会精神作了讲话。

2001年10月26—27日，全省市人事局办公室主任会议在宣城市召开。会议由陈运才主任主持。省人事厅副厅长孙永吉专程出席会议并作了重要讲话。

2001年11月19—21日，省委组织部副部长、省人事厅厅长、省编办主任丁道荣在芜湖市对事业单位人事制度改革工作进行座谈调研。

2001年11月23日，省人事厅在合肥召开了全省评选“人民满意的公务员”和“人民满意的公务员集体”社会公开投票工作会议。省人事厅副厅长黄荣华出席会议并作重要讲话。

2001年12月中下旬，厅领导丁道荣、张勇、孙永吉、黄荣华、罗昌平、赵勇分别带队，赴有关地市开展人事编制工作调研。

2001年12月29日，省委副书记沈跃跃主持召开人才工作座谈会，丁道荣厅长出席会议并发言。

2002年

2002年2月4—5日，全省人事编制工作会议在合肥召开，省委常委、常务副省长张平出席会议并讲话。

2002年3月27—31日，人事部副部长、国家外国专家局局长万学远一行来皖考察调研。省长许仲林、常务副省长

2002年3月，省委组织部副部长、省人事厅厅长、省编办主任丁道荣和省人事厅副厅长、省编办副主任罗昌平、省编办副主任陈运才同志在省政务服务中心主任虞海宁同志的陪同下，先后两次视察了省政务服务中心省编办服务窗口。

2002年3月27—31日，人事部副部长、国家外国专家局局长万学远一行4人对安徽引进国外智力工作进行考察调研。省长许仲林、常务副省长张平会见了万学远一行。省政府副秘书长周古廉，省人事厅厅长丁道荣、副厅长张勇全程陪同考察调研。

2002年4月24日，省政府召开电视电话会议，隆重表彰“人民满意的公务员”、“人民满意的公务员集体”，部署开展创建“人民满意的基层站所”活动。省委常委、常务副省长张平出席会议并为获奖者颁奖，省政府秘书长徐立全主持会议。省人事厅厅长丁道荣及各处室负责同志参加了会议。

2002年5月，省政府副秘书长、省政府办公厅主任张俊，省人事厅副厅长黄荣华、省总工会副主席牛和桂到省公安厅、地税局、工商局调研创建“人民满意的基层站所”活动。

2002年6月15—16日，省委组织部副部长、省人事厅厅长丁道荣、省国土资源厅副厅长杨先静、省人事厅副厅长孙永吉，专程赴宿松县考察该县扶贫工作。

2002年6月，全省专业技术人员管理工作会议在合肥结束。省人事厅副厅长孙永吉到会作了重要讲话。

2002年7月2—5日，人事部党组副书记、副部长舒惠国在合肥、芜湖、池州等市进行了工作调研。省委书记王太华，副书记、省长许仲林，副书记沈跃跃，省委常委、常务副省长张平等亲切会见了舒惠国副部长。省政府副秘书长、办公厅主任张俊和省人事厅厅长丁道荣全程陪同考察调研。

2002年8月8—9日，省人事厅党组中心组认真学习《党政领导干部选拔任用工作条例》，各处室、事业单位负责人参加了学习和讨论。

2002年9月27日，省政府副秘书长、办公厅主任张俊带队到巢湖市，督察创建“人民满意的基层站所”活动。省人事厅副厅长黄荣华等陪同督查调研。

2002年10月25—26日，全省市人事局办公室主任会议在祁门县召开。省人事厅副厅长孙永吉专程出席会议并即席作了重要讲话。

2002年11月5—6日，全省事业单位人事制度改革座谈会在舒城县召开。省人事厅厅长丁道荣、省水利厅厅长吴存荣出席会议并讲话。

2002年11月8日，丁道荣厅长和全厅干部职工在省人事厅、编办会议室认真组织收看江泽民同志在党的十六大上的报告。

2002年11月25—26日，省人事厅、编办召开机关全体党员大会和厅党组中心组学习会，认真传达学习党的十六大和省委七届三次全体（扩大）会议精神。省委组织部副部长、省人事厅厅长、省编办主任丁道荣出席会议并讲话。

2002年12月21日，国家人事部主办，省人事厅、安徽医科大学共同承办的“新世纪百千万人才工程”学术论坛在合肥开幕。省委副书记、省政协主席方兆祥出席开幕式并作了重要讲话。开幕式由省人事厅副厅长孙永吉主持。

2002年12月24日，省人事厅、编办在合肥召开了全省人事编制系统学习贯彻党的十六大精神座谈会。省委组织部副部长、省人事厅党组书记、厅长、省编办主任丁道荣参加会议并作重要讲话。

2003年

2003年1月1日，安徽省人事厅、省财政厅，对遗属生活困难补助标准调整。

2003年3月5日，省委组织部、省老干部局、原省人事厅、省财政厅下发《关于给我省离休干部发放一次性生活补贴费有关问题的通知》（皖人明电〔2003〕5号）。

2003年4月10日至11日，全省人事编制工作会议在合肥召开。省委常委、副省长张平出席会议并讲话。

2003年5月，省人事厅会同有关部门转发了《关于深化广播影视事业单位人事制度改革的实施意见》（皖人发〔2003〕48号）、《关于深化文化事业单位人事制度改革的实施意见》（皖人发〔2003〕49号），启动文化事业单位、广播影视事业单位人事制度改革。

2003年6月，省人事厅出台了《关于省直单位人员调动有关问题的通知》，就审批办理人员调动有关问题作出规定。

2003年6月，省人事厅印发了《安徽省专业技术资格考试考务工作考评办法（试行）》（皖人办发〔2003〕61号）。

2003年7月，省人事厅、省财政厅、省劳动和社会保障下发《关于解决我省事业单位离休人员两年一次增加离休费时相应增加津贴（活工资）和机关离休人员五年增加级别工资问题的通知》（皖人发〔2003〕38号文件）。

2003年9月24日，中共安徽省委组织部、宣传部和安徽省人事厅在合肥召开安徽省纪念《国家公务员暂行条例》颁布实施十周年座谈会，省委常委、组织部部长朱成林出席会议并讲话，省委组织部副部长、省人事厅厅长张耀文介绍安徽省十年来国家公务员制度执行情况。

2003年10月，省人事厅组织了全省事业单位烹饪工种技师资格考试。

2003年12月22日，省人事厅下发《关于认真贯彻落实中办发〔2003〕29号文件精神，切实解决部分企业军队转业干部生活困难问题的通知》（皖办发〔2003〕29号）。

2004年

2004年1月，省人才服务中心加挂省经营管理人才市场牌子。

2004年1月5日，省政府办公厅皖政办（2004）1号转发国务院办公厅国办发（2003）93号文件，调整机关事业工作人员职务工资标准和增加离退休费。

2004年3月5日，省人事厅内设的外国专家局局长按副厅级高配。

2004年4月，省人事厅组织“家蚕彩色茧丝研制与开发”培训项目。

2004年5月10日，中共安徽省委组织部、安徽省人事厅2004年全省考试录用国家公务员（机关工作人员）公告。

2004年6月，安徽省人事考试网站建立。

2004年7月,省人事厅深入开展"做人民满意的公务员"、"人民满意的公务员集体"评选活动。

自2004年10月1日起,国家机关、事业单位工作人员和离退休人员死亡,一次性抚恤金执行标准有所调整。

2004年10月29日,省人事厅会同有关部门发出《引智工作进一步为"三农"服务的意见》(皖人发〔2004〕67号)。

2004年11月,全省人事系统开展"创学习型机关"、"树人事编制干部新形象"活动。

2004年12月27日,省人事厅会同有关部门发出《关于加强引进国外智力工作为民营经济发展服务的意见》(皖人发〔2004〕86号)。

2005年

2005年1月,撤消省人事与人才研究所、省专家咨询服务中心(省国际人才交流咨询服务中心),成立省专家服务中心、省国际人才交流服务中心,均为县级建制。

2005年2月,召开全省人事编制工作会议,省委常委、常务副省长任海深出席会议并作重要讲话。

2005年2月26日,安徽省人事厅、编办下发了《安徽省人事厅、编办保持共产党员先进性教育活动实施方案》。

2005年4月8日,我省召开国有大中型企业引进国外智力工作会议,省人事厅厅长张耀文发表重要讲话。

2005年4月28日 安徽省人事厅联合教育厅、监察厅下发了《关于印发〈安徽省人事考试违纪处理规定〉的通知》。

2005年5月,省人事厅专业技术人员管理处增挂省博士后管理工作办公室牌子。

2005年5月16日,安徽省外国专家局正式启用"安徽省外国专家局行政许可专用章"。

2005年5月17日,省人事厅会同省国资委发出《关于进一步加强引进国外智力为国有企业服务工作的通知》(皖人发〔2005〕33号)。

2005年7月,全省普遍推行事业单位人员聘用制和面向社会公开招考。

2005年9月,全省人事系统开展开展以"提高素质、加强服务"为主要内容的"树人事编制干部新形象"主题实践活动。

2006年

2006年1月20日,全省人事编制工作会议,省委常委、常务副省长任海深同志作了重要讲话。

2006年1月,中共安徽省委组织部、省人事厅、省编办召开专门会议,下发调查表,对全省各级党政机关编制、人员身份、过渡定岗和参照管理等情况进行统计摸底。

2006年2月,省人事厅出台《关于在全省事业单位试行人员聘用制的意见》。

2006年3月,省人事厅制定出台了《安徽省人事考试工作考核办法(试行)》(皖人办发〔2006〕36号）。

2006年4月30日，省外国专家局（省引进国外智力领导小组办公室）升格为副厅级机构，负责全省引进国（境）外智力工作；归口管理来我省外国（境）专家和出国（境）培训工作。

2006年5月，省外国专家局（省引进国外智力领导小组办公室）确定为副厅级，内设国际交流合作处、外国专家工作处。

2006年7月，我省实施建国以来第四次大的工资制度改革。

2006年8月，省人事厅举行了从全省公安机关合同民警等非警察身份中录用人民警察考试。

2007年

2007年1月4日，全省人事编制工作会议，省委常委、常务副省长孙志刚出席会议并作重要讲话。

2007年4月，中共安徽省委组织部、安徽省人事厅发布2007年全省党政机关考试录用公务员公告。

2007年5月，举办了中国国际徽商大会人才交流大会。

2007年8月中、下旬，省人事厅、编办先后举办了全省新任人事局长、编办主任和省直单位人事（干部）处长培训班。

2007年8月，中共安徽省委组织部、老干部局、省财政厅、人事厅、劳动和社会保障厅转发《关于提高红军时期参加革命工作的离休干部护理费的通知》（组通字〔2007〕28号）。

2007年9月25日，省人事厅会同省委组织部、省军区政治部转发中共中央组织部、人事部、总政治部联合颁发的《人事争议处理规定》。

2007年11月，省人事厅下发《关于调整事业单位聘用制干部管理政策有关问题的通知》。

2007年12月，省人事考试中心更名为省人事考试院。

2007年12月28日，省人事厅、编办召开全省市人事局长、编办主任会议，省编办主任张耀文主持并作了重要讲话。

2008年

2008年1月4日，省委组织部副部长、省人事厅厅长、省编办主任张耀文会见了香港金融管理学院董事长王中英、校监张小舒一行。

2008年1月7日，张耀文厅长主持召开各处室、事业单位负责人会议，听取各单位2007年工作完成情况和2008年工作安排的汇报。厅、编办领导罗昌平、赵勇、成浩、陈晓淮、陈运才、葛余清、张扬、张家麟及各处室、事业单位负责人出席会议。

2008年2月26日，省人事厅、编办召开领导干部会议，省委组织部常务副部长秦亚东宣布了中共安徽省委决定：张耀文同志不再担任省人事厅党组书记、厅长、省编办主任职务；刘莉同志任省人事厅党组书记、省编办主任，并提名为省人事厅厅长人选。

2008 年 3 月 31 日，召开全省人事编制工作会议，省委常委、常务副省长孙志刚出席会议并作重要讲话。

2008 年 3 月，组织了全省各级机关考试录用公务员笔试工作。

3 月 11—14 日，省委组织部副部长、省人事厅厅长、省编办主任刘莉分赴芜湖、蚌埠等市，看望人事编制部门干部职工，并分别在两地主持召开了南北两片 8 个市人事局长、编办主任座谈会，听取大家对今年及今后一个时期的工作安排和意见建议。

2008 年 3 月 31 日，全省人事编制工作会议在合肥召开。省委常委、省政府常务副省长孙志刚出席会议并作重要讲话。省政府副秘书长张秋保主持了会议。省委组织部副部长、省人事厅厅长、省编办主任刘莉作了题为《深入学习贯彻党的十七大精神，更好实施人才强省战略，为加快崛起作出新贡献》的工作报告。省人事厅副厅长、省编办常务副主任罗昌平作了会议总结。厅、编办领导赵勇、成浩、陈晓淮、陈运才、林海、葛余清、张扬、张家麟出席了会议。

2008 年 4 月 1 日，全省人事考试中心主任会议在合肥召开。省人事厅副厅长林海出席会议并讲话。

2008 年 4 月 14 日，全省公务员管理工作会议在合肥召开。省人事厅副厅长成浩出席会议并讲话。

2008 年 5 月，在黄山市举办中国国际徽商大会人才（旅游业）交流会。

2008 年 5 月，举行了 2008 年考录公务员面试工作。

2008 年 5 月 15 日，省人事厅、省劳动和社会保障厅在合肥联合召开了全省清理规范各类职业资格工作视频会议。省劳动和社会保障厅副厅长邱诚主持会议。省人事厅副厅长林海出席会议并作重要讲话。

2008 年 6 月 6 日，全省人事编制系统党风廉政建设暨反腐倡廉制度建设推进年座谈会在合肥召开。省委组织部副部长、厅党组书记、厅长、编办主任刘莉出席并讲话。省纪委常委樊勇应邀出席会议并讲话。

2008 年 7 月 30 日，省人事厅、编办举行经济形势报告会，邀请省政府研究室主任作经济形势报告。报告会由省委组织部副部长、省人事厅厅长、省编办主任刘莉主持。

2008 年 7 月 9-12 日，国家外国专家局 2008 年度财务工作会议在安徽省合肥市召开，来自全国各省市（区）、副省级市和中央国家机关引智系统近 200 人参加会议。安徽省委常委、常务副省长孙志刚出席了 7 月 10 日的大会并致辞。

2009 年

2009 年 3 月，召开了全省人事编制工作会议，省委常委、常务副省长孙志刚出席会议并作重要讲话。

2009 年 4 月，第五届中国国际徽商大会才智交流活动。

2009 年 5 月，成立安徽省人力资源和社会保障厅，将省人事厅、省劳动和社会保障厅的职责，整合划入省人力资源和社会保障厅。

2009 年 5 月 22 日上午，安徽省人力资源和社会保障厅隆重举行了挂牌仪式。黄海嵩副省长宣布安徽省人力资源和社会保障厅成立挂牌。省人大常委会朱先发副主任、省政协王鹤龄副主席共同为安徽省人力资源和社会保障厅揭牌。省人力资源和社会保障厅刘莉厅长致辞并主持了挂牌仪式。

重要文献辑存

关于开辟引进人才“绿色通道”的实施意见

安徽省专业技术资格评审实施细则（试行）

关于对做出突出贡献的专家、学者、技术人员继续实行省政府特殊津贴制度的通知

安徽省培养造就跨世纪学术和技术带头人实施方案

关于进一步加强高层次专业技术人才队伍建设的若干意见

《安徽省专业技术人员继续教育实施意见》

《安徽省实施〈中华人民共和国公务员法〉工作方案》

关于省直事业单位新进工作人员公开招聘工作的通知

安徽省事业单位岗位设置管理实施意见

关于印发安徽省机关事业单位工作人员工资、收入分配制度改革和计发离退休费等实施意见的通知

关于加强引进国外智力工作的意见

关于印发《安徽省引进国外技术、管理人才项目管理暂行办法的通知》

关于印发《安徽省派遣团组和人员赴国（境）外培训管理暂行办法的通知》

关于开辟引进人才“绿色通道”的实施意见

皖人发〔2002〕46号

根据中共安徽省委、安徽省人民政府《关于加强人才工作若干问题的决定》（皖发〔2001〕1号）精神，为加大引进人才的力度，清除人才引进中的各种障碍，营造尊重知识、尊重人才的良好环境，经省人民政府同意，现就开辟引进各类人才的“绿色通道”，提出如下实施意见：

一、引进人才的范围

凡具有大学本科以上学历或中级以上专业技术职务任职资格以及我省新兴产业、支柱产业急需的特殊人才、高层次人才，愿意为我省经济和社会发展服务的，均属于引进人才的范围。其中高层次人才是指：两院院士；国家级学术、技术带头人；享受国务院或省政府特殊津贴的专业技术人员；国家或省有突出贡献的中青年专家；拥有处于国际、国内领先水平的专利、发明或专有技术的人员；获得硕士以上学位的人员；具备高级专业技术职务任职资格的人员。

二、引进人才的有关程序

（一）对自愿来我省工作的大学本科以上毕业生全部放开接纳。暂未落实工作单位的，可实行“先落户、后找工作”，由县以上政府人事部门所属人才服务机构实行人事代理。

（二）全省企、事业单位（含非国有单位）接收的各类大专以上毕业生或引进的具有中级以上任职资格专业技术人员，凭本人有效证件和与用人单位签订的聘用（劳动）合同或县以上政府人事部门出具的接收函（其中财政拨款事业单位需要进行考试考核，择优选用），直接到工作单位所在地办理行政、工资关系及落户手续。

（三）用人单位对所需引进的人才进行考核时，应对其学历资历、学术或专业技术及管理能力等进行科学测评。

（四）政府人事部门及所属人才服务机构对用人单位申报的引进人才，应简化手续，特事特办。

三、引进人才的政策措施

（一）引进的高级人才申报晋升专业技术职务可不受结构比例或指标限制，用人单位可根据其自身条件和岗位需要自主聘任，超编单位报经同级编制部门审批同意后先接收再逐步消化。

（二）对省直单位经省人才领导小组批准引进的部分高层次人才，给予下列优惠条件：两院院士，提供一套120—150平方米的住房或一次性补助安家费30万元，提供50—100万元无息贷款作为科研启动经费；国家级突出贡献专家、享受国务院特殊津贴人员、国家级学术技术带头人、博士生导师、博士后，提供一套100—120平方米住房或一次性补助安家费24万元，提供20—50万元无息贷款作为科研启动经费；硕士生导师、博士，提供一套90—100平方米住房或一次性补助安家费20万元，提供10—20万元无息贷款作为科研启动经费。住房或补助所需经费根据单位经费渠道分别在省人才开发专项资金或单位自有资金中支付。科研启动经费从省人才开发专项资金安排，三年后由引进的高层次人才所在单位归还。各市引进的高层次人才可参照执行。

（三）引进人才的配偶、未婚子女随调随迁，免收城市增容等费用，子女入学不得收取省教育行政主管部门规定以外的费用。海外留学人员的子女入学，参加高（中）考的，可参照归侨子女入学规定予以照顾。

（四）引进的人才本人要求暂不迁入户口的，县以上政府人事部门发给“特聘工作证”，公安部门据此办理“暂住证”，本人和配偶及其共同生活的子女享受当地居民的同等待遇。

（五）由县以上政府人事部门所属人才服务机构引进的人才，在未就业前其人事代理费用实行减半优惠。代理年限计算连续工龄，落实工作单位后按所在岗位确定工资福利待遇。

（六）引进人才的工资待遇，可与用人单位协商，以不低于本单位同类人员的水平确定，并随本人贡献大小随时调整；也可按签订的合同，实行协议工资，按所创效益的一定比例提取；或采用年薪、股权等方式确定报酬。

支持鼓励各类人才以高新技术成果投资、入股等形式参与经济开发和收入分配。

（七）引进人才自带科技成果创办企业，工商部门在办理企业登记时，注册资本（金）在国家规定的范围内从低要求。带高新技术创办企业，经有关部门认定，可享受高新技术企业优惠政策。

（八）从海外引进的优秀人才，除享受上述政策外，还可享受安徽省人民政府《关于鼓励留学人员来安徽工作的若干规定》（皖政办〔1994〕9号）中的其它优惠条件。

本实施意见由省人事厅负责解释。

安徽省专业技术资格评审实施细则（试行）

皖人发〔2004〕81号

一、总则

第一条　为建立和完善科学、客观、公正的专业技术人才评价机制，进一步规范专业技术资格评审工作，根据国家和省有关规定，制定本细则。

第二条　专业技术资格是专业技术人员学术技术水平的标志，是用人单位聘任和专业技术人员应聘专业技术职务的重要依据之一。申报、评审专业技术资格应依据国家和省制定的专业技术资格评审条件及有关规定。

第三条　专业技术资格评审工作应树立科学的人才观，遵循客观、公正、准确的原则，德才兼备原则，维护用人单位和专业技术人员合法权益的原则。

第四条　各级政府人事部门是综合管理专业技术资格评审工作的职能部门，负责组织、指导、监督本地区专业技术资格评审工作。

第五条　专业技术资格评审按人事隶属关系和资格等级实行分级管理。管理权限分别是：

（一）省政府人事部门负责管理全省高级专业技术资格评审工作。

（二）市（设区的市，下同）政府人事部门和授权组建中、初级评委会的省直部门及省直属企事业单位，负责管理所辖范围内中、初级专业技术资格评审工作。

（三）县（市、区）政府人事部门负责管理所辖范围内初级专业技术资格评审工作。

第六条　专业技术资格原则上每年评审一次。特殊情况按管理权限报经同意后可推迟评审或根据工作需要适时评审。专业技术资格评审的专业、级别、条件和申报材料、时间、地点，由评委会组建单位向社会公布。

第七条　本细则适用于在皖申报专业技术资格的人员。按照本细则通过相应专业技术资格评审委员会评审的专业技术人员，由相应审批部门核准颁发省人事厅统一印制的专业技术资格证书。

二、申报

第八条　申报专业技术资格人员，须遵纪守法，具有良好的职业道德和敬业精神，符合各专业、级别规定的申报条件，并按下列程序和要求办理：

（一）个人申报。申请人应按要求填写有关评审表格，并提供下列原始材料：

1.《专业技术资格评审表》（表样见附件1）。

2.《申报专业技术资格人员简明情况登记表》（表样见附件2）。

3.学历证书、资格证书、聘任证书、继续教育证书、职称外语和计算机应用能力考试合格证书或免试审批表（表样见附件3、4）。

4. 任现职以来专业技术业绩、成果,以及作为主要专业技术贡献者完成的项目,获得社会、学术团体或业务主管部门的鉴定证书及奖励证书等。对两人或两人以上共同完成的发明创造、学术技术成果、专业技术项目、表彰奖励等,应如实注明本人在其中所做的工作内容,所起的作用及排名,对承担的项目、发明创造、学术技术成果及表彰奖励,要注明授予的部门、时间和等级。

5. 任现职以来的论文、论著、译作和解决专业技术难题的专题报告或实例材料。

6. 近期二寸免冠正面照片一张。

7. 评审条件规定的其他材料。

破格申报专业技术资格应在《专业技术资格评审表》封面右上角注明破格字样。

同级别转系列、专业评审的,应出具专业技术工作岗位变动有关证明材料及变动后专业技术水平、业绩情况等材料。

(二)用人单位审查。用人单位对申请人申报的材料、证件进行逐项核实,查验是否真实、齐全、规范。必要时,成立由专业技术人员为主、技术主管、人事干部参加的考核组,对申请人任期以来的职业道德、工作表现、专业技术业绩、成果等进行考核。考核后应将申请人基本情况、评审材料、考核结果在本单位进行公示,接受群众监督。对有反映和争议的材料,要认真核查。在正式上报前,应将不符合要求和有争议尚未核实的材料剔出,并对申请人任现职以来的专业技术工作业绩、专业技术(学术)水平以及工作表现写出准确、客观的评价意见填入评审表中。对提交的复印件须与原件核对,逐项签署核对人姓名和审查意见,并加盖公章。

第九条 申报材料经用人单位审查确认后,按下列规定呈报相应评委会组建单位,并出具委托评审函。

(一)申报评审高级专业技术资格,市属及其以下单位的,由市政府人事部门呈报;省直单位的,由省直主管部门呈报。

(二)申报评审中级专业技术资格,县(市、区)属及其以下单位的,由县(市、区)政府人事部门呈报;市直单位的,由市直主管部门呈报;省直单位的,由省直主管部门呈报。

(三)申报评审初级专业技术资格,县(市、区)属及其以下单位的,由其主管部门呈报;市属及其以上单位的,由申报人所在单位呈报。

(四)无主管部门的各类经济和社会中介组织,其专业技术人员申报材料,按属地原则,由用人单位呈报;人事档案放在各级政府人事部门人才服务机构代理的,由代理机构呈报。当地无相应系列、专业评委会的,由当地政府人事部门呈报。

三、受理

第十条 评委会组建单位负责对口受理本系列、专业评审范围内的申报材料,并负责审核。对材料不完整、填写不清楚的,可通知呈报单位在限定时间内补办。

第十一条 凡有下列情况之一的,各评委会组建单位不予受理:

(一)未按本办法规定出具委托评审函的。

（二）非本系列、专业评委会评审范围的。

（三）申报材料不符合评审条件规定要求的。

（四）不按规定时间、程序申报或呈送的。

（五）对非评聘分开的事业单位超专业技术职务结构比例申报的。

（六）其他不符合规定申报条件的。

第十二条　破格申报专业技术资格的，由系列评委会受理，报同级政府人事部门审查同意后评审，专业评委会不得受理。

第十三条　提交评委会的评审材料，应有评委会组建单位同意送评的印章和负责人的签章。

四、考试

第十四条　各级政府人事部门在管理权限范围内，对未列入国家和省通过统一考试取得专业技术资格的系列、专业，应根据评审专业特点，推行考评结合，对申报评审人员进行必要的综合理论知识和专业知识考试，测试申请人实际学识和能力水平。

第十五条　实行考评结合的系列、专业及考试形式、内容、合格标准，由授权组建评委会的政府人事部门确定。评委会组建单位负责组织实施考务工作，并接受管理部门指导、监督。

第十六条　考试可采取笔试或面试（答辩）、人机对话等形式。考试成绩合格者方可提交评委会评审。未参加统一组织考试或考试成绩不合格者，不另安排补考。

五、评审

第十七条　各级评委会应按照同级政府人事部门统一部署和要求，在规定的时间、评审范围、评审专业内，按照规定的评审程序开展评审工作，主动自觉接受人事部门的指导和监督。

第十八条　资格评审的基本程序是：

（一）评委会组建单位拟定考试、评审工作计划，安排评审活动日程，通知专业（学科）评议组和评委会委员参加评审会。考试、评审工作日程安排，按管理权限报送政府人事部门。

（二）评委会组建单位对经审核的评审材料按专业（学科）分类、登记后，根据有关规定，安排论文水平鉴定，组织相关知识考试。

论文水平鉴定，由专业（学科）评议组或评委会负责评价。必要时，另请同行专家鉴定。鉴定由评委会组建单位负责统一送审，申报单位和个人送审结果无效。

按有关规定申请人必须进行答辩的，或专业（学科）评议组、评委会认为申请人的能力、水平需通过答辩才能鉴定的，由评委会组建单位通知申请人到会答辩，不按时答辩的不予评审。

（三）召开评委会前，评委会主任委员或副主任委员应组织专业（学科）评议组和评委会委员学习有关评审政策、程序、纪律等；评委会组建单位应将有关材料（包括笔试或面试、答辩、人机对话等成绩）分别送达评审委员。

（四）专业（学科）评议组或评委会委员根据各专业技术资格评审的标准条件，分组审阅申请人材料，提出初步评议意见。

专业（学科）评议组或评委会委员在审阅申请人材料时，发现不完整、不齐全的，不得擅自要求申请人补充材料。

（五）召开评审会议，出席会议的委员不得少于规定的人数。会议由主任委员或副主任委员主持。评审时，先由评委会组建单位报告有关评审材料审查情况，然后由专业（学科）评议组长或初审委员介绍初审意见，最后由评委会各位委员在听取汇报、审阅评审材料、充分讨论和民主评议的基础上，采取无记名投票方式表决。赞成票达到出席会议评委总数的三分之二及以上方为通过。未出席评审会议或因故中途离会未参加评议的委员不得投票、委托投票或会后补投票。会议结束后，由主任委员或副主任委员当场公布评审结果。对评委会未通过的申请人，不得进行复议。

专业（学科）评议组评议、评委会会议，除评委会组建单位以及人事等部门工作人员外，其他人员不得列席。

（六）评委会在《专业技术资格评审表》中写明评审结论，由主任委员或副主任委员签字（盖章），并加盖评委会印章。

评委会应建立会议记录制度。记录内容包括开会日期，出席评委、会议日程、评审对象、评委评议意见、投票结果等。记录由会议主持人及记录人签名后归档并严格保密。

第十九条 评委会评审结果按管理权限报相应审批部门审批。评委会办事机构应在评审工作结束后 15 日内将下列材料上报审批部门。

1. 评审情况综合报告。

2.《专业技术资格评审结果分析表》（表样见附件 5）。

3.《专业技术资格人员评审情况一览表》（表样见附件 6）及软盘。

4. 专业技术资格评审表。

5. 职称外语和计算机应用能力考试免试审批表。

6. 破格人员审核同意评审签章材料。

7. 有关规定需要报送的其他材料。

第二十条 审批部门应在收到材料后对评委会评审结果进行逐一审核，并将拟批准人员姓名、单位、资格名称以及受理举报的单位、地址、邮编、联系电话等通过上网等各种有效形式向社会公示，公示时间不少于 7 日。对公示期间反映的问题，若举证清楚应及时责成相关单位核查。公示无异议的，即行批复。

经审批部门核准公布的人员，其资格取得时间，从评委会通过之日算起。

评委会评审通过人员，若非本评委会评审范围或未经审批部门核准公布，其评审结果一律无效。

第二十一条 评委会组建单位在接到批复 10 日内，将取得资格人员名单通知呈报单位（未通过人员须说明理由），并将申请人评审材料清理后按原呈送渠道退回。批准通过人员的《专业技术资格评审表》由用人单位人事部门存入个人档案，其他个人提交的材料、证件退还申请人。未通过人员的材料凡涉及有组织审查、评价和评审组织的结论意见，包括《专业技术资格评审表》等只退至用人单位主管部门，其他退还本人。

获得专业技术资格的人员，由所在单位人事部门在规定时间内到评委会组建单位办理专业技术资格证书。

六、委托评审

第二十二条　有下列情形之一的，应委托相应的评委会代为评审：

（一）不具备组建评委会条件的。

（二）在本单位评委会评审范围，但担任本单位正、副职领导职务的。

（三）其他文件规定需要委托评审的。

第二十三条　对个别专业高级专业技术资格省内不能评审的，由省人事厅出具委托评审函，委托国家有关部门或外省高评会代评。省直单位、市、县（市、区）无相应专业中、初级评委会的，由省直单位和市、县（市、区）政府人事部门出具委托评审函。中直驻皖单位专业技术人员需要委托我省有关系列（专业）评委会评审的，由中直单位出具委托评审函，各有关评委会应按本细则规定受理评审。

第二十四条　除第二十三条规定外，单位之间或个人委托评审的，评审结果无效。

第二十五条　委托代评通过人员，按管理权限，由政府人事部门核准公布。

七、纪律与监督

第二十六条　各级政府人事部门对授权组建评委会的地区和单位的评审工作实施监督、检查，受理举报、申诉并负责核查和裁定。

第二十七条　对违反评审程序和规定的评委会或委员，人事部门视情停止其工作，宣布评审结果无效，直至收回评审权或取消评委资格。

第二十八条　对伪造学历、资历、剽窃和侵吞他人成果，抄袭他人论文等弄虚作假的申请人，一经查实，2 年内不予受理申请，并视情节追究所在单位或有关人员的责任；评审已通过的，撤销其专业技术资格，收回专业技术资格证书。对包庇、纵容弄虚作假行为的单位和个人，按有关规定给予严肃处理。

八、费用

第二十九条　资格评审（包括相关知识考试）按照省财政、物价部门规定的收费标准收取评审费。

第三十条　评审费只限于评审事务开支，不得挪作它用，不得铺张浪费。

九、附则

第三十一条　本细则由省人事厅负责解释。

第三十二条　本细则从 2005 年 1 月 1 日起施行。

安徽省人事厅

2004 年 12 月 14 日

关于对做出突出贡献的专家、学者、技术人员继续实行省政府特殊津贴制度的通知

皖发〔2001〕25号

各市委，各市人民政府，省直各单位，各大学：

1993年，省政府决定给做出突出贡献的专家、学者、技术人员发放省政府特殊津贴。近10年来，全省共有1246人（其中，中央驻皖单位155人）享受了省政府特殊津贴。这项制度的实行，得到了广大专业技术人员的衷心拥护，促进了科技创新和高新技术发展。为了进一步营造"尊重知识、尊重人才"的良好社会环境，加大高层次专业技术人才队伍的建设力度，根据《中共中央、国务院关于对做出突出贡献的专家、学者、技术人员继续实行政府特殊津贴制度的通知》（中发〔2001〕10号）和《中共安徽省委、安徽省人民政府关于加强人才工作若干问题的决定》（皖发〔2001〕1号）精神，省委、省政府决定，今后10年，我省对做出突出贡献的专家、学者、技术人员继续实行省政府特殊津贴制度。现将有关事项通知如下。

一、指导思想

以邓小平人才人事理论和江泽民同志"三个代表"重要思想为指导，大力弘扬"尊重知识、尊重人才"的社会风气，把政府特殊津贴工作同加快发展、富民强省，加强人才队伍建设紧密结合起来，使享受政府特殊津贴专家数量在我省高级专业技术人才队伍中保持一定的比例，充分发挥他们在社会主义现代化建设中的骨干作用，进一步促进我省经济和社会发展。

二、选拔的数量和范围

（一）从2001—2010年，每年选拔享受省政府特殊津贴的专家、学者、技术人员50名左右，其中乡镇企业选拔人数为5名左右。

（二）选拔享受省政府特殊津贴的对象是：在科技、教育、文化、卫生等岗位和在工农业生产第一线做出重大贡献和取得突出业绩的专家、学者、技术人员。重点是在关系国民经济和社会发展的关键技术领域中涌现出来的优秀人才，在信息、金融、财会、外贸、法律、现代管理及理论研究、新闻出版、文化艺术等领域做出重大贡献的专门人才。

（三）省政府特殊津贴工作主要在国有企事业单位中实施。其他经济成份的企事业单位中符合选拔条件的，也可以按照选拔程序推荐。

（四）担任副厅级以上领导职务和享受副厅级以上待遇的专家、学者，在企事业单位中担任党政领导后不再直接从事专业技术工作的人员，原则上不作为省政府特殊津贴的选拔对象。

已享受过国务院、省政府特殊津贴人员或受过省政府重奖的人员，5年后如有新

的业绩，可再申报享受政府特殊津贴。

三、选拔条件

（一）热爱社会主义祖国，遵纪守法，有良好的职业道德，模范履行岗位职责。

（二）除个别特别优秀的，一般应具有高级专业技术职务，并应具备下列条件之一：

1. 在自然科学研究中，学术造诣深，对学科建设、人才培养、事业发展做出较大贡献的我省学科领域的带头人；或研究成果有开创性和重大科学价值，得到省内外同行专家公认，居省内领先或国内先进水平，获得省、部级一项二等奖、一项三等奖以上奖励（科学技术奖励制度改革前的两项四等奖按一个三等奖掌握，下同）。

2. 在技术研究与开发中有重大发明创造、重大技术革新或解决了关键性的技术难题，取得较大的经济效益和社会效益，获得省、部级一项二等奖、一项三等奖以上奖励。

3. 在社会科学研究中，学术造诣深，成绩显著，对社会发展和学科建设做出较大贡献的我省学科领域的带头人，承担省级社会科学规划基金重点项目或科研成果处于国内领先水平，获得省社会科学成果一项二等奖、一项三等奖以上奖励。

4. 在信息、金融、财会、外贸、法律和现代管理等领域，为解决我省的国民经济和社会发展的重大问题提供基础性、前瞻性、战略性科学理论依据，具有特殊贡献的人员。

5. 长期工作在教育、教学工作第一线，对学科建设、人才培养、事业发展发挥了重要作用，教学水平、教学效果为同行公认；或教学科研成果突出，获得省、部级一项二等奖、一项三等奖以上奖励。

6. 长期工作在工农业生产和科技推广第一线，有重要技术突破，推动了行业技术进步，获得省、部级一项二等奖、一项三等奖以上奖励；或在技术成果向生产力转化和新技术、新工艺、新方法推广中，业绩突出，形成了较大推广面积或生产规模，产生了较大的经济效益和社会效益。

7. 长期工作在防病、治病等卫生工作第一线，医术水平高，多次成功治愈疑难、危重病症；或在较大范围多次有效预防、控制、消除疾病，社会影响较好，业绩为同行所公认；或科研成果有重大科学价值，获得省、部级一项二等奖、一项三等奖以上奖励。

8. 在文化艺术、新闻出版领域，同行公认，成绩显著的我省学科领域带头人或艺术门类的主要骨干。

9. 在教练执训工作中成绩显著，直接培养的运动员在世界三大赛中取得前三名、亚洲三大赛中取得前两名或全国三大赛冠军，为发展我省体育事业做出重要贡献的职业体育教练员。

凡获得省部级各类奖励的，以颁发的奖励证书为依据。集体获奖的，应为获奖项目的主要完成者。

对做出突出贡献的中小学教师和长期在县以下基层第一线工作的农业专业技术人员，在获奖等次和选拔条件方面适当放宽。

四、组织领导和选拔程序

（一）省人事厅根据选拔享受省政府特殊津贴人员有关规定，向各市、各部门部署选拔工作。

（二）各市政府人事部门和省直有关单位、中央驻皖单位人事部门组织实施享受省政府特殊津贴人员的选拔和推荐工作。

（三）基层单位按照隶属关系和有关要求，逐级向上级人事部门推荐人选。在选拔过程中，要认真听取同行专家和有关人员的意见，并在推荐人选所在单位进行公示，增加选拔工作的透明度，做到公正、公平、公开。

（四）各市政府人事部门和省直有关单位、中央驻皖单位人事部门，根据选拔条件，对推荐人选进行审核，报经本级党委、政府或本部门负责人同意后，将人选名单和有关材料报送省人事厅。

（五）省人事厅将各地、各部门推荐的人选材料汇总后，按工、农、医、科、教、社会科学、表演艺术、体育以及乡镇企业等行业分类，分送省经贸委、省农委、省卫生厅、省科技厅、省教育厅、省委宣传部、省文化厅、省体育局、省乡镇企业局等部门审查，由其组织同行专家进行评议排序，经部门领导审核后，报送省人事厅。

（六）省人事厅会同省委组织部、省委宣传部、省委统战部等部门对推荐的人选进行审核、平衡并向社会公示后，报省政府审批。

五、津贴标准和发放办法

对批准享受省政府特殊津贴的人员，颁发省政府特殊津贴证书，每人一次性发给政府特殊津贴 8000 元，并免征个人所得税。

对 2000 年及以前年度享受省政府特殊津贴的人员，仍按原办法执行。

六、经费来源

省政府特殊津贴所需经费由省财政专项列支拨款。

七、加强管理

（一）各级党委和政府要切实加强对享受省政府特殊津贴人员选拔工作的组织领导，严格选拔条件和选拔程序。

（二）有关部门和单位要做好深入细致的思想政治工作，勉励享受省政府特殊津贴人员珍惜荣誉，当好楷模，为社会主义现代化建设拼搏奉献。

（三）各地、各单位要对报送人选的材料进行认真审核，确保真实性和准确性。各级人事部门要注意听取各方面意见，主动与有关部门密切配合，共同做好工作。

（四）建立跟踪管理制度，加强与享受省政府特殊津贴人员的联系，妥善解决他们工作和生活中的实际困难，为他们充分发挥作用创造有利条件。对违背享受省政府特殊津贴所必须具备的基本条件且造成不良影响者，收回特殊津贴证书，以保证省政府特殊津贴的严肃性和享受省政府特殊津贴人员队伍的纯洁性。

安徽省培养造就跨世纪学术和技术带头人实施方案

皖政办〔1996〕36号

为落实党的十四届三中全会提出的“要造就一批进入世界科技前沿的跨世纪的学术和技术带头人”和省第六次党代会提出的富省强省的战略目标，加快我省经济建设和社会各项事业的发展，根据《国务院办公厅转发人事部等部门关于培养跨世纪学术和技术带头人意见的通知》（国办发〔1995〕28号）和人事部等7部门《关于印发〈“百千万人才工程”实施方案〉的通知》（人专发〔1995〕147号）精神，特制定我省培养造就跨世纪学术和技术带头人实施方案。

一、目的意义

培养造就跨世纪学术和技术带头人，是我国社会主义现代化建设的客观需要，也是迎接世界新技术革命挑战的要求。根据21世纪我省经济、社会发展和参与国际竞争的需要，采取切实措施，强化优秀青年专业技术人才的培养，努力造就一支具有良好的政治、业务素质以及结构合理、高效精干的学术和技术带头人队伍，顺利完成学术和技术带头人的新老交替，是当前我省专业技术队伍建设中一项重要而紧迫的任务。做好这项工作，对提高我省科学技术水平，促进经济发展，繁荣文化教育事业，具有深远的战略意义；对促进优秀中青年人才脱颖而出，加速专业技术队伍的梯队建设，将有积极推进作用。

二、总体目标

结合国家培养跨世纪学术和技术带头人工作，根据我省经济、社会发展规划，针对我省学科的分布情况和优劣态势，有重点、分步骤培养我省跨世纪人才，到1997年遴选和掌握200名或更多一些30—40岁左右的优秀人才，作为重点培养对象。争取到本世纪末，实现一、二级学科的主要学科专业有2—3名50岁以下学术和技术带头人，在这些带头人中培养出3—5名达到国际先进水平，在世界科技界有较大影响的青年科学家；30一50名达到国内先进水平，具有学科优势的学术和技术带头人。

三、范围和条件

选定重点发展学科的领域：

（一）对保持我国和我省科学技术发展后劲起重要作用的基础学科领域。

（二）对农业和农村经济上台阶和农业现代化有重大影响的技术领域。

（三）有利于增强产业技术、创新能力的技术领域。

（四）有利于加强国民经济信息化进程的技术领域。

（五）高新技术研究领域。

（六）发展社会主义市场经济急需的金融、贸易、法律等学科领域。

（七）对提高我省文化、教育、卫生水平起关键作用的学科领域。

（八）国家自然科学基金会优先支持的基础科学研究领域和其它方面国家优先发展的重点学科领域。

后备人选应具备的条件：

（一）一般应具有博士或硕士学位，已受聘担任高级专业技术职务（个别特别优秀的可适当放宽），年龄在45周岁以下，身体健康。

（二）基础理论知识扎实，专业学术水平高深，知识面广，有较大的发展潜力，有明确的研究方向，能把握本学科的发展前沿动态；科研和开发能力强，其科研或开发成果已获省（部）级以上的奖励和同行的承认；解决了关键性的技术难题，并在生产中得到广泛的应用，具有显著的经济效益和社会效益；社会科学研究成果具有创见性、开拓性，对学科发展有突出贡献，并获重大社会效益或经济效益；有较高的外语水平，至少有一门外语达到读、听、写、说四会。

（三）热爱祖国，有强烈的事业心和献身精神，作风正派，治学严谨，有较强的科研组织管理和协调能力。

四、程序和方法

（一）由单位推荐，经主管部门签署推荐意见送省培养造就跨世纪学术和技术带头人工作领导小组办公室，由办公室分送各学科评议组，评议组的同行专家对人选进行评议，提出初选名单。

（二）省级学术团体可按照条件，分别对本学科领域的后备人选提名，交所在单位研究推荐。

（三）省领导小组办公室汇总各学科评议组评议结果，提请评审委员会评审，最后领导小组确定重点培养对象，作为省级后备人选和推荐到国家人选名单。

五、培养和管理

（一）对后备人选要合理使用，委以重任。各级各类学术委员会、学术团体、评审委员会和咨询机构要吸收后备人选参加各类学术和技术活动，使他们及时吸收新的知识，获取新的信息，掌握现代科学技术发展动态，提高参与国际国内科技竞争的素质和能力。各级科技、计划和业务主管部门要积极吸收他们参与国家和省各类科研规划、计划和重大项目的调研、论证及组织管理工作，承担国家、省、部门重大的科研和生产项目，让他们在项目、课题中承担重要任务，在实践中锻炼成长。

（二）后备人选所在单位要根据后备人选的发展方向，制定培养规划，要针对不同阶段的预期目标提出不同的要求，交待不同的任务；大力开展多种形式的继续教育工作，积极支持、合理安排他们出国研修、开展国内外交流和科学实验活动，做到紧张、有序，同时要保证后备人选具有择业自主权、时间支配权、效益分配权。

（三）要充分发挥中老年专家学者在发现人才、培养人才工作中的作用。中老年专家要热情做好传、帮、带工作，毫无保留地传授理论知识和实践经验，帮助后备人选确立在学术界的学术地位，同时后备人选要多向老专家学习，虚心接受指导。各级人事、科技、教育、财政等部门要结合本地实际情况，制定相关的优惠政策，尽可能改善他们的学习、工作、生活环境。

（四）各级政府和有关部门要多渠道筹集资金，加大对培养后备人选工作的投入。省财政每年度适当安排一定经费。并从教育和科学技术两个发展基金中分别按年利息15%的比例拿出部分资金，主要用于教育、科技两系统的后备人选。同时争取社会赞助部分经费，设立专项基金。根据后备人选的实际要求，定向投入，重点支持，主要用于后备人选承担重点科研项目和课题的经费补贴，资助后备人选进修培训和出版专著、开展国内外学术交流活动，吸引海外优秀人才为我省服务等，表彰奖励培养出高层次人才的导师和实施培养工程成绩卓著的单位。同时后备人选所在单位要有必要的匹配，拿出部分资金，改善本单位后备人选的工作、学习和生活条件。

继续做好中国青年科技奖的选拔推荐工作。对做出较大成绩的后备人选及时予以表彰和奖励，特别突出的要给予重奖。

（五）积极从博士后研究人员和留学回国人员中选拔后备人选，加强对他们的培养和管理，为他们提供良好的工作环境。对入选的后备人选开展科研工作要予以重点资助，支持他们参加国内外学术交流活动，不断提高学术和技术水平。

（六）进一步完善省有突出贡献中青年科学、技术、管理专家和享受省政府特殊津贴选拔制度，把选拔工作与培养跨世纪人才工作紧密结合起来。今后选拔省有突出贡献的中青年专家，45岁以下优秀中青年专家的比例，应不少于全省选拔指标的30%。对列入省级跨世纪学术和技术带头人后备人选的，在选拔省突出贡献的中青年专家和享受省政府特殊津贴工作中，优先予以考虑。

（七）培养跨世纪学术和技术带头人是一项复杂的社会系统工程，必须实行科学管理，采取分步实施办法，做到有序、有效地开展。

1. 动态培养。对跨世纪学术和技术带头人后备人选实行动态培养，不搞终身制、津贴制。按照公平、择优的原则，及时遴选调整，谁的培养前途大就培养谁，谁的成就突出就奖励谁。

2. 跟踪考核。考核工作主要由各地、各部门人事、科技、教育等部门负责实施，每年进行一次，全面考核后备人选的德、能、勤、绩，重点是工作实绩和业务能力，并建立考绩档案，根据考核结果决定后备人选的留汰、奖励情况。对不宜作为后备人选的要及时更换，对新涌现出来的符合后备人选条件的优秀人才，要充实到后备人选队伍中来，以确保后备人选队伍的质量。

3. 分级管理。省培养造就跨世纪学术和技术带头人工作领导小组办公室重点管理列入国家学术和技术带头人后备人选，以及列为省重点学科和技术带头人后备人选。一般学科的省级学术和技术带头人后备人选由地、市和行业主管部门管理，每年度将培养考核情况报省领导小组办公室备案。省直有关部门要加强对行业和地方培养造就工作的宏观指导和有关政策的调研处理。

4. 分步实施。随着经济和科技阶段性的发展，培养工作无论从数量和质量上都有一个渐进发展的过程。1997 年前先选择一批高水平、强学科和直接影响我省经济建设的关键性学科实施，通过积累经验、积累资金逐步扩大到重点领域，再扩展到其他学科和技术领域。

六、组织领导

为加强对这项工作组织领导和协调，成立安徽省培养造就跨世纪学术和技术带头人工作领导小组。领导小组办公室设在省人事厅，具体承办日常工作。省直各业务主管部门和各学术团体负责本部门、本行业的推荐工作，各行署、市政府负责本地、市的选拔推荐工作。评审委员会由各学科的专家、学者组成，具体人选由领导小组确定，下设各学科评议组，在评委会领导下开展工作。

各地、各部门要充分重视培养造就跨世纪学术和技术带头人工作，把这项工作作为一项战略任务，加强领导，提高认识，采取切实措施，保证实施工作的落实。

关于进一步加强高层次专业技术人才队伍建设的若干意见

皖办发〔2008〕2号

为深入贯彻落实党的十七大精神，充分发挥高层次专业技术人才在安徽加速崛起进程中的重要作用，根据《中共安徽省委、安徽省人民政府关于贯彻〈中共中央、国务院关于进一步加强人才工作的决定〉的实施意见》（皖发（2004）14号）要求，经省委、省政府同意，现就进一步加强高层次专业技术人才队伍建设提出如下意见。

一、指导思想和总体目标

1. 指导思想。以邓小平理论和“三个代表”重要思想为指导，深入贯彻落实科学发展观，牢固树立科学的人才观，坚持“尊重劳动、尊重知识、尊重人才、尊重创造”的方针，紧紧围绕建设创新型安徽，进一步加大高层次专业技术人才的选拔、培养和引进力度，不断创新人才管理体制和工作机制，积极动员和依靠社会各方面力量，营造良好的人才工作环境，努力建设一支高素质的专业技术人才队伍，为推动跨越发展、加快崛起进程、构建和谐安徽提供有力的人才支撑。

2. 总体目标。健全完善适应社会主义市场经济体制要求的高层次专业技术人才政策体系，营造有利于高层次专业技术人才脱颖而出的体制环境，大力实施“安徽杰出人才工程”，重点使用好现有高层次专业技术人才，培养一批创新能力强、能够跻身科技学术前沿的科学家和学术技术带头人，加强后备人才队伍建设并形成梯次结构，着力引进紧缺急需人才，充分发挥高层次人才的骨干和领军作用，基本形成与我省经济社会发展相适应的高层次专业技术人才队伍。近期目标是：到2010年，全省高级职称专业技术人员达到10万人，其中，安徽省首席专家20名左右、安徽省杰出专业技术人才40名左右、安徽省学术和技术带头人400名左右、安徽省学术和技术带头人后备人选800名左右。

二、完善高层次专业技术人才培养体系

3. 积极推行“院士工程”。以高层次创新人才培养为重点，努力造就一批在全国同学科、同行业处于领先位置、具有较强创新能力的领军人才和高水平学科带头人，作为院士候选人的遴选对象，并在科研等方面予以重点支持和培养，争取我省院士实现零的突破。协助中央驻皖单位做好院士的各项服务工作。按照资源共享原则，采取多种形式引进省外两院院士，为安徽经济社会发展多作贡献。

4. 实施国家“百千万人才工程”带动战略。以国家“百千万人才工程”为抓手，带动不同类型的高层次人才培养，建立拔尖人才培养体系。千方百计组织我省高层次人才申报，争取更多人选进入“百千万人才工程”国家级人选行列。配合中央驻皖单位做好候选人的申报工作。对列入“百千万人才工程”国家级人选实行重点资助，争取多出成果。

5. 实施“安徽杰出人才工程”。通过加强科技发展战略研究、实施重大科技专项等措施，培养具有国际视野和战略思维、能够组织领导重大科技创新活动的安徽省首席专家。逐步建立以院士、“百千万人才工程”国家级人选、安徽省首席专家等领军人才为龙头，以省学术和技术带头人、享受国务院和省政府特殊津贴人员以及有突出贡献的中青年专家等为主体的高层次专业技术人才队伍。

6. 建立省学术和技术带头人选拔制度。制定《安徽省学术和技术带头人选拔管理办法》，选拔在省内自然科学和社会科学界具有一流水平、在相关领域取得显著成果和突出业绩的高层次专业技术人才，作为省学术和技术带头人重点培养，并与创新团队建设相结合，突出领军人才的作用。从2008年开始，省学术和技术带头人每年选拔一次，每次100名左右。在皖两院院士、“百千万人才工程”国家级人选、全国和安徽省杰出专业技术人才等作为省学术和技术带头人。省学术和技术带头人选拔，突出重点领域和优势产业，对“十一五”重点发展领域和优势产业的创新人才，实施重点支持与资助。逐步增加人才资金，加大对省学术和技术带头人的项目资助力度。

7. 完善政府特殊津贴制度。加强对享受政府特殊津贴人员的选拔和管理，继续将高技能人才、农村实用人才和退休返聘的专家作为选拔对象，注重评审质量，坚持高起点、高标准选拔高层次优秀人才。进一步完善享受政府特殊津贴人员考核评价制度，鼓励创新和多作贡献，促进高层次专业技术人才成长。在皖新当选的享受国务院特殊津贴的中央部属单位专家同时享受省政府特殊津贴。逐步提高省政府特殊津贴标准，充分调动专家的积极性和创造性。

8. 大力发展博士后事业。按照发展、规范、提高的总体思路，加强评估监督，强化服务管理，加大投入保障，积极组织有条件的高等院校、科研院所和企业，特别是高新技术企业申报建立博士后科研流动站和工作站。各设站企业要认真落实与全国知名高校、科研院所博士后工作的长效合作机制，扩大博士后招收规模，建立高层次人才研究开发队伍。尚未具备设站条件但有招收博士后要求的学科、单位和企业，可以具体科研项目为依托，与相关的高等院校、科研院所博士后流动站联合招收“项目博士后”。积极将省外出站的博士后引进安徽。进一步加强对企业博士后工作的指导，提高办站质量和管理水平。要加大财政投入，认真做好博士后研究人员科研活动经费资助工作；引导设站单位加大投入，稳定和吸引博士后。建立博士后站考核评估制度，跟踪财政投入资金的使用效益。

9. 充分发挥离退休高级专家作用。认真贯彻《中共安徽省委办公厅、安徽省人民政府办公厅关于进一步发挥离退休专业技术人员作用的实施意见》（皖办发〔2005〕30号）精神，启动“银发咨询”计划，建立离退休高级专家信息库，建设“江淮顾问”队伍。按照“政府引导支持、市场主导配置、单位按需聘请、个人自愿量力”的原则，进一步完善相关政策，建立专家返聘制度，采取活动聘请、项目聘请、短期聘请等多种形式，进一步发挥离退休老专家在我省经济社会发展和科技进步中的推动作用。

三、加大高层次专业技术人才培养力度

10. 实施高层次专业技术人才创新团队培养计划。围绕实施“工业强省”战略，加强高层次专业技术人才创新团队培养。突出优势产业和重点学科，结合重点实验室、工程（技术）研究中心和企事业技术中心等载体的建设，培养200个左右创新团队（100个产业创新团队和100个前沿技术创新团队）。建立科研助手制度。

11. 大力培养中青年拔尖人才。以省学术和技术带头人为重点，制定不同层次、不同类别的培养计划，建立多层次、多渠道的青年拔尖人才培养体系，完善后备人选培养的竞争择优机制，形成梯次化的人才后备队伍。加大省自然科学基金、优秀青年科技基金和人才开发专项资金的支持力度，对其科技、创作、演出活动进行经费资助，培养在国内外有重要影响的中青年学术和技术带头人，大力培养文学艺术、广播影视、新闻出版、社会科学研究等领域的文化类高层次人才。

12. 建立高层次专业技术人才研修和学术交流制度。每年选拔一批有培养前途的中青年骨干到国内高校、科研机构深造；每年选送一批优秀中青年人才赴国（境）外进行中长期培训或研修，并予以经费资助；积极鼓励中青年人才在职攻读硕士、博士学位；积极创造条件，建立国（境）外培训基地。大中型企业，要加强与高等院校、科研机构和同类先进企业协作，在高等院校和科研院所设立面向企业创新人才的客座研究岗位。鼓励、支持企业设立面向高等院校和科研院所的特聘高级创新人才岗位，加大人才交流和培训力度。

13. 强化高层次专业技术人才的继续教育。按照我省中长期科学技术发展规划的要求，以知识更新为主题，以能力建设为核心，实施专业技术人才知识更新工程和“高层次专业技术人才自主创新能力开发计划”，把培养的重点转到开发人的潜能和激发创造力上来，转到加快新知识、新理论、新方法的传播上来。加大继续教育的经费投入和基础设施建设。

14. 加快高层次专业技术人才创业平台和创业基地建设。按照“政府主导、市场引导、体现特色”的原则，重点建设知识创新平台、工程技术平台和公共服务平台。充分发挥留学人员创业园的作用，按照高起点规划、高标准建设、高效率管理的要求，办好留学人员创业园区；努力创造条件，建立高层次专业技术人才来皖创业的工作基地。把创业平台和创业基地建设与高层次专业技术人才培养计划结合起来，依托国家和省重大人才培养计划、重大科研和建设项目、重点学科和科研基地以及国际学术交流与合作项目，积极推进学术和技术带头人的培养。

四、建立和完善高层次专业技术人才评价、使用和激励机制

15. 完善高层次专业技术人才评价机制。贯彻科学的人才观，建立以能力和业绩为导向、重在社会和业内认可、符合高层次专业技术人才特点的评价机制，完善不同专业的人才评价标准。实行资格考试、考核认定、考评结合、以聘代评和同行评议相结合的评价方法，改进专业技术职务聘任制度，为作出突出贡献的中青年拔尖人才开辟成长空间，创造脱颖而出的良好环境。

16. 创新高层次专业技术人才使用机制。建立以公开、平等、竞争、择优为导向，有利于优秀人才脱颖而出、充分施展才能的选人用人机制。突出高层次专业技术人才的稳定和使用，改革用人制度，激发人才潜力，进一步建立和完善“特聘教授”“特聘专家”“安徽省特级教师”等高层次专业技术人才使用和管理制度。结合推行聘用制和岗位管理制度，加大竞争上岗和公开招聘力度，逐步建立“按需设岗、按岗聘任、竞争择优、优胜劣汰”的用人机制。

17. 建立多元化的分配激励机制和保障机制。建立符合事业单位特点的岗位绩效工资制度和适应事业发展的高层次人才分配激励机制。对知识技术密集、高层次人才集中的事业单位和公益目标任务完成较好的科研、教育、文化、卫生等部门的事业单位，可适当增加绩效工资总量。用人单位可按照规范的程序和要求，对绩效工资采取灵活多样的分配办法，向关键岗位和有突出贡献的人才倾斜。坚持和完善以按劳分配为主体、多种分配方式并存的分配制度，鼓励高层次人才以专利、发明、技术、品牌等要素参与分配，分配比例由受益单位和合作方个人协商确定。建立技术、专利等知识产权入股制度和技术创新人员持股制度。继续引导收入分配政策向关键岗位和优秀人才倾斜。对部分紧缺或者急需引进的科研、教育、文化、卫生等专业的高层次专业技术人才，经批准可实行协议工资、项目工资等灵活多样的分配办法。进一步完善专业技术人才兼职兼薪管理办法。保护高层次专业技术人才的经济社会权利，鼓励具备条件的企业为各类人才建立企业年金制度，对重要人才建立国家投保制度，完善高级专家定期疗养、休假、体检制度。

18. 实施高层次专业技术人才重奖制度。建立以政府奖励为导向，用人单位和社会力量奖励为主体的多元化人才奖励制度，充分发挥经济利益和社会荣誉双重激励作用。进一步完善高层次专业技术人才奖励办法，加大对作出突出贡献的各类优秀人才的宣传和表彰力度，对符合条件的授予劳动模范、先进工作者、杰出专业技术人才等荣誉称号，不断提高高层次专业技术人才的政治和社会地位。对业绩特别显著、贡献特别突出、创造巨大经济效益或社会效益的优秀人才，依据《安徽省突出贡献人才奖励办法》，由省政府实施一次性重奖。各地、各部门和用人单位要从实际出发，对作出重大贡献的高层次专业技术人才给予表彰和奖励，充分调动高层次专业技术人才的积极性和创造性。

五、着力引进急需和紧缺的高层次专业技术人才

19. 加快引进急需紧缺的高层次专业技术人才。围绕我省“十一五”经济社会发展总体规划和“861”行动计划，建立高层次专业技术人才引进专项资金，着力引进一批能承担重大科技攻关任务，或者对本省产业发展有重要作用的国内外知名高层次专业技术人才。各地、各部门要结合实际，进一步明确引进高层次专业技术人才的优惠政策，吸引更多人才来皖创业。要大力支持企业引进人才，对引进院士和国内外知名高级专家的，要落实资助专项经费。凡符合人才引进政策的，一律实行准入制，按照就地、就近和方便的原则办理。

20. 积极鼓励以多种灵活方式引进国内外人才和智力。制定优惠政策，鼓励企事业单位采取短期聘用、技术攻关、经营管理、项目咨询、企业顾问等灵活方式引进人才和智力；积极扶持企事业单位与国内外高校、科研院所合作，共同设立技术中心、研究所和高等院校重点实验室等；鼓励高科技企业、科研机构、高等院校到海内外吸纳高层次优秀人才来皖进行技术合作、技术入股等；鼓励引进文化类高层次人才来皖兼职、讲学、进行重点项目的策划和创作。坚持特聘专家制度，鼓励高薪聘请紧缺、急需的高层次外国专家，对短期聘请外国专家的予以资助，对长期聘请的外国专家，积极帮助办理外国专家来华工作许可证和外国专家证。

21. 引进海外高层次留学人才。贯彻落实《中共安徽省委办公厅、安徽省人民政府办公厅关于引进海外高层次留学人才的意见》（皖办发（2006）18 号），扩大对外宣传和联系，创新政策措施，完善工作机制，大力吸引我省急需、紧缺的高层次留学人才。对特殊人才的引进特事特办，开辟海外高层次留学人才来皖创业的绿色通道。充分发挥留学人员联谊会和专家服务中心的作用，为留学人才创业牵线搭桥。创办留学人才信息网，建立留学人员信息库，搭建各种服务平台，为广大留学人员提供全方位服务，跟踪做好高层次留学人才的科技活动经费资助工作。

六、进一步优化高层次专业技术人才成长和创业环境

22. 创新人才流动机制。建立科学、灵活的人才柔性流动机制。清理废除阻碍高层次人才合理流动的体制性障碍，畅通渠道，降低成本，减少风险，促进我省高层次专业技术人才结构优化和资源合理配置，逐步实现高层次专业技术人才供需动态平衡。进一步完善人才市场功能，强化人事人才公共服务，规范市场秩序，切实维护用人单位和人才的合法权益。加快全省人才市场一体化建设，加强与东部沿海发达地区人才市场的合作，建立省高级人才信息库，建设高级专业技术人才评价推荐中心，大力实行人事代理，切实推进人才资源的社会化管理。

23. 加大高层次专业技术人才资源开发投入。建立政府投入为导向、用人单位投入为主体、社会投入为补充的高层次专业技术人才开发投入机制。高层次专业技术人才资源开发重点项目所需经费列入财政年度预算，保障实施“安徽杰出人才工程”、引进高素质人才、建设高层次专业技术人才创业基地和奖励有突出贡献人员等方面所需经费。企业要结合新产品开发，加大对高层次专业技术人才资源开发的投入。鼓励和引导社会各界以各种方式参与对人才开发的投入。加强对专项资金的管理监督，切实提高投入效益。

24. 着力加强非公有制经济组织高层次专业技术人才队伍建设。把非公有制经济组织高层次专业技术人才队伍建设纳入人才发展规划，与公有制单位人才在政治上一视同仁，在政策上同等对待，在公共资源运用上平等开放，在改善创业环境和生活条件上积极提供服务。大力加强民营科技园区建设,鼓励高层次专业技术人才合理流向非公有制经济组织,并规范其在非公有制经济组织的兼职。

25. 加强领导,落实责任。各级党委、政府要重视高层次专业技术人才队伍建设,把高层次专业技术人才队伍建设列入党委、政府重要议事日程,切实加强领导,及时研究解决工作中的重大问题。坚持党政领导联系专家制度,充分发挥高层次专业技术人才在科学决策、民主决策中的作用。有关部门和单位要各司其职,相互配合,通力协作,保证我省高层次专业技术人才队伍建设工作有序、高效地发展。高等院校、科研院所和行业协会、专业学会,要积极发挥优势,创造性开展工作,多层面地推动高层次专业技术人才队伍建设。各地、各有关部门要根据我省人才发展规划和相应的配套政策,制定贯彻意见和实施细则,认真抓好落实;大力宣传党和政府的人才政策,宣传优秀人才典型,营造有利于人才引进、培养、使用的良好社会氛围。

安徽省人民政府办公厅

中共安徽省委办公厅

2008 年 1 月 22 日

安徽省专业技术人员继续教育实施意见

皖人发〔2001〕30号

为了加强继续教育管理，促进继续教育事业健康发展，根据《安徽省专业技术人员继续教育规定》，制定本实施意见。

一、关于继续教育管理体制与实施要求

继续教育是我省人才工作的重要内容之一，各地、各部门应在政府人事部门的综合指导下，依据国家及本省法规、政策和全省继续教育发展规划，按系统分级组实施。从2001年开始，省属企业、事业单位专业技术人员皆应接受继续教育，年均脱产接受继续教育时间不少于12天（72学时），在同一专业技术职务任期内，学时累计计算。

各地、各部门应明确继续教育管理机构，指定负责人员，严格按照《安徽省专业技术人员继续教育规定》及本实施意见，组织开展继续教育工作，按计划完成继续教育任务。

二、关于继续教育内容设计与组织实施

继续教育内容包括专业知识与公共知识两部分。在省人事行政部门的综合指导下，省直各部门、各行业组织应按照专业管理分工，遵循针对性、实用性、先进性的原则，组织制定各专业继续教育科目指南（大纲），指7导省直、市、县（区）政府业务部门科学设计继续教育内容，组织开展各种形式的继续教育活动。省人事厅根据本省经济社会发展的需要，逐年下达全省继续教育公共知识科目，作为各类专业技术人员必修内容，由省、市、县（区）人事行政部门组织实施。公共必修科目的学时数一般不超过专业技术人员继续教育总学时数的1/3。

三、关于继续教育形式与学时认定

专业技术人员接受教育的形式多种多样，下列形式视为脱产学习。具体形式及学时认定办法如下：

（一）参加培训、研修活动

1. 参加国家部委及国（境）外举办的培训、研修活动，学时数由选派单位的上级行政主管部门或行业组织认定。

2. 参加省市有关部门、行业组织主办或委托举办的培训、研修活动，学时数由主办单位认定。

3. 参加省、市级继续教育基地举办的培训、研修活动，学时数由办班项目审核单位认定。

（二）参加学历、学位教育或课程进修

凡考试考核合格者，每门课认定15学时。

（三）个人自学

个人自学形式限于“有考核的自学”和“有指导的自学”两种。专业技术人员应向本单位申报自学方案,经认可后列入单位年度继续教育计划。

1. 有考核的自学:完成自学计划后,参加有关部门或经认可的施教机构组织的考试、考核合格者,持有关凭证到单位上级行政主管部门认定学时数。

2. 有指导的自学:专业技术人员拟定自学计划,单位认可后指定指导教师。完成自学计划者,撰写自学报告,经指导教师评定合格后,报单位上级行政主管部门认定学时数。

专业技术人员参加自学形式的继续教育,每年认定的学时数一般不超过 36 学时。

（四）参加学术会议

1. 参加国家部委举办的学术会议:认定 6 个学时。报告论文者，2000 字以内,另加 5 个学时;2000 字以上,另加 8 个学时。

2. 参加省级学术会议:认定 5 个学时。报告论文者，2000 字以内,另加 3 个学时;2000 字以上,另加 5 个学时。

参加学术会议者的继续教育学时数由单位人事部门认定。

（五）课题研究与项目开发

1. 国家级课题（项目）

（1）主课题（项目）组人员:按职责大小排序（下同）,前 5 名,每年分别认定 72 学时、60 学时、50 学时、40 学时、36 学时;

（2）子课题（项目）组人员:前 3 名,每年分别认定 40 学时、35 学时、30 学时。

2. 省级课题（项目）

（1）主课题（项目）组人员:前 3 名,每年分别认定 72 学时、60 学时、50 学时。

（2）子课题（项目）组人员:前 3 名,每年分别认定 30 学时、25 学时、20 学时。

参加课题研究者的继续教育学时数由单位人事部门认定。

（六）出版著作（译作）或发表论文

1. 出版著作（译作）:每万字认定 5 学时。

2. 发表论文（译文）:

（1）在国家级刊物上:每千字认定 5 学时。

（2）在省级刊物上:每千字认定 3 学时。

出版著作或发表论文者的继续教育学时数由单位人事部门认定。

（七）参加援藏、援外、国（境）外学术活动及到基层、贫困地区扶贫、支教专业技术人员,经单位人事部门认定后,按每年 72 学时的标准登记本人继续教育学时。

（八）参加职称晋升计算机应用能力或外语考试合格者,一次性登记继续教育 36 学时。

其他类别的继续教育由各级政府人事行政部门参照上述标准确认。

四、关于继续教育证书使用

继续教育证书是完整、系统记载专业技术人员接受继续教育情况的有效凭证。证书由专业技术人员个人保管，涂改、伪造无效。证书损坏、丢失后，应及时向发证部门申请补发（仍需使用原编号），并出具单位存档的个人继续教育登记表，进行重新登记、验证。

凡申报晋升、聘任专业技术职务者，须出示继续教育证书，经人事部门审验合格后予以推荐评审资格或聘任职务。凡列入单位年度继续教育对象者，未完成既定继续教育任务或考试考核不合格，其年度考核不能评为优秀等次。

安徽省实施《中华人民共和国公务员法》工作方案

皖政发〔2006〕30号

为贯彻实施《中华人民共和国公务员法》,根据《中共中央、国务院关于印发〈中华人民共和国公务员法〉实施方案的通知》(中发〔2006〕9号)精神,结合我省实际,制定本工作方案。

一、指导思想和总体目标

实施公务员法要坚持以邓小平理论和“三个代表”重要思想为指导,全面落实科学发展观,按照“依法办事、从严掌握,自上而下、先易后难,实事求是、稳慎处理,层层把关、逐级负责”的要求,认真做好公务员法的入轨运行工作,切实维护公务员法的权威性、严肃性。

通过实施公务员法,进一步深化干部人事制度改革,提高公务员管理的科学化、民主化、法制化水平,努力建设一支适应我省经济社会发展需要,政治坚定、业务精湛、作风过硬、人民满意的公务员队伍,为加快安徽崛起和全面建设小康社会提供坚强的人才支持和组织保证。

二、实施范围

列入公务员法实施范围的机关是:

1. 中国共产党各级机关;
2. 各级人民代表大会及其常务委员会机关;
3. 各级行政机关;
4. 中国人民政治协商会议各级委员会机关;
5. 各级审判机关;
6. 各级检察机关;
7. 各民主党派和工商联的各级机关。

三、实施方法和步骤

自2006年1月1日起,列入公务员法实施范围的机关,要按照公务员法及其配套政策法规的规定,全面实施录用、考核、职务任免、职务升降、奖励、惩戒、培训、交流与回避、工资福利保险、辞职辞退、退休、申诉控告等各项管理制度。

今年要重点做好公务员登记、职务与级别确定、工资套改等入轨运行工作。按照先省级机关,后市县以下机关;先列入实施范围的七类机关,后参照管理单位的原则,统筹安排,分步进行。

1. 组织公务员登记。公务员登记必须符合公务员法规定的基本条件,在国家行政编制限额内,严格按照规定的范围、对象、条件和程序进行。

登记工作由列入公务员法实施范围的各级机关统一组织，逐级负责。各级机关要以对党和国家以及机关工作人员高度负责的精神，严格确定登记对象，正确填写《公务员登记表》等表格，按照规定的程序进行审核、审批及备案。市级以下机关还需填写并上报《公务员登记备案表》。《公务员登记表》作为确认公务员身份的依据装入本人档案。

要切实做好登记前的各项准备工作。正式登记前，要按照《安徽省实施公务员登记工作办法》（组通字〔2006〕30号）逐人确认身份情况和编制使用情况，确定登记对象。

对公务员登记工作中出现的问题，要本着实事求是、规范管理、稳慎处理的原则，按照中央有关政策规定，结合我省实际，及时进行解答，妥善处理。公务员登记工作结束后，列入公务员法实施范围的机关，要严格按照国家和省有关规定，对各类违规进入机关的人员以及长期借调人员进行清理，进一步理顺和规范机关编制和人员管理工作。

公务员主管部门要以建立登记制度为契机，建立省、市、县、乡四级公务员管理信息系统。今后，凡进入公务员队伍的人员都要按规定进行登记。

2. 确定职务与级别。要严格落实国家《公务员职务与级别管理规定》、《综合管理类公务员非领导职务设置管理办法》和我省有关文件要求，在规定的编制和职数限额内合理设置职位，确定公务员的职务和级别。对超出规定职数的，要采取措施逐步消化。各级机关未消化超配职数之前，不得配备新的领导或非领导职务人员。

在国家有关专业技术类、行政执法类公务员分类管理规定出台前，各级机关公务员统一按照综合管理类公务员进行管理。

3. 进行工资套改。公务员登记和职务与级别确定完成后，按照公务员工资制度改革的实施办法进行工资套改。公务员按照确定的职务执行相应的职务工资标准；按照确定的级别和级别工资档次，执行相应的级别工资标准。

四、参照公务员法管理工作

要按照国家《参照〈中华人民共和国公务员法〉管理的单位审批办法》、《关于事业单位参照公务员法管理工作有关问题的意见》和我省的有关规定，确定列入参照公务员法管理单位。对公务员法实施以前列入参照、依照管理范围的事业单位，要重新进行审批，符合条件的，批准列入参照管理范围；不符合条件的，不再列入参照管理范围。经批准实行参照管理的单位，要认真执行公务员法及配套政策法规，不实行事业单位的专业技术职务、工资及奖金等人事管理制度。

使用国家行政编制的人民团体和群众团体参照公务员法管理工作，根据中央的部署和要求进行，原则上与公务员法实施工作同步。

五、健全和完善配套法规

按照统筹规划、突出重点、先急后缓、逐步配套的思路，结合我省公务员队伍管理实际，制定实施公务员法的具体政策规定，成熟一个出台一个，力争用3至5年的时间，建立起较为完备的、具有较强操作性的配套政策规定。同时，对照公务员法及其配套法规，对现有的公务员管理法规及文件进行清理。进一步强化依法管理理念，加大执法检查力度，全面规范公务员选拔、培养、使用、管理等各个环节，切实提高我省公务员管理的科学化、民主化、法制化水平，保持公务员队伍的生机与活力。

六、组织领导

1. 切实加强领导。贯彻实施公务员法是一项涉及面广、政策性强的系统工程，必须在各级党委、政府统一领导下进行，主要负责同志要亲自抓。各地、各单位要成立实施公务员法工作领导小组，负责实施公务员法的组织领导、统筹协调等工作。各级领导干部必须切实负起领导责任，在贯彻实施公务员法工作中发挥表率作用。组织、人事部门要主动担负起公务员主管部门的责任，各相关部门要积极支持、密切配合，共同推进公务员法实施工作。

2. 制定工作方案。各地、各单位要深入学习公务员法及其配套法规，准确把握有关政策规定的精神实质，按照中央和省工作方案要求，结合本地区、本单位实际，制定具体工作方案，并认真组织实施。各市工作方案报省委组织部、省人事厅审批；县（市、区）工作方案报市委组织部、市人事局审批。

3. 加强监督检查。各级组织、人事部门要加强对公务员法实施工作的业务指导和监督检查。重点检查各地、各单位是否按照规定进行公务员登记、确定职务与级别，是否严格执行工资福利保险制度和各项配套政策法规，确保各项政策规定落到实处。

4. 严明工作纪律。推进公务员法实施工作，必须做到统一政策口径，统一工作标准，统一操作程序，严禁弄虚作假、循私舞弊，切实维护法律法规的权威性和严肃性。严格落实《中共中央办公厅、国务院办公厅转发〈中央纪委、中央组织部、中央编办、监察部、财政部、人事部、审计署关于严肃纪律确保改革公务员工资制度和规范公务员收入分配秩序工作顺利进行的通知〉的通知》（厅字〔2006〕5号）要求，对实施工作中存在的违法违纪行为，要坚决予以纠正，并由纪检（监察）机关对有关责任人进行查处，触犯法律的依法追究法律责任。在公务员登记工作结束前，除按法律程序选举产生的领导人员、调整领导班子、公开选拔、竞争上岗和安置军转干部外，其他工作人员（含机关后勤服务编制岗位）一律暂停调入。同时，暂停审批参照公务员法管理的事业单位。对公务员法；实施过程中可能出现的重要情况和问题，各地、各单位要加强引导，及时报告，稳慎处理，确保公务员法实施工作顺利推进。

本方案由省委组织部、省人事厅负责解释。

关于省直事业单位新进工作人员公开招聘工作的通知

皖人发〔2007〕2号

为进一步深化事业单位人事制度改革，规范事业单位工作人员招聘行为，根据国务院办公厅《转发人事部关于在事业单位试行人员聘用制度意见的通知》（国办发〔2002〕35号）、人事部《事业单位公开招聘人员暂行规定》（2005年第6号令）、省政府办公厅《转发省人事厅关于在全省事业单位试行人员聘用制度意见的通知》（皖政办〔2006〕13号）规定，现就省直事业单位新进工作人员公开招聘工作通知如下。

一、省直各级各类事业单位（含垂直管理部门所属事业单位，不含参照公务员法管理的单位）新进人员，坚持德才兼备的用人标准，按照公开、公平、公正的原则，面向社会公开招聘，统一组织实施，考试考核后择优聘用。

二、省直事业单位招聘工作人员应在机构编制部门核定的编制范围内进行，并按照年度招聘计划执行。

三、省直事业单位招聘工作人员必须按有关规定实行回避制度。与招聘单位负责人有夫妻关系、直系血亲关系、三代以内旁系血亲关系，以及近姻亲关系的，不得应聘该单位组织、人事、纪检、财务、审计、监察等岗位，也不得应聘有直接上下级关系的岗位。

招聘单位负责人和从事招聘工作的人员在招聘工作中，凡与本人有亲属关系或者其他可能影响招聘公正的，应当按规定回避。

四、事业单位新进人员除国家政策性安置、按干部管理权限由上级任命及其他确需使用特殊方法选拔任用人员外，都要实行公开招聘。

五、招聘对象主要是符合省直事业单位招聘条件的大学专科以上毕业生、企业单位职工及人事代理人员。

以下人员，招聘单位在征得省人事厅同意后，可简化程序进行人员招聘，并按有关规定办理手续。

（一）具有研究生学历且获得硕士及以上学位的人员；

（二）具有副高级以上专业技术资格的人员；

（三）海外高层次人才；

（四）引进具有特殊专业技能的人才。

六、公开招聘工作人员的考试考核工作，采用统一组织、统一时间、统一招考的方式。部分特殊、紧缺、急需专业的人才，经省人事厅同意后可单独实施招聘，但必须严格按照规定的招聘程序发布招聘公告、制定实施方案、组织进行操作。

七、每年元月底前，省直招聘工作人员的事业单位须将本单位性质、编制限额和人员结构、空缺岗位，以及本年度拟招聘的岗位、专业、人数和相应的资格条件等申报省人事厅，省人事厅汇总、编制年度省直事业单位招聘人员计划。

八、省直事业单位公开招聘工作人员的招聘公告由省人事厅会招聘单位在有关媒体和安徽人事编制网、安徽人事考试网、安徽人才网及相关网站上向社会统一发布。公告信息包括以下主要内容：

（一）招聘单位简介；

（二）招聘岗位、专业、人数；

（三）应聘岗位的资格条件；

（四）报名时间、方式；

（五）考试内容、形式、科目，考试、考核时间；

（六）报名方法等需要说明的事项。

九、报名工作由省人事厅统一组织，各招聘单位负责本单位应聘人员的资格审查。报考资格条件除国家特殊规定外，不得附加性别、学历类别、地域、身份等方面的限制。应聘者提供的报考信息应当真实、准确、有效。

十、考试包括笔试、专业实务测试等形式。应聘同一岗位的须形成竞争，应聘人数与招聘岗位之比不低于3:1；低于这一标准的，应根据应聘者意愿进行调整；调整后仍达不到开考比例的，取消该岗位的招聘计划。

（一）笔试。笔试主要测试应聘者对招聘岗位所要求的综合素质及专业基础知识。统考科目为公共基础知识和专业基础知识两科。公共基础知识为“职业能力测试”；专业基础知识视各单位每年上报的招聘岗位确定。试卷委托省人事考试中心组织命题、阅卷。不宜归类的个别专业笔试，由招聘单位按要求自行组织。

1.“职业能力测试”，主要包括常识判断、数量关系、判断推理、资料分析、言语理解与表达等。

2.“专业基础测试”（各科目），主要包括招聘岗位所需的专业基础知识等。

笔试结束后，根据考试成绩从高分到低分，按1:3至1:5比例进入专业实务测试。

（二）专业实务测试。专业实务测试根据招聘岗位的专业特点，主要考查应聘者的业务素质及潜在能力。对专业技术岗位，可采取面谈或实际技能操作等方式；对教师岗位，可采取试讲、答辩等方式；对管理岗位可采取结构化面试等方式。专业实务测试由省人事厅与招聘单位的主管部门共同负责，由招聘单位负责组织实施。专业实务测试应设考官组。考官组一般5—7人，由招聘单位及主管部门领导、专家学者和省人事厅有关人员组成。

十一、应聘者考试成绩由笔试、专业实务测试的考试成绩加权形成，笔试成绩在权重中不低于40%。对笔试入围后如考生自动放弃，各岗位专业实务测试时应聘考生与招聘岗位低于3:1的情况下，应设置专业实务测试的最低分数线。

十二、考核和体检。考核和体验由招聘单位与其主管部门负责实施，考核按招聘公告规定和考试合成成绩确定入选人员。考核主要考察应聘者的政治思想、职业道德、业务能力、工作实绩(学业成绩)以及遵守国家法律法规等情况。考核合格后1:1进入体检，体检执行我省招考国家公务员体检标准，须在省城三等甲级综合性医院进行。

对考核、体检不符合要求的应聘人员，取消应聘资格，招聘单位可根据空缺名额，按成绩从高分到低分依次递补。

十三、对考核、体检合格者，由招聘单位按干部管理权限确定拟聘人员，并公示一周。公示无异议的，由主管部门将考生总成绩分岗位排序名册、拟聘人员名单、考核材料、学历（职称）证件等相关材料报送省人事厅办理相关手续。

十四、省直事业单位公开招聘的人员，实行国家统一规定的事业单位人事管理、工资福利制度。

十五、省人事、编制、财政等相关部门和事业单位上级主管部门要认真履行监管职责，对事业单位招聘过程中违反干部人事纪律和本《通知》规定的行为要予以制止和纠正。省直各事业单位在新进人员招聘工作中要做到信息公开、过程公开、结果公开，接受社会及有关部门的监督。省直各级各类事业单位招聘新进人员，未按本《通知》规定擅自进人的，在实施事业单位岗位设置管理、推行人员聘用制度时，省人事厅将不予办理聘用手续，不予核定工资和进入工资统发范围，编制部门不予入编，财政部门不列入拨款预算。对违反操作程序，弄虚作假的单位和个人一经发现，将按照有关规定追究单位领导及相关人员的责任。

十六、本《通知》由省人事厅负责解释。

安徽省事业单位岗位设置管理实施意见

皖办发〔2008〕17号

为深化事业单位人事制度改革，建立健全事业单位岗位设置管理制度，实现事业单位人事管理的科学化、规范化、制度化，根据人事部《事业单位岗位设置管理试行办法》（国人部发〔2006〕70号）、《〈事业单位岗位设置管理试行办法〉实施意见》（国人部发〔2006〕87号）和中央组织部、人事部《关于做好党群系统事业单位岗位设置管理工作的通知》（国人部发〔2007〕85号）以及人事部会同行业主管部门制定的岗位设置管理指导意见（以下简称“行业指导意见”），结合我省实际，提出以下实施意见。

一、岗位设置管理的实施范围

1．为了社会公益目的，由国家机关举办或者其他组织利用国有资产举办的事业单位，包括经费来源主要由财政拨款、部分由财政支持以及经费自理的事业单位，都要按照本实施意见实施岗位设置管理。

2．事业单位管理人员（职员）、专业技术人员和工勤技能人员，都要纳入岗位设置管理。

岗位设置管理中涉及事业单位领导人员的，按照干部人事管理权限的有关规定执行。

3．党委、人大、政协、法院、检察院、民主党派、工商联和人民团体机关所属事业单位，以及使用事业编制的各类学会、协会、基金会等社会团体工作人员，参照本实施意见，纳入岗位设置管理。

4．经批准参照《中华人民共和国公务员法》进行管理的事业单位、社会团体，各类企业所属的事业单位和事业单位所属独立核算的企业，以及由事业单位已经转制为企业的单位，不适用本实施意见。

二、岗位类别设置

5．事业单位岗位分为管理岗位、专业技术岗位、工勤技能岗位三种类别。三类岗位总量的结构比例，根据其社会功能、职责任务、工作性质和人员结构特点等因素综合确定，具体控制标准如下：

（1）主要承担社会事务管理职责的事业单位，应保证管理岗位占主体，一般应占单位岗位总量的50%以上。

（2）主要以专业技术和知识提供社会公益服务的事业单位，应保证专业技术岗位占主体，一般不低于单位岗位总量的70%。

（3）主要承担技能操作维护、服务保障等职责的事业单位，应保证工勤技能岗位占主体，一般应占单位岗位总量的50%以上。

（4）事业单位主体岗位之外的其他两类岗位，应保持相对合理的结构比例。

（5）行业指导意见有具体规定的，按照行业指导意见执行。

（6）按照事业单位改革方向，后勤服务等工作应逐步实现社会化。已经实现社会化服务的一般性劳务工作，不再设置相应的工勤技能岗位。

6. 根据事业发展和工作需要，经批准，事业单位可设置特设岗位，主要用于聘用急需的高层次人才等特殊需要。

三、岗位等级设置

（一）管理岗位等级设置

7. 管理岗位的设置要适应增强单位运转效能、提高工作效率、提升管理水平的需要。管理岗位最高等级和结构比例根据事业单位的规格、规模、隶属关系，按照干部人事管理有关规定和权限确定。

8. 管理岗位分为 8 个等级。事业单位现行的厅级正职、厅级副职、处级正职、处级副职、科级正职、科级副职、科员、办事员依次分别对应管理岗位三到十级职员岗位（附件 1）。

（二）专业技术岗位等级设置

9. 专业技术岗位的设置要符合专业技术工作的规律和特点，适应发展社会公益事业与提高专业技术水平的需要。专业技术岗位的最高等级和结构比例按照事业单位的功能、规格、隶属关系和专业技术水平等因素，根据现行专业技术职务管理有关规定和行业指导意见确定。

10. 专业技术岗位分为 13 个等级，包括高级岗位、中级岗位和初级岗位。高级岗位分 7 个等级，即一至七级。高级专业技术职务正高级的岗位包括一至四级，副高级的岗位包括五至七级；中级岗位分 3 个等级，即八至十级；初级岗位分 3 个等级，即十一至十三级，其中十三级是员级岗位（附件 1）。

11. 专业技术岗位最高等级岗位设置，高级专业技术职务区分正副高的，省属事业单位原则上可设至专业技术二级岗位；设区的市和县（市、区）属事业单位原则上可设至专业技术三级岗位，确需设置专业技术二级岗位的，其专业技术三级岗位的设置数量应相应减少。

高级专业技术职务不区分正副高的，暂按现行专业技术职务有关规定执行，具体改革办法待国家有关规定下发后组织实施。

12. 专业技术高级、中级、初级岗位之间的结构比例全省总体控制目标为 1:3:6。其中省属事业单位为 3:4:3，设区的市属事业单位为 2:4:4，县（市、区）属事业单位为 1:3:6，乡镇属事业单位为 0.5:3:6.5。具体控制标准另行制定。

高级、中级、初级岗位内部不同等级岗位之间的结构比例具体控制目标为：二级、三级、四级岗位之间的比例为 1:3:6，五级、六级、七级岗位之间的比例为 2:4:4，八级、九级、十级岗位之间的比例为 3:4:3，十一级、十二级岗位之间的比例为 5:5。

13. 根据事业单位的功能、工作性质和专业技术工作特点，综合确定专业技术岗位的主体、辅助岗位。

主体岗位一般不低于专业技术岗位总量的80%。两个以上主体岗位应保持合理的结构比例。辅助岗位的等级设置应低于主体岗位的等级。

（三）专业技术一、二级岗位设置

14. 专业技术一级岗位是国家专设的特级岗位，其人员的确定按国家有关规定执行。

15. 专业技术二级岗位由省政府人事行政部门实行总量控制和管理。任职应符合本实施意见第21、25条规定并具有下列条件之一：

（1）在自然科学、工程技术、社会科学领域或行业做出重大贡献的专家、学者；

（2）其他为全省经济社会发展做出重大贡献，业内同行公认的高层次专业技术人才。

16. 专业技术二级岗位设置应根据事业单位发展需要、专业技术水平和高层次人才的数量等因素综合确定。

17. 事业单位按照隶属关系，将符合专业技术二级岗位条件的人选逐级上报至设区的市政府人事行政部门或省直主管部门审核后，报省政府人事行政部门确定。

（四）工勤技能岗位等级设置

18. 工勤技能岗位的设置要适应提高操作维护技能，提升服务水平，满足单位业务工作的实际需要。工勤技能岗位的最高等级和结构比例按照岗位等级规范、技能水平和工作需要确定。

工勤技能岗位分为技术工岗位和普通工岗位。技术工岗位分为5个等级，普通工岗位不分等级。事业单位中的高级技师、技师、高级工、中级工、初级工，依次分别对应一至五级工勤技能岗位（附件1）。

工勤技能岗位结构比例全省控制目标为：一级、二级、三级岗位的总量占工勤技能岗位总量的25%左右，其中一级、二级岗位的总量占工勤技能岗位总量的5%左右。一级、二级岗位主要应在专业技术辅助岗位承担技能操作和维护职责等对技能水平要求较高的领域设置。

（五）特设岗位设置

19. 特设岗位是事业单位中的非常设岗位，不受事业单位岗位总量、最高等级和结构比例限制，在完成工作任务后，按照岗位核准权限予以核销。特设岗位的等级根据具体情况确定。

20. 事业单位有下列情形之一的，可申请设置特设岗位，并填写《安徽省事业单位特设岗位申报表》（附件2），经主管部门审核后，报设区的市级以上政府人事行政部门核准。

（1）急需引进高层次人才，且本单位相应等级岗位无空缺的；

（2）承担国家和省重大科研项目、课题或重大工程项目，本单位工作人员无法满足工作需要，急需引进人才的；

（3）其他确需设置的。

四、岗位基本条件

（一）各类岗位的基本条件

21. 事业单位管理岗位、专业技术岗位和工勤技能岗位的基本条件，主要根据岗位的职责任务和任职条件确定。事业单位三类岗位的基本任职条件：

（1）遵守宪法和法律；

（2）具有良好的品行；

（3）岗位所需的专业、能力或技能条件；

（4）适应岗位要求的身体条件。

（二）管理岗位基本条件

22. 职员岗位一般应具有中专以上文化程度，其中六级以上职员岗位，一般应具有大学专科以上文化程度，四级以上职员岗位一般应具有大学本科以上文化程度。

23. 各等级职员岗位的基本任职条件：

（1）五级职员岗位，须在六级职员岗位上工作两年以上；

（2）六级职员岗位，须在七级职员岗位上工作三年以上；

（3）七级、八级职员岗位，须分别在八级、九级职员岗位上工作三年以上。

24. 三级、四级职员岗位按照国家和省有关规定执行。

（三）专业技术岗位基本条件

25. 专业技术岗位的基本任职条件按照国家和省现行专业技术职务评聘的有关规定执行。实行职业资格准入控制的专业技术岗位的基本条件，应包括准入控制的要求。

26. 专业技术高级、中级、初级岗位内部不同等级岗位的条件，由单位主管部门和事业单位，按照有关规定和本行业、本单位岗位的职责任务、专业技术水平要求等因素综合确定。

（四）工勤技能岗位基本条件

27. 工勤技能岗位基本任职条件：

（1）一级、二级工勤技能岗位，须在本工种下一级岗位工作满5年，并分别通过高级技师、技师技术等级考评；

（2）三级、四级工勤技能岗位，须在本工种下一级岗位工作满5年，并分别通过高级工、中级工技术等级考核；

（3）学徒期满，通过初级工技术等级考核后，可确定为五级工勤技能岗位。

五、岗位设置的程序及权限

28. 事业单位岗位设置按照以下程序进行：

（1）编制岗位设置方案。事业单位根据国家和省制定的岗位总量、结构比例和最高岗位等级设置控制标准，确定各岗位的类别、名称、等级，并填写《安徽省事业单位岗位设置申报表》（附件 3）；

（2）岗位设置方案核准。事业单位按规定程序报主管部门审核后，报政府人事行政部门核准；

（3）制定岗位设置实施方案。事业单位在核准的岗位总量、结构比例和最高等级限额内，制定岗位设置实施方案，明确岗位职责任务、工作标准和任职条件；

（4）广泛征询意见。岗位设置实施方案在广泛征求职工意见的基础上，由单位领导集体研究通过；

（5）组织实施。

29. 事业单位岗位设置方案实行核准制度（附件 4）。核准权限按照以下规定执行：

（1）省政府直属事业单位的岗位设置方案报省政府人事行政部门核准。

省直部门所属事业单位的岗位设置方案经主管部门审核后，报省政府人事行政部门核准。

（2）设区的市直属事业单位岗位设置方案报本市政府人事行政部门核准。

设区的市各部门所属事业单位的岗位设置方案经主管部门审核后，报本市政府人事行政部门核准。

（3）县（市、区）直属事业单位的岗位设置方案经县（市、区）政府人事行政部门审核后，报设区的市政府人事行政部门核准。

县（市、区）各部门所属事业单位的岗位设置方案经主管部门、县（市、区）政府人事行政部门审核汇总后，报设区的市政府人事行政部门核准。

（4）省以下垂直管理的直属机构所属事业单位的岗位设置方案，报省政府人事行政部门核准后，由省主管部门组织实施。

（5）党群系统事业单位的岗位设置方案，报设区的市以上政府人事行政部门商同级党委组织部门核准。

30. 对规模小、人员少、较分散的事业单位，可由事业单位主管部门统一组织制定岗位设置方案，在核准的岗位总量、结构比例、最高等级限额内实行集中调控、集中管理。

31. 经核准的岗位设置方案是事业单位聘用工作人员、确定岗位等级、调整岗位以及核定工资的依据。

32. 事业单位的岗位总量、结构比例、最高等级应保持相对稳定。有下列情形之一的，岗位设置方案可按照本实施意见第 28、29 条规定申请变更：

（1）事业单位出现分立、合并及机构编制增减，须对本单位岗位进行重新设置的；

（2）按照业务发展和实际情况，为完成工作任务确需变更岗位设置的。

六、岗位聘用

33. 事业单位按照国家和省有关规定以及核准的岗位设置方案，根据按需设岗、竞聘上岗、按岗聘用的原则，确定具体岗位，明确岗位等级，聘用工作人员，签订聘用合同。

34. 事业单位聘用人员，要严格按照管理岗位、专业技术岗位、工勤技能岗位的职责任务和任职条件，在岗位有空缺的条件下，按照公开招聘、竞聘上岗的有关规定择优聘用。聘用条件不低于国家和省规定的基本条件。对确有真才实学，岗位急需且符合破格条件的，按照有关规定破格聘用。

35. 尚未实行聘用制度和岗位管理制度的事业单位，要按照《国务院办公厅转发人事部关于在事业单位试行人员聘用制度意见的通知》（国办发〔2002〕35 号）和本实施意见及行业指导意见，抓紧研究制定岗位设置方案，经核准后进行岗位设置，组织岗位聘用。

已经实行聘用制度，签订聘用合同的事业单位，可根据国家有关规定和本实施意见，按照核准的岗位设置方案，对本单位现有在册的正式工作人员确定不同等级的岗位，并变更合同相应的内容。

36. 事业单位首次进行岗位设置和岗位聘用，岗位结构比例不得突破现有人员的结构比例，不得突击聘用人员，不得突击聘用职务。要根据国家和省有关规定，使事业单位现有在册的正式工作人员按照现聘职务或岗位进入相应等级的岗位。

现有在册的正式工作人员的结构比例已经超过核准的岗位结构比例的，应通过自然减员、调出、低聘或解聘的办法，逐步达到规定的岗位结构比例，在无空缺岗位的情况下，不得新聘人员。尚未达到核准的岗位结构比例的，要严格控制岗位聘用数量，根据事业发展需要和人员队伍状况逐年逐步到位。

37. 事业单位工作人员原则上不得同时在两类岗位上任职。因行业特点确需兼任，且符合兼任岗位任职条件，须按照干部人事管理权限核准，并执行主要岗位的工资福利待遇。可由专业技术岗位人员兼职完成管理工作的，原则上不再设置管理岗位；专门从事管理职责任务的，不设专业技术岗位。按专业技术岗位进行管理的，应在核准的专业技术岗位限额内，确定其具体的专业技术岗位。

38. 事业单位接收的政策性安置人员的聘用，按照国家和省有关政策规定确定岗位等级，并签订聘用合同。

39. 事业单位新进工作人员的聘用，应根据所聘岗位重新确定岗位等级，并签订聘用合同。

40. 事业单位工作人员变换工作岗位的，应具有所任岗位规定的任职条件，并对聘用合同的有关内容进行变更，从变换后的下月起执行新聘岗位的工资标准。

41. 政府人事行政部门和事业单位主管部门对事业单位岗位设置、组织岗位聘用并签订聘用合同情况进行认定。对符合政策规定的，根据所聘岗位确定岗位工资待遇。

七、组织实施

42. 各级政府人事行政部门是事业单位岗位设置管理的综合管理部门，负责事业单位岗位设置的政策指导、宏观调控和监督管理，要制定和完善相关政策措施，加强对事业单位，岗位设置管理工作的指导、监督和管理，要及时纠正违规行为。

43. 事业单位主管部门负责所属事业单位岗位设置的工作指导、组织实施和监督管理，要严格执行有关政策规定，按照核准的岗位结构比例，做好所属事业单位岗位设置的组织实施工作。

44. 事业单位要根据有关政策规定，按照核准的岗位总量、结构比例、最高等级，自主设置本单位的各类具体工作岗位，明确岗位等级。政府人事行政部门和事业单位的主管部门要落实单位用人自主权，确保事业单位在管理权限范围内依据岗位的职责任务和任职条件自主聘用人员。

45. 各市、各部门和事业单位要加强信息化建设，建立岗位设置管理信息数据库，运用计算机信息化技术，实行动态管理，提高事业单位岗位设置管理工作的信息化、规范化水平。

46. 各级、各部门和事业单位要严格执行有关政策规定，坚持原则，坚持走群众路线。对违反规定、滥用职权、打击报复、以权谋私的，要追究相应责任。对不按政策规定进行岗位设置和岗位聘用的事业单位，政府人事行政部门不予认定岗位等级、不予兑现工资，政府财政部门不予核拨经费。情节严重的，对相关领导和责任人予以通报批评，并按照人事管理权限和有关规定给予相应的纪律处分。

47. 各设区的市、省直各部门要结合实际，根据国家有关规定和本实施意见，以及行业指导意见，制定本地区、本部门具体的岗位设置管理实施方案，报省政府人事行政部门备案后组织实施。省直党群系统事业单位岗位设置管理实施方案，报省政府人事行政部门商省委组织部备案后组织实施。

48. 本实施意见由省政府人事行政部门负责解释。

安徽省2006年公务员工资制度改革实施意见

皖政〔2007〕8号

根据《国务院关于改革公务员工资制度的通知》（国发〔2006〕22号）和人事部、财政部《关于印发〈公务员工资制度改革实施办法〉的通知》（国人部发〔2006〕58号）的规定，结合我省实际，制定本实施意见。

一、改革的基本原则

（一）贯彻按劳分配原则，进一步理顺工资关系，合理拉开不同职务、级别之间的工资差距。

（二）坚持职务与级别相结合，增强级别的激励功能，实行级别与工资等待遇适当挂钩。

（三）健全公务员工资水平正常增长机制，建立工资调查制度，定期调整工资标准，使公务员的工资水平与经济社会发展水平相适应。

（四）加强工资管理，严格监督检查，有效调控地区工资差距，逐步将差距控制在合理范围。

二、实施范围与对象

本实施意见的范围与对象：按照公务员制度管理和经省批准参照公务员制度管理的单位中，2006年7月1日在册正式工作人员。

三、实施时间

改革公务员职级工资制，完善机关工人岗位技术等级（岗位）工资制，自2006年7月1日起实施。

四、职级工资制的实施

列入实施范围的单位中，除工勤人员以外的工作人员实行职级工资制。职级工资制的基本工资构成由现行职务工资、级别工资、基本工资和工龄工资四项调整为职务工资和级别工资两项，取消基础工资和工龄工资。

（一）套改工资的办法。

职务工资。主要体现公务员的工作职责大小。一个职务对应一个工资标准，领导职务和相当职务层次的非领导对应不同的工资标准。公务员按现任职务执行相应的职务工资标准。

级别工资。主要体现公务员的工作实绩和资历。公务员的级别由现行15个调整为27个，取消现行级别。每一职务层次对应若干个级别，每一级别设若干个工资档次。公务员的级别和级别工资档次，按现任职务、任职年限和套改年限确定。

现任职务，是指按干部管理权限由任免机关正式任命的职务。任职年限，是指从正式任命现任职务当年起计算的年限。套改年限，是指工作年限与不计算工龄的在校学习时间合并计算的年限，其中须扣除1993年以来除试用期外年度考核不计考核等次或不称职的年限。不计算工龄的在校学习时间，是指在国家承认学历的全日制大专以上院校未计算为工龄的学习时间（只适用于这次工资制度改革，不涉及工龄计算问题，下同）。出国（境）留学并在国（境）外取得国家教育行政主管部门认可的大专以上学历人员，其未计算工龄的国（境）外学习时间亦可合并计算为套改年限。在校及国（境）外学习的时间以国家规定的学制为依据，如短于国家学制规定，按实际学习年限计算；如长于国家规定学制，按国家规定学制计算。

任职年限和工作年限的计算截至2006年6月30日。

公务员按现任职务套改的级别，如低于或等于按原任低一职务套改的级别，可先按原任低一职务套改，在此基础上高套一个级别，级别工资就近就高套入对应的工资标准；如高于按原任低一职务套改的级别，但级别工资额低于按原任低一职务套改的级别工资额，可先按原任低一职务套改，再就近就高套入按现任职务套改级别对应的工资标准。按原任低一职务套改时，现任职务的任职年限与原任低一职务的任职年限合并计算为低一职务的任职年限。

公务员套改的级别和级别工资额低于相同学历新参加工作人员转正定级的级别和级别工资额的，执行相同学历新参加工作人员转正定级的级别和级别工资额；套改的级别高于相同学历新参加工作人员定级的级别，但级别工资额低于定级的级别工资额的，可按相同学历新参加工作人员定级的级别工资额就近就高套入套改级别对应的工资标准。

（二）正常晋升工资的办法。

1. 晋升职务增加工资。

公务员晋升职务后，从晋升职务的次月起执行新任职务的职务工资和相应的级别工资。原级别低于新任职务对应最低级别的，晋升到新任职务的最低级别；原级别在新任职务对应级别以内的，晋升一个级别。级别工资逐级就近就高套入晋升后级别对应的工资标准。

2. 按年度考核结果晋升级别增加工资。

从2006年7月1日起，公务员年度考核累计五年称职及以上的（不含基本称职等，下同），从次年1月1日起在所任职务对应级别内晋升一个级别，级别工资就近就高套入晋升后级别对应的工资标准。下一次按年度考核结果晋升级别的考核年限，从级别变动的当年起重新计算。公务员晋升职务相应晋升级别时，如晋升一个级别，按年度考核结果晋升级别的考核年限从上一次按考核结果晋升级别的当年起计算；如晋升两个级别及以上，按年度考核结果晋升级别的考核年限从晋升职务变动级别的当年起重新计算。

公务员按套改办法重新确定级别后，自2007年1月1日至2010年12月31日，凡年度考核称职及以上并达到级别工资套改表规定年限的，可从达到规定年限当年的1月1日起晋升一个级别，级别工资就近就高套入晋升后级别对应的工资标准。其中，职务未发生变动的，须按现任职务达到上一级别规定年限或按原任低一职务达到套改确定级别规定年限；晋升职务只晋升一个级别的，须按原任职务达到晋升后级别的规定年限。按有关规定高定级别的人员，先按高定前的级别执行上述办法，在此基础上再予以高定，但不得突破本职务对应的最高级别。按上述办法晋升级别后，按年度考核结果晋升级别的考核年限从级别变动的当年起重新计算。

公务员的级别达到所任职务最高级别后，年度考核累计五年称职及以上，不再晋升级别，在所任级别对应工资标准内晋升一个工资档次。

3. 按年度考核结果晋升级别工资档次。

从2006年7月1日起，公务员年度考核累计两年称职及以上的，从次年1月1日起在所任级别对应工资标准内晋升一个工资档次。下一次按年度考核结果晋升级别工资档次的考核年限，从工资档次晋升的当年起重新计算。

4. 其他。

公务员晋升级别相应增加级别工资时，如增资额超过下一级别一个工资档差，晋升级别工资档次的考核年限从级别晋升的当年起重新计算；如增资额不超过下一级别一个工资档差，晋升级别工资档次的考核年限从上一次晋升级别工资档次的当年起计算。晋升两个以上级别时，逐级计算增资额是否超过下一级别一个工资档差。

公务员晋升级别和按年度考核结果晋升级别工资档次在同一时间的，先晋升级别，再晋升级别工资档次。

（三）新录用人员工资待遇。

1. 直接从各类学校毕业生中录用的公务员试用期工资分别为：初中毕业生570元，高中、中等专业学校毕业生590元，大学专科毕业生655元，大学本科毕业生685元，获得双学士学位的大学本科毕业生（含学制为六年以上的大学本科毕业生）、研究生班毕业和未获得硕士学位的研究生710元，获得硕士学位的研究生770元，获得博士学位的研究生845元。试用期满合格后，职务工资分别执行下列职务对应的标准：初中、高中和中专毕业生按办事员；大学专科、大学本科、获得双学士学位的大学本科毕业生（含学制为六年以上的大学本科毕业生）、研究生班毕业和未获得硕士学位的研究生按科员；获得硕士学位的研究生按副主任科员；获得博士学位的研究生按主任科员。级别和级别工资分别定为：初中毕业生二十七级1档；高中、中专毕业生二十七级2档；大学专科毕业生二十六级2档；大学本科毕业生二十五级2档；获得双学士学位的大学本科毕业生（含学制为六年以上的大学本科毕业生）、研究生班毕业和未获得硕士学位的研究生二十五级3档；获得硕士学位的研究生二十四级3档；获得博士学位的研究生二十二级1档。

2. 其他新录用的公务员试用期工资，按管理权限由主管部门参考录用前本人工作经历和录用后拟任职务、级别，按照比本单位同等条件人员低一个级别工资档次的数额确定。试用期满合格后，按所任职务比照本单位同等条件人员执行相应的工资标准。

3. 新录用到国家扶贫开发工作重点县的公务员，仍实行一年的试用期，试用期工资可直接按试用期满后工资确定。

新录用到国家扶贫开发工作重点县的大中专以上毕业生试用期满合格后，在县城（含城关镇）工作的，可在所定级别内高定一档；在县以下乡镇工作的，可在所定级别内高定二档；其他新录用的公务员比照同等条件人员确定工资。2006 年 7 月 1 日前录用到国家扶贫开发工作重点县的大中专以上毕业生，按现任职务套改工资低于新录用同等学历毕业生工资的，执行新录用同等学历毕业生工资待遇。

五、机关工人工资制度的实施

（一）机关工人工资套改办法。

机关技术工人仍实行岗位技术等级工资制，基本工资由现行岗位工资、技术等级（职务）工资和资金三项调整为岗位工资和技术等级（职务）工资两项。岗位工资根据工作难易程度和工作质量确定，按初级工、中级工、高级工三个技术等级和技师、高级技师二个技术职务设置，分别设若干工资档次。技术等级（职务）工资根据技术水平高低确定，一个技术等级（职务）对应一个工资标准。

普通工人仍实行岗位工资制，基本工资构成由现行岗位工资和奖金两项调整为岗位工资一项。

1. 技术工人工资套改办法。

技术等级工资。技术工人按考评（聘任）的技术等级（职务）执行相应的技术等级工资标准。

岗位工资。技术工人的岗位工资档次按现任技术等级（职务）、任技术等级（职务）年限和套改年限确定。

现任技术等级（职务）是指技术工人按机关事业单位技术等级（职务）考评规定考评（聘任）的技术等级（职务）；任技术等级（职务）年限是指技术工人从考评（聘任）技术等级（职务）当年起计算的年限；套改年限，是指工作年限与不计算工龄的在校学习时间合并计算的年限，其中须扣除 1993 年以来除学徒期、熟练期外年度考核不计考核等次或不合格的年限。

任技术等级（职务）年限和工作年限的计算截至 2006 年 6 月 30 日。

技术工人按现任技术等级（职务）套改的岗位工资额，如低于或等于按原任低一技术等级（职务）套改的岗位工资额，可先按原任低一技术等级（职务）套改，再就近就高套入现任技术等级（职务）对应的工资标准。按原任低一技术等级（职务）套改时，现任技术等级（职务）的年限与原任低一技术等级（职务）的年限合并计算为低一技术等级（职务）的年限。

2. 普通工人工资套改办法。

普通工人的岗位工资档次，按套改年限确定。套改年限的计算办法与技术工人相同。

（二）正常晋升工资档次办法。

1. 晋升岗位工资档次。

从2006年7月1日起，机关工人年度考核累计两年为合格及以上的，从次年1月1日起晋升一个工资档次。下一次按年度考核结果晋升岗位工资档次的考核年限，从工资档次晋升的当年起重新计算。

技术工人晋升技术等级（职务）后，岗位工资逐级就近就高套入晋升后的技术等级（职务）相应的岗位工资标准。如增资额超过按原技术等级（职务）正常晋升岗位工资档次增加工资的数额，晋升岗位工资档次的考核年限从晋升技术等级（职务）的当年起重新计算；如增资额不超过按原技术等级（职务）正常晋升岗位工资档次增加工资的数额，晋升岗位工资档次的考核年限从上一次晋升岗位工资档次的当年起计算。

2. 晋升技术等级（职务）工资。

技术工人晋升技术等级（职务）后，执行新任技术等级（职务）对应的技术等级工资标准。

（三）新参加工作工人的工资待遇。

新参加工作的技术工人和普通工人，分别实行学徒期和熟练期制度。

1. 技术工人

招工前为普通初中、高中毕业生学徒期待遇：第一年每人每月560元，第二年每人每月580元。

招工前具有技校、职业高中（含中专，下同）以上学历毕业生学徒期待遇：技校、职业高中毕业生，每人每月590元；大专毕业生，每人每月620元；大学本科及以上学历毕业生，每人每月640元。

2. 普通工人。

普通工人熟练期待遇：招工前为普通初中、高中毕业生，每人每月560元；技校、职业高中毕业生，每人每月580元；大专毕业生，每人每月600元；大学本科及以上学历毕业生，每人每月620元。

（四）机关工人学徒期、熟练期满后定级工资待遇。

机关新参加工作工人学徒期、熟练期满合格后，办理转正定级手续，并执行以下定级工资：

1. 技术工人岗位工资标准：普通初、高中毕业生，定初级工1档500元；技校、职业高中毕业生，定初级工2档526元；大专毕业生，定初级工3档552元；大学本科及以上学历毕业生，定中级工1档570元。

技术工人技术等级工资标准：大专及以下学历的人员技术等级工资均为125元，大学本科及以上学历的人员技术等级工资为155元。

2. 普通工人岗位工资标准：普通初、高中毕业生，定普工一档610元；技校、职业高中毕业生，定普工二档 634 元；大专毕业生，定普工 3 档 658 元；大学本科及以上学历毕业生，定普工 5 档 710 元。

（五）其他。

普通工人经考核转为技术工人后，根据本单位同等条件技术工人的工资水平重新确定工资。

六、调整基本工资标准

国家建立工资调查制度，定期进行公务员和企业相当人员工资收入水平的调查比较，调查比较结果作为调整公务员工资水平的依据。国家根据工资调查比较的结果，结合国民经济发展情况，适时调整机关工作人员基本工资标准。具体按照国家统一规定和部署实施。

七、实行年终一次性奖金

对年度考核为称职（合格）及以上的工作人员发放年终一次性奖金，在考核结果确定后兑现，奖金标准为本人当年 12 月份的基本工资。年度考核为基本称职、不称职（不合格）的人员，不发放年终一次性奖金。

八、改革的有关政策

（一）专业技术类、行政执法类等类别公务员，在其工资办法出台前，暂按本实施意见执行。

（二）军队转业干部按本人现任职务套改职务工资和级别工资。如现任职务低于转业时部队原职务的，根据其现执行的工资待遇对应的职务套改级别工资，职务工资执行相当职务层次的非领导职务工资标准。

（三）被授予省部级以上劳动模范和先进工作者等荣誉称号，且 1993 年工资制度改革以来按国家规定高定或奖励了工资档次的人员，仍保持荣誉的，可在本人套改确定的级别内，高定工资档次。原高定或奖励了一档工资的，高定一个级别工资档次；原高定两档及以上工资档次的，高定两个级别工资档次。因同一事迹同时获得过多个荣誉称号的，不得重复高定档次。

（四）1993 年工资制度改革以来，受过降级、撤职处分的公务员，在套改确定的级别基础上低定一个级别，级别工资就近就低套入相应的级别工资标准，如套改级别为本职务最低级别，在套改确定的级别工资基础上低定一个级别工资档次；受过开除留用察看处分的机关工人，在套改的岗位工资基础上降低三个工资档次，岗位工资在第 4 档以下的，执行最低工资档次；受过强制戒毒、强制收容及劳动教养处罚的人员，在套改确定的工资档次上低定两档工资；被判处管制、拘役、缓刑，由原单位收回重新分配工作的人员，在套改确定的工资档次上低定三档工资。上述人员套改确定的工资档次不足以按上述规定低定档次数的，执行最低工资档次。受过上述处罚的机关工人相应比照此办法执行。

正在接受立案或停职审查的人员，暂缓套改工资，待审查结束作出结论后，再按照有关规定办理。

（五）对于由领导职务改任同一职务层次非领导职务的公务员，应按干部管理权限，由干部管理部门根据实际情况明确其执行的职务工资标准。

（六）公务员在同一职务层次担任领导职务与非领导职务的时间，合并计算为同一职务的任职年限。

（七）公务员工资制度改革后，如公务员所任职务低于相同学历新录用公务员转正定级工资待遇对应职务层次的，可执行相同学历新录用公务员转正定级工资待遇。

（八）公务员在职取得国家承认的较高学历后，如其基本工资低于相同学历新录用公务员转正定级工资待遇的，执行相同学历新录用公务员转正定级的工资待遇。

（九）2006 年 7 月 1 日以前调动，工资关系未转入所在工作单位的人员，须将工资关系转入后，再参加工资制度改革。

（十）2006 年 6 月 30 日前已办理离退休手续的人员，按人事部、财政部、国人部发〔2006〕60 号文件规定，适当增加离退休费。

九、经费问题

这次工资制度改革所需经费，由财政负担的按现行财政体制和单位隶属关系，分别由中央财政和地方财政负担。具体办法由省财政厅另行制定。

十、组织实施

我省改革公务员工资制度工作，在省政府的统一领导下，由省人事厅、省财政厅组织实施。省直各部门、中央驻皖机关套改增资，由主管部门审核后报省人事厅审批。

各市要根据本实施意见，组织本地区（含所辖县）的实施工作。

改革公务员工资制度政策性强，涉及面广，任务重，要求高，是一项复杂、艰巨而细致的工作。各地区、各部门要高度重视，加强领导，认真贯彻落实。要严格执行国家工资收入分配政策，严格执行组织人事纪律和财经纪律，按照规定程序严格履行审批手续，不得变动或放宽政策。同时，在实施工作中，要衔接处理好改革公务员工资制度与公务员登记工作的关系，深入细致地做好思想政治工作，确保改革平稳顺利进行。

本实施意见由省人事厅负责解释。

安徽省2006年事业单位工作人员收入分配制度改革实施意见

根据人事部、财政部《关于印发事业单位工作人员收入分配制度改革方案的通知》（国人部发〔2006〕56号）和《关于印发〈事业单位工作人员收入分配制度改革实施办法〉的通知》（国人部发〔2006〕59号）的有关规定，结合我省实际，制定本实施意见。

一、改革的原则

（一）贯彻按劳分配与按生产要素分配相结合的原则，建立与岗位职责、工作业绩、实际贡献紧密联系和鼓励创新创造的分配激励机制。

（二）适应事业单位聘用制改革和岗位管理的要求，以岗定薪，岗变薪变，加大向优秀人才和关键岗位的倾斜力度。

（三）建立体现事业单位特点的工资正常调整机制，使事业单位工作人员收入与经济社会发展水平相适应。

（四）坚持搞活事业单位内部分配，进一步增强事业单位活力。

（五）实行分级分类管理，加强宏观调控，规范分配秩序，理顺分配关系。

二、实施范围与对象

（一）范围

1.这次事业单位收入分配制度改革实施范围为，我省机构编制部门确定的下列事业单位。

教育、卫生、科学研究事业单位。

文化、艺术、体育、新闻、出版、广播电影电视事业单位。

农业、林业、水利、水产、畜牧、兽医事业单位。

交通、地质勘查、测绘、气象、地震事业单位。

社会保障、社会福利、检验检疫、环境保护、环境卫生、园林绿化、房地产管理、物资储备事业单位。

机关、团体附属独立核算的事业单位。

列入事业编制的各类学会、协会、基金会、监管机构。

其他事业单位。

2.经批准参照公务员法管理的事业单位、各类企业所属的事业单位和事业单位所属独立核算的企业，不列入这次事业单位收入分配制度改革的范围。

（二）对象

前款所列范围的事业单位中2006年7月1日在册的正式工作人员。

三、实施时间

事业单位工作人员收入分配制度改革，自2006年7月1日起实施。

四、岗位绩效工资制度的实施

（一）实行岗位绩效工资制度

事业单位实行岗位绩效工资制度。岗位绩效工资由岗位工资、薪级工资、绩效工资和津贴补贴四部分组成，其中岗位工资和薪级工资为基本工资。

（二）岗位工资的实施

岗位工资主要体现工作人员所聘岗位的职责和要求。事业单位岗位分为专业技术岗位、管理岗位和工勤技能岗位。专业技术岗位设置13个等级，管理岗位设置10个等级，工勤技能岗位分为技术工岗位和普通工岗位，技术工岗位设置5个等级，普通工岗位不分等级。不同等级的岗位对应不同的工资标准。工作人员按所聘岗位执行相应的岗位工资标准。

1. 专业技术人员

专业技术人员按本人现聘用的专业技术岗位，执行相应的岗位工资标准。具体办法是：聘用在正高级专业技术岗位的人员，执行一至四级岗位工资标准，其中执行一级岗位工资标准的人员，需经人事部批准；聘用在副高级专业技术岗位的人员，执行五至七级岗位工资标准；聘用在中级专业技术岗位的人员，执行八至十级岗位工资标准；聘用在助理级专业技术岗位的人员，执行十一至十二级岗位工资标准；聘用在员级专业技术岗位的人员，执行十三级岗位工资标准。

在事业单位按国家有关规定设置专业技术岗位并完成岗位聘用前，专业技术人员岗位工资暂按以下办法执行：聘任正高级专业技术职务的人员，执行四级岗位工资标准；聘任副高级专业技术职务的人员，执行七级岗位工资标准；聘任中级专业技术职务的人员，执行十级岗位工资标准；聘任助理级专业技术职务的人员，执行十二级岗位工资标准；聘任员级专业技术职务的人员，执行十三级岗位工资标准。待完成规范的岗位设置并按规定核准后，专业技术人员再按明确的岗位等级执行相应的岗位工资标准。

2. 管理人员

管理人员按本人现聘用的岗位（任命的职务）执行相应的岗位工资标准。具体办法是：聘用在厅局级正职岗位的人员，执行三级职员岗位工资标准；聘用在厅局级副职岗位的人员，执行四级职员岗位工资标准；聘用在处级正职岗位的人员，执行五级职员岗位工资标准；聘用在处级副职岗位的人员，执行六级职员岗位工资标准；聘用在科级正职岗位的人员，执行七级职员岗位工资标准；聘用在科级副职岗位的人员，执行八级职员岗位工资标准；聘用在科员岗位的人员，执行九级职员岗位工资标准；聘用在办事员岗位的人员，执行十级职员岗位工资标准。

3. 工人

工人按本人现聘用的岗位（技术等级或职务）执行相应的岗位工资标准。具体办法是：聘用在高级技师岗位的人员，执行技术工一级岗位工资标准；聘用在技师岗位的人员，执行技术工二级岗位工资标准；聘用在高级工岗位的人员，执行技术工三级岗位工资标准；聘用在中级工岗位的人员，执行技术工四级岗位工资标准；聘用在初级工岗位的人员，执行技术工五级岗位工资标准；聘用在普通工岗位的人员，执行普通工岗位工资标准。

4. 岗位设置与管理。

国家制定事业单位岗位设置管理规定，对岗位总量、结构比例和最高岗位等级设置进行管理。我省将根据事业单位岗位设置管理规定，结合实际情况制定实施意见，并报人事部备案。

各事业单位根据国家和我省实施意见，按照核定的岗位总量、结构比例和最高岗位等级具体实施。

（三）薪级工资的实施

薪级工资主要体现工作人员的工作表现和资历。对专业技术人员和管理人员设置65个薪级；对工人设置40个薪级，每个薪级对应一个工资标准。对不同岗位规定不同的起点薪级。

工作人员按照本人套改年限、任职年限和所聘岗位，结合工作表现，套改相应的薪级工资。

套改年限，是指工作年限与不计算工龄的在校学习时间合并计算的年限，其中须扣除1993年以来除见习期外年度考核不计考核等次或不合格的年限。不计算工龄的在校学习时间，是指在国家承认学历的全日制大专以上院校未计算为工龄的学习时间（只适用于这次分配制度改革，不涉及工龄计算问题，下同）。出国（境）留学并在国（境）外取得国家教育行政主管部门认可的大专以上学历人员，其未计算工龄的国（境）外学习时间亦可合并计算为套改年限。在校及国（境）外学习的时间以国家规定的学制为依据，如短于国家学制规定，按实际学习年限计算；如长于国家规定学制，按国家规定学制计算。

任职年限，管理岗位任职年限是指按人事管理权限，由任免机关任命或聘用到现岗位（职务）当年起计算的年限。专业技术岗位任职年限是指按规定程序聘用在岗年限，只评资格或未按规定程序聘用的不计算为任职年限。技术工人技术岗位任职年限是指从技术等级（职务）工资兑现当年起计算的年限。

套改年限和任职年限的计算截止至2006年6月30日。

工作人员按现聘岗位套改的薪级工资，如低于按本人低一级岗位套改的薪级工资，可按低一级岗位进行套改，并将现聘岗位的任职年限与低一级岗位的任职年限合并计算。

工作人员由较高等级的岗位聘用到较低等级的岗位（例如原聘任教授现聘任为讲师），这次套改可将原聘较高等级岗位的任职年限与现聘较低等级岗位的任职年限合并计算为现聘较低等级岗位的任职年限。

工作人员按套改办法确定的薪级工资，低于相同学历新参加工作人员转正定级薪级工资的，执行相同学历新参加工作人员转正定级薪级工资标准。

事业单位工作人员工资套改时，在相同等级岗位的任职年限可合并计算。例如，高校讲师到研究机构被聘为助理研究员，其讲师和助理研究员的任职年限可合并计算。

事业单位工作人员工资套改时，受聘到十级职员岗位人员的任职年限，从执行办事员工资待遇的当年起计算；受聘到九级职员岗位人员的任职年限，从执行科员工资待遇的当年起计算；受聘到十三级专业技术岗位人员的任职年限，从执行员级工资待遇的当年起计算；受聘到技术工五级岗位人员的任职年限，从执行初级工工资待遇的当年起计算。

（四）绩效工资的实施

绩效工资主要体现工作人员的实绩和贡献。国家对事业单位绩效工资分配进行总量调控和政策指导。我省将根据国家有关政策和规定，结合实际，制定事业单位绩效工资分配的实施办法。

各事业单位在政府有关部门核定的绩效工资总量内根据有关政策和规定，按照规范的分配程序和要求，采取灵活多样的分配形式和办法，自主决定本单位绩效工资的分配。绩效工资分配应以工作人员的实绩和贡献为依据，合理拉开差距。

事业单位实行绩效工资后，取消现行年终一次性奖金，将一个月基本工资的额度以及地区附加津贴纳入绩效工资。

（五）特殊岗位津贴补贴的实施

事业单位津贴补贴，分为艰苦边远地区津贴和特殊岗位津贴补贴。

国家制定完善艰苦边远地区津贴制度的方案。

特殊岗位津贴补贴主要体现对事业单位苦、脏、累、险及其它特殊岗位工作的人员的政策倾斜。国家对特殊岗位津贴补贴实行统一管理，统一制定特殊岗位津贴补贴政策和规范管理办法，规范特殊岗位津贴补贴的项目、标准和实施范围，明确调整和新建特殊岗位津贴补贴的条件，建立动态管理机制。除国务院和国务院授权的人事部、财政部处，任何地区、部门和单位不得自行建立特殊岗位津贴补贴项目，扩大实施范围和提高标准。

五、工资分类管理的实施

对从事公益服务的事业单位，根据其功能、职责和资源配置等不同情况，实行工资分类管理。基本工资执行国家统一的政策和标准。绩效工资根据单位类型实行不同的管理办法。具体办法由人事部、财政部另行制定。

在事业单位新的分类办法和地区附加津贴制度出台前，经费来源主要由财政拨款的事业单位，绩效工资暂按工作人员上年度十二月份基本工资额度和规范后的津贴补贴核定；经费来源部分由财政支持和经费自理的事业单位，绩效工资总量可分别高出一定幅度。

事业单位绩效工资总量应结合单位公益目标任务完成情况和绩效考核结果核定。

对公益目标任务完成好、考核优秀的事业单位，适当增加绩效工资总量；对公益目标任务完成不好、考核较差的事业单位，相应核减绩效工资总量。

对知识技术密集、高层次人才集中的事业单位，核定绩效工资总量时可给予适当倾斜。

六、正常调整工资办法

（一）正常增加薪级工资

从2006年7月1日起，年度考核结果为合格及以上等次的工作人员，每年增加一级薪级工资，并从第二年的1月起执行。年度考核结果为基本合格的，不增加薪级工资。

（二）岗位变动人员工资调整办法

工作人员岗位变动后，从变动的下月起执行新聘岗位的工资标准。岗位工资按新聘岗位确定，薪级工资按以下办法确定：

由较低等级的岗位聘用到较高等级的岗位，原薪级工资低于新聘岗位起点薪级工资的，执行新聘岗位起点薪级工资，第二年不再正常增加薪级工资；原薪级工资达到新聘岗位起点薪级工资的，薪级工资不变。

由较高等级的岗位调整到较低等级的岗位，薪级工资不变。

在专业技术岗位、管理岗位、技术工岗位和普通工岗位之间变动的，薪级工资按新聘岗位比照同等条件人员重新确定。

（三）调整基本工资标准

国家根据经济发展、财政状况、企业相当人员工资水平和物价变动等因素，适时调整事业单位工作人员的基本工资标准。

（四）调整津贴补贴标准

国家根据经济发展、财力增长及调控地区工资收入差距的需要，适时调整艰苦边远地区津贴标准；根据财政状况和对特殊岗位的倾斜政策，适时调整特殊岗位津贴补贴标准。

七、高层次人才和单位主要领导分配激励约束机制

（一）高层次人才分配激励措施

1. 中国科学院院士、中国工程院院士以及为国家做出重大贡献的一流人才，经国家批准，执行专业技术一级岗位工资标准。

2. 对有突出贡献的专家、学者和技术人员，继续实行政府特殊津贴。

3. 对承担国家重大科研项目和工程建设等为我国经济建设和社会发展做出重要贡献的优秀人才，给予不同程度的一次性奖励；具体办法由国家另行制定。

4. 对基础研究、战略高技术研究和重要公益领域的事业单位高层次人才，逐步建立特殊津贴制度。对重要人才建立国家投保制度；具体办法由国家另行制定。

5. 对部分紧缺或者急需引进的高层次人才，经批准可实行协议工资、项目工资等灵活多样的分配办法。具体办法由国家另行制定。

（二）事业单位主要领导收入分配激励约束机制

国家对事业单位主要领导收入分配制定指导意见，选择有条件的事业单位进行试点，探索建立单位主要领导收入分配激励约束机制。政府人事、财政等部门制定事业单位主要领导的收入分配办法，结合考核合理确定其收入水平，使事业单位主要领导的收入与单位的社会经济效益及长远发展相联系，规范事业单位主要领导的收入分配，并加强监督管理。

八、加强收入分配宏观调控

（一）建立工资分级管理体制

国家主要负责制定事业单位收入分配制度、政策和工资标准，对各类事业单位的收入分配进行政策指导和宏观管理，合理调控地区间、部门间事业单位的收入水平；省主要负责贯彻落实事业单位收入分配政策并组织实施，调控本省事业单位收入水平，加强对事业单位收入分配的监督管理。

（二）完善收入分配调控政策

国家制定事业单位绩效工资分配的指导意见和工作人员兼职兼薪管理办法，完善事业单位收入中可用于工作人员收入分配的资金管理政策，将工作人员的工资收入纳入调控范围，规范收入分配秩序。

（三）加强工资收入支付管理

事业单位应当按照《行政事业单位工资和津贴补贴有关会计核算办法》规定，设立专门帐簿进行核算管理。事业单位发放给工作人员的收入一律纳入专门帐簿核算，不得帐外列支。事业单位要建立工作人员个人工资银行账户，工资支付应以银行卡的形式发放，原则上不得发放现金。

（四）严肃收入分配纪律

新的收入分配制度入轨后，各地区、各部门和各事业单位要严格执行国家和省的政策规定，一律不得在国家收入分配政策以及工资列支渠道之外，直接或变相发放津贴、补贴和奖金。各地区、各有关部门要按照各自的管理权限和职能，加强对事业单位收入分配政策执行情况的监督检查，综合运用法律、经济和行政等手段，加大对违反政策行为的查处力度，坚决杜绝政出多门、资金渠道混乱的现象，维护收入分配政策的严肃性。

九、新聘用人员工资待遇

（一）新参加工作的各类学校毕业生见习期工资标准分别为：初中毕业生 570 元，高中、中专毕业生 590 元，大学专科毕业生 655 元，大学本科毕业生 685 元，获得双学士学位的大学本科毕业生（含学制为六年以上的大学本科毕业生）、研究生班毕业和未获得硕士学位的研究生 710 元。

见习期工资执行期满后，上述人员按所聘专业技术岗位或管理岗位执行相应的岗位工资标准，薪级工资按以下办法确定：初中毕业生执行 1 级薪级工资标准，高中、中专毕业生执行 2 级薪级工资标准，大学专科毕业生执行 5 级薪级工资标准，大学本科毕业生执行 7 级薪级工资标准，获得双学士学位的大学本科毕业生（含学制为六年以上的大学本科毕业生）、研究生班毕业和未获得硕士学位的研究生执行 9 级薪级工资标准。

获得硕士学位的研究生和获得博士学位的研究生，不实行见习期。在明确岗位前，执行初期工资，获得硕士学位的研究生初期工资标准为 770 元，获得博士学位的研究生初期工资标准为 845 元。明确岗位后，按所聘专业技术岗位或管理岗位执行相应的岗位工资标准，薪级工资分别执行 11 级和 14 级薪级工资标准。

新聘用到国家扶贫开发工作重点县工作的大中专及以上毕业生，可提前转正定级；转正定级时，薪级工资可高定 1 至 2 级，聘用在县城（含城关镇）工作的，薪级工资高定 1 级，聘用在县以下的，薪级工资高定 2 级。2006 年 7 月 1 日前聘用到国家扶贫开发工作重点县工作的大中专及以上毕业生，按现聘岗位（任命的职务）套改工资低于新聘用相同学历毕业生工资的，执行新聘用相同学历毕业生工资待遇。

（二）新参加工作的工人，分别实行学徒期和熟练期制度。

1. 技术工人。招工前为普通初中、高中毕业生学徒期待遇，第一年每人每月 560 元，第二年每人每月 580 元。具有技校、职业高中（含中专，下同）学历的毕业生，每人每月 590 元；大专毕业生，每人每月 620 元；大学本科及以上学历毕业生，每人每月 640 元。

学徒期满转正定级。技术工人，初中、高中毕业生执行五级岗位工资、2 级薪级工资标准；技校、职业高中毕业生，执行五级岗位工资、4 级薪级工资标准。大专毕业生，执行五级岗位工资、6 级薪级工资标准；大学本科及以上学历毕业生，执行四级岗位工资、8 级薪级工资标准。

2. 普通工人。普通工人熟练期待遇：招工前为普通初中、高中毕业生，每人每月 560 元；技校、职业高中毕业生，每人每月 580 元；大专毕业生，每人每月 600 元；大学本科及以上学历毕业生，每人每月 620 元。

熟练期满转正定级，普通工人执行 540 元岗位工资标准。普通初中、高中毕业生，执行 1 级薪级工资标准；技校、职业高中毕业生，执行 3 级薪级工资标准；大专毕业生，执行 5 级薪级工资标准；大学本科及以上学历毕业生，执行 7 级薪级工资标准。

（三）其他新聘人员，已明确岗位的，岗位工资按所聘岗位确定，薪级工资比照同等条件人员确定；未明确岗位的，由所在单位根据实际情况确定其工资待遇。

十、相关政策

（一）中小学教师、护士的岗位工资和薪级工资标准提高 10%。执行见习期、初期工资标准的中小学教师、护士，分别按见习期、初期工标准提高 10%。

（二）县以下基层单位工作的农林科技人员，继续按《国务院批转劳动人事部、农牧渔业部、林业部、财政部关于加强农林第一线科技队伍的报告的通知》（国发〔1983〕74 号）的规定执行。具体可按已固定的档次，高定薪级工资，不超过两个薪级。

（三）军队转业干部按本人现聘岗位（职务）套改岗位工资和薪级工资。如现聘岗位低于转业时部队原职务的，根据其现执行工资待遇对应的岗位套改工资。

（四）从机关、调入事业单位的人员，根据所聘岗位，结合本人实际情况，比照同等条件人员确定薪级工资。

事业单位工作人员工资套改时，在专业、管理岗位、工勤技能岗位之间变动的人员，比照所聘岗位同等条件人员确定薪级工资。事业单位试行人员聘用制度后岗位人员变动的人员，按新聘岗位套改工资。按《关于印发〈关于事业单位试行人员聘用制度有关工资待遇等总量的处理意见（试行）的通知〉》（国人部发〔2004〕63 号）的有关规定，执行原聘岗位工资待遇的人员，这次可按改革前执行工资待遇对应的岗位套改工资。

（五）到事业单位工作的退役运动员按本人现聘岗位（职务）套改工资，薪级工资按所聘岗位并参考本人原体育津贴水平和同等条件人员的工资水平确定。

（六）这次套改增资，事业单位原工资构成中津贴比例统一按 30%计算。不同类型事业单位执行统一的基本工资政策和标准。原津贴比例按国家规定高出 30%的部分，套改后暂按绝对额纳入单位绩效工资总量，并暂按原来的分配办法继续发放，今后按单位绩效工资的分配办法执行。特殊岗位工资构成比例提高部分，暂时予以保留，今后逐步纳入特殊岗位津贴补贴。

（七）地质、测绘、交通、海洋、水产、民航等行业事业单位中野外、水上作业工作人员以及飞行人员的工资标准，国家另行制定。

体育运动员仍实行体育津贴资金制度，具体办法国家另行制定。

（八）事业单位工作人员原则上不得同时在两类岗位上任职，因行业特点确需兼任的，须按工作人员管理权限审批，由批准的部门或单位明确其主要任职岗位，并按主要任职岗位确定工资。

（九）事业单位实行聘用制改革中的未聘人员按改革前执行工资待遇对应的岗位套改工资，第一年的待遇按套改后岗位工资的 80% 发给，其他待遇及以后待遇按《关于事业单位试行人员聘用制度有关工资待遇等总量的处理意见》（皖人发〔2004〕62 号）执行。

（十）被授予省部级以上劳动模范和先进工作者等荣誉称号，且 1993 年工资制度改革以来按国家规定高定或奖励了工资档次的人员，现仍保持荣誉的，这次工资套改时，原高定一个职务工资档次的，薪级工资高定 1 级；原高定两个及以上职务工资档次的，薪级工资高定 2 级。高定的薪级工资原则上不得超过两级。因同一事迹同时获得过多个荣誉称号的，不得重复高定薪级工资。

（十一）由人事部选拔的有突出贡献的中青年科学、技术、管理专家，这次工资套改时，原高定一个职务工资档次的，薪级工资高定 1 级；原高定两个职务工资档次的，薪级工资高定 2 级。

（十二）1993 年工资制度改革以来，事业单位专业技术人员和管理人员受到行政降职处分的，按新聘岗位套改工资，薪级工资低定 1 级；受撤职处分或受过强制戒毒、强制收容及劳动教养处罚的，按新聘岗位套改工资，薪级工资低定 2 级；受开除留用察看处分或被判处管制、拘役、有期徒刑宣告缓刑由原单位收回重新分配工作的人员，按现聘岗位套改工资，薪级工资低定 3 级。如降低后的薪级工资低于所聘岗位起点薪级工资的，执行所聘岗位起点薪级工资。

受过处分、处罚的事业单位工人相应比照此办法执行。

正在接受立案或停职审查的事业单位工作人员，暂缓套改工资，待审查结束作出结论后，再按照有关规定办理。

（十三）博士后研究人员工资待遇。

1. 博士后研究人员岗位工资按照所聘岗位确定：薪级工资在第一站执行 16 级薪级工资标准，以后每做一站提高两级薪级工资标准，如按此确定的薪级工资低于所聘岗位同等条件人员的，按照所聘岗位同等条件人员的薪级工资确定；绩效工资由设站单位（含接受留学博士回国做博士后的非设站单位，下同）根据其工作表现和实际贡献确定；津贴补贴按国家有关规定执行。

2. 为保证博士后研究人员正常增加工资，各设站单位应对博士后研究人员进行年度考核。从 2006 年起经设站单位考核，结果为合格及以上等次的博士后研究人员，每年增加一级薪级工资，并从第二年的 1 月起执行。

3. 博士后研究人员工作期满出站，并被聘用到事业单位后，各设站单位应将其在站期间岗位工资、薪级工资及考核情况介绍到接受单位。在明确岗位前，博士后研究人员仍执行在站期间的工资标准；明确岗位后，按所聘岗位执行相应的岗位工资标准，薪级工资按以下办法确定：被聘用在专业技术岗位的，原薪级工资低于所聘岗位起点薪级工资的，执行起点薪级工资标准，原薪级工资达到所聘岗位起点薪级工资的，薪级工资不变；被聘用在管理岗位的，薪级工资按所聘岗位比用同等条件人员重新确定。

4. 凡在做博士后期间中途退站，自动离站或每一站工作时间少于二十一个月的博士后研究人员（特殊情况，经人事部批准的除外），均不适用于本条规定。上述情况发生在第一站工作期间，其出站后的工资待遇按博士毕业生对待；第二站期间，则按做完第一期博士后的人员对待；第二站以后的，以此类推。

（十四）有条件的集体所有制事业单位可参照本实施意见进行收入分配制度改革。

（十五）2006 年 7 月 1 日以前调动，工资关系未转入所在工作单位的人员，须将工资关系转入后，再参加收入分配制度改革。

（十六）2006 年 6 月 30 日前已办理离退休手续的人员，按人事部、财政部国人发〔2006〕60 号文件规定，增加离退休费。

十一、经费问题

这次工资制度改革所需经费，仍按现行财政体制和单位隶属关系，分别由财政和单位负担。省将根据中央转移支付情况，给予补助，具体办法由省财政厅另行制定。

十二、组织实施

我省事业单位收入分配制度改革，在省政府的统一领导下，由省人事厅、省财政厅组织实施。省直属事业单位、省直各部门所属事业单位、中央驻皖事业单位的套改增资，由主管部门审核后报省人事厅审批。各市要根据本实施意见，组织本地区（含所辖县）的实施工作。

事业单位收入分配制度改革，政策性强，涉及面广，环节多，任务重，要求高，是一项复杂、艰巨而细致的工作。各地区、各部门要高度重视，加强领导，精心组织，抓好落实。要严格执行国家工资收入分配政策，严格执行组织人事纪律和财经纪律，严格按照规定的程序履行审批手续。在实施工作中，要按照“制度入轨，逐步到位”的步骤，衔接处理好收入分配制度改革与事业单位重新分类、事业单位岗位设置等工作的关系，深入细致地做好思想政治工作和政策解释工作，确保改革平稳顺利进行。

本实施办法由省人事厅负责解释。

安徽省机关事业单位离退休人员计发离退休费等问题的实施意见

根据人事部、财政部《关于印发〈关于机关事业单位离退休人员计发离退休费等问题的实施办法〉的通知》(国人部发〔2006〕60号)《关于印发〈关于公务员工资制度改革和事业单位工作人员收入分配制度改革实施中有关问题的意见〉的通知》(国人部发〔2006〕88号)规定,结合我省实际,制定本实施意见。

一、离退休费计发办法

2006年7月1日后离退休(含按国发1978104号文件规定退职,下同)的人员,在养老保险制度建立前同,暂按下列办法计发离退休费:

(一)离休人员

机关离休人员的离休费按本人离休前职务工资和级别工资之和全额计发;事业单位离休人员的离休费按本人离休前岗位工资和薪级工资之和全额计发。

(二)退休人员

1. 公务员退休后的退休费按本人退休前职务工资和级别工资之和的一定比例计发。其中,工作年限满35年的,按90%计发;工作年限满30年不满35年的,按85%计发;工作年限满20年不满30年的,按80%计发;工作年限满10年不满20年的,按70%计发;工作年限不满10年的,按50%计发。

2. 机关技术工人退休后的退休费分别按本人退休前岗位工资和技术等级工资之和的一定比例计发,机关普通工人退休后的退休费按本人退休前岗位工资的一定比例计发。其中,工作年限满35年的,按90%计发;工作年限满30年不满35年的,按85%计发;工作年限满20年不满30年的,按80%计发;工作年限满10年不满20年的,按70%计发。

3. 事业单位工作人员退休后的退休费按本人退休前岗位工资和薪级工资之和的一定比例计发。其中,工作年限满35年的,按90%计发;工作年限满30年不满35年的,按85%计发;工作年限满20年不满30年的,按80%计发;工作年限满10年不满20年的,按70%计发。

(三)退职人员

事业单位工作人员和机关工人退职后的退职生活费按本人退职前基本工资的一定比例计发。其中,工作年限不满10年的,按基本工资的50%计发;工作年限满10年不满20年的,按基本工资的60%计发;工作年限满20年以上的,按基本工资的70%计发。

二、增加离退休费的办法

凡列入我省公务员工资制度改革和事业单位收入分配制度改革范围的单位中,

2006年6月30日前已办理离退休手续或已达到离退休年龄的人员（按国家有关规定经组织批准留任的除外），不实行新的工资制度，从2006年7月1日起，按照人事部、财政部《关于印发〈关于机关事业单位离退休人员计发离退休费等问题的实施办法〉的通知》（国人部发〔2006〕60号）等相关文件和本实施意见增加离退休费。具体办法是：

（一）离休人员增加离休费办法

离休人员按下列标准增加离休费：行政管理人员，省厅级（标准已发），县处级正职670元，县处级副职490元，乡科级及以下350元；专业技术人员，教授及相当职务990元，副教授及相当职务540元，讲师（含相当职务）及以下职务350元。

（二）退休人员增加退休费办法

退休人员按下列标准增加退休费：行政管理人员，省级（标准已发），厅局级750元，县处级450元，乡科级275元，科员及办事员180元；专业技术人员，教授及相当职务700元，副教授及相当职务400元，讲师及相当职务275元，助教（含相当职务）及以下职务180元；工人，高级技师和技师275元，高级工以下（含高级工）及普通工180元。

（三）退职人员增加退职生活费办法

2006年6月30日前已按国务院国发〔1978〕104号文件规定办理退职手续的人员，从2006年7月1日起按每人每月170元增加退职生活费。

（四）增加离退休费的其他相关政策

1. 按原劳动人事部劳人险〔1983〕3号文件规定，建国前参加工作，享受全薪退休的老工人每人每月增加330元退休费。

2. 按国务院国发〔1986〕26号文件规定，享受全薪退休的老专家，按下列标准每月增加退休费：教授及相当职务920元，副教授及相当职务510元。

3. 按中办发〔1985〕67号、厅字〔1985〕340号、劳人薪〔1985〕22号等文件规定，享受全薪退休的起义人员，按下列标准每月增加退休费：行政管理人员，县处级正职640元，县处级副职460元，乡科级及以下330元；专业技术人员，教授及相当职务920元，副教授及相当职务510元，讲师（含相当职务）及以下职务330元。

4. 事业单位原既有行政管理职务，又有专业技术职务的“双肩挑”离退休人员，按离退休时明确的职务增加离退休费。

三、离退休费的调整办法

机关事业单位养老保险制度建立前，根据国家增加离退休人员离退休费的统一规定和部署，相应增加我省离休人员的离休费，适当增加退休人员的退休费。

机关事业单位养老保险制度建立后，离退休人员离退休待遇调整办法，国家另行研究制定。

四、经费问题

这次增加离退休人员离退休费所需经费，仍按现行财政体制和单位隶属关系，分别由财政和单位负担，省将根据各地实际和中央转移支付情况给予适当补助，具体办法由省财政厅另行制定。

五、组织实施

我省机关、事业单位离退休人员增加离退休费、调整离退休费计发等工作，在省政府的统一领导下，由省人事厅、省财政厅组织实施。省直各机关事业单位、中央驻皖机关、事业单位离退休人员增加离退休费，由主管部门审核后报省人事厅审批。其中，省管干部的审批事项，按现行规定办理。各市要根据本实施意见，结合本地实际，组织本地区（含所辖县、区）的实施工作。

增加离退休费、调整离退休费计发等工作，涉及面广，政策性强，事关广大机关、事业单位离退休人员的切身利益，各地区、各部门要高度重视，精心组织，按照国家政策规定，并根据本实施意见，把各项政策落到实处。实施过程中，要注意做好政策解释和思想政治工作，统一离退休人员的思想认识，维护社会稳定，切实把好事办好。

本实施意见由省人事厅负责解释。

关于加强引进国外智力工作的意见

皖政办〔2002〕68号

“九五”以来，我省紧紧围绕经济社会发展的目标任务，大力开展引进国外智力工作，取得了明显成效。但是，与我省社会经济发展需要相比，引智工作还存在着对外联络渠道不多、制度和机制不够健全、总体规模不大等问题，对经济社会发展的推动作用尚未得到充分发挥。为进一步做好这项工作，经省政府同意，现提出以下意见：

一、提高认识，积极开展引智工作，为加快发展、富民强省大力提供人才智力保障

（一）充分认识引进国外智力工作的重要性。引进国外智力加速现代化建设，是我国对外开放的重要组成部分。随着经济全球化和科学技术迅猛发展，人才全球化的趋势进一步增强，国际间和国内省区间人才智力的竞争日趋激烈，对我省引智工作形成了严峻的挑战。当前，是我省经济和社会发展的重要时期，抓住机遇，迎接挑战，围绕我省支柱产业和新兴产业，有重点地引进国外智力，在若干领域实现突破并形成优势，是实现跨越式发展的战略选择，是增强我省综合省力和核心竞争力的重要举措。各级政府和有关部门要进一步提高认识，高度重视和大力开展引进国外智力工作，为加快发展、富民强省提供人才智力保障。

（二）当前和今后一个时期全省引智工作的总体要求是：坚持以邓小平理论和江总书记“三个代表”重要思想为指导，根据我省经济和社会发展“十五”计划，适应我国加入世贸组织的要求，围绕实施科教兴皖战略和结构调整优化升级，提高总体竞争力，进一步突出重点，拓宽领域，扩大规模，提高质量，注重效益，大力开展引智工作，为全省经济社会发展和改革开放作出更大贡献。

二、突出工作重点，加强成果推广，进一步提高引智工作的效益

（三）突出引智工作重点。一是围绕农业结构调整，通过引智积极引进培育优良农、果、畜、禽、水产、蚕桑品种，以及先进适用的种植和养殖技术，大力发展生态农业、无公害农业和外向型农业，扶持优质畜牧业和特种水产业，促进优质高效农业发展，努力创出一批农业名牌产品，增强我省农产品在国内、国际市场的竞争力。二是围绕工业结构调整升级，通过引智加快企业技术进步，培育高新技术产业，用高新技术改造传统产业，发展壮大支柱产业，提高工业整体素质和竞争力。加大对电子信息、生物工程、新材料等高新技术产业的支持力度；选择一批国有大中型企业和技术创新能力强的科研单位，在开发新产品、提高产品质量、节能降耗、控制污染和增强科研能力等方面，成组配套地聘请国外专家攻关；通过请进来、派出去，学习借鉴国外企业管理经验，促进现代企业制度的建立，提高企业管理水平。三是拓宽领域，做好第三产业和非公有制经济单位的引智工作。

（四）加大出国（境）培训工作力度。充分利用国外培训资源，有计划、有重点地组织专业技术人员出国（境）进行短期或中长期培训。适应加入世贸组织的要求，加强对领导干部和中青年后备干部出国（境）培训工作，培养一批通晓世贸规则，熟悉国际经济的专业人才和管理人才。

（五）加强引智成果推广工作。引智管理部门要与行业主管部门密切配合，建立引智成果推广机制和体系。通过行政手段和市场机制相结合，调动各方面积极性，建立一批引进国外智力示范基地，并加大引智成果推广运用，使引智成果尽快转化为现实生产力。

三、树立大引智观念，广开渠道，加大投入

（六）提高引智工作服务水平。各类企业、事业单位和行业主管部门是引智工作的主体，要认真制定引智工作规划，增强做好引智工作的主动性。各级人事、外事、科技、计划、经贸、农业、财政、教育、外经贸、林业、环保等部门要密切合作，树立大引智观念，发挥各自的职能作用，共同做好引智工作。各级引智部门是引智工作的服务和管理机构，要切实转变观念，强化服务意识，完善服务体系。要加强新形势下引智工作战略、模式、规律的研究，加强对有关行业和部门引智需求的调查，研究和运用政策引导、市场导向等手段做好引智工作。建立和完善外国专家库、引智项目库和引智成果库，健全引智工作专家咨询体系，实行专家评审制度，提高引智工作决策水平和服务管理质量，形成咨询、决策、执行和监督相结合的引智工作管理体系。要提高引智工作现代化水平，积极运用现代信息手段，开展国际人才信息交流，寻求更多的引智信息资源，提高工作效率。把招商引资、经贸合作、友城关系、科技交流和引进设备等与引智工作结合起来，广开引智渠道。针对不同对象、不同领域，采取不同方式引智，注重实效。要充分重视海外华人、华侨和留学人员的智力引进工作，以人才吸引人才，以项目吸引人才，以事业吸引人才，鼓励各类人才以兼职、合作研究、委托研究、创业、人才培养等多种形式为我省经济社会发展服务。要按规定及时为外国专家办理《专家证》，给予相应的礼遇，为外国专家工作、生活提供保障。

（七）加大经费投入。各级财政要加大对引智工作的投入，以适应我省引智事业发展的需要。省财政的投入主要用于省引智重点项目、重点引智成果推广项目和引智成果示范推广基地建设。各市要落实引智专项经费，并随着经济发展和财政收入的增加而逐步增加。有条件的县也要安排引智工作专项经费。企业和项目单位是承担引智费用的主体，要根据发展需要，安排专门经费用于引智工作。要积极探索政府、企业、社会和个人相结合的引智投入模式。加强对政府引智专项经费的使用管理，保证专款专用，使有限的引智经费支持更多的引智项目，创造出更大的效益。

四、加强对引智工作的领导，建设一支高素质的引智工作队伍

（八）加强对引智工作的领导。各级政府和省直有关部门要高度重视引智工作，把引智工作摆上重要位置，明确责任，切实加强对这项工作的领导。各级引进国外智力领导小组，要定期研究和指导本地区引智工作，协调解决引智工作中的有关问题。各市设在人事部门的专门引智工作机构既是引智领导小组的办事机构，也是本地区引智工作归口管理部门，为方便对外联络，可同时挂市外国专家局的牌子。省经贸、外经贸、农业、计划、林业、教育、环保、科技等部门应明确承担引智工作的机构，加强对本行业引智工作的指导和归口管理，发挥行业主管部门在引智工作中的作用。

（九）加强引智工作队伍建设。为适应新时期引智工作的需要，必须建立和培养一支精干高效的引智工作队伍。各级人事部门和省有关部门要按照"相对稳定、逐步优化"的原则，充实和加强引智队伍，配备素质高、能力强的同志承担引智工作。加强对引智工作干部的培训，学习邓小平理论，江总书记"三个代表"的重要思想和有关业务知识，不断提高政治和业务素质。各级领导要从政治、工作、生活等方面关心引智工作干部，充分调动和发挥他们的积极性和创造性。

（十）加强对引智工作的宣传。按照"实事求是、内外有别"的原则，大力宣传引智工作的作用、意义，宣传引智成果，宣传外国专家的敬业精神，宣传华人、华侨专家和海外留学人员爱祖国、爱家乡的事迹。通过宣传，提高引智工作的社会知名度，营造重视和参与引智工作的氛围。建立引智工作信息交流制度，各市引智办和省有关部门要定期向省引智办通报本地区、本部门引智工作情况，省引智办要将全省引智工作情况和引智成果定期向省政府及省引智领导小组报告，同时反馈给各地和有关单位。

安徽省引进国外技术、管理人才项目管理暂行办法

皖人社发〔2009〕63号

第一章 总 则

第一条 为进一步加强和规范引进国外技术、管理人才项目（以下简称引进人才项目）的管理，完善引进人才项目计划工作制度，根据国家引进人才项目的相关政策和规定，结合我省实际，制定本办法。

第二条 引进人才项目管理工作是引进国外智力工作的重要组成部分。引进人才项目必须以促进我省经济和社会发展为核心，根据国家和省重点建设工程、重大技术改造工程、重大科技攻关项目以及各地区、各部门（行业）经济社会发展需要组织实施，以达到提高生产和管理水平，提高形成自主知识产权和自主创新能力的目的。

第三条 引进人才项目按经费资助类别，分为常规项目、国家重点项目、省重点项目、东欧和独联体引智专项、软件与集成电路引智专项、引进国外智力成果示范推广项目。按专家来源类别，分为专家组织项目和非专家组织项目。专家组织项目是指通过与国家外国专家局合作的外国专家组织向项目单位推荐专家的项目。非专家组织项目是指通过其他渠道寻找专家的项目。

第二章 管理机构及职能

第四条 省外国专家局是全省引进人才项目计划的组织实施部门，主要职责是：

（一）制定全省引进人才项目计划的目标和任务；

（二）编制全省引进人才项目年度计划及年度预算；

（三）组建引进人才重点项目、示范推广项目计划专家评审委员会；

（四）审核、审定各市外国专家局（引智办）及省直有关单位申报的引进人才项目；

（五）督促、检查引进人才项目计划的实施，协调、处理引进人才项目执行中的重大问题。对重点项目进行跟踪和评估。

第五条 各市外国专家局（引智办）、省直有关单位引智归口管理部门是引进人才项目计划的实施部门，在引进人才项目工作中的主要职责是：

（一）提出编制本地区、本单位引进人才项目立项建议和年度计划建议；

（二）协调、落实本地区、本单位引进人才项目年度计划；

（三）组织对本地区、本单位引进人才项目年度计划执行的跟踪、总结和评估；

（四）提出重大事项决策建议；

（五）负责制定本地区、本单位的引进人才项目年度计划等。

第三章 申请与受理

第六条 省外国专家局根据国家外国专家局下达的征集下一年度引进人才项目计划和经费预算要求，审核各市外国专家局（引智办）及省直有关单位提出的引进人才项目和经费计划，形成引进人才项目年度计划和经费申报建议，并按要求上报国家外国专家局。

第七条 各市外国专家局（引智办）及省直有关单位在受理引进人才项目时，应指导项目单位认真填写引进人才项目申请表（格式见附件2或附件6），必须对申报项目单位的条件、所申报项目在国内外所处水平、引进专家的必要性、预期达到的效果等进行充分论证。

第八条 专家组织项目需在每年8月中旬之前通过“网上洽谈系统（EO系统）”进行申报，省外国专家局在8月底之前审核完毕，报国家外国专家局批准，经国家外国专家局批准后列入下一年度引进人才项目计划。项目单位应根据需要通过多种渠道积极寻找合适专家，自行寻找有困难的，可委托省、市外国专家局代为寻找。

第九条 各市外国专家局（引智办）及省直有关单位向省外国专家局申报引进人才项目计划，应使用《引进国外技术、管理人才项目综合信息管理系统》软件（简称项目软件）。申报材料包括：

（一）申报引进人才项目计划和经费公函；

（二）由项目软件生成的引进人才项目计划汇总表（格式见附件1或附件5）；

（三）引进人才项目申请表；

（四）电子文件。

第四章 评审与批准

第十条 引进人才项目按以下程序评审、立项：

（一）申报。项目单位申请引进人才项目需请3名以上同行业专家对项目进行初评，并将专家初评意见按要求填写在项目申请表评审意见栏目内。

（二）初审。各市外国专家局（引智办）及省直有关单位初审。初审通过的引进人才项目汇总后，按第九条规定的方式报省外国专家局。

（三）审核。省外国专家局根据主管业务处室筛选审查申报项目情况，对全省引进人才项目计划和经费预算进行审核，主要审核项目质量、申报材料的规范性、电子数据的有效性、申请经费规模等。

（四）评审。国家和省重点项目、东欧和独联体引智专项、软件与集成电路引智专项以及引进国外智力成果示范推广项目（已列入国家重点工程、重大技术改造工程、重大技术攻关等国家计划的项目和连续支持的项目除外），需经省专家评审委员会评审。

省专家评审委员会由各行业专家组成，负责对上述项目是否符合国家产业政策、是否为本行业领先技术、引进人才的必要性以及在项目中所发挥的作用等方面进行评审。

必要时征询行业主管部门意见。

（五）立项。评审通过的年度引进人才项目计划经省人力资源和社会保障厅同意并报国家外国专家局，由国家外国专家局确定立项。

国家外国专家局未能立项，但对我省经济建设和社会发展有促进作用，确需实施的项目，由省外国专家局立项。

第十一条　加强引进人才项目立项工作的科学性和规范性，接受有关部门监督检查。

第十二条　年度引进人才项目计划由省外国专家局及时下发。

第十三条　按照国家有关规定，省外国专家局对申请的引进人才项目，原则上每年只进行一次受理和一次立项。因特殊情况少数需要调整或补充项目，必须在每年的9月15日以前上报省外国专家局，经同意立项后方可执行。

第五章　项目实施与总结

第十四条　各市外国专家局（引智办）及省直有关单位收到省外国专家局下发的引进人才项目计划后，应及时转发给项目单位，制定项目实施工作计划，协调解决项目实施过程中出现的问题，在执行项目过程中出现重大问题或形成重要引智成果，应及时报省外国专家局。

第十五条　专家入境后的中转接待由项目单位安排。专家机票原则上购买经济舱。

第十六条　项目单位要高度重视项目实施工作，要有专门领导负责，配备高水平的技术人员和翻译协助专家工作。

第十七条　在引进人才项目中，要加强保密和知识产权保护，同时要保护专家的权益和人身、财物安全。

第十八条　对于年度引进人才项目计划中尚未完成的项目，第二年仍需执行的，应在下一年度引进人才项目计划中重新申报。

第十九条　省外国专家局根据年度引进人才项目计划，有计划、有重点地检查引进人才项目执行情况。

第二十条　引进人才项目执行完毕后，项目单位应及时提交项目执行总结（格式见附件4或附件8）。各市外国专家局（引智办）及省直有关单位负责整理本地区、本单位引进人才项目执行总结，并用项目软件汇总后于每年12月中旬之前报省外国专家局。总结材料应包括本地区、本单位引进人才项目年度工作总结、引进人才项目执行情况汇总表（格式见附件3或附件7）、每个引进人才项目执行情况表及电子文件。电子文件使用项目软件生成。

第二十一条　对不报引进人才项目总结的单位，省外国专家局不受理其下一年度引进人才项目计划和经费的申报工作。

第六章 经费管理与监督

第二十二条 引进人才项目专家经费开支范围和标准、预算和执行管理、资金拨付与管理、会计账簿和报表以及监督和检查等，按照《安徽省引进国外技术、管理人才专项经费管理暂行办法》规定执行。

第七章 附 则

第二十三条 本办法自印发之日起施行。

第二十四条 本办法由省外国专家局负责解释。

安徽省派遣团组和人员赴国（境）外培训管理暂行办法

皖政办〔1994〕19号

第一条　为进一步加强我省派遣团组和人员赴国（境）外培训的管理工作，根据国家有关规定，制定本办法。

第二条　从省内企、事业单位和党政机关、人民团体，选派各类业务人员到国外或港澳地区，学习先进技术和科学的管理经验及其他业务知识，应当遵照本办法。

由省教委归口管理的向国外派遣留学生和进修人员的工作，不适用本办法。

第三条　省引进国外智力领导小组办公室（以下简称省引智办）归口管理全省的国（境）外培训工作，其职责是：

（一）按照国家有关法规、政策，对全省的出国（境）培训工作进行统筹规划，综合协调和统一管理。

（二）按照国家有关规定，对报国家外国专家局审批、审批、备案的出国（境）培训项目进行审核把关，提出意见，并办事各项报批手续。

（三）对全省出国（境）培训工作进行调查研究和监督，推广出国（境）培训成果，与有关部门配合为归国的培训人员发挥作用创造条件。

第四条　省引智办的工作范围是：

（一）各地区、各部门、各人民团体以及各企事业单位，通过友好关系或经济技术合作关系等与外方签约安排（包括对方出资和我方出资）的国（境）外培训；

（二）由国家引进国外智力专款资助以及向国家外国专家局申请立项的国（境）外培训。

（三）执行引进技术设备项目合同和政府间签订的多边、双边协定（协议）安排的国（境）外培训。

第五条　派遣团组和人员出国（境）培训，坚持按需派遣、确保质量、加强管理，讲究实效的方针，防止代培训为公费出国（境）旅游。

第六条　赴国（境）外培训应按计划进行。各行署、市人民政府和省直有关部门应在每年11月底前，将下一年度的赴国（境）外培训项目计划报送省引智办，由少引智办会同有关单位提出审核意见，报省人民政府批准。情况特殊的可临时补报。

第七条　各地、各部门在制定年度计划时，要团结国民经济和社会发展中的重点建设工程、重在技术改造工程、重大技术攻关项目以及发展外向型经济和发挥资源优势等方面的内容，突出重点，并统筹考虑近期和中长期需要。

第八条　本办法第四条第一项所列的国（境）外培训项目和人员，先由项目执行或派出单位填写《国外培训项目、人员审核表》，经所在行署、市人民政府或省主管部门签署意见后，报省引智办审核，再报有出国任务审批权的主管部门审批。其中需报国家外国专家局审核的，由省引智办统一办理上报手续。

省外办凭出国（赴港澳）任务批件和审核同意件办理出国（境）手续。

第九条　本办法第四条第二项所列的国（境）外培训项目和人员，应由国家外国专家局审批。省引智办在向国家外国专家局报送申请和审批表前，须经有出国任务审批的主管部门审核同意。

省外办凭国家外国专家局的批件办理出国（境）手续。

第十条　本办法第四条第三项所列的国（境）外培训项目的人员，均须报国家外国专家局备案。有出国任务审批权的主管部门在下达该项目的出国（赴港澳）任务批件时，应抄省引智力备案。

省外办凭出国（赴港澳）任务批件办理出国（境）手续，同时，留存备案件。

第十一条　派住港澳地区培训的项目，仍报省政府按规定审批。

第十二条　严格控制党政机关派遣团和人员出国（境）培训。从事宏观经济管理和有特殊工作需要的党政机关干部出国（境）培训，应从严掌握。地厅级（包括副厅级）干部，参加出国（境）培训应提供由相应出国任务审批权限主管领导签批的文件、财务部门关于经费来源是否列入本单位预算的说明。

第十三条　参加国家有关单位或兄弟省、市组织的出国（境）培训项目和人员，在办理出国（赴港澳）任务确认件时，须出示国家外国专家局的审核件，否则不予确认。

第十四条　开展赴国（境）外培训工作的单位，应向省引智办申请，由省引智办会有关部门进行审查，其中属政府职能部门的，报省人民政府批准；属事业单位和社会团体的，须报省人民政府审批后，再报国家外国专家局备案。

未经资格认定的单位，不得擅自组织赴国（境）外培训。

第十五条　选派赴国（境）外培训人员必须遵循德才兼备、按需派遣、学用一致、确保质量、宁缺勿滥的原则。参加培训的人员应符合下列条件：

（一）热爱祖国，坚持四项基本原则，拥护党的路线、方针、政策；

（二）工作努力，作风正派，业务能力强，并有五年以上的实际工作经验；

（三）身体健康，地厅级干部年龄一般在55周岁以下，县处级以下人员一般应在50周岁以下。

对外语有特别要求的国（境）外培训，参加人员还必须具有相应的外语水平。

第十六条　赴国（境）外培训前，组织培训的单位要进行预培训，预培训的主要内容是：

（一）结合出国（境）培训任务，进行必要的业务基础知识学习。

（二）介绍所去国家（地区）的基本情况。

（三）进行爱国主义教育、外事知识教育和安全保密教育。

第十七条　国（境）外承办培训的机构应是评估合格的机构。国内组织培训的单位自己联系国（境）外培训承办机构的，必须认真考察了解，对其培训能力、培训效果、培训经费等情况进行评估并填写《国（境）外培训承办机构调查表》，经省引智办审查，报国家外国专家局认可后，才能委托其承办培训项目。

第十八条　出国（境）培训必须严格执行财政部和国家外国专家局联合颁发的《关于出国实习培训人员费用开支标准和管理办法的规定》〔1993〕（财外字第600号）。派遣和接受双方必须在合同中写明费用支出情况。出国9境）培训团组成人员回国后，应如实向省引智办和当地财务部门交一份经费使用情况报告。实行帐目公开，不准中外派遣承办机构及培训人员私分或变相私分培训费用，不准用发给奖金或回扣的办法招揽培训团组。

第十九条　省引智办会同有关外事部门和纪检、监察部门对执行本办法的情况实施监督检查。对违反本办法或有假借培训名义公费出国（境）旅游行为的单位和个人，视不同情况，由省引智办提出意见，报经责任单位（人）所在主管部门批准做出如下处理：警告、通报批评、暂停或撤销该单位组织国（境）外培训的资格，追究有关领导者和有关人员的责任，追回全部资助经费。构成犯罪的，交由司法机关追究刑事责任。

第二十条　本办法由省人事局负责解释。

第二十一条　本办法自发布之日起施行。

编纂始末

“人事有代谢，往来成古今”。1994—2009 年，安徽省人事人才工作认真贯彻省委省政府的决策部署，紧紧围绕中心、服务大局，为全省经济社会发展提供坚强的人事保证和广泛的才智支撑。在新的形势下，续修《安徽省志·人事志》，集中反映人事人才工作发展历程，真实记录改革开放宝贵经验，充分展现人事部门文化风貌，具有独特的人文历史价值。

2009 年机构改革中，省人事厅整合组建新的省人力资源和社会保障厅。安徽省人力资源和社会保障厅党组对修志工作高度重视，刘莉、刘志祥、陈运才、林海、潘亚群等厅领导多次召开会议，进行动员，作出要求，指导工作，提供支持，督促进展。《安徽省志·人事志》编纂工作于 2010 年 3 月启动，举全厅之力，集同仁之智，历时数载，完成志书。

编纂工作经历四个阶段：2010 年 3—8 月为准备阶段。主要是成立编纂领导机构和编辑室，制定编纂工作方案和工作规划，设计志书章节目录，征求意见并召开编委会审定，请省地方志办公室同志对撰稿人员进行授课辅导，落实编写《安徽省志·人事志》基础工作。2010 年 9 月—2011 年 9 月，为征集资料阶段。各承编单位先后到省档案局、省委办公厅、省委组织部、省政府办公厅、省人力资源和社会保障厅档案室查阅档案 2000 余卷，搜集文书档案、期刊、报纸、旧志资料近 5000 万字，搜集兄弟省市已经成书的人事志作为参考资料，为《安徽省志·人事志》编写积累资料和素材。2011 年 10 月—2012 年 10 月，为初稿撰写阶段。各承编单位采取分片包干或指定专人撰写方式，充实史料，撰写志稿，编辑室全程参与，分单位召开内部评议会，提出修改意见，请老同志参与意见，反复修改、整理、完善，于 2012 年 10 月底完成志书初稿。2012 年 11 月，进入总纂评议阶段。编辑室收集文稿，进行编辑和审改，总纂成册。2013 年 9 月 24 日，省人力资源和社会保障厅召开志稿评议会，相关厅领导、厅《人事志》编纂委员会委员、省地方志办公室领导和专家参加评议。各撰稿人和编辑室根据评议意见，对初稿修改、补充、校对、完善。在修改过程中，省地方志办公室有关同志，逐章逐节进行审定。2015 年 5 月，经厅《人事志》编纂委员会主任刘莉审定，《安徽省志·人事志》（报送稿）上报省地方志编纂委员会。2017 年 8 月，省人力资源社会保障厅与省地方志办公室共同召开《安徽省志·人事志》终审会，最终审定，付梓出版。

《安徽省志·人事志》凡 9 章 37 节，加上概述、图片，附录、重要文件辑存，内容涵盖人事工作方方面面。上限自 1994 年上一轮修志截止时间始，下限至 2009 年省人力资源和社会保障厅成立时止。为反映志书断限内人事工作全貌，志书少数章节的内容未受断限制约，有适当追溯和延伸，以增强志书的整体性。

《安徽省志·人事志》编辑室负责志书编撰事务。文稿撰写：概述（赵勇），第一章人事机构（时应红），第二章人才资源开发与服务（王孝华、黄吉、杨琳），第三章专业技术人员队伍建设与管理（王孝华、占家礼、司永纯），第四章公务员管理（秦正义、徐伟、倪建军、解正茂），第五章军官转业安置管理（王刚、张世乐），第六章事业单位人事制度改革（庄雪峰），第七章工资福利与离退休管理服务（张扬、陈宏、刘恒贵、金虹、韩运生、李雪林、杨立），第八章人事考试与人事争议仲裁（杨孝志、王智、徐文军），第九章引进国外智力（周梅、汪于存、高信芳、陈光兵），大事记（薛生、梁义勇），编纂始末（徐翔东）。图片资料和重要文献收集整理（徐翔东、王孝华），英文翻译（吴芳）。全书由徐翔东、王孝华编辑，潘亚群、赵勇统稿。

参与志书编纂工作的同志夙夜在公、殚精竭智、勤勉工作，但是限于水平及条件，疏漏失当之处，在所难免，恳请广大人事干部及有关人士不吝赐教。

在志书形成过程中，许多老同志和人事工作者，带着感情给予关心；各有关部门和人士，带着责任给予支持，在此一并致谢。

《安徽省志·人事志》编辑室

2018年2月